本书为国家重点研发计划项目《重大活动食品安全风险防
（项目编号：2018YFC1602700）之课题1《重大活动食品安
执法模式研究》（课题编号：2018YFC1602701）的阶段性研

食药环执法办案实务丛书

中国人民公安大学食品药品与环境犯罪研究中心

总主编 ◎ 李春雷

（最新修订版）

危害食品药品安全
犯罪典型类案研究

张伟珂 ◎ 著

中国出版集团

研究出版社

图书在版编目 (CIP) 数据

危害食品药品安全犯罪典型类案研究：最新修订版 /
张伟珂著. —— 2版. —— 北京：研究出版社, 2022.9
—— 北京：研究出版社, 2018.5

　ISBN 978-7-5199-1348-9

　Ⅰ. ①危⋯ Ⅱ. ①张⋯ Ⅲ. ①食品安全 – 安全管理 –
刑事犯罪 – 案例 – 中国 ②药品管理 – 安全管理 – 刑事犯罪
– 案例 – 中国 Ⅳ. ①D924.365 ②D922.165

　中国版本图书馆CIP数据核字(2022)第182457号

出 品 人：赵卜慧
出版统筹：张高里　丁　波
责任编辑：张立明

危害食品药品安全犯罪典型类案研究

WEIHAI SHIPIN YAOPIN ANQUAN FANZUI DIANXING
LEIAN YANJIU

张伟珂　著

研究出版社 出版发行

（100006　北京市东城区灯市口大街100号华腾商务楼）
北京云浩印刷有限责任公司印刷　新华书店经销
2022年9月第2版　2022年9月第1次印刷
开本：787毫米×1092毫米　1/16　印张：23
字数：318千字
ISBN 978-7-5199-1348-9　定价：68.00元
电话（010）64217619　64217612（发行部）

总　序

党的十八届三中全会通过的《中共中央关于全面深化改革若干重大问题的决定》明确："使市场在资源配置中起决定性作用和更好发挥政府作用。""市场在资源配置中起决定性作用"和"更好发挥政府作用"是现代经济体制的一体两面，"看不见的手"和"看得见的手"良性互动、发挥合力，方能保障经济社会的健康、有序和持续发展。当前，相较其他领域，食品、药品和环境安全领域，理应更加突出地强调"更好发挥政府作用"这只"看得见的手"的作用。这是因为：第一，伴随着高度发达的现代化和工业化进程的深化，部分发达国家自由主义化的市场经济弊端日益暴露，如周期性的经济危机、经济行为的短期性、信息不对称、两极分化、外部不经济……其中，食品、药品和环境领域存在的极为严重的种种安全问题，无不显露"看不见的手"的典型弊端。为了解决这些问题，这些现代国家的"行政国家"色彩日益浓厚，以图运用强大的政府力量应对之。第二，多元主体共建共享共治的治理体系和治理格局在我国公共政策领域初见端倪，但受制于经济社会发展水平，依赖于政府执法解决公共问题是我国治理的基本特征，而且这种状态与特征会延续相当长的一段时期。更重要的是，发轫于二十世纪七八十年代的"新公共管理运动"的治理理念，体现的是新自由主义"回归市场"的呼声，它主要是解决经济性规制的政府失灵问题，但对食品有害、药品伪劣、环境污染等市场失灵问题的社会性规制之完善献策乏力，从而难以从根本上撼动政府执法保障食品、药品和环境安全的地位。同时，我们必须认识到，新中国的法治进程缓慢、法治程度不高，法治政府建设更是起点较低、时间较短，从1999年国务院出台《关于全面推进依法行政的决定》为标志的法治政府建设明确设计算起，至今不到二十年，诸多案例和事件所暴露出的问题反映了我国政府执法现状不容乐观、执法能力亟待提升的客观事实。从"三鹿奶粉"事件到"松花江水污染"事件再到"长生假疫苗"事件，一系列令人心悸的图片和文字报道，无不是对政府执法公信力的拷问。综上而言，我国在今后相当长时间内，政府执法能力的明显不足和人民群众日益增长的食品、药品和环境安全需求之间的矛盾将是我国食品、药品和环境安全领域的突出矛盾。

毋庸置疑，对食品、药品和环境安全领域的违法犯罪行为的查办是"看得见的手"的政府作用的体现，严厉执法是我国当前保障食品、药品和环境安全的中心环节。为了"更好发挥政府作用"，切实保障食品、药品和环境安全，我们必须从国家基本战略和人民根本诉求的高度上充分认识到食品、药品和环境安全执法办案能力和水平提升的极端重要性。从目前的实践来看，我国食品、药品和环境安全执法办案中的一些突出问题，主要体现在：第一，执法体制处在从部门执法向综合执法的过渡阶段，执法机构和执法人员不稳定，这在很大程度上影响了食品、药品和环境安全执法办案的专业性；第二，对食品、药品和环境违法犯罪行为的"双轨制"查办机制，使得行政执法和刑事司法难以也不可能实现"无缝衔接"；第三，食品、药品和环境安全问题，本身是现代工业技术发展的产物，也是国家和社会控制食品、药品和环境风险或者使风险最小化的结果，法律和技术、伦理和科技存在紧张和冲突情形，如假药的认定、食品犯罪抽象危险犯的判定、污染物排放标准的评估等，这些都会不可避免地导致食品、药品和环境安全领域立法语言的模糊、不精准，以致执法办案难以有效进行；第四，违法犯罪的升级必然加大了食品、药品和环境安全的执法办案难度，如粗线条的协查制度不足以应对跨区域甚至跨国别案件，政务信息壁垒林立又使得各部门之间的共享不畅等。正是对这些问题抱有严重的忧虑和不安，中国人民公安大学食品药品与环境犯罪研究中心的科研人员及部分一线检验检测、执法办案人员，基于保护食品、药品和环境安全的社会使命感，聚焦问题，潜心研究，形成了这套食品、药品和环境安全执法办案实务丛书。

本丛书具有这样一些主要特点：第一，实践性。即每本著作都是通过大量的调研实践，提炼归纳出食品、药品和环境安全执法办案中存在的突出问题，从理论和实践相结合的角度对食品、药品和环境安全执法办案进行比较深入的探讨，力求为执法办案人员对实务中的重点和难点问题进行释明和指引。第二，建言性。即本丛书作为理论研究与执法实践紧密互动的成果，尽可能直面我国食品、药品和环境安全领域政策和立法中存在的不足，积极献言献策，为问题的解决和制度的建设提出具有说服性的意见。第三，开放性。即本丛书对食品、药品和环境安全执法办案各个领域的问题进行了分类别的专门性和系统性研究，无论是实体问题还是程序问题，无论是行政执法问题还是刑事司法问题，只要该问题是食品、药品和环境安全执法办案实务中亟待解决的，就具有价值，就是真问题。对其给予力所能及的回答，就是本丛书作者们义不容辞的责任。总体而言，这套丛书的作者队伍专业，内容涵盖全面，写作风格朴实，针对性、指导性和实用性较强，非常适合作为食品、药品和环境安全领域的立法者以及执法者的案头书。同时，相信本丛书亦能为广大食药环领域科研人员提供有益参考。

作为总主编，我对本套丛书倾注了不少心血。早在2014年，我就萌生出版这套实务丛书的念头，但受多方面因素制约，直到今天，它们方与读者见面，也总算兑现了我对广大从事食品、药品和环境安全执法办案朋友的一个承诺。

在丛书付梓成册之际，我要真诚感谢为本丛书的编写与出版给予了大力支持和热情帮助的各位朋友！在此，就不再一一列举你们的名字，唯有带领团队，继续秉持"关注实践、注重实效"的研究理念，坚持理论研究与社会实践相结合，不断出品更好的研究成果，并大力推动研究成果的实践转化，服务立法执法，服务社会公众，以此回报朋友们的热切期待，表达我们深深的谢意！

中国人民公安大学犯罪学学院　教授

食品药品与环境犯罪研究中心　主任

2019 年 1 月

探究裁判精髓　诠释法治原则

古罗马执政官朱尼厄斯曾言："一个判例造出另一个判例，它们迅速累聚，进而变成法律。"判例之于法治的价值可见一斑。当然，我国并非判例法国家，但这丝毫不影响司法裁判在明确行为标准和诠释法治原则方面的深刻价值。即便案例未必能够成为判例，却可以成为公众感受法治价值的时代窗口。"一次不公正的（司法）判断比多次不平的举动为祸尤烈。因为这些不平的举动不过弄脏了水流，而不公的判断则把水源败坏了。"培根的话言犹在耳！也正是在这个意义上，我们更能深切体会到"让人民群众在每一个司法案件中都能感受到公平正义"这一朴素的法治愿景。公平、正义是法治的根本价值，也是法律共同体的同仁们为之孜孜不倦奋斗、追求的目标，而司法案例则呈现出一个时期、一个地区、一个司法团队法律适用的标准、公平正义的尺度。透过对一个个司法案例的研读，我们可以感受到法治改革带来的社会巨变，更能感受到社会现实与我们的法治理想国之间的距离。毕竟，法治国的理想不只在于能否建构一个符合法治原则的法律体系，更在于这个原则能够成为每一个司法裁判难以僭越的底线。

研究危害食品药品安全犯罪，自然不应忽略对危害食品药品安全犯罪司法案例的研究。这不仅是因为从裁判案例中我们可以了解不同地区食品药品犯罪的状况、特点和规律，而且还可以梳理司法机关对法律规范的认知，把握其中的规律性和差异性，为强化危害食品药品犯罪司法治理提供建设性意见。然而，在这种沉闷的理论研究价值之外，多年关注危害食品药品安全犯罪的经历，也使我深切感受到案例研究的"灵动"价值——一线执法办案人员对司法案例的深切需求——期待从裁判案例中了解犯罪认定的证据标准、定性依据、量刑尺度，等等，来完善个案的侦办与审理。然而，与这种强烈期待难以匹配的是，我们对食品药品领域司法案例的研究严重滞后。一方面，虽然司法案例公开的数量越来越多，但却普遍存在说理性严重不足的问题，甚至不乏一些"不讲理的裁判"。而裁判一旦失去说理性，就失去了"释法"的可能性，我们既无从知道定罪的依据，也不知道处罚的标准。这不仅对其他案件难以产生影响力，即便对于同类案件也缺乏可期待的指引。另一方面，学者们对司法案例的系统性研究严重不足。如果说裁判说理欠缺使司法裁判的公信力"先天不足"，那么理论研究的缺位则凸显了"后天失调"。一线执法人员难以在琐碎、繁重的工作之外去梳理裁判背后难以琢磨的标准和根据，从而极大地限制了司法裁判本应具有的法治影响力，但这恰恰是学者的使命所在。多年来，"引西方裁判、举西方案例"的倾向在刑事法领域极为明显，与其说这是对西方先进法治理念的引进、学习，毋宁说是对挖掘中国司法资源的偏见甚至懈怠。

我始终认为，这些看似普通的地方司法案例是我们不能忽视的"本土资源"。中国不是判例法国家，但却有意无意地在司法案例中划分出了贵族与平民的等级。身为"贵族"的最高司法机关发布的指导案例具有司法解释的地位，甚至具有超法治的造法功能，自然引人关注，而绝大多数的司法案例却因其"平民"身份而注定默默无闻（引起舆论关注的案件除外，比如辽宁省葫芦岛市连山区法院判处的无罪"问题豆芽"案）。然而，"贵族"终究是少数，危害食品药品安全犯罪领域的"贵族"就更屈指可数了。因此，从"平民"中挖掘具有"贵族"气质的裁判并加以阐释、分享，更有助于我们了解社会结构的发展状况和质量。尤其是在食品药品规范体系不够健全、证据规则体系有待进一步完善的情况下，从各级司法案例中摸索裁判规律，切磋法律标准，对于完善食品药品执法、司法规范体系而言至为关键。值得肯定的是，随着审判公开的深入推进，以中国裁判文书网为代表的司法裁判数据库成为汲取"本土资源"的富矿，从而使我们深入挖掘、研判本土司法资源成为可能。

伟珂博士的《危害食品药品安全犯罪典型类案研究》在不经意间已经开始系统性地挖掘富庶的"平民"资源。言之"不经意"，是因为我和食品药品与环境犯罪研究中心的同仁们近年来虽然始终关注实践，却少有对类案进行深入总结。即便我们在教学上不断琢磨问题更为集中、互动性更强的团队式案例教学模式，并取得了良好反响，但提及对这一领域司法裁判的全面梳理，还有很多工作未做，而伟珂博士在繁忙的教学、科研、调研之余，已悄然迈出了这关键一步。通览全书，作者选择了食品认定、毒豆芽案、地沟油案、注水肉案、泡打粉案、保健品案等食品药品领域高发、频发的十大问题，以案件定性为核心，对法律解释、证据标准、取证规则等进行了全方位探讨，既有较高的理论性，又紧接"地气"，涵盖了许多地区、法院所处理的同类案件。当然，我相信他在评论这些典型案例时，更多地是为了探讨裁判背后的法律问题，而非为了赞扬或者批判某一裁判。也正因如此，虽然个中观点未必完全成熟，但其对热点、疑难问题的提炼与论证无不引起我的共鸣。

看似一个个篇幅短小、论证匮乏的裁判，在这本书的字里行间却呈现出了一幅幅鲜活的司法图景。我们看到了执法、司法人员守护公众食品药品安全的努力，也看到了公众面对行为规范不明时的迷茫与无助。"不积跬步，无以至千里；

不积小流，无以成江河。"期待我们每个人都能从这些小案件中挖掘法治国的丰富资源，使我们早日品味健康中国的幸福感。

2019 年 1 月 10 日

总结司法经验　助力食药安全

张伟珂

　　2022 年 4 月 28 日最高人民法院发布了十个药品安全典型案例，直面"危害药品安全犯罪司法实践面临的新情况、新问题"，应该说这是最高司法机关以司法案例探索药品犯罪规范治理的有益尝试。这些在典型案例中确定的裁判规则，在一定程度上有利于统一全国公安司法机关办理此类案件的法律适用标准，进而推动从严惩治危害药品安全犯罪刑事政策的贯彻落实。特别值得关注的是，此次典型案例不仅实现了民事、行政与刑事领域的全覆盖，而且在涉药类型上回应了中药、劣药等常见多发案件的处理规则。这就为我们探讨司法实践中的一些疑难问题打开了宽阔的视角，提供了更权威的司法资源。

涉药案件办理中的抽检问题

　　此次发布的典型案例一"九价人乳头瘤病毒疫苗案"、案例四"铬超标劣药案"、案例五"粗制原料药案"等均涉及了抽样检测的问题，且司法机关认可抽样检测的证明力，一是通过抽样检测可以将部分药品的检验结果适用于全部涉案药品，如案例一；二是以此为基础确定全案药品的价值金额，如案例四、案例五。可以说，虽然这些案例的典型意义并非关注抽样检测问题，但是对于司法实践中如何评价抽样检测的证明力还是有较大指导意义的。

在办理药品犯罪案件过程中，**涉案药品通常数量多且类型庞杂，这种情形下，执法部门往往采用抽样检测的方式来确定涉案药品的质量**。对此，虽然行政处罚法明确规定了行政执法过程中抽样取证的效力，但刑事诉讼法却未作明确规定，这就导致刑事司法过程中如何使用抽样检测报告这类材料，往往成为控辩双方的争议焦点。为了解决这一问题，《食品药品行政执法与刑事司法衔接工作办法》〔食药监稽（2015）271号〕第21条明确规定，"对同一批次或者同一类型的涉案食品药品，如因数量较大等原因，无法进行全部检验检测，根据办案需要，可以依法进行抽样检验检测。公安机关、人民检察院、人民法院对符合行政执法规范要求的抽样检验检测结果予以认可，可以作为该批次或者该类型全部涉案产品的检验检测结果。"但是，从调研情况来看，上述规定并没有完全解决抽样检测的效力问题，在个案中仍然存在争议。通常面临的质疑是，行政执法机关关于抽样检测的相关规定是基于日常监管需要，允许概率性的存在，但刑事诉讼要求证据确实充分，抽样检测的可靠性受抽样方式等因素影响，未必能够反映涉案产品的全面、真实。比如，100箱涉案药品中有3箱是真药，但抽检未抽到这3箱，那么，由此认定100箱药物均为假药的合理性是什么？这些疑问的确影响了一些案件的司法处理。不过，从典型案例来看，最高司法机关对于行政机关依法进行抽样检测而得出的结论，应该是持肯定态度的；这也意味着仅仅以抽样检测不能涵盖全部涉案产品为由否定其证明力的做法，将难以获得司法机关的支持。

不过，这里需要注意的，也是我们期待以后典型案例能够关注的问题是，刑事诉讼中对于抽样检测的方式该如何把握？是否抽样检测方式不符合法定要求时，可以直接推翻涉案药品存在缺陷的结论？当检测结果显示部分存在问题时，是否可以按照比例推算缺陷药品的数量、价值？这些都不无疑问。从法理上来说，虽然抽样取证具有一定的概率性，但这种概率统计并不是随机的，而是建立在科学规则的基础之上，是科学范围可以作为判断事物属性的一种有效方法。因此，对于抽样检测过程存在瑕疵的，可以通过判断其是否影响结果的有效性、科学性来判断结论的可靠性；同时，允许在抽检结果部分合格部分不合格的情况下，酌情参考抽检结果确定缺陷药品的数量数额。

涉药案件办理中的行刑衔接

在药品犯罪中，劣药案件极具特殊性。一是由于刑法第 142 条生产、销售劣药罪是结果犯，而因果关系难证明的困境使本罪在司法实践中鲜有案例；二是因劣药标准较为宽泛且证明较为容易，实践中劣药违法案件的数量远远大于假药案件。这也促使我们思考劣药案件办理中的两大困惑：一是劣药本身属于伪劣产品，但此类案件被认定生产、销售伪劣产品犯罪的数量并不多；二是行政政法部门在日常检查中查获劣药案件时，鲜见以涉嫌生产、销售伪劣产品罪将其移送公安机关。值得关注的是，这次典型案例中部分案例就涉及了生产、销售劣药的问题，比如案例四、案例五、案例十"药品批号缺失劣药案"。由此也给我们探讨劣药案件的刑事治理提供了分析视角。

在案例四"铬超标劣药案"中，监管部门于 2012 年 4 月对某药业有限公司库存的使用浙江省新昌县某胶丸厂等企业生产的空心胶囊所产胶囊剂药品进行查封和现场抽样并检验，发现 5 个品种共 7 批次胶囊剂药品检验项目中铬含量超过国家标准，进而将其认定为劣药。在案例五中，某药业公司未按照批准的生产工艺生产原料药盐酸苯海索，而是通过无药品生产或经营资质的其他公司购进盐酸苯海索粗品，经精制后制成原料药盐酸苯海索，共计 1360 公斤。其中，对外销售上述原料药盐酸苯海索 1010 公斤，销售金额为 370 万元。有关部门以改变了原料药的生产工艺为由而认定其属于劣药。此次公布该两个案例无关行刑衔接的问题，更无关劣药犯罪的司法认定标准问题，是否最终移送公安司法机关追究刑事责任尚不可知。但是，透过这两个案件，探讨劣药案件行刑衔接的标准还是十分必要的。

典型意义上的行刑衔接，是指为了使违法犯罪行为依法得到惩治，行政机关应当将执法过程中发现的涉嫌犯罪案件及时移送公安司法机关。根据《行政执法机关移送涉嫌犯罪案件的规定》之规定，这里的"涉嫌犯罪案件"，主要是指有证据证明涉嫌犯罪事实的案件。其中，犯罪事实主要包括了定罪事实和量刑事实，如违法行为涉及的金额、违法事实的具体情节（如次数、时间、人数等）、违法行为造成的危害后果等。同时，这里的犯罪事实只能是客观事实，而不是犯罪成立所要求的主客观相统一的事实。换言之，在劣药案件中，行政执法机关发现生产、销售劣药的行为符合刑事立案的标准，就应当移送公安机关。当然，这里的刑事立案标准既包括生产、销售劣药罪的入罪标准，也包括了生产、销售伪劣产品罪的成立标准，毕竟劣药本身也可以归为伪劣产品（具体适用刑法第140条何种类型的伪劣产品，因案而异）。因此，即便劣药案件中欲证明因果关系较为困难，但是劣药的数额缺失判断犯罪是否存在最直观的事实。因为按照《刑法》第140条的规定，销售金额在5万元以上的生产、销售伪劣产品行为，就涉嫌生产、销售伪劣产品罪，所以行政执法机关在核实涉案产品的数量的基础上，可以根据产品的销售金额是否超过5万，决定是否移送司法机关。就此而言，案例五中涉案药品的量显然已经超过了这一标准，而案例四也有可能超过这一标准。故而，本案已经具备了移送公安机关追究刑事责任的客观前提。

当然，也许会有疑问，这次劣药可能并非有人故意为之。尤其在司法实践中，药监部门在飞行检查中会发现正规企业生产的药品因工艺、成分等问题而被认定为劣药。此时还有移送的必要么？从逻辑上来看，对于正规厂家生产的药品涉嫌劣药的，往往难以证明其具有主观故意，但这不意味这些案件不能移送。其一，生产者、销售者是否对涉案产品属于伪劣产品具有主观明知，并不是涉嫌犯罪案件移送的必备条件。换言之，即便药品监管部门在行政执法过程中确认了事故并非有意而为，也不影响将本案移送公安机关立案侦查。其二，由于生产、销售伪劣产品罪属于数额犯，因此，是否涉嫌犯罪案件，并不是以查获劣药为充分条件，还要考虑劣药的数量。在日常监管中发现正规企业生产、销售劣药数量不大时，自然不需要移送公安机关（如案例十）。但是，从司法实践中来看，我们要特别关注那些生产销售了数量较多的劣药，却以工艺技术等偶发原因而不移送公安机关追究责任的情形（案例九"消毒产品冒充假药案"中的行刑衔接问题也同样值得关注）。

涉药案件办理中的因果关系

药品犯罪领域因果关系判断不同于其他犯罪类型，存在危害后果发现难，以及确定伤害后果后查找不法行为的归因难等问题。因为涉案药品通常是在药品生产经营场所被发现的，已经销售的同类药品是否最终被患者使用却因销售链条的复杂性而较少查获，或者是，客观上发现了用药人的伤害事实，却往往会被病症所掩盖而无法确定是否与药品使用有关。比如，使用劣质疫苗导致用药人体内难以产生抗体，进而导致在疫情期间无法起到有效的免疫效果并感染病毒，最终因身体存在严重基础病而死亡。在这种情况下，极少有人去审视死因与劣质疫苗之间的关系。因此，除了在病情紧急情况下服用假药导致病患者直接死亡等行为与结果存在密切关系的案例之外，此类因果关系往往夹杂在其他原因之中而表现出"多因一果"的特殊情状，如何发现问题药品、伤害后果的存在以及确定两者之间的因果流程是评价刑法因果关系的难点所在。

正是缘于此，此次发布的案例八"中药饮片致死案"给我们提供了一个分析因果关系的良好素材，虽然本案的典型意义是强调"销售中药饮片应告知煎服用法及注意事项"这一义务。在该案中，认定死亡结果与经营行为具有因果关系的前提，是确定死亡原因与药品本身具有关联性。对此，司法机关采信了某司法鉴定研究所出具《尸检鉴定意见书》，证明杜某某符合过量服用香加皮导致中毒致死，为死亡的主要原因。这正是很多药品案件犯罪中因果关系判断的难点，即在查明药物成分的情况下，如何确定其与死亡结果的关系。本案的意义在于允许通过对药物性状的分析，结合服用事实来判断是否具有致死可能性。当然，这种病理性分析的方式是否可以应用到刑法因果关系的判断中，在理论上不误争议。在笔者看来，在确定受害人用药的前提下，归因判断的核心，在于问题药品活性成分与毒害物的识别，以及与此相伴的危害性评价，进而以此来判断受害人的伤亡后果是否在问题药品可能造成人身伤害的自然发展中。不难看出，这是一个自然科学的论证，同时也是一种结果发生的可能性判断。在刑法层面上，我们不能简单否认事实因果关系也可以是一种可能性的判断。在单一的因果条件中，原因行为固然是危害结果的必然前提，但在"多因一果"的情况下，结果本身就是不法行为所内涵的侵害风险的现实可能性呈现；只有在绝对排除不法行为会造成伤害后果时，才能否认两者之间的事实因果关系。比如，行为人虽然注射了劣质疫苗，却因与所防疫的病毒无关的癌症而死亡，这种情况下销售劣药的风险与最终的死亡结果不在一个因果流程中，自然可以否定销售劣药与死亡结果的事实联系。鉴于此，我们可以在事实层面上将民事侵权中的因果关系规则适度用于刑法因果关系的判断，以此解决刑事司法因果关系难评价的问题。

当然，即便通过司法鉴定等方式确定了药物与伤害结果之间具有某种事实上的联系，也不等同于解决刑法中因果关系的全部问题。前者只是解决了事实归因，而能否归责还要进一步评价行为的不法性。具体而言，在案例八中，在确定药房营业员没有履行注意义务的情况下，是否可以认定他们涉嫌过失致人死亡或者其他刑事责任呢？这里的关键在于其违反注意义务的行为是否具有刑事不法的可谴责性，即在规范层面是否可以将危害结果归责于这一行为。

　　除了上述问题，此次典型案例还在假药的认定标准与证明规则（如案例二"黑作坊案"、案例三"非法进口药案"、案例六"逆向移送案"以及案例九）、主观明知的推定规则（如案例三）、非法经营药品行为评价（如案例七"出租许可证案"）做了相应的归纳梳理。可以想见，这些规则必然对药品犯罪的司法治理产生深远影响。当然，在司法实践中，能够为最高司法机关关注作为典型案件甚至是指导案例被公布的案件，仍然是极少数的。但是，正如我在本书第 1 版中所提到的，这不代表基层司法机关所作出的司法裁判不具有学术研究价值。因此，自本书出版以来，类案研究仍然是本人持续关注的重点所在，尤其是在新的法律规范、司法解释生效实施以后给司法实践所带来的的新挑战，仍然是研究关注的重点，而这也反映在此次修订上。具体来说，此次修订主要涉及以下三个方面的内容：

　　第一，体现《药品管理法》《疫苗管理法》《刑法修正案（十一）》对药品管理立法的最新修改。2019 年 12 月 1 日生效实施《药品管理法》《疫苗管理法》和 2021 年 3 月 1 日起施行的《刑法修正案（十一）》对我国药品监管体系和药品犯罪立法进行了大幅度修订，尤其是关于假药、劣药以及其他缺陷药品标准的重新划分，以及妨害药品管理罪的增设，极大改变了药品犯罪的治理形势，也给司法实践带来了诸多挑战。为此，本次修订删改了原版中与这些规范有冲突的内容，并按照新规范，通过新案例来予以分析探讨。

　　第二，按照最高人民法院、最高人民检察院新近联合发布的《关于办理危害食品安全刑事案件适用法律若干问题的解释》（2022 年 1 月 1 日起施行）和《关于办理危害药品安全刑事案件适用法律若干问题的解释》，对涉及司法解释适用规则的内容进行全面修订。这两个解释文件尤其是关于药品的司法解释确立了诸多新的司法解释规则，包括妨害药品管理罪的认定标准、主观明知的推定规则等，及时回应了《刑法修正案（十一）》实施一年来所面临的司法疑难问题。当然，司法实践的复杂性，也决定了在适用这些规则时难免会引起一些分歧，为

此，笔者结合参与司法解释文件的讨论情况，对可能出现的争议性问题进行学理分析，

第三，结合司法实践中新近发生的争议案件做简要的法理分析，回应社会热点。由于食品药品与人们生活紧密相关，因此，实践中这方面的案例往往层出不穷，比如 2022 年 7 月 20 日，《新京报》报道必胜客北京和谐广场店和魏公村店存在餐厅管理人员篡改效期标签，食材不按时废弃；员工拆掉外包装，将过期食材"化整为零"，以及烹炸用油长期不更换，相关指标超标近一倍等多种食品安全问题，引发社会舆论的极大关注，并被有关部门立案调查。应该说这些都是司法事件中的老问题，但因涉及知名餐饮企业，如何把本案办理成为食品案件中典型个案，迫值得关注。当然，此前成为新闻焦点的"贩毒妈妈案""兽药版药神案"更是引发了学理上的广泛探讨，并将办案部门置于舆论漩涡之中，而这两类案件，应该说是本书第 1 版中未有深入探讨的，借此次修订，笔者将这两类案件的分析以"延伸阅读"的形式增补进来，以便交流探讨。

2022 年 7 月 31 日于天静轩

食品药品安全从不缺少公共话题。长春长生、武汉生物疫苗事件燃爆的舆论热点刚趋于平静，就有媒体报道，2018 年 8 月 25 日晚，在中国计算机学会（CCF）主办的第二十一届中国计算机辅助设计与图形学（CAD&CG2018）学术会议上，有 250 多人食用晚餐后不同程度地出现了食物中毒症状。据桂林市卫生和计划生育委员会应急办在网上提供的信息，桂林市疾病预防控制中心已确认此次食物中毒是由沙门氏菌所致，并称在该酒店"在食品留样不全不规范的情况下，最终在留样食品'卤味拼盘'及 3 名厨师肛试样品中检出和患者体内同型的沙门氏菌"。应当说，对于一个星级酒店而言，出现这种按照食品安全经营规范原本可以避免的食物中毒事件无疑让人大跌眼镜，何况还是在如此一个高规格的学术会议上。对于酒店的管理者而言，也许这只是一个偶然性事件；对于围观的老百姓而言，也许这只是一个茶余饭后的谈资。但于我而言，这恰恰是我们食品药品安全监管所面临的社会问题的一个缩影：这些看似偶发的食品安全事件，实则有一定的必然性——其背后是生产经营者对食品药品安全规范的麻痹，也是有关部门对持之以恒强化监管的懈怠。而这种"偶然性"所带来的"必然性"后果就是，我们任何一个人在食品安全问题上都不可能独善其身，不管你自觉何等尊贵，也不管你自认何其卑微。当然，命运指派何人去亲身感受食品安全事件的恐惧与紧张，自然是"必然"中的"偶然"。就此而言，与其说保障食品药品安全是一种公共责任，更毋宁说是为了自己"想吃就吃"的自在情怀。

其实，大多数人都能意识到食品药品安全与公众生活的息息相关，所以食品药品从严治理从不缺少社会共识。从食品药品的全链条监管到从严惩治的刑事政策，我们看到国家在食品药品安全监管方面的"严"，也看到公众对食品药品安全保障的"切"。这使公众对行政机关、司法机关严厉打击食品药品安全违法犯罪领域多了一份支持和理解，也使监管人员、司法人员在办理食品药品安全犯罪案件时多了一份责任和压力。因此，了解执法办案人员处理食品药品安全犯罪案件的思维，对于我们理解食品药品犯罪治理体系的系统化问题具有重要的指示意义。"法官的整个工作就是宣布判决和法律的含义。"作为一名研究者，我深切感受到法律在指引公众行为规范、明确法律标准方面的深切含义，也能体会到裁判对食品药品的经营者合法经营的重大影响。社会公众未必都去查阅法律，也未必能够看得懂，但是法官的裁判直观地告诉公众对与错的标准以及相应的后果。毕竟，"法官裁判要讲道理，但这个道理不是到社会上、报刊上去讲，而是在判决书上讲，靠判决书本身去说服当事人，说服社会。"① 因此，典型案件及其背后司法裁判，是我们理解这个时代食药犯罪治理机遇与挑战的优质切片。

为此，本书将研究的视角转向了毒豆芽、地沟油、注水肉、滥用泡打粉、保健品、进口药、假疫苗、膏药以及医疗器械九大类案。这些类案都是这几年调研、讲座过程中和一线执法办案人员深入探讨的案件类型，也是实践中频发且争议问题较多的案件。在笔者看来，这些案件也是当下我们办理食品药品案件过程中存在的代表性问题。本书共有十章，前五章主要围绕危害食品安全犯罪进行讨论，后五章则围绕危害药品安全犯罪展开分析。

第一章主要对刑法中食品的认定标准和证明进行探讨。刑法中的"食品"和食品安全法中"食品"是否具有同一性，理论和实践中争议都比较大。如果我们无法确定食品的范畴或者在什么是食品的问题上争议难消，就会影响取证过程中

---

① 参见梁慧星：《裁判的方法》，法律出版社 2017 年版，第 12—13 页。

证明涉案物品为食品的效率，因此，第一章选择了"食品"的认定标准作为研究内容，以奠定全书分析问题的基础。第二章对"毒豆芽"案件中的争议问题进行探讨。该类案件是近年来危害食品安全犯罪司法治理中的典型事件。之所以说典型，是因为它体现了危害食品安全犯罪治理的专业性——在很多案例中司法机关甚至没有理解"毒豆芽"之毒的性状——作为植物生长调节剂的农药属性。这也就不难理解为什么会在司法部门之间、学者之间产生了诸多争议。其实，这些争议并非围绕一个专业问题展开——脱离农药学科从纯粹的法规范视角来讨论，注定是一种误区。因此，对"毒豆芽"案件探讨，既是对实践争议的梳理与回应，也期待能够透过这类案件，使我们每一个研究者、执法者、司法者以理性的视角去看待食品药品安全问题。第三章围绕"地沟油"案件的司法认定展开。"地沟油"案件曾经引起公众对餐桌消费的极大担忧，也推动国家以更严苛的方式惩治此类犯罪行为。但"地沟油"认定标准的模糊、检验检测方法的缺失以及刑法规范中极易让人忽略的问题，都给司法人员办理此类案件带来了困难。因此，本章结合上述问题对此类案件进行分析。第四章选择了"注水肉"这一典型案件。在司法实践中，因注水的水质不同，使注水肉的安全性也有很大差异。因此，注水肉案件是食品安全领域极为典型的竞合案件。如何在这类案件中准确评价不法者的刑事责任，以及如何更全面地收集证据，是本章研究的重点所在。第五章"滥用含铝泡打粉"案件也是食品安全领域争论较大的案件。对于滥用含铝泡打粉案件的分析几乎可以适用于整个滥用食品添加剂案件的处理。一方面，滥用食品添加剂行为的普遍性使笔者一直关注这类案件并将其作为代表性案例来研究；另一方面，该类案件的嫌疑人往往是街头摆摊的小商小贩，为生计糊口的动机也时常令办案人员同情，而"泡打粉"的刑事违法标准却极不明确，所以时常使执法人员面临证据问题、情法问题的纠结。为此，本章选择"超范围滥用食品添加剂""超限量滥用食品添加剂"两个主要问题进行分析，意图对当前的争议问题提出建设性建议。

第六章探讨的保健品案件是游离在假药与有毒、有害食品之间的特殊案件。因此，办理此类案件首先要确定涉案保健品的身份是药品还是食品，这也使本章在整本书中居于承上启下的地位。如果涉案产品符合食品特征的，可以根据涉案保健品的性质决定适用《刑法》第 143 条、第 144 条或者第 140 条；如果涉案保健品被认定为药品，则可以考虑适用《刑法》第 141 条和第 140 条的规定。第七章关注的依然是社会热点案件——销售非法进口药。对此，应当承认，按照现行的法律规范，将行为人销售的未经批准进口的国外、境外药品认定为假药，是完全符合国家规定的。但此类案件是否均构成销售假药犯罪，应当从犯罪的本质特征即法益侵害性的角度准确把握销售未经批准进口的国外、境外药品的行为是否侵犯了生产、销售假药罪所侵犯的法益，从而避免将销售完全合格的非法进口药的行为认定为销售假药犯罪。第八章关注近期频发的疫苗案件。基于罪刑法定原则，不管是从国外非法进口的"假的"真疫苗，还是国内非法经营的"真的"假疫苗，都应当依照刑法明文规定定罪量刑。但是，从司法实践来看，如何理解假药的认定标准，如何确定经营的劣质疫苗和人身伤害之间具有刑法上的因果联系，存在诸多值得探讨的地方。为此，本章从药品的认定标准、因果关系等角度对该类案件的定性处理进行分析。第九章探讨的是民间传统膏药这一中国传统医学的代表性成果。从现行规定来看，膏药属于药品。在分类上，膏药属于中药制剂，与中药饮片、中药材不同，更区别于保健用品和医疗器械，这一点是本章研究的立足点。因此，在判断膏药是不是假药时，本章提出应当注意区分"非药品冒充药品"和"必须批准而未经批准生产的药品"两者之间的界限，通过合理界定来影响案件取证。第十章以"医疗器械"案件为研究对象。对于实践争议，笔者认为，医疗器械与药品的区分，应当以法定概念、特征为基础，结合证据确认其性质。不符合保障人体安全的国家标准、行业标准的医疗器械，不仅包括真正的医疗器械，而且包括以一般产品冒充医疗器械的情形。不管是强制性标准，还是推荐性标准，都可以作为国家标准、行业标准的认定依据。有关部门应当规范、加强医疗器械的质量评估，并根据刑事证明的需要完善检验标准、检验方法，明确风险评估的目标。

选择典型类案作为研究，在不是判例法的国家似乎显得不够高雅。但是，每一个裁判背后无不体现了法官的职业素养和法律观念的社会化程度，对裁判进行梳理和研判对于发现刑事治理过程中存在的问题具有重要的实践意义，也可以促使高居庙堂之上的立法者们关注真正的司法需求。亚里士多德曾言，"法官盖公平之保护者也，保护公平即保持平等"。我们期待危害食品安全犯罪治理是一场真正的法治之治。

目　录　**Contents**

第一章

供人食用：食品的核心要素及其证明

【本章概要】

《中华人民共和国刑法》（以下简称《刑法》）中的"食品"和《中华人民共和国食品安全法》（以下简称《食品安全法》）中的"食品"应当具有同一性，均具备三个要素：一是供人食用或者饮用的成品和原料；二是按照传统既是食品又是中药材的物品；三是不包括以治疗为目的的物品。因此，"供人食用"是食品的核心要素。在办理危害食品安全犯罪案件的过程中，食药监管部门和公安机关一定要注意搜集涉案产品是否具有食品属性的证据，即是否供人食用且不以治疗为目的。为此，在接获案件线索以后，要高度重视线索审查和案件经营；在案件侦办过程中，要强化犯罪现场勘查工作，确定、查实涉案产品的具体流向。

一、从典型案件看"食品"的司法证明

危害食品安全犯罪具有特殊的犯罪对象，那就是涉案物品必须属于食品的范畴，即便行为人不一定被判处生产、销售不符合安全标准的食品罪或者生产、销售有毒、有害食品罪。除此以外，危害食品安全犯罪在行为方式、危险判断等方面也具有独特性，如受食品安全国家标准等相关行政法律规范的约束

等。因此，如果无从确认涉案物品是否属于食品，就会导致法律适用错误，误导取证方向，影响犯罪治理的效果。在司法实践中，一些案件因涉案食品的认定问题而争议颇大。

案例一："鲶鱼案"①

公诉机关指控，被告人马某、王某、奚某、陈某、张某以营利为目的，非法从事生产、销售病死猪肉活动，其中王某涉及销售金额177000元。被告人王某的辩护人辩称，王某的行为不排除存在违法性，但尚不构成生产、销售不符合安全标准的食品罪。因为《刑法》第143条处罚的是生产、销售不符合安全标准的"食品"的行为。何为食品，给人食用的叫"食品"，而给动物食用的叫"饲料"。本案涉案死猪肉是作为饲料投放给鲶鱼吃的，并非供人食用。起诉书中也指控，王某将死猪肉全部卖给了蔡某某，蔡某某也并未列为本案被告人。也就是说，本案多名被告人生产、销售的是饲料。喂食死猪肉是否会导致饲养的鲶鱼成为不符合安全标准的食品呢？鲶鱼是一种杂食性鱼类，食物以腐肉为主，这是物种的天然习性，即使不投放死猪肉，鲶鱼还是吃腐肉的。若本案中鲶鱼有危害，公诉机关应提供相关的证据。死猪肉、喂养死猪肉的鲶鱼足以造成严重食物中毒事故或者其他严重食源性疾病，这三者之间缺乏因果关系，综合全案材料，没有鉴定、检验报告和专家意见来证明"足以造成严重食物中毒事故或者其他严重食源性疾病"这种情形。法院审理认为，被告人王某明知病死猪肉仍予以收购、倒手转卖，足以造成严重食物中毒事故或者其他严重食源性疾病，其行为符合生产、销售不符合安全标准的食品罪的主客观要件，故不予采纳辩护人提出的被告人王某无罪的意见。

---

① 浙江省嘉兴市南湖区人民法院刑事判决书（2013）嘉南刑初字第849号。

案例二："胶囊案" ①

新昌县人民检察院指控，2011 年 3 月至 2012 年 4 月，被告人赖某某在参与管理浙江省新昌县华星胶丸厂两条胶囊生产线期间，多次利用从张某甲（另案处理）等人处购买的工业明胶生产胶囊或购买明知他人系利用工业明胶生产的胶囊而予以销售，共计销售人民币 551270 元。被告人赖某某的辩护人认为，胶囊不是食品，公诉机关没有证据证明掺入工业明胶的胶囊不论多少即为有毒、有害，故指控赖某某犯生产、销售有毒、有害食品罪不当，应定生产、销售伪劣产品罪。新昌县人民法院认为，空心胶囊按用途可分为食用胶囊和药用胶囊。作为普通食品或保健食品包装的食用胶囊，随食品被食用，可归食品范畴。药用胶囊其本身不是药品，无治疗作用，随药品直接入口进入人体，亦可属食品范畴。

案例三："饲料添加剂案" ②

赫章县人民法院审查认定，被告人何某向贵州某贸易有限公司进购了 60 吨饲料添加剂氯化钠。随后何某联系被告人何正某，请何正某帮助销售并照看管理存放在商铺仓库里的饲料添加剂氯化钠。何某在销售饲料添加剂氯化钠时宣称该饲料添加剂氯化钠人可以吃，牲口也可以吃，可以用来腌肉，何正某也按照何某所说对外宣传推销，误导民众购买该饲料添加剂氯化钠用于人食用。从 2015 年 5 月至 11 月期间，何某、何正某以 1800 元每吨的价格出售给李某、杜某、何某甲等人饲料添加剂氯化钠共计 40 余吨。李某、杜某、何某甲等人也按何某、何正某所说对农户进行宣传，导致了一些民众购买食用。案发后，被告人何某提出其销售的不是食品，是饲料添加剂，其行为不构成犯罪。对此，法院认为，有证人李某、杜某、何某甲、何某乙等人的证言及二被告人的供述、检测报告、贵州省疾病预

---

① 浙江省新昌县人民法院（2013）绍新刑初字第 1 号刑事判决书。
② 贵州省赫章县人民法院（2016）黔 0527 刑初 49 号刑事判决书。

防控制中心地方病防治研究所关于食用非碘盐对人体危害的说明等证据相互印证，证实何某、何正某在自然环境缺碘地区以饲料添加剂氯化钠充当食用碘盐销售，足以造成严重的食源性疾病，被告人何某、何正某的行为已构成销售不符合安全标准的食品罪，对该辩护意见不予采纳。据此，一审法院以被告人何某犯销售不符合安全标准的食品罪判处有期徒刑一年四个月，并处罚金人民币十万元。

上述三个案件分别为不同法院审理的危害食品安全犯罪案件。虽然这些案件中公诉机关所指控的涉案对象属于不同类型的食品，但问题却极其相似，即辩护人都认为涉案对象不属于食品，应当认定为饲料或者其他普通产品。如在"鲶鱼案"中，辩护人认为涉案死猪肉是作为饲料投放给鲶鱼吃的，并非供人食用，因此不属于食品。在"胶囊案"中，争议的焦点之一就是涉案胶囊应属于食品还是其他产品。在"饲料添加剂案"中，被告人同样提出其销售的不是食品，是饲料添加剂，其行为不构成犯罪。针对上述问题，"鲶鱼案"中司法机关没有明确回应辩护意见，而是以被告人王某明知是病死猪肉仍予以收购并倒手转卖为由认定其成立生产、销售不符合安全标准的食品罪，等于直接认定了涉案病死猪肉属于食品。在"胶囊案"中，司法判决虽然明确指出因胶囊可以随食品被食用或者随药品直接入口进入人体而属于食品，但没有对食品的概念进行详细说明。在"饲料添加剂案"中，司法机关指出了"何某、何正某在自然环境缺碘地区以饲料添加剂氯化钠充当食用碘盐销售"，认定涉案的氯化钠以饲料添加剂冒充食用碘盐的事实。从这些案例来看，只有"胶囊案"中的司法机关在裁判文书中明确了何为食品以及食品的认定标准；"鲶鱼案"中辩护人的理由缘何不能成立，为什么涉案产品是食品而不是饲料，司法机关没有进行充分论证和说理。

我们从这些案例中可以发现，何为食品，实践中不无争议。尤其是对于病死猪肉等这些既可以做饲料也可以冒充食品的特殊对象来说，更容易引起控辩双方的分歧。虽然2022年1月1日施行的《最高人民法院、最高人民检察院关于办理危害食品安全刑事案件适用法律若干问题的解释》（以下简称《2022 年食品解释》）第 1 条第 2 项明确规定，"属于病死、死因不明或者检验检疫不合格的畜、禽、兽、水产动物肉类及其制品的"，应当认定为"足以造成严重食物中毒事故或者其他严重食源性疾病"。但在查办病死猪肉案件中，侦办机关极易将"病死、死因不明或者检验检疫不合格的畜、禽、兽、水产动物肉类及其制品"等同于"食品"，从而适用《刑法》第 143 条或者第 140 条的规定。事实上，从该条文的完整内容来看，对于病死肉案件的处理，存在一个基本的前提，即第 1 条中"生产、销售不符合食品安全标准的食品，具有下列情形之一的，……"的表述。换句话说，要依据本条处理生产、销售病死猪肉等动物及其肉类制品的案件，必须首先证明该案属于生产、销售不符合安全标准的食品案件，否则就不符合其列举的可以认定为《刑法》第 143 条所规定的危险状态的情形。就此而言，公安司法机关在侦办、审理危害食品安全犯罪过程中，"食品"是核心的证明要素，是不可缺少的证明对象。如何完成这一证明内容，就需要结合"食品"的概念进行分析，这也是本章甚至本书进行类案分析的基础所在。

二、何为《刑法》中的"食品"

其实，不仅实践中需要证明涉案物品是否属于食品以及如何判断属于食品缺乏统一的规范标准，即便在理论上学者们也对"什么是食品"有不同理解，甚至有观点认为无须对食品的概念进行解释。如有学者认为，既然《刑法修正案（八）》中没有对食品作出新界定，那么立法者应该认为此种概念是社会上既存的共识，无须重新解释；并且随着时代情形的变化，食品的概念范围也是不同。① 当然，面对上述司法争议，这种观点的缺陷不言自明。事实上，对于食品的概

---

① 参见黄星：《中国食品安全刑事概论》，法律出版社 2013 年版，第 27 页。

念，理论上还是存在诸多争议，其核心问题就是《食品安全法》中"食品"的概念和《刑法》中"食品"的概念是否一致，这其中也延伸出对安全食品与食品安全的关系问题。

（一）《刑法》中的"食品"概念

食品，是日常生活不可或缺的重要物质，也是老少皆知、不言自明的物品。但若要从规范上明确其概念，尤其是考虑到学科差异的话，也并非毫无分歧。然而，对于危害食品安全犯罪的规范治理来说，什么是食品却是一个绕不开的基本范畴，因为它不仅决定了《刑法》第 143 条生产、销售不符合安全标准的食品罪和第 144 条生产、销售有毒、有害食品罪（以下对这两种犯罪统一表述时概称为"生产、销售伪劣食品犯罪"）的认定，而且影响《刑法》第 140 条生产、销售伪劣产品罪的司法认定。毕竟，食品属于产品之一种，在刑法层面上，危害食品安全犯罪也可能构成生产、销售伪劣产品罪，故而作为生产、销售伪劣食品犯罪行为对象的伪劣食品也可能成为生产、销售伪劣产品犯罪中行为对象的一部分。这种逻辑关系就决定了食品的概念看似简单却是需要细细斟酌的司法问题。

论及食品的概念，虽然刑法中没有具体表述，但 2009 年的《食品安全法》和 2015 年修订后的《食品安全法》中均对之进行了明确界定。后者第 150 条规定，"食品，指各种供人食用或者饮用的成品和原料以及按照传统既是食品又是中药材的物品，但是不包括以治疗为目的的物品。"那么，刑法中危害食品安全犯罪的认定是否可以援引这一定义呢？司法实践与刑法理论上不无争议，主要有"扩张说"与"狭义说"之分。"扩张说"认为，《食品安全法》中的"食品"概念只是一种狭义的界定，其所指向的对象是一种应然的食品，《刑法》中的"食品"是广义的，其所指向的对象应当是一种实然的食品，外延应当大于《食品安全法》中的"食品"，不仅包括可食用的，也包括一部分根本就不能食用而仅仅只是挂着可食用之名的所谓的"食品"。在该论者看来，部门法多数只关心本部门的内容，而刑法却基于后盾法的地位，保护范围应当更宽，规制手段应当更严，因此，《刑法》中"食品"的外延可以大于《食品安全法》中"食品"的外延。[①] 从中可以看出，论者之所以认为《刑法》中的食品范畴更大，是因为《刑法》中的"食品"包括了有毒、有害食品等不能食用物质。"狭义说"认为食品应当具备营养性的特征，主张"食品，是指通过人体消化系统，可被人体消化、吸收，能满足人体生理要求和营养要求的一切物品，既包括一般食物，也包括食物添加剂、调味品、色素、保鲜剂，还包括油脂和饮料等"。[②] 由于主张食品的营养性特征，该观点关于《刑法》中"食品"内涵的阐述实质上缩小了《食品安全法》对"食品"的界定。可以说，上述观点是从不同角度分析了《刑法》中"食品"的定义，并进行了较为详尽的说明，但是这两种观点的共同点是混淆了食品与安全食品的范畴（下文将作详述），不当地扩大或者缩小了刑法中食品的概念。在笔者看来，《刑法》与《食品安全法》中的"食品"应该具有同一性，上述观点的不妥之处在于没有准确理解《食品安全法》中"食品"的特征。之所以作出这样的判断，根本原因是危害食品安全犯罪大多属于行政犯罪，其构成要素的判断应当参照行政法规范的规定，确保《刑法》与《食品安全法》在调整领域上的一致性，从而更有利于发挥刑法的法律指引功能。如果《刑法》中"食品"的概念大于《食品安全法》中"食品"的概念，就会导致在刑法中被认为属于危害食品安全犯罪的行为，在食品安全法上却不属于"食品"的范畴。这样一来就会产生内在冲突：成立《刑法》第143条、第144条之罪的前提是涉案食品属于不符合安全标准的食品，而食品安全标准是由《食品安全法》规定的，对于不属于食品安全法中食品范畴的物质，当然不会受食品安全国家标准调整，由此造成不符合安全标准的食品之判断将缺乏依据，故而《刑法》中的"食品"应当和《食品安全法》中的"食品"属于同一范畴。

[①] 参见孙建保：《生产、销售有毒、有害食品罪司法认定解析》，载《政治与法律》2012 年第 2 期。

[②] 参见陈兴良：《罪名指南》（上册），中国政法大学出版社 2000 年版，第 225 页。

这里需要注意的是，并非所有食品的生产、加工、种植、养殖标准都规定在食品安全法中，因为《食品安全法》第 2 条第 2 款明确规定，"供食用的源于农业的初级产品的质量安全管理，遵守《中华人民共和国农产品质量安全法》（以下简称《农产品质量安全法》）的规定。但是，食用农产品的市场销售、有关质量安全标准的制定、有关安全信息的公布和本法对农业投入品作出规定的，应当遵守本法的规定。"因此，其他法律也可能涉及食品安全的规定，但《食品安全法》第 150 条关于食品的定义应当具有更为宽泛的适应性。毕竟，在流通环节，食品安全法涵盖了所有"供人食用"的食品范畴。

"狭义说"认为《刑法》中的"食品"应当具备"营养性"要求，会产生两个方面的问题：（1）符合食品安全的无毒、无害标准但是不符合营养标准的食品，[①] 是否属于《刑法》中的"食品"？显然，从《刑法》第 143 条的规定来看，该种情形应当予以认定，而"营养说"的观点则会否认其适用《刑法》第 143 条的可能性。（2）在笔者看来，"狭义说"的潜在逻辑是，营养性是刑法中的食品的基本特征，不具备营养性的食品属于不符合安全标准的食品在逻辑上是没有问题的。但是，从《刑法》第 143 条的表述来看，"不符合安全标准的食品"的文字结构是"……的食品"，依然属于"食品"范畴；如果一定要为其加入"营养性"要素，就会导致不符合安全标准的食品在具备营养性的条件下才能认定犯罪，这种逻辑是矛盾的。

为了论证上述观点的合理性，"扩张说"举例，如以工业酒精兑水后充作白酒出售的行为，根本不能称之为食品，对这种严重危害社会的行为的惩治将无法

[①] "食品安全"是 1974 年由联合国粮农组织提出的概念，从广义上讲主要包括三个方面的内容：一是从数量角度，要求国家能够提供足够的食物，满足社会稳定的基本需要；二是从卫生安全角度，要求食品对人体健康不造成任何危害，并获取充足的营养；三是从发展角度，要求食品的获得要注重生态环境的良好保护和资源利用的可持续性。参见信春鹰主编：《中华人民共和国食品安全法解读》，中国法制出版社 2015 年版，第 2 页。

可依。① 其实不然。因为工业酒精兑水后充作白酒出售，说明嫌疑人生产加工该假酒的目的是提供供人饮用且不以治疗为目的的成品，这完全符合《食品安全法》中食品的定义，因此，亦可以认定为《刑法》中的"食品"。同时，由于行为人在加工白酒的过程中掺入了有毒、有害的非食品原料，故而涉嫌生产、销售有毒、有害食品罪——惩治此类行为根本不会无法可依。

（二）食品与安全食品

《刑法》中的"食品"与《食品安全法》中的"食品"属于同一范畴，在实践中，我们可以通过明确其基本特征，并将其与安全食品相区别。

首先，食品的核心特征是"供人食用"。食品安全法中的食品概念是中性的，只是形式化的表述，不涉及本身的安全性。从结构上说，食品安全法中食品的概念包含三个方面的要素：一是供人食用或者饮用的成品和原料；二是按照传统既是食品又是中药材的物品；三是不包括以治疗为目的的物品。第一项是其实质特征，明确了只有"供人食用"的物质才可能属于食品；第二项是其外延特征，即形式上包括了一些食药同源的物品；第三项是限制性特征，即如果存在治疗的目的，则不属于食品。从这三个特征来看，只要生产者以供他人食用、饮用的名义生产的成品或者原料，在不以治疗为目的（不具有药品的用途）的情况下，都可以视为食品，即便它不符合《食品安全法》规定的食品安全标准。其次，食品和安全食品是不同的范畴。上述论者认定《刑法》中的"食品"范围应该扩大的重要原因，就是将《食品安全法》中的"食品"等同于安全食品。关于安全食品，《食品安全法》中使用的是"食品安全"的概念。《食品安全法》第150条规定，食品安全指食品无毒、无害，符合应当有的营养要求，对人体健康不造成任何急性、亚急性或者慢性危害。这也是我们通常意义上理解的"安全食品"，即狭义

---

① 参见孙建保：《生产、销售有毒、有害食品罪司法认定解析》，载《政治与法律》2012年第2期。

上的理解。一般而言，广义上的食品安全除了包括食品本身的安全、营养特征，还要保证一个国家或地区的食品供给十分充足，不会出现食品危机。① 据此，《食品安全法》中的食品与食品安全是两个具有包容关系的词汇，后者具有无毒、无害和营养性的特征，这一点与食品相区别。其实，也正是因为食品本身不要求具有安全性，《刑法》中不符合安全标准的食品这一称谓才具有逻辑自洽性。

基于上述分析，笔者认为，在"胶囊案"中，辩护人关于胶囊不是食品的辩护理由是不能成立的。因为根据食品安全法关于食品的定义，用工业明胶生产的胶囊，是用于保健食品或者药品的外包装，是和保健食品、药品一起供人食用的成品，但是其胶囊本身不具有治疗的用途，因此，涉案胶囊符合《食品安全法》的定义，应认定为食品。② 但是，在"鲶鱼案"中，如果认定本案为危害食品安全犯罪，就必须证明涉案的病死肉属于食品，即属于"供人食用"而又"不以治疗为目的"的物品。按照辩护人的辩护意见，"涉案死猪肉是作为饲料投放给鲶鱼吃的，并非供人食用。"公诉机关需要通过证据证明涉案死猪肉是"供人食用"的。然而，在该案中，司法机关对于辩护人的辩护理由没有作出具体回应，直接认定涉案物品属于"食品"，没有完成"供人食用"这一特定证明对象的证明，因此，判决书认定犯罪的证据链是不完整的。与之形成对比的是，在"饲料添加剂案"中，针对辩护人提出的辩护意见，司法机关明确指出认定涉案物品属于食品的证据，即被告人"何某在销售饲料添加剂氯化钠时宣称该饲料添加剂氯

---

① 参见段阳伟、赵茵茵：《论我国食品安全的刑法保护》，载舒洪水主编：《食品安全犯罪的罪与罚》，中国政法大学出版社2014年版，第171页。

② 需要说明的是，2022年3月6日施行的《最高人民法院、最高人民检察院关于办理危害药品安全刑事案件适用法律若干问题的解释》第11条的规定，"以提供给他人生产、销售、提供药品为目的，违反国家规定，生产、销售不符合药用要求的原料、辅料，符合刑法第一百四十条规定的，以生产、销售伪劣产品罪从重处罚；同时构成其他犯罪的，依照处罚较重的规定定罪处罚"。据此，生产、销售不符合药用要求的医用胶囊，可以认定为伪劣产品，这与将其评价为食品并不矛盾，后者本身也属于前者。

化钠人可以吃，牲口也可以吃，可以用来腌肉，……"从而通过这些证人证言和被告人供述等证据，证明了被告人曾经对外宣传涉案物品可以供人食用，也可以供动物食用，查明了以"食品"名义对外销售的事实。本案也表明，涉案物品是否"供人食用"，不仅可以通过行为人是否在食品的外包装上标明食用字样进行判断，而且也包括那些形式上没有标注"食品"但假冒食品之名进入流通领域的物品。这样就给有关部门侦办此类案件提出了更高的标准和要求。

三、食品与相关产品

有观点认为，为了将危害食品安全行为最大化地纳入《刑法》第143条、第144条之规定，应当将食品添加剂、调味剂、色素、保鲜剂，还包括油脂和饮料等都纳入食品的范畴。[①] 其实，这一观点中所提到的油脂、饮料本身就在食品生产许可分类目录中有明确记载，油脂归属于食用油、油脂及其制品范畴，而饮料则是一项独立的类别，因此，无须特别提出将其纳入食品范畴，而调味剂、色素、保鲜剂均为食品添加剂，论者将两类不同性质的产品并列，混淆了它们的分类标准，错误地将其归类食品之中。基于此，本部分对食品与相关产品的界限进行探讨，明确食品与添加剂、农产品以及相关产品之间的关系。

（一）食品与食品添加剂

根据《食品安全法》第150条的规定，食品添加剂，指为改善食品品质和色、香、味以及为防腐、保鲜和加工工艺的需要而加入食品中的人工合成或者天然物质，包括营养强化剂。第39条第2款明确规定，生产食品添加剂应当符合法律、法规和食品安全国家标准。可以说，不符合食品安全标准的食品添加剂是

---

① 参见郭彦东：《林烈群、何华平等销售有害食品案》，载熊选国主编：《中国刑事审判指导案例·破坏社会主义市场经济秩序罪》，法律出版社2009年版，第31页。

不能用于食品的生产、经营的。那么，作为可以在食品中添加的物质，食品添加剂是否可以归入食品的范畴呢?《2022 年食品解释》第 15 条规定，生产、销售不符合食品安全标准的食品添加剂，构成犯罪的，依照刑法第 140 条的规定以生产、销售伪劣产品罪定罪处罚。据此，解释的制定者主张食品添加剂不属于食品，而是普通产品。然而，理论上有观点认为，食品添加剂应当属于食品。因为食品添加剂与食品原料或者食品在物品性质上并无本质区别，已经成为各种现代食品不可缺少的构成要素之一。同时，《食品安全法》将食品添加剂的生产经营纳入其调整的范围，表明了对该种物品进行安全化法律规制的重视程度。[①] 如果按照这一观点，生产、销售不符合食品安全标准的食品添加剂的行为，应构成生产、销售不符合安全标准的食品罪，从而与司法解释的观点相冲突。对于这两种不同的主张，笔者认为，食品添加剂不是食品，而属于非食品原料。如果生产、销售不符合食品安全标准的食品添加剂，应依照《刑法》第 140 条定罪处罚。首先，根据《食品安全法》的规定，食品添加剂是为了改善食品质量，实现特殊工艺目的而添加在食品中的，因此，食品添加剂不属于食品本身的食物原料。具体到物品性质上，食品添加剂是食品科技发展的产物，只有在具有改善或丰富食品的色、香、味等品质的必要性时才允许使用，属于非食品原料。[②] 其次，食品添加剂本身具有一定的风险性，需要经过严格的风险评估并确保安全可靠的情况下才能使用，使用不当或者过量使用，会给人体健康带来严重危害。因此，必须对食品添加剂的生产、品种、使用范围和用量进行严格限制。[③] 也就是说，食品安全法将食品添加剂的生产、经营纳入管控范围，并不是因为食品添加剂属于食品的

---

① 参见陈烨:《食品安全犯罪的对象研究》，载《西南政法大学学报》2012 年第 4 期。
② 参见信春鹰主编:《中华人民共和国食品安全法解读》，中国法制出版社 2015 年版，第106 页。
③ 参见信春鹰主编:《中华人民共和国食品安全法解读》，中国法制出版社 2015 年版，第 69 页。

范畴，而是因为它极大关系到食品的安全问题。否则，按照上述论者的逻辑，《食品安全法》第 41 条将食品用塑料包装、容器等食品相关产品的生产经营要求规定在内，也可以将这些相关产品视为食品，这显然是不妥当的。综合上述分析，食品添加剂不属于食品，《2022 年食品解释》第 15 条有关食品添加剂的规定是合理、合法的。

虽然食品添加剂不属于食品，但是食品添加剂也是供人食用的，那么，食品添加剂和食品在"供人食用"的特征上有何差异性呢？笔者认为，食品添加剂作为非食品原料，是不能直接让人食用的，只能和其他食品原料相结合成为食品以后才能供人食用。因此，虽然两者都是"供人食用"，但食品中"供人食用"的特征具有独立性，这一点是食品添加剂所不具有的。

（二）食品与农产品

从名称来看，食品与农产品在内涵上具有明显差异，但是具体到某一特定对象上却往往又难以区分。比如豆芽究竟是农产品还是食品，至今仍不无争议。最高人民法院于 2014 年 11 月在《关于人民法院处理"毒豆芽"案件有关问题的答复》中就指出"……实践中也存在一些不同认识，如：豆芽属于食品还是食用农产品；豆芽制发属于食品加工还是农业种植；对豆芽及豆芽制发是适用《食品安全法》还是《农产品质量安全法》予以监管等。正因为如此，'毒豆芽'问题需要各有关职能部门协调配合，统一认识和认定标准。"当然，这个问题在今天也没有得以解决。不过如前文所述，《食品安全法》第 2 条第 2 款明确规定，供食用的源于农业的初级产品的质量安全管理，遵守《农产品质量安全法》的规定。但是，食用农产品的市场销售、有关质量安全标准的制定、有关安全信息的公布和《食品安全法》对农业投入品作出规定的，应当遵守《食品安全法》的规定。因此，即便认为豆芽属于初级农产品，但是在市场销售、质量安全标准制定等方面仍然应当遵守《食品安全法》的规定。为此，这里有必要明确食品与农产品的关系。

《农产品质量安全法》第 2 条规定，"本法所称农产品，是指来源于农业的初级产品，即在农业活动中获得的植物、动物、微生物及其产品。一般来讲，这里的初级产品，是指没有经过加工的条件的产品。"由此可见，农产品与食品有所差异，更加突出其"未加工"或者"初加工"的特点，但《食品安全法》把食品的外延明确为"成品"或者"原料"，没有设定食品与是否经过加工的关系，所以在逻辑关系上，农产品应当属于食品的范畴，两者之间是包容关系。有观点认为，农产品与食品的界限，应当运用是否经过"加工"来界定：未经加工的可食用的农业源性产品属于农产品，经过加工的可食用的农业源性产品的加工品和制成品属于食品。① 但按此逻辑，不符合食品安全标准的农产品就不属于食品的范畴，即便足以造成严重食物中毒事故或者其他严重食源性疾病，也不能按照《刑法》第 143 条定罪处罚；同时，如果涉案农产品的销售金额不够 5 万或者货值金额不够 15 万，也不能适用《刑法》第 140 条，按照生产、销售伪劣产品罪处罚，这会导致农产品领域的犯罪治理出现漏洞。因此，这种解释方式是不合理的。事实上，农产品完全符合食品的定义，也应当认定为食品的类型之一，只是因为《农产品质量安全法》对其做了专门规定，所以农产品的生产、加工、种植活动按照该法规定处理。这是特别法与一般法的关系，而不能据此将农产品和食品理解为并列关系或者交叉关系。此处需要说明的是农产品与产品的关系问题。一般来讲，大多数食品是现代工业化的结果，因此，这些食品本身也属于《产品质量法》意义上的产品，对于生产、销售不符合安全标准的食品行为，如果没有证据证明足以造成严重食物中毒事故或者其他严重食源性疾病的，可以按照《刑法》第 140 条的规定处理。但是，对于农产品案件在无证据证明产生上述危险状态的情况下，是否可以按照《刑法》第 140 条规定处理不无争议。而争议的根源在于《刑法》第 140 条的"伪劣产品"是否仅限于《产品质量法》中的"产品"。

---

① 参见曾祥华：《食品安全法新论》，法律出版社 2016 年版，第 3 页。

笔者在调研中发现，有实务部门认为，《最高人民检察院、公安部关于公安机关管辖的刑事案件立案追诉标准的规定（一）》（以下简称《立案追诉标准（一）》）第16条规定，《刑法》第140条中的"不合格产品"，是指不符合《产品质量法》第26条第2款规定的质量要求的产品。因此，《刑法》第140条中的伪劣产品应当是指《产品质量法》中的产品，农产品案件不能适用本条款规定。在笔者看来，这种观点错误理解了上述规范性文件关于"不合格产品"所作出的解释。上述解释只能适用于"不合格产品冒充合格产品"的案件，而不能推及所有的伪劣产品案件。因为按照《刑法》第140条的规定，伪劣产品的形式包括了掺杂掺假、以假充真、以次充好以及以不合格产品冒充合格产品。上述解释只是明确了最后一类伪劣产品的认定标准，没有限定"掺杂掺假、以假充真、以次充好"型伪劣产品的外延，所以不能将伪劣产品限定在"不合格产品"的范畴，否则就会导致《刑法》第140条适用范围的不当缩小。基于此，农产品虽然不属于产品的范畴，但如果行为人在农产品生产、种植、加工过程中"掺杂掺假、以假充真、以次充好"的，符合《刑法》第140条追诉标准的，也可以适用本罪。

（三）食品与食品相关产品

《食品安全法》第2条规定，"在中华人民共和国境内从事下列活动，应当遵守本法：……（三）用于食品的包装材料、容器、洗涤剂、消毒剂和用于食品生产经营的工具、设备（以下称食品相关产品）的生产经营；……"据此，食品相关产品的生产、经营也应当受到食品安全法的约束。该法第26条关于食品安全标准的规定中明确指出，食品安全标准应当包括食品相关产品中的致病性微生物，农药残留、兽药残留、生物毒素、重金属等污染物质以及其他危害人体健康物质的限量规定。第34条进一步明确了"禁止生产经营下列食品、食品添加剂、食品相关产品：……"之规定。可以说，在《食品安全法》中，食品和食品相关产品属于并列范畴，并且都受到食品安全标准以及食品安全法的约束、调整。然而，食品和食品相关产品的关系如同食品和食品添加剂的关系一样，虽都适用于《食品安全法》，但并不等同。从第 2 条的规定来看，食品相关产品包括食品的包装材料、容器、洗涤剂、消毒剂和用于食品生产经营的工具、设备。根据《食品安全法》第 150 条的规定，"食品的包装材料和容器，指包装、盛放食品或者食品添加剂用的纸、竹、木、金属、搪瓷、陶瓷、塑料、橡胶、天然纤维、化学纤维、玻璃等制品和直接接触食品或者食品添加剂的涂料。食品生产经营的工具、设备，指在食品或者食品添加剂生产、销售、使用过程中直接接触食品或者食品添加剂的机械、管道、传送带、容器、用具、餐具等。食品的洗涤剂、消毒剂，指直接用于洗涤或者消毒食品、餐具、饮具以及直接接触食品的工具、设备或者食品包装材料和容器的物质。"从这些范畴来看，食品相关产品基本都属于工业产品，首先应当符合《产品质量法》的规定，对于不符合相关质量标准要求的，按照《刑法》第 140 条规定处理。其次，食品相关产品也应当符合食品安全标准，后者也是其产品质量标准的一部分。正如《2022 年食品解释》第 15 条所规定的，生产、销售不符合食品安全标准的食品添加剂，用于食品的包装材料、容器、洗涤剂、消毒剂，或者用于食品生产经营的工具、设备等，构成犯罪的，依照《刑法》第 140 条的规定以生产、销售伪劣产品罪定罪处罚。就此而言，食品相关产品受双重质量标准调整，一是作为产品本身的国家安全标准；二是使用于食品时应当符合的食品安全标准。但不管违背哪一种标准，只要犯罪数额符合追诉标准要求，就可以认定为《刑法》第 140 条生产、销售伪劣产品罪。即如果食品相关产品符合食品安全标准，但若不符合产品本身的工艺要求，涉嫌以次充好、以假充真，也可以按照《刑法》第 140 条规定定罪量刑。

四、食品的证明

明确了《刑法》中的"食品"概念，就可以为司法机关确定该涉案物品的性质提供明确的裁判依据，同时也为公安机关依法全面搜集证据提供方向。基于此，本部分将从三个方面探讨"食品"的证明问题。

（一）证明的内容

如上所述，《刑法》中的"食品"具有三个特征，因此，要证明涉案物品属于食品，就可以根据特征对涉案产品的性质加以判断。如果有证据表明涉案产品符合上述特征，则可以认定其为食品。当然，按照《食品安全法》的规定，食品包括了既是食品又是药品的物质，即食药同源物质。这些物质都规定在国务院有关部门公告的《既是食品又是药品物质名录》中，主要包括丁香、八角、茴香、刀豆、小茴香、小蓟、山药、山楂、马齿苋、乌梢蛇、乌梅、木瓜、火麻仁、代代花、玉竹、甘草、白芷、白果、白扁豆、白扁豆花、龙眼肉（桂圆）、决明子、百合、肉豆蔻、肉桂、余甘子、佛手、杏仁、沙棘、芡实、花椒、红小豆、阿胶、鸡内金、麦芽等物质。它们虽然也具有药物的功效，但本身也可以作为食品原料使用。在涉案物品中，只要通过查询相关目录确定其种类即可。而对于一般物品而言，判断其是否属于食品主要考虑两个方面：

1. 供人食用

食品的本质特征是供人食用，即让人来饮用或者服用。如果涉案物品不是用来让人食用的，则不属于食品的范畴。从外延来看，食品是一个大概念，不仅包括直接食用的各种食物，还包括食品原料，既包括加工食品，也包括食用农产品，囊括了从农田到餐桌的整个食物链的食品。[①] 从安全性来说，食品既包括了符合食品安全标准的食品，也包括了不符合安全标准的食品，只是按照《食品安全法》的规定严禁生产者、销售者经营后一类食品而已。因此，我们所言的食品，不但包括了经过有关部门许可生产、销售的食品，也包括那些逃避监管之后以"食品"之名生产、销售的伪劣食品。可以说，食品概念中的"供人食用"具

---

① 参见信春鹰主编：《中华人民共和国食品安全法解读》，中国法制出版社2015年版，第400页。

有鲜明的目的性，表明了生产经营对象的主要去向和流通目标。因此，在具体案件中，一旦发生涉案争议的时候，就应当通过涉案物品的流向来确定其性质；倘若涉案食品不是流向公众餐桌，就不能按危害食品安全案件论处。这里需要注意的是，所谓流向餐桌，并不是说任何情况下涉案物品流向餐桌都可以认定为食品，而需要考虑行为人的目的性。比如，在"鲶鱼案"中，涉案死猪肉的确是作为饲料投放给鲶鱼吃的，即便食用了饲料的鲶鱼会供公众食用，但却不能将涉案死猪肉认定为食品。因为这些猪肉是"供鱼食用"而非"供人食用"，没有流向餐桌，不符合食品的特征。在本案中，公诉机关如果要认定被告人成立危害食品安全犯罪，就必须证明这些涉案猪肉直接流向餐桌，或者作为食品原料销售，进而由他人加工后流向餐桌。但是，起诉书所指控的事实是王某将死猪肉全部卖给了蔡某，蔡某作为鱼塘经营者未列为本案被告人，这又在某种程度上否定了猪肉被用作食品原料的可能性。故而本案关于涉案物品性质的认定值得商榷。

2. 不以治疗为目的

对于那些既是食品又是药品的物质，在不具有治疗为目的的情况下，可以认定为食品。这其实也是食品的主要特征之一。如果涉案物品具有治疗目的，则不应认定为食品。因为根据 2019 年 12 月 1 日施行的现行《中华人民共和国药品管理法》（以下简称《药品管理法》）第 2 条第 2 款规定，药品，是指用于预防、治疗、诊断人的疾病，有目的地调节人的生理机能并规定有适应证或者功能主治、用法和用量的物质，所以以治疗为目的是药品的基本特征。对此，我们可以从两个方面理解：（1）治疗，是以消除病因为目的，通过干预或改变特定健康状态的过程。如果某种物质只是为了改善身体机能，缓解病痛，则不能称之为治疗药物。这也是药品和保健食品的区别之一。（2）以治疗为目的，更多表达的是主观诉求而并非实质性结果，因此，在确认某种物质属于"不以治疗为目的"时，需要确认行为人生产、销售该物质时对其形状的包装、宣传等是否突出治疗功能，至于是否实质上有治疗的功效并不影响食品的认定。比如，笔者在调研中发现，有办案人员认为生产、销售伪劣胶囊的，应当按照生产、销售假药来认定，原因是《药品管理法》中规定了药用辅料的安全标准，而胶囊属于药用辅料，所以应当按照药品进行管理。这种观点是不合理的。虽然医用辅料的生产经营应当遵守《药品管理法》的规定，但是其不具有治疗的功效，不符合药品的定义。我们不能将药用辅料认定为药品，进而将"胶囊案"定性为生产、销售假药犯罪。相反，胶囊是供人食用的，符合食品的定义和特征，对于在胶囊中掺入工业明胶的行为，就可以认定为生产、销售有毒、有害食品罪。[①]

（二）证明的方式

通常情况下，要证明涉案物品是否供人食用，只需要查明其是否供消费者食用即可；而是否具有治疗的目的，则可以从产品外包装、对外宣传等途径加以证明。因此，在实践中，要证明涉案物品"供人食用""不以治疗为目的"，就需要执法机关全面搜集、分析证据。关于证据的法定种类，《刑事诉讼法》第50条规定，证据包括：（1）物证；（2）书证；（3）证人证言；（4）被害人陈述；（5）犯罪嫌疑人、被告人供述和辩解；（6）鉴定意见；（7）勘验、检查、辨认、侦查实验等笔录；（8）视听资料、电子数据。从实践来看，在确定涉案物品是否属于食品时，尤其需要注意搜集以下证据：

1. 犯罪嫌疑人供述

在所有证据中，犯罪嫌疑人的供述被称为"证据之王"。因为其供述包含着非常丰富的证据事实和信息，具有较强的相关性。嫌疑人无论作出有罪供述还是无罪、罪轻的辩解，都会提供涉及其是否构成犯罪的大量信息。那些作出有罪供

---

① 应当注意的是，根据2014年12月最高人民法院、最高人民检察院联合发布的《关于办理危害药品安全刑事案件若干问题的解释》第7条第2款的规定，以提供给他人生产、销售药品为目的，违反国家规定，生产、销售不符合药用要求的非药品原料、辅料，情节严重的，依照《刑法》第225条的规定以非法经营罪定罪处罚。但如前所述，2022年3月6日新修订施行的药品犯罪司法解释第11条已经对该行为性质予以重新界定，即符合刑法第140条生产、销售伪劣产品罪的，按照该罪论处，而不再适用非法经营罪。

述的被告人，通常会就犯罪的起因和动机、犯罪行为的实施过程、犯罪时的心理状态、犯罪结果等提供较为完整的信息链条，甚至包含全部犯罪构成要件事实。[①]因此，实践中公安机关尤为注意对犯罪嫌疑人供述的取证。在危害食品安全犯罪案件中，涉案物品是否属于供人食用，绝大多数的犯罪嫌疑人都会积极供述这一点，承认涉案物品的食品属性，只是在是否属于明知在食品中违法添加非食品原料等问题上进行辩解。但需要注意的是，从笔者接触的案件来看，关于涉案物品是否属于食品，嫌疑人在侦查阶段的供述和审查起诉阶段的供述也许会有所差异，但供述的反复性不应该影响侦查机关获取证据的积极性、全面性。根据《最高人民法院关于适用〈中华人民共和国刑事诉讼法〉的解释》第 96 条第 3 款的规定，被告人庭前供述和辩解存在反复，但庭审中供认，且与其他证据相互印证的，可以采信其庭审供述；被告人庭前供述和辩解存在反复，庭审中不供认，且无其他证据与庭前供述印证的，不得采信其庭前供述。因此，即便嫌疑人供述有所反复，也可以通过其他证据来确认其关于涉案物品属于食品供述的真实性。

2. 证人证言

在刑事诉讼中，证人证言是就其所了解的案件事实向公安司法机关所做的陈述。因此，证人本身与案件往往没有直接的利害关系。在大多数的危害食品安全犯罪中，由于许多不法行为没有造成严重食物中毒事故或者其他严重食源性疾病的后果，因此，难以查证被害人，进一步凸显了证人证言的重要性。在涉案物品性质的认定上，证人以其了解案件情况的特殊身份而对案件侦办具有重要作用，尤其是在嫌疑人拒绝作出有罪供述的情况下，可以与其他证据一起达到证明目的。比如在浙江省宁波市柳某生产、销售"地沟油"案件中，关于涉案地沟油是食品还是饲料，柳某本人的供述前后不一。而审判机关最终在采信的证据中有 28 份证人证言印证涉案被告单位购进"地沟油"并涉嫌按照食品标准生产、

---

① 陈瑞华：《刑事证据法学（第二版）》，北京大学出版社 2012 年版，第 235 页。

销售的事实。如某证人在证言中提到，其于 2011 年底到公司上班，岗位是化验员，职责是对进公司的原料地沟油及生产出来的产品进行检测，主要检测原料地沟油中的水分和酸价，以及生产出来的产品的酸度。原料加工后出来的产品酸度很低，酸价一般都在 2 左右，接近于食用油的样子。[①] 当然，在实践中，证人的身份十分广泛，一般来说，包括嫌疑人的供货商、消费者以及其他潜在的知情人等。因此，公安机关在侦查过程中，应当尽可能扩大知情人的寻找范围，用更多的证言来搭建严密的食品生产、流通证据链。

3. 书证

书证是以其记载的内容和思想来起到证明作用的文件或者其他物品。由于《食品安全法》明确规定了食品安全生产经营过程的规范控制，要求食品生产者、销售者履行索票索证义务，建立完善的进货查验记录制度、出厂检验记录制度、食品原料、食品添加剂以及食品相关产品的质量检验制度、食品经营者进货查验记录制度等相关规则，因此，在食品生产经营领域存在大量的票证等书证来证明生产经营的合法性。具体到食品的证明问题，这里的书证主要是指能够证明涉案物品流向的文件或者其他材料，比如销售记录、销售商名册、生产工作日志等。例如，在浙江省宁波市卜某销售有毒、有害食品案中，侦查部门全面收集了购买成品油单位焦作健康元公司出具的工业品买卖合同、与被告单位某公司往来记录表、往来明细表、入库明细表、情况说明、某公司出库单汇总表、出库单及称重计量单复印件，证明某公司向相关食品企业、饲料企业销售油脂的时间、数量、金额，以及油脂勾兑记录等书证，证明焦作健康元公司多次与某公司签订购买大豆油协议，以及焦作健康元公司向某公司购买大豆油的时间、数量、金额等事实，证明涉案单位与被告人用餐厨废弃油为原料提炼劣质成品油并非仅仅作为饲

---

① 参见浙江省宁波市中级人民法院刑事判决书（2012）浙甬刑一初字第 152 号。

料油使用，而是同时向食品加工企业销售的行为。[①]

4. 电子数据

电子数据是 2012 年《刑事诉讼法》修订时正式增加的新的证据类型，是指电子计算机、互联网络、移动电话等电子设备所记载的与案件事实有关的数据资料，主要包括电子邮件、电子数据交换、网上聊天记录、网络博客、手机短信、电子签名等多种形式。[②] 在网上食品交易案件中，经营者和消费者往往通过电子数据来确定购买物品的数量、价格以及用途等，经营者也会在平台上宣传涉案产品的性质，因此，侦查部门全面收集电子数据分析双方的交易内容等信息，可以更好地印证交易物品的性质。例如，在刘某生产、销售有毒、有害食品案中，山东威海市文登区人民检察院指控，被告人刘某通过某网店"成财化工"销售食品、化工类产品。2016 年 1 月 18 日，被告人刘某以工业酒精冒充食用酒精向周某销售 20 公斤，周某用以上酒精勾兑成白酒后赠与被害人，被害人在饮用该白酒后均出现酒精中毒现象并死亡。被告人刘某辩称，买家没有和她联系。她在某网店上销售食用的和拔罐、火疗的两种酒精。周某买的不是食用的。辩护人辩称，不管是工业酒精还是食用酒精都不是食品。对此，侦查部门全面收集了刘某和周某网上交易的网页截图及录像光盘，证明周某向刘某购买食用酒精及 2016 年 2 月 19 日周某与刘某聊天记录的情况。查实 2016 年 1 月 18 日，周某通过某网店向刘某购买"160 元 / 桶"的食用酒精 20 公斤。刘某收款以后，为获取暴利，到郑州万客来利达化工花 78 元购买了 20 公斤工业酒精冒充食用酒精，通过物流发给周某。最终，审判机关不予认定被告方关于其销售的酒精不是用于食用的辩解意见。[③]

---

① 参见浙江省宁波市中级人民法院刑事判决书（2012）浙甬刑一初字第 153 号。
② 参见陈瑞华：《刑事证据法学（第二版）》，北京大学出版社 2012 年版，第 235 页。
③ 参见山东省威海市文登区人民法院刑事判决书（2017）鲁 1003 刑初 74 号。

（三）证据的收集

在涉案物品是否属于食品存有争议的案件中，大多数生产经营主体都具有一定的隐蔽性，甚至许多都不具备食品生产经营资格，食药监管部门难以对其进行有效监管。从涉案物品特点来看，大多是以非食品原料生产加工食品，如用地沟油原料生产食用油、屠宰病死猪肉、用工业酒精勾兑白酒等。这些案件通常很难被发现，收集线索、证据也较为困难，案件线索往往来源于知情人的举报。因此，公安机关在接到相关线索以后，不管在立案前的初查阶段还是在侦查过程中，都应当审慎收集证据，全面、客观分析线索。

1. 前期初查和案件经营尤为重要

对于危害食品安全犯罪案件来说，涉案产品是否属于食品，直接关系到公安机关能否立案以及以何种性质立案。然而，危害食品安全犯罪的复杂性、专业化以及网络化特点，决定了查办此类案件必须注重线索筛查与经营。尤其是对于生产经营者否定涉案产品属于食品或者生产经营者具有合法的非食品行业经营资质的情况下，案件经营的重要性不言而喻。比如，在泰州朱某某生产、销售地沟油案件中，犯罪嫌疑人在未取得饲料生产许可证的情况下，以从上海市、浙江省等地收购的"泔水油"为原料大肆生产地沟油，销售到山东滕州同业饲料科技有限公司、新泰海岭饲料公司等企业，涉案企业通过将地沟油掺杂到猪油、鸡油中，假冒单一动物来源的饲料用油销售到饲料生产企业，涉案金额三千余万元。接到匿名线索后，公安机关在难以进入厂区核实线索的情况下，为了不打草惊蛇，采取传统方式与高科技手段相结合，运用立体侦查方式，对厂区周边进行布控，掌握了厂区的整体布局、生产区域和作业分布情况，从而为初步核实犯罪事实，强化现场执法检查效果奠定了良好基础。[1] 日照市公安局食品药品与环境犯罪侦

---

[1] 参见李春雷主编：《食药决策参考》，中国人民公安大学食品药品与环境犯罪研究中心内部材料，2017 年第 2 期。

查支队侦办的"1·21"生产、销售假药（阿胶）案也是"深度经营"案件的典范。[①]

2.应当重视现场勘查的积极作用

犯罪现场勘查，是系统地处理与现场有关的案件文档、提取物证、保存物证和分析物证的侦查行为，并致力于给出解答案件疑难问题的事实真相。[②] 作为最为客观、稳定的证据形式之一，物证不仅可以证明犯罪是否发生以及建立犯罪要素，确定犯罪嫌疑人与犯罪现场的接触地点，确认知情人的证词，而且可以迫使犯罪嫌疑人主动供述。[③] 因此，犯罪现场是痕迹物证最为集中的场所，理应成为公安机关侦查工作的重点区域。特别是在危害食品安全犯罪案件中，由于涉案产品往往是现代工业化、技术化产业的结果，现场勘查也通常是生产经营者对食品原料、非食品原料进行调配、加工的场所，故而强化现场勘查意识和工作，能够更好地收集证明生产、销售行为违反食品安全标准的证据。比如不法者用工业松香给家禽拔毛，不仅去毛干净而且不易被检测，因此，要想确定经营者是否利用工业松香为家禽拔毛，就需要通过高质量的现场勘查建立工业松香与涉案食品之间的关系，证明嫌疑人在食品经营中掺入有毒、有害的非食品原料。在郑某生产、销售有毒、有害食品案中，被告人郑某为图方便使用松香对鸭、鹅、狗等活禽、兽进行褪毛加工。公安机关对郑某经营的摊位进行检查时，当场扣押疑似松香33.92千克、盛有黑色凝固状物体的铁锅一只。经温州市工业科学研究院分析检测中心检测，送检的疑似松香及铁锅内提取物的红外光谱图与红外光谱标准图

---

① 参见李春雷主编：《食药决策参考》，中国人民公安大学食品药品与环境犯罪研究中心内部材料，2016年第2期。

② 〔美〕埃里克·W.杜特拉、Aric W.Duell：《犯罪现场调查》，张翠玲等译，中国人民公安大学出版社2015年版，第4页。

③ 〔美〕埃里克·W.杜特拉、Aric W.Duell：《犯罪现场调查》，张翠玲等译，中国人民公安大学出版社2015年版，第13–15页。

库中的松香相吻合，即为工业松香。① 在本案中，公安机关在现场查获的相关物证的基础上根据检验报告等确定了被告人非法使用工业松香的行为。在杨某生产、销售有毒、有害食品案中，司法机关也是根据公安机关在勘验现场时拍摄的现场照片，证明杨某利用工业松香脱鸭毛的基本情况。②

3. 充分确认、核实涉案产品流向

如前文所述，"供人食用"是食品的核心特征，因此，除了犯罪嫌疑人的供述以及食品标签等信息可以直接证明涉案物品的食品属性，还可以通过其他间接的方式来证明生产经营者是以食品的名义将产品投放流通领域的，而这种间接的"证据"就是销售渠道和销售对象。通过对销售渠道的核查以及销售对象的摸排，

---

① 参见浙江省丽水市中级人民法院刑事裁定书（2014）浙丽刑终字第 12 号。

② 参见湖南省永州市中级人民法院刑事裁定书（2017）湘 11 刑终 236 号。然而，实践中，由于公安民警现场勘验意识不足，勘验笔录出现严重问题而影响证据质量的情形并不鲜见。如在被告人朱某甲，被告单位海宁市华联大厦有限公司，被告人何某、王某甲、钱某甲、徐某甲、毛某生产、销售有毒、有害食品一案中，辩护人李鸣杰的辩护意见之一是：海公刑勘（2013）1630 号现场勘查笔录是一份故意伪造的勘查笔录，而不是由于疏忽形成的瑕疵证据。法院审理后认为，关于公诉机关提交海公刑勘（2013）1630 号现场勘查笔录，结合有关情况说明，民警朱某乙、徐某乙当庭所作证言及朱某乙提交的 2013 年 7 月 3 日对海宁市斜桥镇万里村朱家兜公房的现场勘查工作记录分析，2013 年 7 月 8 日现场勘查笔录所记载的勘查时间、现场正在熬猪油等内容与勘查的实际情况严重不符，且相关错误的记载内容及引用照片非疏忽大意所致；先后 2 次现场勘查的真实性难以确认，且勘查过程不符合刑事诉讼法律规定，不予采纳。关于海疾控检字第 2013-0557 号检测报告书，其记载的样品数量、代表数量、生产日期等与客观不符，现场勘查笔录记载的取样过程不符合《动植物油脂扦样》要求，且该检测报告的检测类别系一般委托，而非司法委托，不符合刑事诉讼法所规定的鉴定意见，不予采纳。参见浙江省海宁市人民法院刑事判决书（2014）嘉海刑初字第 179 号。在柳某生产、销售"地沟油"案件中，各被告人及辩护人提出本案样品提取笔录和鉴定意见、检测报告存在明显瑕疵，不能作为证据使用，无法证实本案成品油的有毒有害性及伪劣性。经审查，本案公安机关提供的成品油样品提取笔录无当事人签名，且照片中反映的油品编号与笔录中的油脂样品编号不完全一致，样品提取后无封存，存在重大瑕疵，不能作为证据使用；两份鉴定意见和检测报告均存在无鉴定人、鉴定程序违法等问题，亦不能作为鉴定意见使用。参见袁玮玮、钱成：《涉"地沟油"案件罪名、主观明知、有毒有害性、情节特别严重的认定》，载《人民司法（案例）》2013 年第 14 期。

可以确定生产经营者是以何种名义销售涉案产品的。而一旦确定产品的销售对象是食品加工企业、食品零售组织或者餐饮行业，以满足公众饮食需求为目标，则可以证明产品的食品属性。因此，在侦办危害食品安全案件中，一定要注意充分确认、核实涉案产品的流向问题。比如，在江西省南昌市万某某生产、销售有毒、有害食品案中，公安机关通过搜集九江某油脂加工厂法定代表人詹某、南昌市某废油脂有限公司合伙人李某、环宇公司负责采购地沟油原料的工人陈某、某饲料公司采购部经理罗某、张某所雇油罐车司机赵某的证言，以及治安卡口记录、环宇公司与胜辉经营部签订的购销合同、环宇公司账目收据等信息，证明了环宇公司以地沟油、潲水油为原料生产饲料油，生产工艺中引入蒸馏塔大幅降低产品的酸度，并在明知张某将饲料油作为食用油销售的情况下，仍然将酸价接近2的饲料油卖给张某的事实。①

---

① 参见江西省南昌县人民法院刑事判决书（2012）南刑初字第245号。

第二章

毒豆芽案：犯罪认定的混乱与纠偏

【本章概要】

"毒豆芽"案件是近年来危害食品安全犯罪司法治理中的典型事件。"毒豆芽"中掺入的 6-苄基腺嘌呤等物质是否属于《刑法》第 144 条规定的有毒、有害的非食品原料，面临着法学标准和实验数据的冲突。然而，透过这一分歧可以发现，问题的实质是人们该如何理解食品中的农药残留超标，而是否能够对 6-苄基腺嘌呤等物质的类别进行准确判断，会影响司法机关办理此类案件的公信力。从"毒豆芽"案件司法治理的实践困境来看，危害食品安全犯罪的刑事治理，必须从单纯的规范治理转向规范与科学兼顾的治理模式，实现行政监管与刑事惩治的协调与统一。

豆芽，以其口感好、营养高、无公害成为大众餐桌上的传统美食，曾几何时，添加一定化学药品浸泡而成的没有根须的新型豆芽（故俗称为"无根豆芽"，也因其掺入生长激素而被称为"毒豆芽"），开始迅速占据市场并大有替代传统豆芽之势。然而，这种局面随着国家有关部门发布的一系列关于食品安全的规范性文件戛然而止。① 生产、经营"毒豆芽"行为被视为一种严重危害食品安全犯罪而面临严厉的司法惩治。出人意料的是，看似普通的"毒豆芽"案件却成了近年来"食品安全治理典型切片"的事件，在社会公众、司法部门、研究机构之间引起了巨大争议。② 从最初遭受严厉打击到司法机关内部暂缓处理再到今天消极应对，"过山车"式的司法治理态势凸显了危害食品安全犯罪传统治理方式的尴尬与无奈。可以说，"毒豆芽"案件所面临的刑事治理困境，已经超越了案件本身，折射出食品安全犯罪治理中科学与规范的冲突和对立。如果我们不能从"毒豆芽"案件所面临的司法争议中寻求切合实践规律的解决之道，"毒豆芽"案的"冷处理"思维必然给食品安全的法治治理带来难以清除的阴霾。为此，本章拟通过对"毒豆芽"案件刑事治理困境的系统分析，探寻滥用农药行为司法治理的规范路径。

一、基于 2015 年至 2016 年度 76 个统计样本的经验分析

为了全面了解"毒豆芽"案件的司法实践状况，笔者从中国裁判文书网以"豆芽""6-苄基腺嘌呤"为关键词查找了 2015 年至 2016 年审理判决的 76 起案件。其中，一审案件 66 件，二审案件 10 件。将样本限制在 2015 年至 2016 年度，这与"毒豆芽"案件的治理形势有密切关系。当时施行的是 2013 年 5 月 4 日生效的《最高人民法院、最高人民检察院关于办理危害食品安全刑事案件适用法律若干问题的解释》（以下简称《2013 年食品解释》），其第 20 条规定，下列物质应当认定为"有毒、有害的非食品原料"：（1）法律、法规禁

---

① 参见国家质量监督检验检疫总局颁布的《关于食品添加剂对羟基苯甲酸丙酯等 33 种产品监管工作的公告》（2011 年第 156 号公告）；最高人民法院、最高人民检察院颁布的《关于办理危害食品安全刑事案件适用法律若干问题的解释》（法释〔2013〕12 号）等。

② 参见黄芳：《203 份"毒豆芽"案判决解析：法律适用混乱，存在重大疑点》，访问网址：澎湃新闻 http://www.thepaper.cn/newsDetail_forward_1311776，访问时间：2017 年 2 月 20 日。

止在食品生产经营活动中添加、使用的物质；（2）国务院有关部门公布的《食品中可能违法添加的非食用物质名单》《保健食品中可能非法添加的物质名单》上的物质；（3）国务院有关部门公告禁止使用的农药、兽药以及其他有毒、有害物质；（4）其他危害人体健康的物质。这一规定明确了《刑法》第144条"有毒、有害非食品原料"的认定范围，降低了公诉机关对"有毒、有害非食品原料"的证明要求，也让有关部门发现了查办"毒豆芽"案件的有力武器。自此以后，"毒豆芽"案件数量急剧增加。然而，随着2014年底2015年初最高人民法院、原国家食品药品监管总局等部门对"毒豆芽"案件的法律适用问题进行研讨，[①] 将2014年以来处于舆论漩涡中的"毒豆芽"案件面临的法律争议公开化，给行政、司法部门办理此类案件带来了巨大影响。典型表现就是中国裁判文书网所刊登的2015年至2016年度审结的案件数量急剧下降。在中国裁判文书网搜集到的1364件（2012年至2016年）涉及掺入6-苄基腺嘌呤的"毒豆芽"案件中，2012年审结4起，2013年审结87起，2014年审结1089起，2015年审结78起，2016年审结3起。[②] 可以说，2015年至2016年度正是"毒豆芽"案件司法治理迅速转型的一年，以此为视角，厘清争议、梳理分歧，

---

① 中国人民大学食品安全治理协同创新中心、中国人民大学刑事法律科学研究中心于2015年2月6日主办了无根豆芽案件法律问题学术研讨会。包括最高人民法院、北京市第二中级人民法院有关人员在内的与会人员根据法律、法规和司法解释的有关规定，就无根豆芽案件的相关法律问题进行了广泛讨论并初步形成了共识：（1）无根剂并不属于刑法第144条规定的"有毒、有害的非食品原料"。（2）生产、销售使用无根剂的豆芽的行为不构成生产、销售不符合安全标准的食品罪。（3）司法机关处理建议：生产、销售使用无根剂的豆芽的行为不构成犯罪，建议人民法院对生产、销售使用无根剂的豆芽不追究刑事责任。对于正在刑事诉讼追诉中的上述行为，应当依法撤销案件，或者不起诉，或者终止审理，或者宣告无罪。参见"无根豆芽案件法律问题学术研讨会闭幕"，访问网址：http://www.aqsiq.gov.cn/xxgk_13386/zxxxgk/201503/t20150306_433616.htm，访问时间：2017年3月27日。

② 部分两审案件在中国裁判文书网中放在一个统计项下在某个年份中被计为一个案件。如青岛市崂山区人民法院（2014）崂刑初字第134号、青岛市中级人民法院（2014）青刑二终字第162号在2014年度被认定为一个案件。

有助于我们了解争议中的"毒豆芽"案件所面临的法治问题，并为食品安全治理提供可借鉴的经验。

（一）"毒豆芽"案件的罪与非罪

之所以出现与传统豆芽不同的性状，源于生产者在豆芽培育过程中使用了毒豆芽素或者无根粉等物质的缘故。后者的主要成分6-苄基腺嘌呤[①]，是一种人工合成的植物生长调节剂，主要用于促进细胞分裂、细胞增大、种子发芽等。[②] 作为一种非食品原料，这种物质是否被允许添加在食品中以及能够添加的限量、方式等，都受到食品安全规范的约束。然而，由于食品安全国家标准的调整，人们对6-苄基腺嘌呤的安全性产生了不同认识，并最终影响"毒豆芽"案件的司法处理。在66起一审"毒豆芽"案件中，司法机关将其定性为生产、销售有毒、有害食品罪的为63起，定性为生产、销售不符合安全标准的食品罪的1起，被二审法院发回重审后宣判无罪的案件1起，即辽宁省葫芦岛市连山区人民法院审结的郭某某、鲁某某生产、销售有毒、有害食品案，受理法院同意公诉机关撤诉请求的1起（见表一），即河北省望都县王某某生产、销售有毒、有害食品案。在进入二审程序的10个样本案件中，有3个案件被二审法院以事实不清、证据不足发回重审（见表二）。而这3个案件中，前述郭某某、鲁某某案被司法机关宣告无罪，任某某生产、销售有毒、有害食品案仍然被司法机关维持原一审判决结果。

---

① 除了6-苄基腺嘌呤，还有人使用了赤霉素、4-氯苯氧乙酸钠等物质培育无根豆芽。

② 赵丽燕：《LC-MS测定豆芽中的无根豆芽素的应用》，载《现代食品》2016年第4期。

表一　一审案件的司法裁判结果

		次数	百分比	有效的百分比	累积百分比
有效	生产、销售不符合安全标准的食品罪	1	1.5	1.5	1.5
	生产、销售有毒、有害食品罪	63	95.5	95.5	97.0
	撤诉	1	1.5	1.5	98.5
	无罪	1	1.5	1.5	100.0
	总计	66	100.0	100.0	

表二　二审案件的司法裁判结果

案件名称	判决时间	审理法院	审理结果	裁判理由
郭某某、鲁某某生产、销售有毒、有害食品案	2015 年 5 月 13 日	辽宁省葫芦岛市	发回重审	事实不清，证据不足，6-苄基腺嘌呤的安全性不明
叶某生产、销售有毒、有害食品案	2015 年 2 月 3 日	广东省清远市	维持原判	事实清楚，证据确实、充分
杨某某生产、销售有毒、有害食品案	2015 年 3 月 25 日	河南省三门峡市	维持原判	事实清楚，证据确实、充分
夏某某生产、销售有毒、有害食品案	2015 年 1 月 23 日	湖南省株洲市	维持原判	事实清楚，证据确实、充分
吴某甲生产、销售不符合安全标准的食品案	2015 年 3 月 25 日	广东省广州市	改变罪名	"有毒、有害的非食品原料"，是指法律、法规禁止在食品生产经营活动中添加、使用的物质，即可直接认定为"有毒、有害"物质，而无须另做鉴定，改判吴某甲生产、销售有毒、有害食品罪
魏某生产、销售有毒、有害食品案	2015 年 1 月 14 日	山东省淄博市	维持原判	事实清楚，证据确实、充分
任某某生产、销售有毒、有害食品案	2015 年 1 月 29 日	黑龙江省伊春市	发回重审	事实不清，证据不足
胡某生产、销售有毒、有害食品案	2015 年 2 月 20 日	黑龙江省大庆市	维持原判	事实清楚，证据确实、充分

案件名称	判决时间	审理法院	审理结果	裁判理由
陈某、江某某生产、销售有毒、有害食品案	2015 年 12 月 9 日	福建省宁德市	发回重审	生产的产品有毒、有害的事实不清，证据不足
毕某生产、销售有毒、有害食品案	2015 年 1 月 20 日	山东省潍坊市	维持原判	事实清楚，证据确实、充分

（二）样本案件的证据及法律适用分析

从样本案例可以看出，司法机关对于生产、经营"毒豆芽"案件的定性并不一致。这不仅表现在司法机关在定性上是适用《刑法》第 143 条还是《刑法》第 144 条的差异，而且在罪与非罪这一根本问题上也有分歧。这一点显然是《2013 年食品解释》制定者所始料未及的。毕竟，《2013 年食品解释》的初衷是要进一步明确危害食品安全犯罪的定罪量刑标准以及相关罪名的司法认定标准，统一法律适用意见。[①] 但在"毒豆芽"案件中，这一效果并不理想。究其原因，司法机关在办理此类案件中对犯罪证据的认定和法律适用的判断存在系统性矛盾。

首先，关于认定 6-苄基腺嘌呤属于"有毒、有害非食品原料"的证据问题。在规范层面上，要证明生产、经营"毒豆芽"的行为构成《刑法》第 144 条之罪，需要解决两项证明内容：（1）"毒豆芽"中检测出了 6-苄基腺嘌呤等禁止在豆芽中添加的物质；（2）6-苄基腺嘌呤等物质具有毒害性，属于刑法中的"有毒、有害的非食品原料"。然而，由于《2013 年食品解释》第 20 条规定"法律、法规禁止添加的物质"等应当认定为有毒、有害的非食品原料，因此，是否属于《刑法》第 144 条的"有毒、有害的非食品原料"，不需要公诉机关提供专门的毒害性鉴定意见，只需要证明涉案食品中检测出的非食品原料符合《2013

---

① 参见陈国庆、韩耀元、吴峤滨：《〈关于办理危害食品安全刑事案件适用法律若干问题的解释〉理解与适用》，载《人民检察》2013 年第 3 期。

年食品解释》第 20 条规定即可。基于此，在一审样本案件中，有 62 起案件审判机关是根据公诉机关出具的证明"毒豆芽"中含有 6-苄基腺嘌呤的检验报告认定犯罪（证据中没有证明该物质具有毒害性的鉴定意见）（见表三），但发回重审的 3 起案件以及作出无罪判决、裁定撤诉的案件中，裁判理由则均认为检验报告不能"证明 6-苄基腺嘌呤的安全性问题"，不能仅凭这一证据就认定其属于有毒、有害的非食品原料。之所以产生上述矛盾，表面上看似乎是司法机关是否承认《2013 年食品解释》第 20 条所确立的司法认定规则的有效性。如果司法机关认可《2013 年食品解释》第 20 条所确立的"有毒、有害非食品原料"的认定规则，则会根据检验报告将该类案件认定为生产、销售有毒、有害食品案；反之，如果不考虑《2013 年食品解释》所确立的解释规则，就否认了检验报告与 6-苄基腺嘌呤具有毒害性之间的关联性，进而可能判处被告人无罪。

表三　有毒、有害非食品原料认定依据

		次数	百分比	有效的百分比	累积百分比
有效	检验报告	62	93.9	93.9	93.9
	检验报告和专家意见	1	1.5	1.5	95.5
	检验报告和鉴定意见	3	4.5	4.5	100.0
	总计	66	100.0	100.0	

其次，关于认定 6-苄基腺嘌呤属于有毒、有害非食品原料的规范依据。对一审样本案件分析发现，除了邓某某、杨某某生产、经营"毒豆芽"被认定为生产、销售不符合安全标准的食品罪，在认定构成生产、销售有毒、有害食品罪的 65 起案件中，9 起案件根据《2013 年食品解释》第 20 条第 1 款"法律、法规禁止在食品生产经营活动中添加、使用的物质"应当认定为有毒、有害非食

品原料而定罪，如河南省淇县张某某生产、销售有毒、有害食品案①；5 起案件依据的是《2013 年食品解释》第 20 条第 3 款"国务院有关部门公告禁止使用的农药、兽药以及其他有毒、有害物质"应当认定为有毒、有害非食品原料而定罪，如河南省郏县张某某生产、销售有毒、有害食品案②；有 7 起案件虽然指出依据《2013 年食品解释》第 20 条之规定定罪，但没有明确具体依据哪一款，2 起案件依据的是《2013 年食品解释》第 9 条第 1 款规定定罪；③ 其他 43 起案件则没有援引《2013 年食品解释》条款，直接认定不法行为成立生产、销售有毒、有害食品罪（见表四）。这一结果表明，6-苄基腺嘌呤究竟属于法律法规禁止添加的物质，还是属于国务院有关部门公告禁止使用的农药、兽药，抑或是其他有毒、有害的非食品原料，地方司法机关的理解也不一致。

---

① 豆芽是人们生活中食用的常见食品，《2013 年食品解释》规定，"法律、法规禁止在食品生产经营活动中添加、使用的物质"应当认定为"有毒、有害物质的非食品原料"。卫计委关于明令禁止在食品生产过程中添加和使用含有 4-氯苯氧乙酸钠非食品原料，张某某仍将含有 4-氯苯氧乙酸钠的豆芽销售到市场上供人食用，但未造成危害后果，应认定为生产、销售有毒、有害食品罪。参见河南省淇县人民法院刑事判决书（2015）淇刑初字第 29 号。

② 法院认为，根据《2013 年食品解释》的规定，国务院有关部门公告禁止使用的农药、兽药以及其他有毒、有害物质应当认定为"有毒、有害的非食品原料"。参见河南省郏县人民法院刑事判决书（2015）郏刑初字第 21 号张某某生产、销售有毒、有害食品案。

③ 该条款规定，在食品加工、销售、运输、贮存等过程中，掺入有毒、有害的非食品原料，或者使用有毒、有害的非食品原料加工食品的，依照《刑法》第 144 条的规定以生产、销售有毒、有害食品罪定罪处罚。参见山东省临沭县人民法院（2015）沭刑初字第 52 号刑事判决书杨某生产、销售有毒、有害食品案，福建省政和县人民法院（2014）政刑初字第 92 号刑事判决书邱某某生产、销售有毒、有害食品案。

表四　成立犯罪援引《2013 年食品解释》的情况

		次数	百分比	有效的百分比	累积百分比
有效	第 20 条第 1 款	9	13.6	13.6	13.6
	第 20 条第 3 款	5	7.6	7.6	21.2
	第 20 条	7	10.6	10.6	31.8
	第 9 条	2	3.0	3.0	34.8
	未援引《食品解释》	43	65.2	65.2	100.0
	总计	66	100.0	100.0	

笔者在威科先行·法律信息库查询 2021 年全年公开的涉及毒豆芽案件的判决书共计 37 份，其中 3 起案件被判处生产、销售不符合安全的食品罪，34 起案件被判处生产、销售有毒、有害食品罪（其中 20 起涉及滥用 6- 苄基腺嘌呤）。前者认定其行为构成刑法第 143 条之罪的理由是豆芽中相关化学物质的残留量超出了国家标准或者发现了不应该出现的化学物质残留，进而认定足以造成严重食物中毒事故或者其他严重食源性疾病。[①] 而其他在豆芽中抽检出的 6- 苄基腺嘌呤的 20 起案件，司法机关认定其构成生产、销售有毒、有害食品罪的依据，依然和前文所做的样本分析结论基本吻合。这表明，毒豆芽案件的司法处理困境在今天依然存在。需要提及的是，在一些"毒豆芽"案件中，添加的并非 6- 苄基腺嘌呤、赤霉素、4- 氯苯氧乙酸钠等物质，而是恩诺沙星、甲硝唑等其他化学药物，对此类案件，应当结合其属性予以分析判断。

---

① 参见山西省泽州县人民法院刑事附带民事判决书（2021）晋 0525 刑初 139 号；杭州市下城区人民法院刑事判决书（2020）浙 0103 刑初 216 号；四川省冕宁县人民法院刑事判决书（2021）川 3433 刑初 13 号。

二、规范冲突与标准缺失："毒豆芽"案件的尴尬之源

"毒豆芽"是否属于问题食品，其核心是 6-苄基腺嘌呤等物质是否具有毒害性。从样本案例的裁判理由来看，这一问题的实践困境源于规范冲突与标准缺失的双重障碍。

（一）6-苄基腺嘌呤毒害性认定标准的规范冲突

从规范层面来看，6-苄基腺嘌呤是否可以认定为具有毒害性的非食品原料的法学标准并不统一。

1. 食品添加剂国家安全标准：从可用到禁用的 6-苄基腺嘌呤

2011 年 4 月 20 日卫生部发布的《食品添加剂使用标准》（GB2760—2011）对食品添加剂使用标准进行了调整，将原本允许在食品中添加的 6-苄基腺嘌呤从名录中删除，禁止作为食品添加剂用于食品生产。此后，卫生部办公厅向质检总局办公厅作出的《关于〈食品添加剂使用标准〉（GB2760—2011）有关问题的复函》（卫办监督函〔2011〕919 号）（以下简称《复函》）对此做了解释，即 6-苄基腺嘌呤等 23 种物质，缺乏食品添加剂工艺必要性，不得作为食品用加工助剂生产经营和使用。一般来说，食品添加剂的使用应当遵循安全性、必要性和最低限量的使用原则。① 如果缺乏工艺必要性，不管是否满足安全性的标准，都不允许该物质作为食品添加剂使用。换言之，新的国家标准禁止在食品中添加 6-苄基腺嘌呤，不能说明其存在安全性问题。这也为后续争议埋下了伏笔。

---

① 食品添加剂是为改善食品品质和色香味，以及为防腐和加工工艺的需要而加入食品中的化学合成或者天然物质。其使用原则主要包括：（1）不得对消费者产生急性或者潜在危害；（2）不得掩盖食品本身或加工过程中的质量缺陷；（3）不得有助于食品假冒；（4）不得降低食品本身的营养价值；（5）达到预期效果下尽可能降低其用量，等等。参见高彦祥主编：《食品添加剂》，中国轻工业出版社 2016 年版，第 7 页。

2.《2013 年食品解释》：从不必要到不安全的 6-苄基腺嘌呤

如果说《复函》没有明确说明 6-苄基腺嘌呤是否存在毒害性，《2013 年食品解释》第 20 条则直接确立了非食品原料毒害性的司法认定标准，从而在个别案件中为办案人员把 6-苄基腺嘌呤在规范层面上认定为毒害性物质埋下了隐患。按照上述裁判逻辑，6-苄基腺嘌呤不属于食品添加剂的类别，不允许添加在食品中，按照该解释第 20 条第 1 款的规定就应当认定为有毒、有害的非食品原料。易言之，6-苄基腺嘌呤在规范上是可以被认定为具有毒害性的。可以说，这一解释成了"毒豆芽"案件规范治理的分水岭。在此之后，"毒豆芽"案件在全国范围内遭遇了严厉的刑事治理。当然，对于《2013 年食品解释》所确立的法学标准，无罪论者持不同主张，认为虽然卫计委将"6-苄基腺嘌呤"从其食品添加剂目录《GB2760—2011》中删除，但卫计委在 2013 年 8 月 12 日发布《政府信息公开告知书》中解释，"因该物质已作为植物生长调节剂，属于农药，不再具有食品添加剂工艺必要性，而不是由于食品安全原因"。因此，司法机关以此为依据来认定犯罪是不妥当的。①

3. 食品安全认定规范冲突：从不安全到不确定的 6-苄基腺嘌呤

《2013 年食品解释》明确了 6-苄基腺嘌呤的规范属性，统一了司法裁判的标准，也引发了巨大的社会争议。最高人民法院的一纸批复更是将公众对 6-苄基腺嘌呤的毒害性疑问推向了顶峰。最高人民法院于 2014 年 11 月在《关于人民法院处理"毒豆芽"案件有关问题的答复》中重复了上述国家质检总局的公告主要内容，并指出"各有关职能部门均认为对于'毒豆芽'违法犯罪行为应依法惩处，但实践中也存在一些不同认识，如：豆芽属于食品还是食用农产品；豆芽制发属于食品加工还是农业种植；对豆芽及豆芽制发是适用《食品

---

① 参见黄芳：《203 份"毒豆芽"案判决解析：法律适用混乱，存在重大疑点》，访问网址：澎拜新闻 http://www.thepaper.cn/newsDetail_forward_1311776，访问时间：2017 年 2 月 20 日。

安全法》还是《农产品质量安全法》予以监管，'6-苄'（注：6-苄基腺嘌呤）是否属于'有毒、有害的非食品原料'或者'禁用农药''其他有毒、有害物质'，等等。正因为如此，'毒豆芽'问题需要各有关职能部门协调配合，统一认识和认定标准。2014年3月，最高人民法院刑一庭与原国家食药监管总局等部门专门研究了相关问题，之后又开展了调研工作，撰写了专题调研报告，汇总了基本情况、存在的问题，并提出了初步处理建议，下一步将与有关职能部门沟通、协调，争取达成共识"。从效果来看，该批复不仅没有解决司法争议问题，反而使行政执法部门、公安司法机关陷入进退维谷的境地，并催生了前文提到的国内首例"毒豆芽"无罪案。抛开该案司法裁判的合法性、合理性问题不谈，仅就结论而言，其直接将《2013年食品解释》所确立的一系列认定规则虚置起来（下文将做详述），在媒体的渲染下，其对司法实践的冲击是难以估量的。这不仅使地方司法机关在认定"毒豆芽"案件是否构成犯罪问题上犹豫不决，也直接影响了食品药品监管部门对"毒豆芽"的查处。

针对实践中从行政到刑事全系统的冷处理状况，2015年4月13日，原国家食品药品监督管理总局、农业部、国家卫生和计划生育委员会在《关于豆芽生产过程中禁止使用6-苄基腺嘌呤等物质的公告》（2015年第11号）重申："6-苄基腺嘌呤的安全性尚无结论。为确保豆芽食用安全，生产者不得在豆芽生产过程中使用6-苄基腺嘌呤等物质，豆芽经营者不得经营含有6-苄基腺嘌呤等物质的豆芽。在豆芽生产和经营过程中违反上述规定的，依照法律进行处理。"然而，虽然有关部门不断重申对"毒豆芽"案件要依法办理，但究竟该如何"依法处理"，至今仍未能达成共识，[①] 有毒、有害非食品原料认定标准的混乱、随意以及有关部门在处理此类案件时的犹豫不决，注定了"毒豆芽"案件司法认定的曲折命运。[②]

（二）实验检测与6-苄基腺嘌呤的毒害性分析

毋庸讳言的是，6-苄基腺嘌呤是否属于有毒、有害的非食品原料，本应该属于科学问题，而非纯粹的法律问题。规范层面上认定结论的差异，实质上是规范标准与科学证成的冲突。从应然的角度讲，6-苄基腺嘌呤是否具有毒害性且

---

① 笔者查询到的最近的司法判决是2021年12月1日浙江省诸暨市人民法院审结的宣泉江生产、销售有毒、有害食品案。在该案中，被告人宣泉江系诸暨市草塔农贸市场摊位经营者，主要销售黄豆芽、绿豆芽等蔬菜，黄豆芽、绿豆芽均系自己生产。其为缩短生产时间、降低生产成本，明知在生产、销售过程中不能添加有毒、有害的非食品原料，仍从网上购买"旺芽""护芽神"等添加剂，在生产过程中予以添加并进行销售。经浙江某检测技术有限公司检测，从被告人宣泉江处提取的绿豆芽、黄豆芽中均检测出6-苄基腺嘌呤等、4-氯苯氧乙酸钠等，均不符合国家相关部委关于豆芽生产过程中禁止使用6-苄基腺嘌呤等物质公告要求，系不合格。法院认为，被告人宣泉江在生产、销售的食品中掺入有毒有害的非食品原料，其行为已构成生产、销售有毒、有害食品罪，依法应追究刑事责任。参见浙江省诸暨市人民法院刑事附带民事判决书（2021）浙0681刑初1031号。

② 近年来，面对"毒豆芽"案件的舆论发酵，不时有此前被判处有罪的人员向法院提出申诉，希冀撤销有罪判决。法院对处理此类申诉案件时表明了态度，比如有法院认为，"本案乃至此类案件的争议焦点在于对于此种行为是否应当定罪处罚？司法实践中多以生产、销售有毒、有害食品罪对行为人追究了刑事责任。2015年之后，此类案件引起理论界及实务界的关注，多认为无根剂不属于有毒、有害的非食品原料，6-苄基腺嘌呤系农药登记管理并可以使用的农药，农药类别为植物生产调节剂，不能作为食品添加剂在食品加工过程中使用，并不排斥其作为农药在食用农产品的种植过程中使用。且对于使用无根水（含6-苄基腺嘌呤、4-氯苯氧乙酸钠）制发的豆芽中残留的成分能否对人身健康构成危害，尚无定论。故不宜简单根据2013年最高人民法院、最高人民检察院《关于办理危害食品安全刑事案件适用法律若干问题的解释》第二十条、二十一条的规定，认定生产、销售使用无根剂的豆芽的行为不构成生产、销售有毒、有害食品罪。2015年4月，'两高'已非正式暂停此类案件的审理。本院的判决于2014年7月1日作出，当时出于慎重起见，未认定生产、销售有毒、有害食品罪，而认定为生产、销售不符合安全标准的食品罪。当时宣告缓刑，已考虑类似案件的处理情况及实务界、理论界对此类案件存在的争议，且至今仍无官方正式文件对此类案件的善后处理进行规定，为保证判决的严肃性、稳定性，经本院审判委员会讨论决定对申诉人的申诉予以驳回。"参见河北省顺平县人民法院驳回申诉通知书（2021）冀0636刑申4号。

是否属于有毒、有害的非食品原料，我们唯有遵从科学的认定规范。

浙江省部共建国家重点实验室培育基地"浙江省植物有害生物防控重点实验室"张志恒等人采用点评估方法评估了我国不同人群的6-苄基腺嘌呤膳食暴露风险。其研究结论认为，6-苄基腺嘌呤在豆芽生产中规范使用具有技术必要性和高安全性，建议重新允许使用，同时制定其使用规范和残留限量要求，建议其残留限量（MRL）值可设为0.2 mg/kg。[①]该研究结论与我国80年代研究人员所做的关于6-苄基腺嘌呤的安全性结论一致。当时由陈水锦执笔完成的实验报告认为，根据食品安全性毒理学评价程序进行了鼠的毒性实验及残留量测定，结果表明6-苄基腺嘌呤属于低毒、弱蓄积性人工合成的化学物质。[②]从这些实验分析可以看出，6-苄基腺嘌呤既不是无毒害性的化学物质，也不是人体不能接触的剧毒性物质，在限量范围内对人体是安全的。虽然上述实验报告没有获得有关国家标准的认可，难以作为认定6-苄基腺嘌呤毒害性的科学证明，但对我们研究6-苄基腺嘌呤的化学属性很有参考价值。更重要的是，在《食品添加剂使用标准》（GB2760—2007）中，6-苄基腺嘌呤是允许作为食品添加剂使用的，这说明在当时的标准制定者看来在一定限量范围内的6-苄基腺嘌呤不会危害人体健康。其实，从卫计委《政府信息公开告知书》来看，禁止使用6-苄基腺嘌呤的是因为其属于植物生长调节剂（农药），不再具有食品添加剂工艺必要性，所以6-苄基腺嘌呤更宜被认定为低毒性农药，应当遵循农药的使用规范和要求。当然，也有学者认为，作为大众化的食品，之所以没有在临床上直接发生中毒病例，主要是随着豆芽培育时间增长，豆芽被不断淋洗，有害物质残留量相应减少，没有达到急性中毒的有效剂量。但是长期食用违规生产的豆芽，潜在的慢性健康损害不

[①] 参见张志恒等：《豆芽中6-苄基腺嘌呤残留的膳食风险评估》，载《农药学学报》2016年第1期。

[②] 劳动卫生学教研室：《6-苄基腺嘌呤的安全性毒理学评价》，载《南京医学院学报》1987年第3期。

容忽视。①

可以说，在食品安全国家标准对 6- 苄基腺嘌呤的安全性作出明确规定之前，该物质的毒害性会一直在实验与规范层面面临诸多争议。不过，倘若科学实验所提供的低毒性分析结论是正确的，司法机关能否据此认定 6- 苄基腺嘌呤是《刑法》第 144 条所规定的有毒、有害的非食品原料呢？从字面意思来看，低毒性农药当然属于具有毒害性的非食品原料。但我们不能据此将其认定为《刑法》第 144 条"有毒、有害的非食品原料"。因为科学层面具有毒害性的有毒、有害非食品原料和刑法规范中的"有毒、有害非食品原料"含义并不一致，对后者的解释应该结合刑法规定作出更为合理的体系性分析。科学层面的物质毒害性是通过对其化学、物理性质的分析确认对人体健康乃至生命的损害，可以是低毒物质，也可以是剧毒物质。但对《刑法》中"有毒、有害非食品原料"的认定不能简单照搬、机械理解，要考虑《刑法》第 144 条与第 143 条之间的协调。在立法上，《刑法》第 143 条属于具体危险犯，即对于不符合安全标准的食品，需要进一步判断涉案食品是否足以造成严重食物中毒事故或者其他严重食源性疾病；而《刑法》第 144 条是抽象危险犯，即只要行为人在食品中添加了有毒、有害的非食品原料就构成犯罪，不需要考虑涉案食品是否具有毒害性。由于生产、经营掺入有毒、有害的非食品原料的食品行为也属于生产、经营不符合安全标准食品行为，因此，在食品中掺入的非食品原料行为的性质就成为《刑法》第 143 条和第 144条的关键问题。考虑到两个条文具体危险犯和抽象危险犯的立法初衷与立法科学性，既然《刑法》第 144 条的不法行为不需要考虑不法行为的具体危险，就意味着食品中所掺入的有毒、有害的非食品原料的危险性更大、更紧——不需要进行个案判断。基于此，《刑法》第 144 条有毒、有害的非食品原料应当限制性解释

---

① 郝凤桐：《毒豆芽及其危害治理》，载《职业卫生与应急救援》2013 年第 5 期。

为因安全性问题而禁止添加在食品中的物质。①值得注意的是，《2022 年食品解释》注意到了这一根本性问题，在修订《2013 年食品解释》时，改变了原解释第 20 条关于有毒、有害的食品原料的认定标准，其第 9 条规定，"因危害人体健康，被法律、法规禁止在食品生产经营活动中添加、使用的物质"；"因危害人体健康，被国务院有关部门列入《食品中可能违法添加的非食用物质名单》《保健食品中可能非法添加的物质名单》和国务院有关部门公告的禁用农药、《食品动物中禁止使用的药品及其他化合物清单》等名单上"物质，才是有毒、有害的非食品原料。据此，较原条文相比，每一项均增加了"因危害人体健康"这一限制要素，从而将"有毒、有害非食品原料"的判断标准实质化。据此，对于添加在食品中的低毒物质，因为毒害性较弱，危害性往往与其残留量有密切关系，应根据其足以造成危险状态认定为《刑法》第 143 条之犯罪。当然，从食品安全标准角度作出上述区分也是合理的。不管是低毒的非食品原料还是剧毒的非食品原料，在添加到食品中时都应当受到食品安全标准的限制。前者主要受到安全限量、安全范围的限制，后者则是禁止使用的要求。

在食品安全层面上，我们可以对 6-苄基腺嘌呤的性质做如下概括：一是在性状上，一些公开实验表明 6-苄基腺嘌呤是具有低毒性的有毒、有害的非食品原料，但在规范上，不应该因其低毒性而解释为《刑法》第 144 条中的"有毒、有害的非食品原料"；二是在食品安全标准层面，6-苄基腺嘌呤属于植物生产调节剂即农药，且被禁止在生产豆芽中使用，因此，违规使用的性质可以认定为超范围使用农药（低毒）。

---

① 赵秉志、张伟珂：《食品安全犯罪司法认定问题研究——以法释〔2013〕12 号司法解释为视角》，载《中南民族大学学报（人文社会科学版）》2017 年第 2 期。

三、"毒豆芽"案件司法认定的规范分析

食品安全犯罪治理是一个法律问题，但也是一个科学问题。法学标准是否与科学标准一致，影响危害食品安全犯罪治理的科学性、权威性。司法机关审理"毒豆芽"案件时在证据认定、行为定性等方面的诸多分歧，正是这一问题的现实缩影，让我们看到人们乃至有关部门在处理食品安全问题上矛盾、纠结甚至冲动。如今，"毒豆芽"案件俨然已经变成执法部门的"烫手山芋"。有媒体专门对此类案件做过统计，"2013 年 1 月 1 日到 2014 年 8 月 22 日间，中国裁判文书网公开的相关案例 709 起，有 918 人被以'生产、销售有毒、有害食品罪'获刑。但并无科学证据表明这几种物质有毒、有害，相反农业部农产品质量风险评估实验室（杭州）及地方政府曾出具评估报告为其安全性背书。"[①] 在此以后，以辽宁省葫芦岛市首例无罪判决为转折，"2015 年 4 月，两高（最高法、最高检）已非正式暂停'毒豆芽'案审理。在山东省、福建省等地多个在审案件当事人被取保。"[②] 可以说，迄今为止，"毒豆芽"案件仍然遭遇"冷处理"。对此，基于危害食品安全犯罪治理的紧迫性、严谨性，兼及《2022 年食品解释》基本沿袭了修订前的解释思路，在规范与科学层面对"毒豆芽"案件予以审视，有助于我们深刻反思食品安全犯罪的治理模式。

（一）就当前而言，应当尊重司法解释的有效性，科学理解司法解释，规范评价"毒豆芽"案件的不法性

首先，司法解释的法定效力决定了应当依法认定"毒豆芽"案件的刑事违法性。刑法司法解释是指最高司法机关针对工作中的法律应用问题而颁行的具

---

①② 参见黄芳：《"毒豆芽"案首现无罪判决，争议数年已有近千芽农获刑》，来源于：澎湃新闻网 http://www.thepaper.cn/newsDetail_forward_1357530_1，访问时间：2016 年 9 月 16 日。

体阐明刑法规范含义的规范性文件。司法解释一经作出并公布后，即对各级司法机关产生普遍约束力，各级司法机关在刑事司法过程中必须严格遵守解释。刑法司法解释的效力仅次于刑法和刑法立法解释，任何下级司法机关不得以任何理由予以违背。① 因此，办理"毒豆芽"案件，只需要依据刑法以及相关司法解释的规定即可。那么，面对"毒豆芽"案件所引发的对《2013 年食品解释》的质疑以及《2022 年食品解释》可能面临的困境，笔者认为，《2022 年食品解释》第 9 条规定明确了有毒、有害的非食品原料的司法认定标准是有法定效力的，但这不意味着可以机械地套用司法解释的条款，而需要准确把握司法解释的相关规则，避免适用上的不合理。具体而言，（1）6-苄基腺嘌呤不属于《2022 年食品解释》第 9 条第 1 项中提到的"因危害人体健康，被法律、法规禁止在食品生产经营活动中添加、使用的物质"。因为《食品添加剂使用标准》既不属于全国人民代表大会及其常务委员会制定的法律，也不属于国务院制定的行政法规或者省、直辖市、自治区人民代表大会及其常务委员会制定的地方性法规，所以不能据此认定 6-苄基腺嘌呤属于有毒、有害的非食品原料。（2）6-苄基腺嘌呤不属于《2022 年食品解释》第 9 条第 2 项中"因危害人体健康，被国务院有关部门列入《食品中可能违法添加的非食用物质名单》《保健食品中可能非法添加的物质名单》和国务院有关部门公告的禁用农药、《食品动物中禁止使用的药品及其他化合物清单》等名单上的物质"，所以不能据此认定 6-苄基腺嘌呤属于有毒、有害的非食品原料。国务院有关部门公告的禁用农药并不是一般意义上的禁用，而是基于农药本身的高毒性对人畜和环境的巨大危害而被国家采取严格管控措施并列入禁用名单的农药。根据农业部等有关部门公告，目前禁止使用的农药主要包括了甲胺磷、六六六在内的 50 种高毒、剧毒农药（参见附录）。换言之，除了这些公告中明确禁止使用的农药，其他

---

① 参见陈志军：《刑法司法解释研究》，中国人民公安大学出版社 2006 年版，第 42-43 页。

农药都不能认定为有毒、有害的非食品原料（除非有证据表明其毒害性与之相当）。由于6-苄基腺嘌呤不是国务院农业部门公告的禁用农药，也没有证据表明它的毒害性达到禁用农药的高毒害性程度，因此，不宜按照此项认定处理。（3）无证据表明6-苄基腺嘌呤属于"其他有毒、有害的物质。"如上所述，本项中的"其他有毒、有害的物质"也应当限定在一定的范围，即只有毒害性与前三项所列的物质的毒害性相当时才能依据该项规则处理。显然，并没有证据表明6-苄基腺嘌呤的毒害性达到与上述物质毒害性相当的程度。基于上述分析，笔者认为，对于在豆芽中非法添加6-苄基腺嘌呤等同类物质的行为，不能认定为生产、销售有毒、有害食品罪。

那么，既然我们不能将其认定为"有毒、有害的非食品原料"，对于添加了6-苄基腺嘌呤的"毒豆芽"案件该如何处理呢？对此，应当从6-苄基腺嘌呤的属性进行分析。前文已经分析6-苄基腺嘌呤属于低毒农药——从《食品添加剂使用标准》中被删除以后，将其认定为农药更为合理。对于在豆芽中添加不允许使用的6-苄基腺嘌呤这种低毒农药，应当认定为超范围滥用农药。根据《2022年食品解释》第5条第2款的规定，"在食用农产品种植、养殖、销售、运输、贮存等过程中，违反食品安全标准，超限量或者超范围滥用添加剂、农药、兽药等，足以造成严重食物中毒事故或者其他严重食源性疾病的，适用前款的规定定罪处罚。"因此，对于这种行为，如果能够证明涉案豆芽足以造成严重食物中毒事故或者其他严重食源性疾病的，应当认定为生产、销售不符合安全标准的食品罪。当然，从实践来看，办案机关要证明"毒豆芽"的具体危险性面临诸多困难，在无法完成这一证明的情况下，就不能按照生产、销售不符合安全标准的食品罪定罪处罚。

其次，即便不能证明毒豆芽的危险性，以安全性为由对"毒豆芽"案件作出无罪处理也缺乏法律依据。在郭某某、鲁某某生产、销售有毒、有害食品案等案件中，司法机关以"豆芽上喷洒'速长王'后所检测出的6-苄基腺嘌呤等三种物质的安全性亦尚不清楚"为由宣告被告人无罪。对此，单从《刑法》第 144 条的规定来看，要证明涉案食品中掺入了有毒、有害的非食品原料，的确需要提供证明该非食品原料具有毒害性的直接证据。但需要注意的是，《2022 年食品解释》第 5 条已经明确了"超范围滥用农药"的证明规范和处理规则。司法机关在办理此类案件时，其判断的焦点不是有毒、有害的非食品原料而应当是涉案食品的危险性证明。退一步讲，如果司法机关按照有毒、有害的非食品原料来裁判，《2022 年食品解释》第 9 条是否应当适用才是裁判的要点，而不是仅仅根据无证据证明其毒害性就否定其属于有毒、有害的非食品原料。毕竟，《2022 年食品解释》第 9 条就是为了解决"有毒、有害非食品原料"认定的专业性问题，便于司法实践操作才作此规定的。基于司法解释的法定效力，在《2022 年食品解释》施行期间，倘若地方司法机关以安全性无法确定等理由径直认定"毒豆芽"案件无罪，是不妥当的，实质上仍然没有准确把握 6-苄基腺嘌呤作为低度农药的性质及其行为的违法性本质。在笔者看来，国家食品药品监督管理总局、农业部、国家卫生和计划生育委员会《关于豆芽生产过程中禁止使用 6-苄基腺嘌呤等物质的公告》（2015 年第 11 号）已经明确了"生产者不得在豆芽生产过程中使用 6-苄基腺嘌呤、4-氯苯氧乙酸钠、赤霉素等物质，豆芽经营者不得经营含有 6-苄基腺嘌呤、4-氯苯氧乙酸钠、赤霉素等物质的豆芽。"因此，在豆芽生产过程中非法添加 6-苄基腺嘌呤等物质的行为显然属于生产不符合安全标准的食品行为。对于这种行为，即便不能证明该物质足以危害人体健康，但依据《食品安全法》的规定，也符合第 123 条第 1 款第 1 项中"在食品中添加食品添加剂以外的化学物质"的行为，应当予以行政处罚。同时，通过这种方式生产出来的"毒豆芽"，不管是否能够认定属于农产品，都可以确定属于"伪劣产品"，应当根据其销售金额或者货值金额判断是否构成生产、销售伪劣产品罪。遗憾的是，在辽宁省葫芦岛市连山区法院对郭某某生产、销售"毒豆芽"案作出无罪判决后，有观点认为，"法院在'毒豆芽'安全性不确定的情况下，依法改判'毒豆芽'生产者无罪，无疑是严守法治精神，是对疑罪从无精神的遵守"。①但在笔者看来，该无罪判决既不是践行疑罪从无的要求，也不是恪守法治精神，而是对罪刑法定原则的背离。因为虽然我们无法确定"毒豆芽"的安全性而不能将其认定为生产、销售有毒、有害食品犯罪，但不代表这些案件不构成其他犯罪，更不等于无罪。比如在该案中，裁判中已经确认涉案金额高达 20 余万元，法院所做的无罪判决显然忽略了"毒豆芽"属于不符合安全标准食品的客观事实，没有考虑构成生产、销售伪劣产品犯罪的可能性，司法机关仅仅以安全为由宣告被告人无罪，对"毒豆芽"采取"非此即彼"的处理模式，实质上是有违法治精神之嫌的。

当然，透过"毒豆芽"案件的争议可以发现，问题的核心是如何处理法律标准与科学标准的关系，这也是危害食品安全犯罪刑事治理所面临的普遍问题，"毒豆芽"案件中关于"有毒、有害非食品原料"的争论只是《刑法》第 144 条这一规范构成要素证成问题的集中体现。然而，我国当前食品安全标准的缺失以及检验检测制度的滞后，致使非食品原料的毒害性证明规则并不完善，相当数量的非食品原料的安全性难以得到充分有效的证明，更不用说满足刑事证明的需要了。因此，《2022 年食品解释》为提高司法裁判的统一性、公信力而确立的"有毒、有害非食品原料"法学认定标准，具有现实必要性。但必须承认的是，法学标准以食品安全行政法规范为主要依据，没有充分考虑行政监管的特殊性和食品安全标准的复杂性，可能在特定情况下因对"危害人体健康"理解不一而导致一些非食品原料的安全性评价与科学实验的结论不一致。如果说《食品解释》中的法学标准着眼于确立一种食品安全监管秩序的稳定性，科学实验则力图探求事物的客观评价，以确保实质正义的实现。就此而言，"毒豆芽"案件似乎陷入了秩序与正义这一法哲学领域探寻多年的传统问题之中。不过，法学标准固然没有反映一些科学实验的结论性意见，但部分科学实验结论并不等同于科学标准，更毋

①　余明辉：《"毒豆芽案"判无罪体现疑罪从无精神》，载《经济参考报》2015 年 8 月 4 日。

庸说食品安全标准。在笔者看来，从科学实验结论上升到科学标准，尚需要国家有关部门对实验结论进行确认并按照法定程序予以公示，否则，在规范层面上，实验结论难以作为定罪量刑的依据。从罪刑法定原则的角度来说，认定犯罪的根据只能是刑法的明文规定，而司法解释作为刑法适用不可或缺的重要组成部分，理所应当成为司法裁判的依据，故而，在科学实验结论获得法律上的认可并成为一种国家安全标准之前，司法机关不宜把实验结论作为否定法律规范性、权威性的证据。否则，倘若允许司法机关按照自己认定的实验数据随意否定司法解释确立的法治规则，就会导致司法裁判的混乱和矛盾。[①] 这既不利于实现食品安全的科学管控，也不利于实现司法的法治效果。

（二）从长远来看，准确把握司法解释的规范性，客观评价"毒豆芽"的不法性

司法解释是否具有法律效力，与解释内容是否科学没有必然联系。然而，这并不意味着司法解释可以忽略规范的科学性，因为不科学的解释会影响不法行为的定罪量刑，进而侵害社会公正。可以说，公正的司法解释要求制定者恪守科学底线，避免因肆意而危及公众安全，这一点在危害食品安全犯罪领域显得尤为突出。食品安全问题是人类体验科技带来的进步所夹杂的副产品，甚至可以说，正是科学的发展催生了今天复杂多变的食品安全形势。因此，如果规范的制定者们主观、机械地研究危害食品安全犯罪问题，不仅会引发犯罪认定规范的矛盾与冲突，而且会削弱犯罪认定的司法效果。亦如直到今天，我们仍然没有提出有效规治"毒豆芽"案件的策略，即便已经制定出了清晰、明确的司法解释规则。笔者

---

① 如广西壮族自治区横县人民法院在刘某生产、销售有毒、有害食品案中，广西壮族自治区南宁市良庆区人民法院在农某生产、销售有毒、有害食品案中，广西壮族自治区北海市银海区人民法院在张某生产、销售有毒、有害食品案中，均采信自治区食品安全风险评估专家委员会专家出具的专家意见，认定长期食用含6-苄基腺嘌呤、4-氯苯氧乙酸钠的食品会对人体健康造成潜在危害，肯定了6-苄基腺嘌呤的毒害性。

认为，危害食品安全犯罪领域司法解释的权威性，必须建立在严谨的食品安全科学标准基础之上，否则，极易因犯罪认定不合理而难以达到实质公正的目标，并最终侵蚀犯罪防控的法治基础。事实上，当前一些地方司法机关对"毒豆芽"案件所作的无罪判决等已经印证了这一点。虽然在法治层面上笔者难以认同此类裁判理由，但是不得不承认，无罪判决、撤诉裁定等司法裁断背后所流露出的是司法者的人文关怀以及对司法公正的隐忧。因此，我们固然可以以法律的强制力追究生产、经营"毒豆芽"行为的刑事责任，但司法的公信力也会遭受侵蚀，"毒豆芽"案件引发的社会舆论对危害食品安全犯罪认定标准的质疑正体现了这一现实处境——我们难以以科学的论证予以有效的反驳。可以说，脱离科学标准讨论危害食品安全犯罪的规范认定，已经成为无根之木、无源之水。危害食品安全犯罪司法治理的权威性，必须尊重食品安全规范的科学性，将犯罪认定的法学标准与科学标准统一起来，为司法解释提供强有力的科学支撑。因此，《2022 年食品解释》在适用于"毒豆芽"案件时可能延续《2013 年食品解释》所面临的现实困境，亟须我们为之提供科学保障——明确"毒豆芽"中所掺入的 6-苄基腺嘌呤等物质的安全性，为依法处理"毒豆芽"案件提供依据。

在笔者看来，"毒豆芽"案件所面临的尴尬局面，源于我国食品安全规范的不科学、不协调。比如，6-苄基腺嘌呤到底是农药还是食品添加剂都尚且存在争论，司法机关在裁判时显然难以达成共识。虽然有关部门起初是以调整食品添加剂的范围来规范其使用的，但却没有对禁止添加在食品中的 6-苄基腺嘌呤等物质的安全性作出必要的科学解释，从而使法学标准在诸多实验室数据面前显得苍白。事实上，在食品添加剂使用标准调整以后，6-苄基腺嘌呤更符合低毒农药的性质。如果明确了这一点，基于《2022 年食品解释》所确立的认定规则，如何判断"毒豆芽"案件的不法性即刑事违法性就是明确的。但在实质层面上，由于有关部门未能准确界定 6-苄基腺嘌呤的性质，进而明确涉案物质的危害性程度，甚至对之使用模糊的表述，对案件办理和公众舆论形成了严重误导。在社会公众甚至诸多办案人员看来，将曾经作为食品添加剂来使用且安全性不明的物质认定为有毒、有害物质，不仅在朴素的社会情感上，而且在法治的正义诉求上都是难以接受的。这种感情对不法行为规范治理的影响是不容忽视的。"由于人们不会长期忍受他们认为完全不合理和难以容忍的社会状况，所以一个不具备坚固的正义基础的法律秩序所依赖的只能是一个岌岌可危的基础。"[①] 因此，论证 6-苄基腺嘌呤等物质的安全性并在食品安全标准中予以明确具有现实必要性，也是解决"毒豆芽"案件的根本出路。

基于上述分析，要彻底消除"毒豆芽"案件犯罪认定的分歧，就必须从科学角度对 6-苄基腺嘌呤等物质的属性作出定位，同时对安全性作出说明并予以标准化。这就要求监管部门不能仅说明禁止在豆芽中添加 6-苄基腺嘌呤等物质是因为技术上的不必要性，而且应当明确其作为农药的性质，并对其安全性作出正面解释，这是食品安全标准的应有之义。毕竟，食品安全标准首先解决的是食品中的非食品原料的安全性问题，其次才是添加的必要性问题。为此，有关部门要通过科学实验、分析明确 6-苄基腺嘌呤等是无毒、低毒还是剧毒物质，并且依照法定程序将实验室标准上升到食品安全国家标准，从而为司法解释的修订提供科学依据。应当说明的是，从目前的研究情况来看，明确 6-苄基腺嘌呤等物质的安全性并不存在技术上的难题，虽然先进的化学方法为掺假者创造了更多的制假机会，[②] 但科学作为一把双刃剑，最终也是我们完善食品安全标准唯一可以依靠的利器。按照《食品安全法》第 28 条的规定，要明确 6-苄基腺嘌呤等物质的安全性，应当对这些物质的生物性、化学性和物理性的危害因素进行风险评估，同时参照相关的国际标准和国际食品安全风险评估结果，经有关部门审查通过以

---

① 参见〔美〕E. 博登海默：《法理学：法律哲学与法律方法》，邓正来译，中国政法大学出版社 2004 年版，第 332 页。

② 参见〔美〕比·威尔逊：《美味欺诈：食品造假与打假的历史》，周继岚译，生活·读书·新知三联书店 2010 年版，第 92 页。

后，颁布相关的食品安全国家标准，[①] 明确 6–苄基腺嘌呤等物质的毒害性以及食品中是否允许添加等。如果将 6–苄基腺嘌呤等物质认定为低毒农药，在一定范围内残存在食品中不会危及公众安全，就应当确定其安全限量的范围。当然，不同的安全性评估结果，对"毒豆芽"案件的不法性认定也会有所区别。基于此，本章对于"毒豆芽"案件中刑事治理的混乱状况及调整作出以下梳理。

（1）如果根据食品安全风险评估结果以及食品安全国家标准，6–苄基腺嘌呤等物质属于低毒物质，就不能将其认定为有毒、有害的非食品原料；即便食品安全国家标准等禁止将其添加在食品中，也难以证明涉案食品足以造成严重食物中毒事故或者其他严重食源性疾病，因此，此类案件不属于生产、销售有毒、有害食品犯罪或者生产、销售不符合安全标准的食品犯罪。但是，由于"毒豆芽"案件属于违规添加非食品原料的行为，掺有此类物质的豆芽属于伪劣产品。对于工业化、公司化生产、经营豆芽的行为，可以按照"以不合格产品冒充合格产品"来处理，[②] 按照《食品安全法》有关规定予以行政处罚；若销售金额、货值金额达到法定标准，可以依照刑法第 140 条以生产、销售伪劣产品罪论处。

（2）如果认定 6–苄基腺嘌呤等物质在食品中的残留量控制在一定范围内是安全的，那么超限量存在时，就可能会产生足以造成严重食物中毒事故或者食源性疾病的危险状态。一旦有证据表明出现了这一法定的危险状态，就应当将不法行为认定为生产、销售不符合安全标准的食品犯罪。需要注意的是，从《2022年食品解释》第 1 条、第 5 条的适用困境来看，[③] 为了统一定罪量刑的标准，需要

---

① 参见信春鹰主编：《中华人民共和国食品安全法解读》，中国法制出版社 2015 年版，第 73 页。

② 这里需要说明的是，即便按照有些部门的理解把豆芽认定为农产品，如果非法销售不符合食品安全标准的豆芽，也可以认定为"以次充好"。

③ 《2013 年食品解释》第 1 条所确立的解释规则，看似合理，却背离了司法实践的现实状况而难以得到有效落实，甚至在执行中因司法人员的理解不同而引发司法混乱。参见赵秉志、张伟珂：《食品安全犯罪司法认定问题研究——以法释〔2013〕12 号司法解释为视角》，载《中南民族大学学报（人文社会科学版）》2017 年第 2 期。

有关部门在制定食品安全标准时，不仅要明确非食品原料的安全限量标准，而且要制定其危险性数值标准，从而为刑法第 143 条"足以造成严重食物中毒事故或者其他严重食源性疾病"提供明确的判断依据。如果"毒豆芽"案件中的 6-苄基腺嘌呤等在安全限量范围以内，或者超出限量但不足以产生刑法第 143 条规定的危险状态，考虑到 6-苄基腺嘌呤属于在豆芽中禁止添加的物质，可以根据涉案豆芽的销售金额、货值金额分别按照刑法第 140 条规定认定为生产、销售伪劣产品犯罪，或者按照食品安全法的规定予以行政处罚。

（3）如果认定 6-苄基腺嘌呤等物质属于剧毒物质，并因此禁止添加在食品中，生产、销售掺有 6-苄基腺嘌呤等物质的"毒豆芽"案件，就应当认定为生产、销售有毒、有害食品犯罪。

四、结语

"毒豆芽"案件不是食品安全领域的个案，而是危害食品安全犯罪的一个缩影。透过"毒豆芽"案件可以发现，倘若缺乏严谨、规范、完善的食品安全标准，危害食品安全犯罪的司法认定将缺乏强有力的技术支撑；倘若司法解释只是注重建立形式化的司法认定规则，而忽略了犯罪认定的科学性，将难以建立持久的危害食品安全犯罪司法治理体系。因此，"毒豆芽"案件引发的司法争议给我们加强食品安全犯罪刑事治理提供了重要的借鉴意义。本书将其总结为两个方面：

一是危害食品安全犯罪的司法认定不能忽略食品安全行政法规范包括食品安全标准在食品安全犯罪认定中的基础性作用。危害食品安全犯罪本质上是具有严重社会危害性和刑事违法性的不符合食品安全标准行为。因此，涉案食品是否属于不符合食品安全标准的食品，成为犯罪认定的基础性问题。要解决这一问题，只能依赖于规范、明确、科学的食品安全标准。然而，"毒豆芽"案件暴露出来的问题恰恰是司法解释忽略了食品安全法规范对食品安全犯罪的基础作用。

二是食品安全标准的建构应当服务于行政监管与刑事犯罪的双重需要。现行食品安全国家标准难以适应危害食品安全犯罪刑事治理的需要。不仅存在着食品安全标准缺失、落后等问题，而且缺乏与刑事犯罪治理的衔接与协调。例如，对于化学添加剂的国家安全标准中，相当数量的添加剂只规定了禁用范围或者适用范围，而没有确定其毒害性安全标准；对于食品中残留的重金属、污染物质、致病性微生物等仅规定了安全限量标准，没有规定对犯罪认定具有重要意义的刑事危险性标准。因此，危害食品安全犯罪刑事治理必须改变当前食品安全国家标准的制定规范，构建行政执法与刑事司法相统一、协调的食品安全国家标准体系，提高犯罪认定的科学性和规范性。

第三章

地沟油案：有毒、有害食品的认定

【本章概要】

　　地沟油认定范围的扩张以及认定标准的缺失，给地沟油犯罪治理带来极大困难，也引发了社会舆论和学界的诸多争议。但是，按照现行规范性文件认定地沟油犯罪是罪刑法定原则的基本要求，因此，在办理此类案件中，如何准确把握有关规范性文件的适用条件十分重要。对于办案机关而言，只要能够证明"食用油"的原料属于地沟油原料，就可以认定经营者涉嫌生产、销售有毒、有害食品罪。涉案食品是否属于有毒、有害食品不是本罪的构成要件要素，也不属于办案机关必须通过证据证明的对象。只要能够确证生产、经营食用油过程中使用了地沟油原料，就符合本罪的客观要件，即便涉案食用油无毒、无害。

　　2017 年 4 月 24 日，国务院办公厅发布了《关于进一步加强"地沟油"治理工作的意见》（以下简称《地沟油意见》），明确提出要把"地沟油"治理作为"十三五"期间食品安全重点工作任务，力争取得突破。之所以把"地沟油"作为食品安全治理的重要组成部分，既与食用油是公众生活不可或缺的重要食品有关，而且和地沟油非法加工行为的严重性以及危害性有密切关系。按照《地沟油意见》规定，"地沟油"一般是指用餐厨废弃物、肉类加工废弃物和检验检疫不合格畜禽产品等非食品原料生产、加工的油脂。在老百姓的观念中，泛指各类生活产生的劣质油。因地沟油来源和加工过程的不合法、不合理性，其进入流通领域就会对人体健康造成极大威胁。除了自生原料中的生物污染之外，地沟油的毒害性还体现在其产生的化学污染。比如，地沟油原料中有来自食物残渣和动物劣质肉、皮、内脏等多成分油脂，相对植物油中含有大量的胆固醇、饱和脂肪酸，食用这类油脂对人的心脑血管造成的伤害是已经证明的。食物在煎炸过程中会造成水分大量散失，而油脂中水分含有量增高，其在高温存在条件下，易发生水解，生成游离脂肪酸，产生酸败，导致油品酸价变高。同时，地沟油在流通过程中有毒物质、微生物毒素等都有可能大量增加，从而危及公众安全。[①]然而，与这种危险性相伴随的是，多年来我们始终都未能阻止地沟油进入公众的餐桌。据新京报报道，2022 年 6 月下旬至 7 月上旬，新京报记者应聘进入必胜客北京和谐广场店和魏公村店，发现后厨确实存在多种食品安全问题：餐厅管理人员篡改效期标签，食材不按时废弃；员工拆掉外包装，将过期食材"化整为零"；烹炸用油长期不更换，相关指标超标近一倍等。[②]其实，早在 2013 年 3 月 7 日，全国人大代表钟南山院士在全国两会期间接受记者采访时所提到，"我搜集地沟油资料，每年中国回收七百万到一千五百万吨，其中上餐桌的有三百五十万吨，所以有的时候人们还在吃地沟油"。虽然我们无法核实这一数据的真实性，但时至今日，公安机关和食品监管部门仍然在强化地沟油犯罪的规范治理，截断地沟油进入公众餐桌的流通渠道。正如《地沟油意见》所提到的，"'地沟油'综合整治长效机制尚未完全建立，制售'地沟油'的违法犯罪问题仍时有发生"。也正是基于此，《地沟油意见》明确："进一步加强行政执法和刑事司法的衔接，健全涉嫌犯罪案件的移送通报机制，加大对制售'地沟油'违法犯罪行为的打击力度。"

---

① 吴才武、夏建新：《地沟油的危害及其应对方法》，载《食品工业》2014 年第 3 期。

② 参见新京报暗访调查组：《过期食材更换标签"续命"烹炸油检出超标后继续用》，载《新京报》2022 年 7 月 20 日，A06 版。

要实现这一目标，理顺行刑衔接机制，就需要对地沟油犯罪的认定标准和证明标准予以规范。为此，本章拟通过近年来公开的地沟油案件裁判样本进行分析，探究司法治理中的难点、疑点，以期能够为推动地沟油案件的司法惩治提供可资借鉴的理论支撑。

一、从司法裁判看"地沟油"案定性的焦点问题

在中国裁判文书网一审案件中输入"地沟油"关键词，共检索到刑事案件共计 140 个，属于食品安全领域（包括存在食品、饲料争议的案例）的案件数量为 69 件，其中生产、销售伪劣产品犯罪案件 8 件，生产、销售有毒、有害食品犯罪案件 61 件。从时间上来看，69 起案件分布于 2008 年至 2018 年间，其中 2008 年 2 件，2010 年 4 件，2011 年 2 件，2012 年 2 件，2013 年 1 件，2014 年 36 件，2015 年 24 件，2016 年 32 件，2017 年 38 件，2018 年 13 件。从地域分布来看，20 个省、市、自治区法院都公布了地沟油犯罪案件，没有公开的地区如北京、天津等是否查办过地沟油犯罪尚不确定。在这 20 个省级行政区域中，浙江省公开案件数量最多，有 34 起；山东省次之，有 25 起；公开案件数量最少的为湖北省和甘肃省，各有 1 起。在此基础上，借助威科先行·法律信息库检索，进一步梳理出 2018 年公开的涉地沟油案件 32 件，2019 年涉地沟油案件 34 件，2020 年涉地沟油案件 38 件，2021 年涉地沟油案件 7 件。即便如此，本章分析样本不能作为全国地沟油犯罪形势研判的依据，甚至不能作为各个地区犯罪治理形势的评价因素，只能用于发现司法机关裁判过程中存在的法律争议及其产生的原因，为明确法律适用标准和证明标准提供规范意见。

通过对这些样本进行分析，笔者发现，在地沟油案件中，控辩双方常见的争议性问题主要包括以下五个方面：

第一，地沟油是否属于有毒、有害的非食品原料。根据我国《刑法》第 144

条的规定，生产、销售有毒、有害食品罪，是指在生产、销售的食品中掺入有毒、有害的非食品原料，或者销售明知掺入有毒、有害非食品原料的食品的行为。因此，在认定生产、经营者利用地沟油原料生产、加工食用油或者掺入其他食品中的行为构成生产、销售有毒、有害食品罪时，就需要确定地沟油属于有毒、有害的非食品原料。但是在实践中，关于地沟油是否属于有毒、有害的非食品原料往往是控辩双方争议的焦点，尤其是办案部门不能提供证据证明地沟油具有毒害性甚至检测合格的情况下，辩方会以涉案地沟油不属于有毒、有害的非食品原料而对指控提出反驳。例如，在温州市某火锅餐饮有限公司饶某、谢某等生产、销售有毒、有害食品案中，公诉机关指控，被告人饶某、谢某等人在经营火锅店期间，由饶某等将火锅店内客人吃剩的火锅锅底油进行过滤回收并加工熬制成"老油"，再用"老油"混合新油方式，制作火锅锅底销售给客人食用。对此，辩护人提出，本案的"老油"仅有调味用途，不属于"地沟油"、食用油、非食品原料，是否具有有毒、有害性尚缺少检验报告、专家意见等关键证据。[①] 在本案中，辩护方针对控方指控，提出了两点意见：一是涉案老油属于非食品原料；二是无证据表明涉案老油属于有毒、有害的非食品原料。如果该辩解理由成立，被指控行为就不符合《刑法》第 144 条之规定。因此，案件中地沟油、老油是否属于非食品原料，以及地沟油属于有毒、有害非食品原料的证明，就成为犯罪认定的关键。

第二，没有证据表明以地沟油为原料生产的成品油是有毒、有害的。《刑法》第 144 条的罪名为生产、销售有毒、有害食品罪，因此，涉案成品的毒害性问题往往也会成为辩方的理由之一。仍然以火锅餐厨垃圾产生的废弃物为例，在同类

[①]　法院认为，被告人饶某等人违反国家食品卫生管理法规，用餐厨垃圾、废弃油脂加工、提炼"地沟油"，将该油掺入食品中给顾客食用，其行为已经构成生产、销售有毒、有害食品罪，故对被告人饶某的辩护人提出的第 1 点意见不予采纳。参见浙江省温州市龙湾区人民法院刑事判决书（2017）浙 0303 刑初 269 号。

案件中也有观点以地沟油熬制的老油不属于有毒、有害食品而提出质疑，即将焦点从非食品原料的毒害性转向了成品的毒害性。例如，在蓝某、韩某等生产、销售有毒、有害食品案中，公诉机关指控，被告人蓝某等人名下火锅店厨师长龚某收集顾客食用过的废弃油脂将之提炼成"老油"，后通过物流公司发往另一家火锅店。炒料员黄某收到"老油"后，用之炒制火锅底料，再通过物流公司发回供顾客食用。2016 年 9 月 7 日，办案人员在黄某用于炒制火锅底料的作坊，现场查获 16 桶废弃油脂等物品。本案中，办案机关提供的检验报告显示，现场查获的火锅底料油、火锅底料老油、清油油料中的罂粟碱、吗啡、那可丁、可待因、蒂巴因进行检验，该样品依据食品整治办〔2008〕3 号判定，所检项目结果符合规定。据此，蓝某辩护人提出，现场查获的"老油"中并未检测出有毒、有害成分，公诉机关起诉指控"生产、销售有毒、有害食品罪"的罪名不当。① 从上述证据材料来看，涉案人员利用废弃油脂提炼出的老油在检验部门按照法定检测项目检验以后确定合格，即不具有毒害性，难以认定为有毒、有害食品。辩方显然抓住了这一有利证据来对指控事实进行反驳，从而否认涉案的"老油"属于有毒、有害的食品。针对食品毒害性而产生的质疑并不鲜见，在李某甲、周某某、朱某某生产、销售有毒、有害食品案中辩方也对此提出了疑问。②

第三，主张用回收的残油熬制老油作为食品油是传统工艺，不应认定为犯罪。从样本案例来看，超过三分之一的案例都涉及火锅餐饮领域回收食用过的残油熬制老油，尤其是在四川省等地。涉案人员也会以传统工艺为由主张不构成犯罪。如何某、李某生产、销售有毒、有害食品案中，公诉机关指控，被告人何

---

① 法院认为，根据《地沟油通知》："地沟油"犯罪，是指用餐厨垃圾、废弃油脂、各类肉及肉制品加工废弃物等非食品原料，生产、加工"食用油"……，对于利用"地沟油"生产"食用油"的，依照刑法第 144 条以"生产有毒、有害食品罪"的规定追究其刑事责任，故对辩护人提出的上述辩护意见，本院不予采纳。

② 宁夏回族自治区永宁县人民法院刑事判决书（2014）永刑初字第 100 号。

某、李某在餐饮店内，使用顾客食用过的残渣残油通过过滤、加热提取后添加到火锅汤料中，销售给顾客食用。辩护人认为，被告人使用的火锅底料经过高温过滤提取火锅"老油"是"串串火锅"的传统做法，与其他在食品中添加有毒、有害物质的性质不同。① 在笔者看来，这种逻辑的背后实质上关系到刑法理论中犯罪故意的认识内容这一传统问题，即社会危害性认识是否属于犯罪故意的认识范畴。在该案中，辩护人是以传统工艺为由通过降低行为人对熬制老油行为社会危害性的认识程度来减免罪责的。然而，行为人是不是认识到不法行为的社会危害性，行为方式是否符合传统工艺标准并不是问题的根本所在，而是这种传统工艺是否在法律允许的范围内。也许，辩护人正是认识到了这一点，所以一方面认为行为人具有违法性，另一方面却以该理由进行辩护。当然，最终审判机关没有据此而减轻行为人的刑事责任。

第四，主张涉案地沟油是加工饲料用的，其行为不应认定为生产、销售有毒、有害食品罪。这其实是针对成品油属于食品还是饲料而进行的辩护。当然，这又回到本书第一章所探讨的食品认定标准这一问题上。但在"地沟油"案件中，由于一些涉案组织、个人具有饲料油等非食品行业的生产资质，因此，生产经营者通常会以此进行辩护。在付某生产、销售有毒、有害食品案中，公诉机关指控，被告人付某在经营的火锅店内多次要求其店内厨房工作人员利用餐厨垃圾生产食用油，并予以销售。2013 年 11 月 4 日，执法人员在火锅店厨房内与厨房外的偏房内查获六桶疑似"地沟油"，后经检验，被查获物的油酸值项目不符合GB2716-2005 标准要求，判定送检的油脂样品不合格。被告人付某辩称没有用地沟油生产食用油，也没有使用过。被查获的厨房外面破屋内的那五桶油是分离的潲水油，准备卖给别人喂猪；店子里面查获的那桶油是其从菜市场买的牛油来熬制的。就此而言，被告人以涉案成品油不是提供给他人食用为由而否认构成生

① 四川省彭州市人民法院刑事判决书（2017）川 0182 刑初 668 号。

产、销售有毒、有害食品犯罪。① 如前文所述，通过相关证人证言、销售台账等都可以证明涉案产品是否"供人食用"。在本案中，办案人员通过火锅店工人王某某、店内负责厨房的胡某某以及服务员刘某某等证人的证词证实了涉案人员用厨房内白色桶里面的红油给客人食用。

第五，地沟油犯罪构成生产、销售有毒、有害食品罪的解释依据。最高人民法院、最高人民检察院、公安部《关于依法严惩"地沟油"犯罪活动的通知》（以下简称《地沟油通知》）对于利用"地沟油"生产"食用油"的，依照《刑法》第144条生产有毒、有害食品罪的规定追究刑事责任。据此，对于已经查明利用"地沟油"生产"食用油"的行为，可以直接依据《地沟油通知》予以定罪处罚。但是，从实践来看，司法机关在"地沟油"犯罪的定性问题上也会援引其他相关的解释性文件。比如，在李某生产有害食品案中，针对被告人李某在烤鱼店打工期间，受老板指使，利用使用后的餐厨垃圾等非食品原料提炼"废弃食用油脂（俗称潲水油、地沟油）"，并将"废弃食用油脂"混入色拉油、香料后用于加工食品的行为，司法机关根据《2013年食品解释》第9条第1款、第20条第（2）项、国家卫生和计划生育委员会《食品中可能违法添加的非食用物质和易滥用的食品添加剂名单（第三批）》之规定，认定其构成生产有害食品罪。② 从这些相关条款的具体内容来看，第一项依据的内容是"在食品加工、销售、运输、贮存等过程中，掺入有毒、有害的非食品原料，或者使用有毒、有害的非食品原料加工食品的，依照刑法第一百四十四条的规定以生产、销售有毒、有害食品罪定罪处罚。"第二项依据的内容是"国务院有关部门公布的《食品中可能违法添加的非食用物质名单》《保健食品中可能非法添加的物质名单》上的物质"应认定为有毒、有害的非食品原料。第三项依据的内容是"废弃食用油脂"属于

---

① 四川省宁南县人民法院刑事判决书（2014）宁南刑初字第48号。
② 贵州省安顺市平坝区人民法院刑事判决书（2017）黔0403刑初11号。

可能在"食用油脂"中违法添加的非食用物质。由此可见，该裁判的定罪依据中，第一项仅仅是对《刑法》第 144 条"生产、销售"行为外延的扩张解释，而第二项、第三项依据具有关联性，明确了"废弃食用油脂"①认定为有毒、有害非食品原料的规范性。在梅某生产、销售有毒、有害食品案中，法院认定被告人使用该店回收的餐厨垃圾中的废油，制作用于加工火锅底料的"红油"，并用该"红油"烧制食物销售给该店的顾客食用进行牟利，依据《2013 年食品解释》第9 条第 1 款的规定，其行为构成生产、销售有毒、有害食品罪。②在王某甲、王某乙生产、销售有毒、有害食品案中，司法机关主要是根据《地沟油通知》第 2 条第（1）项和《2013 年食品解释》第 9 条第 1 款、第 20 条第（1）项认定犯罪的。③据此，关于"地沟油"犯罪的定性依据，司法机关在认识上也存在较大差异。由于犯罪认定的规范标准会影响证据的证明对象，因此，这种认定标准上的差异也必然会影响侦办机关收集证据的思路。

从司法实践来看，该类案件主要是围绕生产、销售有毒、有害食品案件中的罪名和构成要件要素的认定标准而产生争议的，即有毒、有害的非食品原料、有毒、有害食品以及食品三个要素，但也会涉及其他一些事实认定的分歧，比如，货值金额、销售金额的认定标准，生产、销售涉案产品行为持续时间的认定以及主观明知的证明等。不过，考虑到刑法中生产、销售有毒、有害食品罪是抽象危险犯，犯罪构成基本要素的认定及证明对犯罪成立的判断具有基础性影响，而犯罪金额、主观明知等因素的证明则属于生产、销售伪劣商品犯罪中的普遍性问题，所以在本章对地沟油案件进行探讨时，笔者主要从规范和证明的角度分析生产、销售有毒、有害食品罪认定中的基本问题。

---

① 一般来讲，废弃食用油脂是指餐厨垃圾中的油脂、油水混合物和经油水分离器、隔油池等分离处理产生的油脂。

② 福建省安溪县人民法院刑事判决书（2018）闽 0524 刑初 91 号。

③ 四川省邛崃市人民法院刑事判决书（2016）川 0183 刑初 425 号。

二、有毒、有害的非食品原料的司法认定标准

从样本案例的定性分歧描述来看，"有毒、有害非食品原料"的认定标准、依据在实践中争议较大；在规范层面上，涉案食品中是否存在"有毒、有害的非食品原料"也是控辩双方争论的焦点。然而，对于这一问题，除了司法实践中尚未统一认定标准之外，理论上学者们的认识也不一致。鉴于此，本部分将结合有关规范性文件对"有毒、有害非食品原料"的司法认定进行探讨。

（一）从《地沟油通知》看有毒、有害非食品原料的认定标准

关于地沟油的认定范围，最早是在 2010 年 7 月国务院办公厅发布的《关于加强地沟油整治和餐厨废弃物管理的意见》（以下简称《餐厨废弃物管理意见》）中予以明确的。其将地沟油限定在用餐厨废弃物提炼的所谓食用油，即潲水油和反复使用后的废弃油。对于这一标准，《地沟油通知》并没有予以沿用，而是根据司法实践的新情况作出了变动。在制定者看来，实践中，"地沟油"犯罪从所使用的原料来区分，可以分为三种：第一种是用餐厨垃圾，即将油腻漂浮物或者宾馆、酒店的剩饭剩菜经过简单加工、粗炼出的油；第二种是用废弃油脂，即用于油炸食品的油多次反复使用后，又非法加工出的所谓"食用油"；第三种是用各类肉及肉制品加工废弃物等非食品原料，包括用不符合食用卫生要求的猪、牛、羊、鸡、鸭、鹅等动物内脏、下水等加工提炼的所谓"食用油"。[①] 在此基础上明确了"地沟油"犯罪的概念，即用餐厨垃圾、废弃油脂、各类肉及肉制品加工废弃物等非食品原料，生产、加工"食用油"，以及明知是利用"地沟油"生产、加工的油脂而作为食用油销售的行为。这个概念虽然是对地沟油犯罪的解

---

① 陈国庆、韩耀元、吴峤滨：《〈关于依法严惩"地沟油"犯罪活动的通知〉理解与适用》，载《人民检察》2012 年第 10 期。

释，但从解释理由来看，餐厨垃圾、废弃油脂以及各类肉及肉制品加工废弃物属于地沟油的三类主要原料。《地沟油意见》基本沿袭了这一规定，只是转换了具体文字表述，将"地沟油"限定在用餐厨废弃物、肉类加工废弃物和检验检疫不合格畜禽产品等非食品原料生产、加工的油脂的范围内。

在上述三份规范性文件中，《地沟油通知》的发布单位是最高人民检察院和公安部，办案人员也大多以此作为地沟油犯罪的依据。不过，《地沟油通知》关于地沟油的原料范围超过了《餐厨废弃物管理意见》之规定，将一些新型的地沟油原料纳入其中，扩大了地沟油犯罪的治理范围，但这些新型地沟油的安全性与公众对传统地沟油的认识不太一致，尤其是一些案件中辩护方的确可以提供证据证明这些原料是没有毒害性的，所以《地沟油通知》关于地沟油的认定标准在实践中也引起了一定争议。

首先，该通知是否属于越权解释以及科学性的问题。有学者认为，《地沟油通知》大大突破了国务院的规范性文件，其正当性值得怀疑。尤其是对于第三类"地沟油"的界定，既属于越权解释，又不符合科学常识，应当予以否定。① 客观而言，将各类肉及肉制品加工废弃物等非食品原料加工而成的油料认定为地沟油，的确超出了国务院的有关规定，那么，是否属于越权解释呢？笔者认为，越权解释是解释主体超越法定权限对法律适用的有关问题所作出的解释。关于地沟油的认定范围，由国务院来进行解释还是最高司法机关作出司法解释更为合适，应当从其解释权限来进行界定。按照《全国人民代表大会常务委员会关于加强法律解释工作的决议》的规定，凡属于法院审判工作中具体应用法律、法令的问题，由最高人民法院进行解释。凡属于检察院检察工作中具体应用法律、法令的问题，由最高人民检察院进行解释。最高人民法院和最高人民检察院的解释如果有原则性的分歧，报请全国人民代表大会常务委员会解释或决定。不属于审判和

---

① 曾粤兴：《尊重与保障：刑法如何介入行政法领域》，载《北方法学》2013 年第 6 期。

检察工作中的其他法律、法令如何具体应用的问题，由国务院及主管部门进行解释。因此，对于地沟油的认定范围，解释权应当赋予哪一个部门，取决于对地沟油问题的理解和认识。就《餐厨废弃物管理意见》而言，其是为有效解决"地沟油"回流餐桌问题，切实保障食品安全和人民群众身体健康，经国务院同意，为加强"地沟油"整治和餐厨废弃物管理而划定其范围的，显然不是为了解决审判和检察工作中的法律、法令的应用问题，因此，该解释对司法机关办理案件仅具有参考价值。而《地沟油通知》不同，其是司法机关针对实践中地沟油案件处理的复杂性、鉴定难，为了统一司法裁判标准而作出的解释。就解释权而言，具有一定的正当性。至于是否应当遵循《餐厨废弃物管理意见》的规定则不尽然。因为该意见仅仅是国务院办公厅出具的规范性文件，并不属于国务院制定的行政法规，因此，对于刑事案件办理不具有强制性。然而，毕竟国家的两个规范性文件之间存在冲突，影响案件处理的公信力，统一地沟油的认定标准极为重要，所以国务院最新发布的《地沟油通知》改变了《餐厨废弃物管理意见》的规定，参照《地沟油通知》的有关内容拓宽了"地沟油"的原料范围。当然，这种一致性并不能改变人们对制定标准科学性的质疑。正如有学者所言，在油脂加工行业没有真正的"各类肉及肉制品加工废弃物等非食品原料"，业内人士俗称的"边角料""边角余料""边角废料"都是可以直接加工原料油的材料，不是什么"加工废弃物"或"非食品原料"，只要这些动物原料经过检疫检验合格，就可以加工成原料油即"毛油"。[1]事实上，样本案例中也不乏此类利用废弃物炼制食用油而本身无毒无害的情形。就此而言，以"一刀切"的方式将"各类肉及肉制品加工废弃物等非食品原料"都认定为地沟油原料不无扩大化的嫌疑。

其次，我们观念中的地沟油应当属于成品油的原料还是成品油？之所以提出这个问题，不仅是因为前述案例中对于火锅"老油"是属于火锅底油的非食

---

① 曾粤兴：《尊重与保障：刑法如何介入行政法领域》，载《北方法学》2013 年第 6 期。

品原料还是食品本身就有不同的理解，而且将地沟油认定为非食品原料还是食品，其毒害性的认定具有重要的实践意义（下文将做详细分析）。对于《地沟油通知》中对"地沟油"的界定，有学者认为，地沟油生产、加工的成品不仅仅涉及食用油，还包括任何油炸的、烘焙的以及需要加入油脂的食品，因此要将这些食品也涵盖在生产、销售行为针对的对象范围内。[①] 在笔者来看，该观点的逻辑是将地沟油认定为非食品原料，不仅要将地沟油加工食用油的行为包含在内，而且还要将利用地沟油煎炸其他食品的行为包括在内，混淆了地沟油原料和地沟油之间的关系，并不妥当。具体而言，对于地沟油案件来说，地沟油应当是利用的特定非食品原料生产、加工的成品油（至于这种成品油是饲料油还是食用油，则需要根据市场流向等因素予以确定）、餐厨废弃物、肉类加工废弃物和检验检疫不合格畜禽产品等属于生产、加工地沟油的原料。一旦确定利用上述三类物质加工成品油，则涉嫌生产、销售地沟油，至于是否危害食品安全犯罪处理，则需要确定地沟油是否"供人食用"。这种"供人食用"的形式，既可以是直接以"食用油"的名义销售，也可以是和合格的食用油混合销售，当然，也可以以食品原料的名义掺入其他食品之中。所以"地沟油"作为社会公众的一种生活用语，在规范层面上属于技术加工后的产物，不能将其认为非食品原料。换句话说，在实践中，我们在查处涉案物品时，所谓有毒、有害的非食品原料所指向的是地沟油的三类原料来源，而不是地沟油本身，查获的地沟油是否有毒、有害，不属于执法办案部门判断的对象。需要说明的是，从样本案例来看，不法经营者固然不能通过技术操作剔除原料的毒害性，改变成品的质量，但在食品安全标准规范中，即便成品是合格的，也不意味着成品油属于符合食品安全标准的。

---

① 　金琳：《涉地沟油犯罪的规定解读及相关问题研究——以"两高一部"〈关于依法严惩"地沟油"犯罪活动的通知〉为视角》，载《西南政法大学学报》2012 年第 5 期。

（二）从《2022 年食品解释》看有毒、有害非食品原料的认定标准

对地沟油案件中"有毒、有害非食品原料"的认定问题进行分析，有助于我们把握《刑法》第 144 条有毒、有害非食品原料这一规范性构成要素的范围和认定标准。

1. 如何理解"有毒""有害"

地沟油原料是否属于有毒、有害的非食品原料之争，说明如何理解"有毒、有害"这两个词语，已经成为适用《刑法》第 144 条的中心问题。对此，我们可以从两个方面来理解：一是有毒、有害的含义；二是有毒、有害的关系。对于第一个问题，学者们大多是从物质本身对人体造成侵害的机理来区分有毒与有害的。如通行观点认为，有毒、有害，是指对人体具有生理毒性、食用后会引起不良反应，损害人体健康。[①]分歧主要集中在第二个问题上，即如何理解有毒、有害两者之间的关系。对此，理论上主要有"包容说""交叉说"两种观点。

（1）包容说。该观点认为，有毒、有害之间是包容与被包容的关系，有毒一定属于有害，有毒之物必然是有害之物，而有害之物未必一定有毒。这种差异性意味着二者对人体健康可能造成的危害程度及其副作用的客观判断标准是不一样的。"理论上讲，单位物质内所含之毒性与害性对人体健康造成的危害程度必然有所不同，同理，对人体健康造成等量程度危害所需物质所含毒性与害性的量也必然不同。既然如此，立法上将二者并举且配置相同法定刑的合理性就值得商榷。在单位物质内所含之毒性与害性可能造成的危害程度——假设这种实证可能性能够证成——相差不大的情况下，将二者并举尚可接受，而一旦当单位物质内所含之毒性与害性造成的危害相差甚远时，仍然将二者并举，就显得极不合理

---

① 参见高铭暄、马克昌主编：《刑法学（第五版）》，北京大学出版社、高等教育出版社 2011 年版，第 380 页。

了。"①该论者以有毒、有害为包容关系作为分析基础，认为《刑法》第144条将这两种并不属于同一层次的范畴并列在一起，容易产生立法上的问题。上述分析固然有其道理，但我们更应该注意分析结论的合理性。既然对有毒、有害作出上述解释会使人对刑法立法的规范性产生疑问，我们就应该反思这种解释的立场、思路是否妥当。毕竟，解释的目的是明确法律适用标准，实现立法目标，而不是为了凸显立法的疏漏。

（2）交叉说。该观点认为，有毒、有害并不是包容关系，而是交叉关系；有毒物质既可以是有害的，也可以是无害的，因此，有毒与有害之间相互交叉，只有一部分是重合的。论者认为，中医中许多"有毒"物质能制成中药，成为治病良药，这种以毒攻毒的人类智慧就使这些有毒物质无害化。"之所以如此，是因为'有毒'是从物质本身的特性来理解的，而'有害'是从物质所造成的结果来理解的，它们二者表达意义的角度和侧重点并不相同。若真是要比较二者的关系，'有毒'与'有害'也应该是一种交集的关系，即有些有毒的未必是有害的，有些有害的未必是有毒的，有些既是有毒的又是有害的。"②该论者认为，既然两者具有交叉关系，而立法上又将之并列，这种做法"一是为了突出'有毒'，二是为了表明'有毒'是能够带来危害的'毒'。因为在人们生活中一般会将'有毒'与'有害'普遍理解为上述包含关系，而法律不能脱离现实生活，于是顺其自然的理解是，在所有造成有害的情形中，毒性是最严重的害性，理应引起我们更多的关注。"③应该说，该论者对有毒、有害的关系之辩证分析更深刻了一些，但是以中药为例来说明有毒未必有害这一论断则有失严谨。毕竟，具有一定毒性的中药材被加工成中药以后用来治病救人，究竟是原材料无害还是通过化学作用

---

① 参见孙建保：《生产、销售有毒、有害食品罪司法认定解析》，载《政治与法律》2012年第2期。

②③ 参见骆群：《对生产、销售有毒、有害食品罪中几个概念的辨析》，载《湖北社会科学》2013年第6期。

降低甚至消除了中药成品的毒害性都不无疑问，以此来说明有毒、有害的交叉关系难免不够严谨。

　　当然，从结论上来说，"交叉说"与"包容说"一样，都强调了把"有毒"作为核心要素，并以此为标准来理解"有害"，从而明确"有害"物质的界限。笔者也赞同这一点。正如有学者所言，既然立法上将二者并举并配置相同法定刑，说明我们应当对有害进行限制解释，使之与有毒相匹配，不能扩大有害的范围。[①] 其实，对于《刑法》第 144 条罪状中使用的"有毒""有害"这两个用语，在立法之时，立法者未必会做如此深入的理解。事实上，"有毒、有害的非食品原料"本身就是一个非规范性用语，将有毒、有害并列在一起也极有可能是立法者的随意为之，没有深究两者之间的内在差异。尤其从立法脉络的梳理来看，与其说《刑法》第 144 条强调的是非食品原料的"有毒、有害"特征，倒不如说立法上更在意的是"有毒"，"有毒、有害"的表述更多的是一种生活语言习惯，而非有特殊含义。所谓"有害"，只是在"有毒"之外对其他危害人体健康、生命的物质属性所进行的一种概括。正如在提到《地沟油通知》的制定背景时，制定者就认为所谓"有毒、有害的非食品原料"，一般是指对人体有生理毒性，食用后会引起不良反应，损害人体健康的不能食用的原料。[②] 这里明显是从极为宽泛的概念上理解"有毒、有害"的，没有区分低毒、剧毒以及允许限量存在的污染物质等情形。至于有学者提出"只有与有毒物质相当的，足以造成严重食物中毒或者其他严重后果的物质，才是有害物质"[③] 的观点，实不足取。因为在诸多非食品原料中，既包括了毒害性已经确定的物质，也包括毒害性无法排除但不明确的物质，对于这些物质，是否允许添加到食品当中应当谨慎判断。尤其是考虑到

---

① 参见张明楷：《刑法学（第四版）》，法律出版社 2011 年版，第 653 页。
② 陈国庆、韩耀元、吴峤滨：《〈关于依法严惩"地沟油"犯罪活动的通知〉理解与适用》，载《人民检察》2012 年第 10 期。
③ 参见张明楷：《刑法学（第四版）》，法律出版社 2011 年版，第 653 页。

"最严格的食品安全标准"这一现行食品安全法的要求，只要无法证明符合安全性标准的非食品原料，都应当禁止生产、加工食品。笔者认为，毒害物质既包括肯定有毒害性的物质，也包括可能有毒害性的物质。一旦将毒害性物质的标准理解为"足以造成严重食物中毒或者其他严重后果的物质"这一具体的危险状态，不仅会影响食品安全标准的制定，而且会进一步压缩《刑法》第144条的适用范围，不利于实现严密法网的刑事政策。更重要的是，"足以造成严重食物中毒或者其他严重后果"是《刑法》第143条生产、销售不符合安全标准的食品罪的成立要件，如果按照此标准对"有毒、有害"作出实质解释，则极有可能混淆两类犯罪的认定标准，不利于实现解释目的。

2. "有毒、有害的非食品原料"的判断标准

明确"有毒、有害"的规范内涵，仍没有解决《刑法》第144条"有毒、有害的非食品原料"的认定问题。亦如有学者在总结了上述两个要素的内涵以后所主张的观点，"有毒、有害的非食品原料，是指对人体有生理毒性以及食用后造成不良反应，损害肌体健康且不能单独食用的原料。"[1] 如果仅仅从形式逻辑的角度来看，上述定义似乎没有任何问题，但若从刑法适用的角度分析，我们会发现该定义根本无法解决《刑法》第144条的适用问题。比如，食品添加剂并非食品原料，使用不当或者过量使用，会给人体健康带来危害。[2] 按照上述概念，食品添加剂完全符合上述关于"有毒、有害的非食品原料"的解释，应当将其认定为有毒、有害的非食品原料。这样一来，在生产、销售食品过程中掺入食品添加剂的行为，就涉嫌构成生产、销售有毒、有害食品罪。但是，这种认定逻辑显然是不能成立的。也有观点认为，食品加工者在加工、生产食品的过程中加入适量

---

[1] 参见周欣、魏军：《生产、销售有毒有害食品罪疑难问题研究》，载舒洪水主编：《食品安全犯罪的罪与罚》，中国政法大学出版社2014年版，第53页。

[2] 参见信春鹰主编：《中华人民共和国食品安全法解读》，中国法制出版社2015年版，第401页。

的非食品原料是被法律允许的，但是加入过量的非食品原料，且可能会对人身健康造成伤害的情况下，则符合该罪规定的"有毒、有害非食品原料"这一犯罪对象。① 从语言学的角度来看，上述观点并无不妥，在过量使用非食品原料危害人体的情况下，的确存在毒害性问题。但这在逻辑上却产生了新的争议性命题：在限量范围内有毒、有害的非食品原料本身也可能是无毒的。按照我国刑法理论，《刑法》第 144 条采取的是抽象危险犯的立法模式。即只要在食品中检测出有毒、有害的非食品原料，则不需要具体确定其危险状态——是否会造成严重食物中毒事故或者其他严重食源性疾病。这就要求非食品原料本身的毒害性是普遍性的、概括性的，不需要在个案中具体判断毒害性的程度。而在含量决定非食品原料之毒害性是否存在的情况下，通常需要办案机关提交具体毒害程度的判断依据，这不符合抽象危险犯的证明规则。

由于何为有毒、有害的非食品原料认定标准极其模糊，《2022 年食品解释》第 9 条进一步明确了"有毒、有害的食品原料"的认定标准。如前所述，该规定基本延续了《2013 年食品解释》之规定，对于后者，在此次修订前，笔者曾经认为原解释并不科学。原因在于原条款第 1 项法律、法规或者国务院有关部门公布的文件中禁止添加的物质并不一定都是有毒、有害的非食品原料。所以一旦在实践中仅仅依据有关法律、法规等就直接将它们认定为有毒、有害的非食品原料，就会因违背客观事实而出现司法错案。为此，笔者曾提出应当在适当的时候对该解释第 20 条进行重新修订。② 但是，此次修订后，老问题依然存在，且新问题更值得关注。这里的老问题，即规范理解"法律""法规"的内涵，避免对其作出扩大化的解释，将所有规范性文件都理解为"法律、法

---

① 参见李崧源、黄梅珍：《略论生产、销售有毒、有害食品罪的几个问题》，载《东南大学学报（哲学社会科学版）》2009 年第 11 卷增刊。

② 赵秉志、张伟珂：《食品安全犯罪司法认定问题研究》，载《中南民族大学学报（人文社会科学版）》2017 年第 2 期。

规"就会导致这一问题。对此，本书第二章已做详细分析，不再赘述。这里需要说明的是，第 3 项中提到"其他有毒、有害的物质"实质上涉及"有毒、有害非食品原料"即"因危害人体健康"这一新增要素，此之谓新问题。如何评价某种物质符合这一特征实践中也不无争议。笔者认为，这里的"其他"应当在毒害性上达到特定的毒害性程度，而非一般意义上的有害性、有毒性。正如最高人民法院第 70 号指导案例，北京某生物技术开发有限公司、习某等生产、销售有毒、有害食品案的裁判要点所显示的，"行为人在食品生产经营中添加的虽然不是国务院有关部门公布的《食品中可能违法添加的非食用物质名单》和《保健食品中可能非法添加的物质名单》中的物质，但如果该物质与上述名单中所列物质具有同等属性，并且根据检验报告和专家意见等相关材料能够确定该物质对人体具有同等危害的，应当认定为《中华人民共和国刑法》第一百四十四条规定的'有毒、有害的非食品原料'。"

当然，对于地沟油案件来说，《地沟油通知》和《2022 年食品解释》都是有效的法律文件，究竟应当按照何种标准来认定呢？笔者认为，两个规范性文件并不矛盾，一个是针对类案的地沟油问题所进行的解释，另一个是针对所有危害食品安全犯罪案件所作出的解释，均可以作为办理地沟油案件的法律适用依据。

三、生产、销售有毒、有害食品罪中犯罪对象的证明问题

在生产、销售有毒、有害食品罪中，犯罪对象是办案机关在查办犯罪过程中必须证明的内容。关于本罪的犯罪对象，有学者认为，是有毒、有害的食品，即掺入有毒、有害非食品原料的食品。[1] 按照这一理解，掺入有毒、有害非食品原料的食品就等于有毒、有害食品，后者既然是本罪的犯罪对象，如果

---

[1] 周光权：《刑法各论（第四版）》，中国人民大学出版社 2021 年版，第 247 页。

涉案食品不具有毒害性，就会因为不存在对象而不可能构成犯罪（至少不是犯罪既遂）。毕竟，精细复杂的化学工业过程具有化腐朽为神奇的作用，既能变废为宝，也能化解原料毒性，利用有毒、有害的非食品原料生产出安全的成品来。① 由此看来，生产、销售有毒、有害食品罪中犯罪对象的认定与证明仍然是一个值得关注的问题。

（一）有毒、有害食品不是本罪的行为对象

案例一：张某、郑某生产、销售有毒、有害食品案②

法院经公开审理查明，张某、郑某明知食用猪油不能含有淋巴，仍先后从浙江某食品有限公司购入含有淋巴的花油、含有伤肉的膘肉碎及"肚下塌"等猪肉加工废弃物并用于炼制食用猪油。利用上述原料，张某、郑某在家中炼制"食用油"360余桶，计18余吨，销售金额共计人民币10万余元。被告人张某的辩护人提出，检测报告显示张某炼制的猪油合格，并非有毒、有害食品，因此，其行为不构成生产、销售有毒、有害食品罪。

从本案控辩双方提交的证据来看，控方所指控的被告方以有毒、有害的非食品原料即地沟油原料生产食用油的行为属于生产、销售有毒、有害食品罪的事实，与辩方所提交的检测报告所显示的涉案油料检测合格，不属于有毒、有害食品的鉴定意见之间存在明显冲突。也就是说，按照《刑法》第144条的规定，被告方涉嫌在生产、销售的食品中掺入了有毒、有害的非食品原料（即使用了法律、法规禁止作为食用油原料的"含有淋巴的花油、含有伤肉的膘肉碎及'肚下塌'"等猪肉加工废弃物），符合本罪的犯罪构成；但是从罪名上看，根据鉴定意

---

① 曾粤兴：《尊重与保障：刑法如何介入行政法领域》，载《北方法学》2013年第6期。

② 参见最高人民法院刑事审判第一、二、三、四、五庭主办：《刑事审判参考》（第99期），法律出版社2015年版，第9-14页。

见所显示的涉案食品的确属于合格食品，即不是有毒、有害食品。虽然司法机关最终根据《刑法》第144条的规定没有采纳辩护意见，没有因涉案食品无毒害而认为本案不构成《刑法》第144条之犯罪，但其裁判理由却值得我们深思。司法机关认为，针对地沟油案件，直到目前没有形成一种公认、行之有效的鉴定方法。因此，惩治危害食品安全的犯罪，尚不能完全依赖于鉴定机构的鉴定，对地沟油的鉴定意见不应是司法机关认定有毒、有害食品的唯一依据。实践中，应当结合技术标准和法学标准对有毒、有害食品进行判定。对此，浙江省公、检、法部门联合发布的会议纪要明确了专门的认定原则，即"对于有确实、充分的证据证实行为人在食品中掺入了国家行业主管机关命令禁止使用的非食用物质的，对涉案食品不需要由鉴定机构出具鉴定意见。"① 对此，笔者也是持同样的定性意见，但是对其依据浙江省公、检、法部门联合发布的会议纪要而进行处理的做法难以认同。因为如果其他省份没有发布相应的会议纪要的话，此类案件是否就不能处理了呢？其实，产生该问题的根源在于如何理解《刑法》第144条生产、销售有毒、有害食品罪的犯罪对象。实践中围绕这一问题所产生的争议，主要是因为《刑法》第144条罪状所描述的行为构成与罪名所指向的行为对象不一致。

从犯罪构成特征上来看，《刑法》第144条所规定之犯罪的客观方面特征是，行为人在生产、销售的食品中掺入有毒 有害的非食品原料的行为，或者销售明知掺有有毒、有害的非食品原料的食品的行为。从上述表述可以看出，罪状所规范的行为所指向的对象是掺入有毒、有害非食品原料的食品或者掺有有毒、有害非食品原料的食品。然而，从罪名上看，《刑法》第144条生产、销售有毒、有害食品罪所规范的涉案食品属于有毒、有害的食品。两相比较，作为罪状之犯罪构成中的"掺入有毒、有害非食品原料的食品"与罪名中的"有毒、有害食品"

---

① 参见最高人民法院刑事审判第一、二、三、四、五庭主办：《刑事审判参考》（第99期），法律出版社2015年版，第13—14页。

并不一样。在理论上，如果两者外延一致，罪状与罪名即便表述不同也不会影响犯罪的认定标准和司法证明的对象；倘若两者不同，在罪状与罪名不一致时，如何理解罪名对犯罪认定的影响就成为一个突出问题。具体到本罪中，就是犯罪成立是否需要证明涉案食品属于"有毒、有害"食品。

在笔者看来，这一问题的实质是规范处理罪状与罪名的关系，即成立本罪，不需要证明涉案食品具有毒害性，只需要证明涉案食品中掺入了有毒、有害的非食品原料即可。按照我国刑法理论，罪状是指刑法分则条文对具体犯罪的基本构成特征的描述；罪名则是犯罪的名称或者称谓，是对犯罪本质特征或者主要特征的高度概括。[①] 据此，犯罪构成特征作为桥梁将罪状与罪名联系在一起，使后者成为前者的简化形式，此所谓罪名的概括功能。由于我国刑法每一个具体罪名，除了贪污罪等少数立法罪名，大多由司法机关根据罪状中对犯罪构成特征的表述进行概括，因此，这些罪名的确定必须遵循合法性、概括性和科学性的原则。其中，合法性，就是罪名必须体现刑法分则某一条文所描述的罪状，既不得超出罪状的内容，也不能片面地反映罪状的内容。[②] 依此为标准分析《刑法》第144条罪状与罪名的关系可以发现，罪状将犯罪行为限定在"生产、销售掺入有毒、有害的非食品原料的食品"的行为领域，其调控对象是"掺入有毒、有害的非食品原料的食品"而不是有毒、有害食品。在理论上，在生产经营的食品中掺入有毒、有害的非食品原料，既可以生产、加工出有毒、有害的食品，也可以通过改良工艺技术而加工出不具有毒害性的合格食品；同时，有毒、有害的食品，既可以是因掺入有毒、有害的非食品原料而造

---

① 参见高铭暄、马克昌主编：《刑法学（第五版）》，北京大学出版社、高等教育出版社2011年版，第321、第323页。

② 概括性原则，是指罪名的确定必须对罪状进行高度概括，表述力求简明；科学性原则，是指罪名要在合法性、概括性的基础上，明确地反映出犯罪行为最本质的特征以及此罪与彼罪的主要区别。参见高铭暄、马克昌主编：《刑法学（第五版）》，北京大学出版社、高等教育出版社2011年版，第324-325页。

成毒害性的食品，也可以是因其他不符合食品安全标准的生产经营规范而加工出来的有毒、有害食品。因此，将罪名概括为生产、销售有毒、有害食品罪并严格按照这一标准认定犯罪的话，即便考虑罪状对于犯罪认定的规范标准，也等于限定了《刑法》第144条的处罚范围，将那些虽然在生产、销售的食品中掺入了有毒、有害的非食品原料但食品无毒害性的情形排除在外。可以说，《刑法》第144条的罪名未能科学反映犯罪构成要件的本质特征，不仅是不科学的，而且也因其片面反映罪状的内容违反了合法性原则。所谓"生产、销售有毒、有害食品罪的罪名体现了科学性，凝练了犯罪的本质特点，准确划分了罪与非罪的界限，恰当反映了此罪与彼罪的不同"①的主张是不客观的，忽略了罪名本身在概括犯罪构成特征上的非规范性，也误导了司法实践。

与上述问题相关联的是，公诉机关往往会选择性地采用不同的证明标准来证明生产、销售有毒、有害食品犯罪是否成立。如对于能够证明食品本身有毒害性的案件，公诉机关就提交关于证明涉案食品属于有毒、有害食品的鉴定意见；如果无法证明食品本身的毒害性甚至确证食品本身不具有毒害性时，就不考虑食品本身的安全性而以生产、经营食品过程中掺入有毒、有害的非食品原料为由定罪量刑。虽然这两种做法都难言违反《刑法》第144条犯罪构成特征的证明要求，但却给司法实践带来混乱。这种方式不仅有损司法证明的严肃性，而且不利于发挥司法裁判的指引功能。因此，基于本罪犯罪对象的特殊性，公诉机关在办理案件过程中只需要证明涉案食品中掺入了有毒、有害的非食品原料，不需要证明涉案食品是属于有毒、有害食品。当然，这并不是说证明涉案食品的毒害性毫无作用。相反，在实践中，证明涉案食品有毒、有害的鉴定意见、检验报告往往是能够证明涉案食品中掺入有毒、有害非食品原料的最为直接、有效的证据，同时，

---

① 许桂敏：《罪与罚的嬗变：生产、销售有毒、有害食品罪》，载《法学杂志》2011年第12期。

在完成这一证明以后，同样是掺入了有毒、有害食品原料的食品，对于食品本身是否有毒、有害来说也是量刑的重要参考依据。易言之，在利用"地沟油原料"加工食用油的案件中，只要证明原料属于三种法定类型之一，就可以直接认定为生产、销售有毒、有害食品罪，而不需要去判断成品油的安全性。在张某、郑某生产、销售有毒、有害食品案中，司法机关可以直接依据《刑法》第 144 条的犯罪构成要件对辩护理由予以反驳，而无须援引浙江省地方会议纪要，从而削弱案件论证的权威性。

其实，明确生产、销售有毒、有害食品罪的证明对象不是有毒、有害食品，而是掺入有毒、有害非食品原料的食品具有证据搜集上的导向作用。按照既往的证明思路，办案机关往往把搜集证据的重点放在涉案食品的检验检测上，只要能够证明涉案食品中含有某一有毒、有害物质，就可以完成最为关键的证明任务。然而，在一些案件中，生产经营在食品加工中掺入的有毒、有害食品原料在成品中难以检测出来，比如不法分子用工业松香给家禽拔毛，熏过之后很难在家禽皮肤和体内检测出残留的工业松香。如果仅仅关注成品的检验检测，则可能无法完成证明责任。相反，倘若依照《刑法》第 144 条规定，只要证明行为人曾经使用过工业松香熏家禽脱毛，就无须证明成品质量如何，从而将证明对象从成品转向加工过程，拓宽案件证明的渠道。

（二）有毒、有害非食品原料的证明

生产、销售有毒、有害食品罪的犯罪对象应当是掺入有毒、有害非食品原料的食品，因此，是否掺入了有毒、有害的非食品原料就成为不法行为成立本罪的关键。对此，由于地沟油案件作为一类特殊的生产、销售有毒、有害食品犯罪，其认定标准已经在《地沟油通知》中做了明确规定，因此，笔者拟从地沟油案件和其他案件两个角度分析有毒、有害非食品原料的证明。

1. 地沟油案件中有毒、有害非食品原料的证明

按照《地沟油通知》的规定，提炼地沟油的原料分为三类：第一类是餐厨垃

圾，即将油腻漂浮物或者宾馆、酒店的剩饭剩菜，经过简单加工、粗炼出的油；第二类是用废弃油脂，即用于油炸食品的油多次反复使用后，又非法加工出的所谓"食用油"；第三类是用各类肉及肉制品加工废弃物等非食品原料，加工提炼的所谓"食用油"。由于该通知明确规定了只要是利用这三类原料加工的地沟油并供人食用，就应当认定为生产、销售有毒、有害食品罪，因此，这等于确定了一个基本的解释逻辑：餐厨垃圾、废弃油脂以及各类肉及肉制品加工废弃物等非食品原料属于《刑法》第144条中的"有毒、有害的非食品原料"。同时，按照这一认定标准，在地沟油案件中，生产、销售有毒、有害食品罪中犯罪对象的证明从有毒、有害的非食品原料转向了"餐厨垃圾、废弃油脂以及各类肉及肉制品加工废弃物等非食品原料"的客观事实的认定。即只要证明涉案物品属于这三类物质，就可以直接认定为有毒、有害的非食品原料，不需要鉴定其是否真正具有毒害性（这也正是有学者质疑其不合理之处）。然而，从实践来看，涉案的地沟油是否是利用这三类物质加工而成的并非十分容易确认的事实，尤其是各类肉及肉制品加工废弃物的认定，争议往往较大，也是地沟油案件中事实认定的焦点所在。比如，在张某某、高某某、施某某生产、销售有毒、有害食品案中，控辩双方的焦点之一就是加工食用动物油的原料是否属于地沟油原料。

案例二：张某某、高某某、施某某生产、销售有毒、有害食品案[①]

公诉机关指控：被告人张某某购买猪碎肥肉、猪下水、猪内脏油、猪淋巴结后伙同他人共同熬制猪油出售。辩护人认为，根据生猪屠宰的相关规范性文件规定，生猪屠宰肾上腺和甲状腺及病变淋巴结必须摘除外，剩余猪体是检疫合格的生猪胴体组成部分，属于符合国家食品卫生管理法规的食品，因此，被告人张某某所购买的含有少量无病变淋巴结的猪杂肉属于检疫合格的食品原料，并非是有

---

① 福建省福清市人民法院刑事判决书（2017）闽0181刑初475号。

毒、有害的非食品原料。对此，法院认为，根据《食用猪油国家标准》的规定，食用猪油是指健康猪经屠宰后，取其新鲜、洁净和完好的脂肪组织炼制而成的油脂，所用的脂肪组织不包含骨、碎皮、头皮、耳朵、尾巴、脏器、甲状腺、肾上腺、淋巴结、气管、粗血管、沉渣、压榨料及其他类似物，应尽可能不含肌肉组织和血管。最高人民法院、最高人民检察院、公安部《关于依法惩治"地沟油"犯罪活动的通知》规定，"地沟油"犯罪是指用餐厨垃圾、废弃油脂、各类肉及肉制品废弃物等非食品原料，生产、加工"食用油"而予以销售的，依照《刑法》第144条生产、销售有毒、有害食品罪追究刑事责任。本案中，被告人张某某、高某某使用含有淋巴结、猪碎肥肉、猪内脏油等猪肉废弃料作为非国家法定标准规定的食用猪油炼制原料，私自炼制食用猪油，符合"各类肉及肉制品加工废弃物等非食品原料"生产、加工"食用油"的行为，已构成生产、销售有毒、有害食品罪。

从上述裁判理由来看，司法机关是按照国家有关标准的方式来确定涉案油脂原料是否属于"肉及肉制品加工废弃物"。即根据《食用动物油脂》（GB 10146-2005）的规定，食用动物油脂是以经兽医检验认可的生猪、牛、羊的板油、肉膘、网膜或附着于内脏器官的纯脂肪组织，单一或多种混合炼制而成的食用猪油、羊油和牛油。同时，按照《食用猪油》（GB8937-2006）的规定，所用的脂肪组织不包含骨、碎皮、头皮、耳朵、尾巴、脏器、甲状腺、肾上腺、淋巴结、气管、粗血管、沉渣、压榨料及其他类似物，应尽可能不含肌肉组织和血管。那么，这些食用猪油中不能包含的组织、器官等就应当属于不得加工食用动物油的"废弃物"。因此，是否属于猪肉加工的废弃物，这不是一个生活习惯问题，即不能以日常生活或者传统习惯中会使用这些肉类残留来炼制食用油就否定其属于废弃物。此外，这也不是一个事实表述问题，应当通过具体证据来证明涉案的器官、组织中包含骨、碎皮、头皮、耳朵、尾巴、脏器、甲状腺、肾上腺、淋巴结、气管、粗血管、沉渣、压榨料及其他类似物，从而明确其"废弃物"的依据。正如上述案例中所提到的，"张某某、高某某使用含有淋巴结、猪碎肥肉、猪内脏油等猪肉废弃料作为非国家法定标准规定的食用猪油炼制原料，私自炼制食用猪油，"因此，涉案原料属于猪肉废弃物。

其余两类地沟油原料的证明同样也是事实证明，即证明属于油腻漂浮物或者宾馆、酒店的剩饭剩菜经过简单加工、粗炼出的油，或者用于油炸食品的油多次反复使用后，又非法加工出的所谓"食用油"。不过，从司法实践来看，从精炼过的食用油中查证是否存在地沟油原料往往比较难，比如，现场查获的符合国家标准的食用油是否是用"老油"精炼出来的，往往无法通过检测的方法查实。因此，尽可能从源头上查处地沟油的生产、加工、销售过程，全链条取证、深挖源头，发现地沟油原料的实体存在，有助于在国家检测标准缺失情况下扎实办案证据。其实，也正是由于司法实践中原料来源、生产设备、生产工艺等多样化，"地沟油"鉴定检测问题比较复杂，尚缺少统一的鉴定检测标准（目前只是发布了含辣椒碱类地沟油的检测方法），最高司法机关和公安部才颁行了《地沟油通知》，以强化取证效率，统一定罪量刑标准。[①]

2. 其他案件中有毒、有害非食品原料的证明

除了《地沟油通知》中明确的地沟油原料的认定标准，其他有毒、有害非食

---

① "地沟油"的生产原料是餐厨垃圾、废弃油脂、各类肉及肉制品加工废弃物，其本身就是不能用于生产食品的"非食品原料"，卫计委也已将废弃食用油脂列入《食品中可能违法添加的非食用物质和易滥用的食品添加剂名单》。这些"非食品原料"是否"有毒、有害"，应当由司法机关根据法律规定，结合案件侦破过程、现场监督检查情况、鉴定检验意见等综合认定。卫生行政部门出具的对"有毒、有害的非食品原料"的鉴定检验意见仅是司法机关认定的参考依据之一，不能作为唯一依据。利用餐厨垃圾、废弃油脂、各类肉及肉制品加工废弃物等原料生产、加工的，其质量和安全没有任何保障，对人体健康的损害是显而易见的，司法机关应当直接将其认定为"有毒、有害的非食品原料"，无须再委托卫生行政部门鉴定检验。参见陈国庆、韩耀元、吴峤滨：《〈关于依法严惩"地沟油"犯罪活动的通知〉理解与适用》，载《人民检察》2012年第10期。

品原料的认定标准由《2022年食品解释》第9条作出明确规定。对于涉案物质是否属于上述非食品原料，可以从以下方面予以查证：

（1）关于"因危害人体健康，法律、法规禁止在食品生产经营活动中添加、使用的物质"。哪些属于法律、法规禁止在食品中添加的物质，应当在法律、法规中有明确的禁止性规定，如《食品安全法》第38条规定的"食品中禁止添加药品"的规定即为此例。据此，只要在食品中发现了药品，就可以将药品确定为有毒、有害的非食品原料。当然，是否一定将其认定生产、销售有毒、有害食品犯罪，需要通过其他证据来证明。这里不能对法律、法规作出广义解释，对此，前文已做分析，不再赘述。对于"因危害人体健康"的理解，应当限制在高毒害性的范畴，即伤害后果具有即时性、显著性以及伤害性相对较高的特点。当然，这里的毒害性并非在每个具体个案中都要表现出来，而是某种物质的物化属性。

（2）关于"因危害人体健康，被国务院有关部门列入《食品中可能违法添加的非食用物质名单》《保健食品中可能非法添加的物质名单》和国务院有关部门公告的禁用农药、《食品动物中禁止使用的药品及其他化合物清单》等名单上的物质"。首先，国务院有关部门公布的《食品中可能违法添加的非食用物质名单》《保健食品中可能非法添加的物质名单》上的物质，原则上只需要证明涉案物质属于这两份名单上的物质即可，不需要另行检测其毒害性，除非有证据其非法添加并非系安全性问题。

（3）关于"国务院有关部门公告的禁用农药、《食品动物中禁止使用的药品及其他化合物清单》的物质"。国务院有关部门公告禁止使用的农药，一般具有毒性强、难降解等特点，既污染环境，也严重危害人体健康，因此，国家通过制定禁用农药强制淘汰机制，降低农药使用的健康风险和环境危害。其与限制使用的农药在毒害性上具有明显差异，因此，在认定过程中要注意区分这两类不同的农药。与此同时，多年来，国家也相继发布公告的形式规范兽药的使用，对于严重威胁人体健康的兽药予以禁用。相继发布了《禁止在饲料和动物饮用水中使用的药物品种目录》（农业部公告 176 号）、《食品动物禁用的兽药及其他化合物清单》（农业部公告 193 号）、《禁止在饲料和动物饮水中使用的物质》（农业部公告 1519 号）、《农业部关于决定禁止在食品动物中使用洛美沙星等 4 种原料药的各种盐、脂及其各种制剂的公告》（农业部公告 2292 号）。在实践办案中，只需要查明食品中含有的兽药残留的结构性状，从而和农业农村部上述公告进行比对即可确认是否属于禁用兽药。当然，对于《食品动物中禁止使用的药品及其他化合物清单》上的物质，原则上也同样只需要核实是否系在该名单上即可，不需要另行证明其毒害性，除非有证据表明其非因安全性问题被禁止。

（4）关于"其他有毒、有害的物质"。对此，应当加以限定，不能将所有可能危害人体健康的物质都视为有毒、有害的非食品原料。毕竟大多数的非食品原料属于化工产品，其毒害性与使用剂量具有密切关系；忽视安全限量去讨论其毒害性本身就是不科学的。因此，该项中"其他有毒、有害的物质"之危害性必须达到与禁用农药、兽药，或者与《食品中可能违法添加的非食用物质名单》《保健食品中可能非法添加的物质名单》上的物质毒害性相当的程度。当然，要证明这一点，就需要对涉案原料进行毒害性鉴定，即按照《2022 年食品解释》第 24 条的规定，依据专门机构出具的检验报告并结合专家意见等相关材料进行认定。

四、结语：技术发展与国家标准

地沟油案件诸多争议的背后，既表明了规范性文件制定的科学性问题，也表明了技术发展对危害食品安全犯罪治理的影响。不管是一些辩护人以传统工艺为由提出减免责任事由，还是被告人以涉案油品合格为由进行无罪辩护，其实质上都是如何确定犯罪构成要素的理解和定罪的证据标准。因此，笔者认为，地沟油案件治理中的技术将是我们无法回避的问题。

《刑法》第 144 条的罪状中明确了有毒、有害非食品原料的要素，罪名中也提出了有毒、有害食品的范畴，而在传统观念中地沟油的危险性是不言而喻的，从一般的食物中毒到致癌等致命性的后果，似乎在舆论层面从来不缺对其严重危害性的评价。这种根深蒂固的观念和刑法的一般性规定，也在具体案件中成为控辩双方争论的焦点。其实，在笔者看来，司法争议的背后源于我们忽略了现代工艺对地沟油原料提炼、加工的技术支持，而这种因素值得我们予以分析与重视。

从近年来出现的一些大案要案来看，利用食品加工工艺而改进地沟油品质的案件并不鲜见。比如，在江西省南昌县万爱某生产、销售有毒、有害食品案中，被告人万爱某、万某等共同出资成立了江西某生物柴油有限公司，为生产需要，该公司聘请技术人员设计并安装了一套用于降低饲料油酸价的蒸馏塔设备。蒸馏塔的作用主要是脱酸，过滤祛除杂质，高温锅炉脱水，再用白土脱色、除杂质、去异味，在生产混合油时，蒸馏程序中控制油的流量，可以控制酸价，最低的时候可以将油的酸价控制在小于 2 的范围，这些饲料油和正规的食用油在颜色上可能会有一点点的区别，其他的没有区别。此后，公司从多处购进大量地沟油、潲水油，并用上述设备对其进行脱脂肪酸加工，生产成"饲料油"。[1] 可以说，本案属于不法者利用现代食品生产工艺提炼地沟油的典型案件，通过技术改良、依照客户需求有针对性地对地沟油原料进行提纯、精炼，实现从地沟油到"合格油"的安全升级，从而逃避有关部门的监管。这种加工模式在规范化经营的生产组织中十分突出。在康润公司生产、销售有毒、有害食品案中，办案民警发现，该公司每次送到有关部门进行质量检验的产品，各项指标均显示达标。据犯罪嫌疑人王某某交代，通过使用工业制剂中和，产品中因油脂腐败导致的酸价、过氧化值

---

[1]　参见江西省南昌县人民法院刑事判决书（2012）南刑初字第 245 号。

超标能被轻易地掩盖过去。① 因此，技术发展改变了我们对地沟油安全品质的固有认识，不但可能使生产、销售地沟油的不法分子逃脱监管，而且在被执法部门发现以后成为其减免责任的借口。

其实，之所以出现上述"合格"地沟油，在笔者看来主要有两点原因：（1）地沟油认定范围的标准较为宽泛，可能存在一些本身毒害性较弱的地沟油原料。生产经营者对这些原料进行简单加工处理之后就可以符合国家安全标准。比如，样本案例中提到的火锅中的"老油"，并不需要过于复杂的精炼技术就可回收食用且无证据表明其具有毒害性。（2）技术工艺的提升可以对地沟油进行杀菌、降酸、消毒等处理，从而满足食用标准。这也是当前"合格"地沟油的主要形式。从媒体报道来看，随着有关部门加大对地沟油的监管力度，不法分子也逐渐从低端的初加工模式向高端的规范化技术经营模式转变，使地沟油犯罪中呈现出"高端化"的趋势。毕竟"低档地沟油"一闻便知，"高档地沟油"不好分辨。现在提炼"地沟油"的技术越来越高，餐馆可能都不知道自己买的桶装油里是否含有地沟油，② 从而给我们地沟油监管和犯罪治理带来了难题。不过，如果从深层次上探讨地沟油案件办理过程中所面临的问题，就无法回避食用油的国家安全标准——现行的《食用植物油卫生标准》（GB2716-2005）指标简单、安全标准较低，给不法分子利用技术优势低成本加工"合格"地沟油提供了"标准支撑"。按照该标准，食用油检验通常都是检验酸价、苯并芘、农药残留等9项指标。而如果仅检验这9项，"地沟油"是完全可能合格的。比如，在浙江省宁海县查获了大量"地沟油"送检后发现，办案机关检验的10个样品中，只有两个样品不

---

① 王伟健：《"地沟油"是如何"达标"的》，载《人民日报》2013年9月5日。

② 赵丽、刘雪妍：《业内人士揭地沟油难治隐情："高档"地沟油检测技术难识别》，载《法制日报》2017年5月4日。

合格。[1]但是，可能对公众健康产生影响的指标显然不局限于这9项，[2]因此，不安全的国家安全标准恰恰成为和技术相搭配，共同催生了"合格"地沟油，而要强制地沟油案件的刑事治理，就必须适应技术发展给法律适用带来的挑战，完善证明标准，建立更加符合食品安全需求的国家标准体系。

---

[1] 《地沟油10样品8个检验合格，现行国标漏洞很大》，载《京华时报》2011年9月19日。

[2] 2018年12月21日生效实施的《食品安全国家标准——植物油》(GB2716-2018)丰富了指标项，并且降低了部分指标的安全值，从而提高了植物油类食用油的食品安全标准。

第四章

注水肉案：因"水"而异的司法惩治

【本章摘要】

对于向动物及其肉类中注入符合国家标准的饮用水的行为，监管部门应当通过抽检确定涉案肉品的质量是否合格，如果不能认定为"检验不合格"，就不宜将此类案件作为涉嫌犯罪案件移送；如果有证据表明行为人的确给猪肉注水，只是含水量在标准范围内，可以对之进行行政处罚。对于注射生活污水或者注入饮用水致使水分含量超过国标的，需要对涉案肉品的生产、销售金额进行查证、确认，确定其是否属于检验检疫不合格的肉类。若被认定为质量不合格，即便生产、销售金额未达到法定标准，也可以按照生产、销售不符合安全标准的食品罪处理。对于注入禁用兽药药水的案件，可以认定涉嫌生产、销售有毒、有害食品犯罪。侦查过程中可以根据主观明知的证明情况而对罪名作出确认或者调整。如果没有证据证明行为人主观上明知添加的药物属于禁止添加的类型，该案件就不能认定为生产、销售有毒、有害食品犯罪，可以根据其主观认识程度认定为生产、销售不符合安全标准的食品罪，但是在适用该条款时，需要补充、收集涉案肉品检验不合格的行政认定。在此类案件中，行政执法部门仍然需要搜集涉案肉品的数量、价值等，以确认不法行为的危害性程度，但是应当注意抽检方式和适用规则。

所谓"注水肉",是指以人为方式给动物或者生肉加水的行为。给猪肉、牛肉等肉类注水,不仅会破坏肉质结构,影响口感,而且极易导致肉类腐败,引发食物中毒等食品安全问题。然而,由于向肉内注水可以提高生肉的重量,因此,一些不法养殖户、屠宰商户仍然会不顾公众安全而生产、经营注水肉以牟取经济利益。因此,严厉惩治和打击注水肉案件一直是行政司法机关的工作重点。例如,2015 年,全国公安机关共侦破危害食品安全犯罪案件 1.5 万起,总体来看,此前高发的地沟油、瘦肉精、配方乳粉犯罪仍时有发生,病死猪、注水肉、保健品非法添加案件持续多发。① 然而,注水肉案件作为一种特殊的危害食品安全犯罪,在犯罪治理的过程中面临着诸多难题。这不仅表现在犯罪认定标准上的差异,而且在构成何种犯罪问题上,司法机关也存在不同认识。如果不能对这些行为进行准确区分、认定,就难以客观、公正地适用刑罚,也难以对不法人员采取有针对性的处罚措施。因此,通过了解注水肉案件的特点以及司法裁判的具体状况,有助于我们全面深入了解该类案件的司法实践,为强化犯罪治理提供有益的探索。基于此,本文以中国裁判文书网公开的注水肉案件为研究样本,对注水肉案件司法适用的特点以及争议问题进行分析。

一、从司法样本看注水肉案件惩治的实践状况

司法裁判是了解公安、司法机关侦办、起诉、审理案件的法律逻辑和法律思维的重要素材,也是我们了解法律适用标准和证据证明规则的重要根据。因此,通过近年来全国不同地方司法机关对注水肉案件的审理情况,有助于我们系统把握此类案件办理中法律适用的标准以及犯罪惩治状况,为提高犯罪治理效率总结

---

① 公安部:去年侦破食品类案件 1.5 万,病死猪注水肉案件多发,访问网址:http://news.163.com/16/0225/19/BGMMPTM700014AED.html,访问时间:2018 年 3 月 2 日。

经验并提供参考性建议。为此，笔者在中国裁判文书网以"注水"为关键词，在"破坏社会主义市场经济秩序罪"一类罪中共检索到2018年以前公开的裁判文书123份，去掉同案及二审案件，一审案件数量共计66件。本章以该66份司法裁判文书为样本，从案件定性、注水类型、瘦肉精类型、犯罪数额四个方面进行分析探讨。之所以确定这四个方面的分析要素，是因为定性是犯罪治理过程中所面临的基础性问题，是影响犯罪人刑事责任程度的重要规范评价要素。从理论上来说，注水类型不仅反映了行为人的主观恶性，而且是评价行为人之不法行为客观危害性的重要因素，对于判断行为人的行为性质具有关键作用。动物体内及生肉中检测出的瘦肉精，既可能来源于喂养的饲料，也可能来源于人为注水，而作为农业部等有关部门公告禁止使用的兽药，非法注射瘦肉精的行为一直是司法机关严厉打击的犯罪类型，因此，以瘦肉精类型作为分析要素，可以了解司法机关在办理此类案件时定罪量刑的标准。犯罪数额是生产、销售伪劣商品犯罪中十分重要的入罪标准，对于注水肉案件的办理依然如此。将犯罪数额作为分析因子，既可以了解此类案件的犯罪状况，也可以了解司法机关在处理犯罪竞合问题上的实践态度。

（一）从样本案件看注水肉案件的行为定性

根据《2013年食品解释》等规范性文件的规定，注水肉案件既可能涉嫌生产、销售伪劣商品犯罪，也可能涉嫌非法经营罪。为此，笔者对样本案件的定性状况进行了统计分析，分析结果见表一。从统计数据来看，既有司法机关将注水肉案件认定为《刑法》第140条生产、销售伪劣产品罪（约占74.2%），也有定性为《刑法》第143条生产、销售不符合安全标准的食品罪（约占4.5%），还有司法机关将其定性为《刑法》第144条生产、销售有毒、有害食品罪（约占21.2%）。通过分析裁判理由，定性结论受以下因素影响：（1）犯罪竞合。向猪肉、牛肉中注水，属于生产、经营不符合安全标准的食品行为，涉案食品也可以被认定为伪劣产品，当然，如果所注入动物体内或者生肉中的水是禁用的兽药水，则可能被认定为生产、销售有毒、有害食品行为。因此，对于注水肉案件来说，往往会涉及《刑法》第 140 条、第 143 条和第 144 条的竞合问题。《刑法》第 149 条第 2 款规定，生产、销售第 141 条至第 148 条所列产品，构成各该条规定的犯罪，同时又构成第 140 条规定之罪的，依照处罚较重的规定定罪处罚。据此，在注水肉案件中，按照上述规定选择适用更重的罪名定罪处罚是合理的。（2）注水类型不同。从表二的分析统计来看，向动物及其生肉中注水，主要有三种常见类型：一种是注射自来水，即符合安全标准的饮用水，约占 10.6%；二是注入生活污水，约占 6.1%；三是注射兽药药水，约占 24.2%，其他 39 个案件中没有注明水质情况。根据注水类型，办案机关查证涉案物品是否属于"足以造成严重食物中毒事故或者其他严重食源性疾病"，从而确定适用《刑法》第 143 条生产、销售不符合安全标准的食品罪[①]；如果所注射的水中含有禁用的兽药，则可能涉嫌生产、销售有毒、有害食品罪。因此，注水类型对于注水肉案件的处理也会产生重要影响。

表一　案件性质

		次数	百分比	有效的百分比	累积百分比
有效	生产、销售伪劣产品罪	49	74.2	74.2	74.2
	生产、销售不符合安全标准的食品罪	3	4.5	4.5	78.8
	生产、销售有毒、有害食品罪	14	21.2	21.2	100.0
	总计	66	99.9	99.9	

---

① 从样本案例来看，4 起注射生活污水的案件中，只有一起被判处生产、销售不符合安全标准的食品罪，其余 3 起被判处生产、销售伪劣产品罪。

表二　注水类型

		次数	百分比	有效的百分比	累积百分比
有效	自来水	7	10.6	25.9	25.9
	生活污水	4	6.1	14.8	40.7
	兽药药水	16	24.2	59.3	100.0
	总计	27	40.9	100.0	
遗漏	无水质信息	39	59.1		
总计		66	100.0		

（二）从样本案件看瘦肉精案件的行为定性

在样本案例中，有16起案件向猪肉、牛肉中注射的兽药药水含有瘦肉精。从瘦肉精的类型来看，主要包括沙丁胺醇、盐酸克伦特罗、莱克多巴胺、盐酸肾上腺素四种类型。其中使用沙丁胺醇的比重最大，约占81.3%（见表三）。按照最高人民法院、最高人民检察院发布的《关于办理非法生产、销售、使用禁止在饲料和动物饮用水中使用的药品等刑事案件具体应用法律若干问题的解释》（以下简称《禁用兽药解释》）第3条规定，使用盐酸克仑特罗等禁止在饲料和动物饮用水中使用的药品或者含有该类药品的饲料养殖供人食用的动物，或者销售明知是使用该类药品或者含有该类药品的饲料养殖的供人食用的动物的，依照《刑法》第144条的规定，以生产、销售有毒、有害食品罪追究刑事责任。根据农业部、卫计委、国家药品监督管理局公告的《禁止在饲料和动物饮用水中使用的药物品种目录》，盐酸克伦特罗、沙丁胺醇、莱克多巴胺、盐酸肾上腺素四种物质都属于禁止在饲料和动物饮用水中使用的药品，故而对于此类注水肉案件，通常情况下应当认定为生产、销售有毒、有害食品犯罪处理。但是，在16起发现瘦肉精的样本案例中，一起案件被司法机关判处生产、销售伪劣产品罪，一起案件被定性为生产、销售不符合安全标准的食品罪，其余14起被认定为生产、销售有毒、有害食品罪。这说明对于此类查获瘦肉精的案件，也并非都适用《刑法》

第 144 条定罪处罚。比如，在北京市通州区魏某生产、销售不符合安全标准的食品案件中，通州区人民法院查明，2014 年 9 月至 2015 年 7 月间，被告人魏某在未办理生猪屠宰许可证且未对生猪进行检疫的情况下，在其租赁的蔬菜大棚内私自屠宰生猪并进行销售。2015 年 7 月 16 日，通州区动物卫生监督所及公安机关在上述大棚内查获被告人，同时查获已屠宰待销售的猪胴体 1 头亟待屠宰的生猪 3 头（共 490 千克）并先行登记保存；经北京市出入境检验检疫局检验检疫技术中心检验，上述被查获的猪肉及猪肝中均含有沙丁胺醇（瘦肉精）。据此，法院认为，被告人魏某明知无生猪定点屠宰资质且销售的猪肉未经检验检疫，仍实施上述犯罪行为，且在案的检验报告证实查获的猪肉及猪产品中含有禁止添加的沙丁胺醇，属于检验检疫不合格的动物及其肉类制品，根据在案证据，应当认定被告人构成生产、销售不符合安全标准的食品罪。[1] 在该样本中，司法机关没有援引《禁用兽药解释》的有关规定，而是直接根据《2013 年食品解释》第 1 条第 2 项的规定，以"生产、销售检验检疫不合格的畜、禽、兽、水产动物及其肉类、肉类制品"为由按照《刑法》第 143 条的规定定罪处罚。

表三　瘦肉精类型

		次数	百分比	有效的百分比	累积百分比
有效	沙丁胺醇	13	19.7	81.3	81.3
	盐酸克伦特罗	1	1.5	6.3	87.5
	莱克多巴胺	1	1.5	6.3	93.8
	盐酸肾上腺素	1	1.5	6.3	100.0
	总计	16	24.2	100.0	
遗漏	无明确类型	50	75.8		
总计		66	100.0		

---

[1]　北京市通州区人民法院刑事判决书（2015）通刑初字第 982 号。

（三）从样本案件看注水肉案件中的犯罪数额

犯罪数额主要包括涉案物品的生产金额、销售金额以及货值金额。按照《2013年食品解释》第3条规定，生产、销售不符合食品安全标准的食品，具有下列情形之一的，应当认定为《刑法》第143条规定的"其他严重情节"：（1）生产、销售金额20万元以上的；（2）生产、销售金额10万元以上不满20万元，不符合食品安全标准的食品数量较大或者生产、销售持续时间较长的；（3）生产、销售金额10万元以上不满20万元，属于婴幼儿食品的；（4）生产、销售金额10万元以上不满20万元，一年内曾因危害食品安全违法犯罪活动受过行政处罚或者刑事处罚的。据此，在生产、销售不符合安全标准的食品罪中，生产、销售金额10万元、20万元是重要的量刑基准。《2013年食品解释》第6条规定，生产、销售有毒、有害食品，具有下列情形之一的，应当认定为《刑法》第144条规定的"其他严重情节"：（1）生产、销售金额20万元以上不满50万元的；（2）生产、销售金额10万元以上不满20万元，有毒、有害食品的数量较大或者生产、销售持续时间较长的；（3）生产、销售金额10万元以上不满20万元，属于婴幼儿食品的；（4）生产、销售金额10万元以上不满20万元，一年内曾因危害食品安全违法犯罪活动受过行政处罚或者刑事处罚的。据此，在生产、销售有毒、有害食品犯罪中，20万元、50万元是较为重要的量刑基准。根据《刑法》第140条规定，生产者、销售者在产品中掺杂、掺假，以假充真，以次充好或者以不合格产品冒充合格产品，销售金额5万元以上不满20万元的，处二年以下有期徒刑或者拘役，并处或者单处销售金额百分之五十以上二倍以下罚金；销售金额20万元以上不满50万元的，处二年以上七年以下有期徒刑，并处销售金额百分之五十以上二倍以下罚金；销售金额50万元以上不满200万元的，处七年以上有期徒刑，并处销售金额百分之五十以上二倍以下罚金；销售金额200万元以上的，处十五年有期徒刑或者无期徒刑，并处销售金额百分之五十以上二倍以下罚金或者没收财产。据此，在生产、销售伪劣产品罪中，5万元、20万元、50

万元、200 万元是重要的量刑基准；其中，销售金额在 200 万元以上旳，可以判处的法定最高刑为无期徒刑。从上述规定来看，注水肉案件中的犯罪数额是确定生产者、销售者刑事责任的重要因素。为此，笔者在统计样本中，分别选择 5 万元以上 20 万元以下、20 万元以上 50 万元以下、50 万元以上 200 万元以下以及 200 万元以上四个标准进行分析，对案例中的犯罪数额进行统计（见表四）。从样本来看，66 起案件中有 54 起明确了被告人的犯罪数额，12 起没有明确这一内容。在查明犯罪数额的案件中，销售金额 5 万元以上 20 万元以下的案件数量为 27 起，23 起被判处生产、销售伪劣产品罪，4 起被判处生产、销售有毒、有害食品罪；销售金额 20 万元以上 50 万元以下的案件数量为 17 起，只有一起被判处生产、销售不符合安全标准的食品罪，其他案件均被判处生产、销售伪劣产品罪；销售金额在 50 万元以上 200 万元以下的案件共有 8 起，销售金额在 200 万元以上的案件共有 2 起，全部被判处生产、销售伪劣产品罪。从上述统计可以看出，在查获销售金额的案例中，适用《刑法》第 140 条生产、销售伪劣产品罪的比重较大，至于这种选择是从重处罚的结果还是源于其他因素，本章将在下文做具体分析。

表四　犯罪数额

		次数	百分比	有效的百分比	累积百分比
有效	5 万元以上 20 万元以下	27	40.9	50.0	50.0
	20 万元以上 50 万元以下	17	25.8	31.5	81.5
	50 万元以上 200 万元以下	8	12.1	14.8	96.3
	200 万元以上	2	3.0	3.7	100.0
	总计	54	81.8	100.0	
遗漏	无数额信息	12	18.2		
总计		66	100.0		

二、从样本案例看注水肉案件的司法惩治规律

如上所述，注水肉之所以会对公众安全造成严重威胁，是因为注水以后不仅会改变肉的品质，而且水质状况直接影响生肉的安全性。因此，在司法实践中，水质往往成为注水肉安全质量评价的重要因素。由于水质状况会直接影响案件的司法性质，故而本文对注水肉案件的定罪量刑分析，主要围绕注水水质的差异而展开的。以此为基础，以猪肉为例，我们可以对注水肉做进一步的划分：类型一是行为人所注入的水质没有安全问题，检验肉中的水分含量也没有超出国家限量标准。如有媒体报道，记者曾拍摄到给活牛注水的过程，随后这些牛被送到一家屠宰场。当天，屠宰场自称在自检的过程中未发现注水肉，动监所工作人员也表示，当晚对屠宰场例行检查，抽检并未发现牛肉水分超标。[1]类型二是行为人所注入的水质没有安全问题，但检验水分含量超出国家限量标准。如湖南省宁远县樊某某生产、销售伪劣产品案。[2]类型三是行为人所注入的水质不符合国家饮用水安全标准，含有致病菌等有害成分，检验不合格，如李某、荆某、代某生产、

---

[1] 参见段晓宁：《国标规定生肉水分含量太高，生猪注水30公斤查不出》，载《华商报》2015年4月28日。按照《畜禽肉水分限量》（GB18394-2001）的要求，牛肉、猪肉和鸡肉的水分含量不得超过77%，羊肉的水分含量不得超过78%。

[2] 在本案中，法院审理查明，2013年以来，被告人樊某某、肖某某在宁远县牲畜屠宰场将牛宰杀后利用水管向牛肉心脏中注入自来水，以次充好并按照正常的销售价格在宁远县市场上进行销售。2015年11月19日凌晨，公安机关联合工商、质检部门对屠宰场进行突击检查，当场抓获正在对牛肉进行注水的樊某某、肖某某等人，现场查扣已注水的初加工牛肉230.1公斤。经江永县疾病预防控制中心检测，樊某某、肖某某在现场被查扣的初加工牛肉含水量为79.5%（前腿）和80.8%（后腿）。法院以生产销售的涉案生肉属于在产品中掺杂、掺假，销售金额达32万余元为由，判处生产、销售伪劣产品罪。参见湖南省宁远县人民法院刑事判决书（2016）湘1126刑初256号。

销售伪劣产品案。① 类型四是行为人所注入的水中含有沙丁胺醇等国家禁止添加的药物等，如上文提到的北京市通州区魏某等生产、销售不符合安全标准的食品案。针对上述不同类型，根据现行刑法及《2013 年食品解释》等有关规定，我们可以从理论上作出如下分析。

（1）关于第一种注水肉类型的定性。由于该类型注水肉虽然不符合食品安全生产、加工条件的规范要求，但从结果来说检验检疫均为合格，因此，难以适用《刑法》第 140 条、第 143 条或者第 144 条的规定。因为根据《立案追诉标准（一）》第 16 条的规定，《刑法》第 140 条规定的"在产品中掺杂、掺假"，是指在产品中掺入杂质或者异物，致使产品质量不符合国家法律、法规或者产品明示质量标准规定的质量要求，降低、失去应有使用性能的行为；"以假充真"，是指以不具有某种使用性能的产品冒充具有该种使用性能的产品的行为；"以次充好"，是指以低等级、低档次产品冒充高等级、高档次产品，或者以残次、废旧零配件组合、拼装后冒充正品或者新产品的行为；"不合格产品"，是指不符合《中华人民共和国产品质量法》第 26 条第 2 款规定的质量要求的产品。据此，不管是"掺杂、掺假""以假充真"，还是"以次充好"，都要求产品质量存在实质性差异，但对于该类注水肉而言，即便能够证明行为人实施了不法行为，因检验结论正常，难以按照本条款定罪处罚。当然，对于此类案件可以按照《食品安全法》《生猪屠宰管理条例》等规定予以相应的行政处罚。如《生猪屠宰条例》第

① 在本案中，法院认为，牛肉质量的好坏直接关系到人民群众的人身健康甚至生命安全，是国家必须高度关注的社会公共管理事务。三被告人在活牛体中注入不符合国家卫生标准的井水，该水在短时间内会进入牛肉中，并逃避检疫部门的检疫，致使牛肉最起码是降低，甚至会失去其应当有的食用性能。三被告人对上述行为的危害性是明知的，主观上是故意的，应当认定三被告人的行为是在生产、销售的涉案产品中掺杂、掺假。法院认为，被告人李某、荆某、代某作为溧水区永阳镇李某牛羊肉经营部的经营者和直接责任人员，无视国家法律，在涉案产品中决定并实施掺入不符合国家卫生标准的井水的掺杂、掺假的行为，生产并销售涉案产品，销售金额共计人民币 399000 元，其行为均已构成生产、销售伪劣产品罪。参见南京市溧水区人民法院刑事判决书（2014）溧刑初字第 225 号。

27 条规定，生猪定点屠宰厂（场）、其他单位或者个人对生猪、生猪产品注水或者注入其他物质的，由商务主管部门没收注水或者注入其他物质的生猪、生猪产品、注水工具和设备以及违法所得，并处货值金额 3 倍以上 5 倍以下的罚款，对生猪定点屠宰厂（场）或者其他单位的主要负责人处 1 万元以上 2 万元以下的罚款；货值金额难以确定的，对生猪定点屠宰厂（场）或者其他单位并处 5 万元以上 10 万元以下的罚款，对个人并处 1 万元以上 2 万元以下的罚款；构成犯罪的，依法追究刑事责任。

（2）关于第二种注水肉类型的定性。由于该类案件中水分含量超过了禽肉水分限量标准，因此检验结果会被执法机关认定为检疫不合格。从《刑法》规定来看，如果生产、销售数额符合法定标准，且注水肉被认定为检验不合格，[①] 涉案食品应当属于伪劣产品，该案件应当被认定为生产、销售伪劣产品犯罪。不过，在实践中，此类案件究竟属于何种类型的伪劣产品不无争议。如南京市溧水区李某生产、销售伪劣产品案件中，司法机关以此类案件属于"掺杂掺假"为由将其认定为生产、销售伪劣产品犯罪，但在王某生产、销售伪劣产品案中，法院认为，现有证据能够证实被告人王某等人给活牛插管注水，以增加屠宰后牛肉的分量。该行为足以影响牛肉产品的质量，应认定为以低等级、低档次的产品冒充高等级、高档次的产品的行为，符合生产、销售伪劣产品罪中规定的"以次充好"的情形。之所以出现上述认定差异，主要源于评价角度不同，"掺杂掺假"是基于行为手段而进行的评价，"以次充好"则是从结果角度进行的评价，对涉案食品的整体定性上并无不同。但考虑到《立案追诉标准

---

① 《生猪屠宰管理条例实施办法》规定，检验内容包括健康状况、传染性疾病和寄生虫病以外的疾病、注水或者注入其他物质、有害物质、有害腺体、白肌肉（PSE 肉）或黑干肉（DFD 肉）、种猪及晚阉猪以及国家规定的其他检验项目。其中检验范围涵盖了色泽、组织弹性、黏度、气味等感官指标，PH 值、组织水分、挥发性盐基氮、磺胺类、瘦肉精、莱克多巴胺、重金属和农残等理化指标，以及菌落总数、大肠菌群、致病菌等微生物指标等。因此，组织水分不合格属于检验不合格的认定范畴。

（一）》第 16 条对"掺杂、掺假""以次充好"的解释，将该类型的注水肉认定为"掺杂、掺假"更为合适。因为"以次充好"中的"以低等级、低档次产品冒充高等级、高档次产品"中的低、高宜视为等级上的差异，低等级依然在食品安全的范围内。但注水肉属于不符合安全标准的食品，不宜认定为这里的"低等级、低档次"，所以将其评价为"以次充好"欠妥。这里需要注意的是，根据《2013 年食品解释》第 1 条第 2 项的规定，生产、销售"检验检疫不合格的畜、禽、兽、水产动物及其肉类、肉类制品的"，应当认定为《刑法》第 143 条规定的"足以造成严重食物中毒事故或者其他严重食源性疾病"。对于此类案件，如果能够由检验检疫部门出具检验不合格的认定结论，不法者就同时构成生产、销售不符合安全标准的食品罪。然而，从前述样本来看，在 4 起注射生活污水的案件中，只有一起被认定为生产、销售不符合安全标准的食品罪，其他都被判定生产、销售伪劣产品罪。那么这种认定思路是否正确呢？笔者认为，由于《刑法》第 143 条和《刑法》第 140 条属于竞合关系，因此，对于注水肉案件来说，如果销售金额在 5 万元以上，又能够认定为不合格产品，则同时构成上述两个罪。此时，需要根据择一重罪处罚的原则选择合适的罪名。如前文所述，根据《2013 年食品解释》第 3 条规定，如无特殊情形，涉案金额在 20 万元以上的，法定最高刑只能判处 7 年有期徒刑；而根据《刑法》第 140 条的规定，销售金额在 20 万元以上不满 50 万元的，处 2 年以上 7 年以下有期徒刑。因此，以销售金额 50 万元为分界点，在此数额以上的案件，适用《刑法》第 143 条可以判处的法定最高刑是 7 年，适用第 140 条可以判处的法定最高刑是无期徒刑，后一罪名量刑更重；而在此数额以下但在 20 万元以上的案件，适用《刑法》第 143 条可以判处的法定最高刑是 7 年，法定最低刑是 3 年有期徒刑，适用刑法第 140 条可以判处的法定最高刑是 7 年，法定最低刑是 2 年有期徒刑，前一罪名更重；对于销售金额在 5 万元以上 20 万元以下的案件，适用《刑法》第 143 条可以判处的法定最高刑是 3 年有期徒刑，而适用《刑法》

第 140 条的法定最高刑是 2 年有期徒刑，前一罪名更重。为此，对于该类型案件，我们可以总结以下竞合处理规则：在可以对涉案物品作出检验不合格的结论的情况下，销售金额在 50 万元以上时，应当适用《刑法》第 140 条生产、销售伪劣产品罪之规定。销售金额在 50 万元以下时，应当适用《刑法》第 143 条生产、销售不符合安全标准的食品罪。然而，从实践来看，有两个问题需要注意：第一，在已经作出销售金额鉴定的情况下，是否还需要对涉案物品进行检验确定其不合格，或者说在具备后一证据的情况下，是否还需要收集前一证据。实践中，有些办案机关在找到任何符合入罪标准的证据以后，就不会进一步寻找反映另一入罪标准的证据。在笔者看来，由于伪劣产品的认定不仅需要证明涉案金额，而且需要证明涉案物品的质量存在问题，因此，在此类案件中应当尽可能收集能够证明销售金额、货值金额的证据以及检验不合格的结论性意见。否则，就难以在适用《刑法》第 140 条时形成完整的证据链。第二，我们在调研中发现，在办理该类案件时，公安司法机关之所以很少适用《刑法》第 143 条（即便销售金额在 50 万元以下的案件中量刑更重），是因为大多数人认为此类案件所注水分是符合国家饮用水标准的，注水肉难以达到《刑法》第 143 条所要求的危险性程度。换言之，即便检验检疫部门作出了检验不合格的结论，这种"不合格"也只是形式上的不合格，而非具有实质上的危险性。笔者认为，此种观点值得商榷。因为基于罪刑法定原则，在《2013 年食品解释》已经明确检验检疫不合格的动物及其肉类制品，属于"足以造成严重食物中毒事故或者其他严重食源性疾病"的产品，如果有关部门作出检验不合格的结论，就应当对此案依法适用生产、销售不符合安全标准的食品罪。在此基础上，司法机关才能考虑《刑法》第 140 条和第 143 条的竞合问题。

（3）关于第三种注水肉类型的定性。行为人给肉所注的水中一旦含有致病菌，在评价其性质时，需要考虑含有致病菌的猪肉是否足以造成《刑法》第 143 条规定的危险状态，即"严重食物中毒事故或者其他严重的食源性疾病"。如果没有直接证据表明存在上述危险状态，但能得出食品检验不合格的结果，可据此认定其行为构成生产、销售不符合安全标准的食品罪，同时根据生产、销售金额确定是否构成《刑法》第140条之罪。在此类案件中，由于行为人注射的水系受到污染的水，检验检疫部门通常可以对涉案产品作出检验不合格的认定结论，避免了第二类注水肉案件中存在的实践争议问题。如在李某、荆某、代某生产、销售伪劣产品中，被告人李某为了增加牛肉重量，在经营的屠宰场内多次向活体牛体内注入井水后宰杀，并安排被告人荆某、代某帮助宰杀并予以销售。2013年12月27日至2014年1月14日期间，被告人李某、代某、荆某生产、销售注水牛肉，销售金额共计人民币399000元。经鉴定，三被告人向生产、销售的牛肉中注入的井水中大肠菌群、耐热大肠菌群、臭和味、浑浊度、菌落总数均不符合国家生活饮用水卫生标准。①

（4）关于第四种注水肉类型的定性。该类型的特殊之处是，一旦在肉类中检测出注射禁用药物，涉案食品都会被认定为检验不合格。按照《2013年食品解释》第1条第2项的规定，涉案行为就属于生产、销售不符合安全标准的食品罪，但是该解释第20条规定"国务院有关部门公告禁止使用的农药、兽药以及其他有毒、有害物质"，应当认定为有毒、有害的非食品原料。因此，此类涉案行为又同时构成生产、销售有毒、有害食品罪（按照《禁用兽药解释》也应当认定为此罪）。那么，对于此类案件该如何定性呢？一般来说，在生产、销售的食品中添加有毒、有害的非食品原料的行为，也一定是生产、销售不符合安全标准的食品的行为，所以《刑法》第143条和第144条同样属于法规竞合，在处理此类案件时应坚持特殊条款第144条优于一般条款第143条的原则。换言之，对于注水肉中存在禁用药物的，根据司法解释的规定既符合《刑法》第143条之构成特征，也符合《刑法》第144条之犯罪构成的，应按照《刑法》第144条生产、

① 南京市溧水区人民法院刑事判决书（2014）溧刑初字第225号。

销售有毒、有害食品罪定罪处罚。综合上述分析，将掺有禁用药物的水注入猪肉中，应当按照生产、销售有毒、有害食品犯罪来认定。前述魏某等生产、销售不符合安全标准的食品案中，司法机关以"在案的检验报告证实查获的猪肉及猪产品中含有禁止添加的沙丁胺醇，属于检验检疫不合格的动物及其肉类制品，应当认定二被告人生产、销售不符合食品安全标准的食品，足以造成严重食物中毒事故或者其他严重食源性疾病，二被告人的行为符合生产、销售不符合安全标准的食品罪的犯罪构成"的裁判理由的确值得商榷，至少没有说明不适用《刑法》第144条的具体理由。

通过对样本案件的理论分析和裁判分析，笔者发现，司法机关在审理注水肉案件时适用《刑法》第140条的比重更大，即便对于使用禁用兽药的案件来说，也并非都能够认定为生产、销售有毒、有害食品罪。正是基于注水类型的复杂性，决定了行为定性难以采取统一的定性标准，为此，《2022年食品解释》第17条第2款明确规定，"在畜禽屠宰相关环节，对畜禽使用食品动物中禁止使用的药品及其他化合物等有毒、有害的非食品原料，依照刑法第一百四十四条的规定以生产、销售有毒、有害食品罪定罪处罚；对畜禽注水或者注入其他物质，足以造成严重食物中毒事故或者其他严重食源性疾病的，依照刑法第一百四十三条的规定以生产、销售不符合安全标准的食品罪定罪处罚；虽不足以造成严重食物中毒事故或者其他严重食源性疾病，但符合刑法第一百四十条规定的，以生产、销售伪劣产品罪定罪处罚"。可以说，这一分类型定性的做法，是十分合理也是必要的。当然，从裁判理由来看，出现以上局面的原因，除了水质差异以外，大致包括两个方面：（1）《刑法》第143条、第144条对不法者的主观明知的证明要求较高，尤其是《刑法》第144条，成立犯罪要求行为人必须明知涉案食品中掺入了有毒、有害的非食品原料。而注水肉案件的特殊性在于分段加工、分段销售，这给办案机关认定不法者明知非法添加禁用兽药带来了困难。从样本案例来看，如果侦办机关能够对养殖户或者屠宰厂加大打击力度，深挖案源，大多是可以完成主观明知的证明的，因为注水肉的注水环节通常在养殖或者屠宰之前。故而下文将对注水肉案件中的主观明知的证明做重点分析。（2）这与实践中销售金额的证明规则有关。从样本案例来看，销售台账、证人证言、物价鉴定报告等是认定销售金额、货值金额的重要依据，而行政执法过程中简单易行的抽检规则、模糊且主观化的货值认定标准以及相对较低的入罪标准，都给适用《刑法》第140条带来证明上的便利。为此，本文将结合实践案例分析注水肉案件办理中的抽检问题。

三、主观明知的证明问题

在危害食品安全犯罪中，《刑法》第140条、第143条、第144条均属于故意犯罪。根据《刑法》第14条规定，明知自己的行为会发生危害社会的结果，并且希望或者放任这种结果发生，因而构成犯罪的，是故意犯罪。因此，只有在证明行为人主观上对危害行为和危害结果具有明知的情况下，才能追究行为人的法律责任。

（一）主观明知对于定罪的价值

《刑法》第140条、第143条和第144条属于典型的故意犯罪，成立犯罪要求行为人知道自己生产、销售伪劣食品的行为会发生破坏市场经济秩序的结果，希望或者放任这种结果发生的主观罪过形态。在此类犯罪中，对于主观故意具有决定意义的因素有两个：一是行为人知道自己生产、销售的是伪劣食品；二是行为人希望或者放任危害结果的发生。前者作为认识因素，是后者存在的前提和基础，故而在故意犯罪中，必须有充分证据证明不法者对生产、销售对象存在明确认识。但是，从犯罪构成要素来看，三项罪名的犯罪对象并不一样。比如，生产、销售伪劣产品罪的犯罪对象是伪劣产品，具体包括四种：掺杂掺假、以假充真、以次充好以及以不合格冒充合格产品的食品。生产、销售不符合安全标准的食品罪的犯罪对象是不符合安全标准的食品，即只要不符合食品安全法规定的食品安全标准而生产、销售的食品即可。生产、销售有毒、有害食品罪的犯罪对象是掺入了有毒、有害非食品原料的食品。不过，既然要求行为人所认识的对象是掺入了有毒、有害非食品原料的食品，就等于要求行为人必须认识到食品中含有有毒、有害的非食品原料。当然，如果行为人认识到食品掺入了有毒、有害的非食品原料，就等于认识到生产、销售的对象是不符合安全标准的食品，当然，也可能属于伪劣产品。故而，在上述三种犯罪类型中，生产、销售有毒、有害食品罪的主观明知中所认识的对象最为具体，也最为困难。正如《禁用兽药解释》中所提到的"销售明知是使用该类药品或者含有该类药品的饲料养殖的供人食用的动物的，依照《刑法》第144条的规定处罚"。因此，如果不能证明行为人知道涉案食品中掺入了上述原料，则不能认定成立本罪。比如，在北京市通州区魏某生产、销售不符合安全标准的食品案中，虽然裁判文书中提到，魏某在供述中承认，每次屠宰生猪时，其都会给生猪注水，是为了让猪肉颜色好看一点，但北京市通州区人民法院审查认为，被告人魏某明知无生猪定点屠宰资质且销售的猪肉未经检验检疫，仍实施上述犯罪行为，且在案的检验报告证实查获的猪肉及猪产品中含有禁止添加的沙丁胺醇，属于检验检疫不合格的动物及其肉类制品，应当认定被告人的行为符合生产、销售不符合安全标准的食品罪的犯罪构成。[1] 从该裁判理由可以发现，虽然现有证据可以证明魏某对于向生猪体内注水是明知，但并没有提及水中含有沙丁胺醇这一有毒、有害的非食品原料，不能认定其对后者存在明知，而只能根据其明确认识到的内容而认定其生产、销售不符合安全标准的食品罪。但需要说明的是，在适用《刑法》第144条时，办案部门既可以通过证据证明行为人明确知道食品中掺入的是某一类非食品原料，也可以在无法查明行为人知道该非食品原料的具体名称时，通过证据证明其知道非食品原料可能具

---

[1]　北京市通州区人民法院刑事判决书（2015）通刑初字第982号。

有毒害性。

当然，从这个案件也可以看出，在司法实践中，如果不能证明行为人明知涉案食品中掺入了有毒、有害的非食品原料，也可以转换证明对象，从进货渠道、行为方式等方面查证行为人是否可能知道涉案食品属于不符合安全标准的食品或者伪劣产品，从而完成《刑法》第140条、第143条犯罪对象证明，进而认定行为人具有犯罪故意。

（二）主观明知的存在形式

主观明知作为犯罪故意的认识，其存在形式应当而且只能通过刑法中关于犯罪故意的规定进行判断。从《刑法》第14条的规定来看，所谓主观明知，是指行为人认识到自己的行为会发生危害社会的后果。那么，如何理解这里的"认识到"？笔者认为，可以根据犯罪故意的类型予以判断。按照我国刑法理论，犯罪故意包括直接故意和间接故意两种类型。从特征上看，直接故意和间接故意在认识因素和意志因素方面都有所差别。直接故意的认识因素是明知自己的行为必然发生危害社会的后果，而间接故意的认识因素是明知自己的行为可能发生危害社会的后果。相应的，前者的意志因素是希望危害结果发生，后者的意志因素是放任危害结果发生。因此，故意的认识因素就包括两种形式："明知……必然……"和"明知……可能……"，通俗而言，意即行为人"知道必然或者知道可能"。只有通过证据证明行为人明知涉案食品必然或者可能属于不符合安全标准的食品、掺入有毒、有害非食品原料的食品时，才能认定其具有《刑法》第143条、第144条的犯罪故意。比如，在武汉市江夏区陈某生产、销售有毒、有害食品案中，被告人陈某辩解其仅在案发前十天才开始给生猪注射"沙丁胺醇"，不知道给生猪注射"沙丁胺醇"的危害性。法院审理后认为，被告人陈某明知"沙丁胺醇"系非食品原料，给待宰生猪注射含有"沙丁胺醇"的药水会出现口渴而大量饮水、屠宰后猪肉颜色鲜艳、重量增加的不正常现象，仍然通过不正当途径购买"沙丁胺醇"，用饮料瓶进行伪装，避开检疫人员并违反常规进行注射，故被告人对"沙丁胺醇"的毒害性应当主观明知。① 在本案中，虽然司法机关没有明确陈某主观明知的具体形式，但是从认定被告人具有主观明知的方式来看，至少确定了行为人对"沙丁胺醇"的毒害性是一种可能性的认识。

行为人直接承认认识到犯罪对象，或者通过其他证人证明行为人认识到犯罪对象，是实践中认定主观明知的主要形式。但是，作为潜藏在行为人内心深处的抽象存在，大多数的被告人不会轻易承认自己对不法行为具有明确认识，因此，如何提高主观明知的证明效率就成为司法机关时常面对的实践问题。为此，最高司法机关通过司法解释的形式明确了主观明知的证明形式，从而为公安、司法机关搜集认定证据提供了极大便利。例如，最高人民法院、最高人民检察院《关于办理生产、销售伪劣商品刑事案件具体应用法律若干问题的解释》第 9 条规定，知道或者应当知道他人实施生产、销售伪劣商品犯罪，而为其提供贷款、资金、账号、发票、证明、许可证件，或者提供生产、经营场所或者运输、仓储、保管、邮寄等便利条件，或者提供制假生产技术的，以生产、销售伪劣商品犯罪的共犯论处。徐州市铜山区魏某生产、销售伪劣产品案即是根据该条规定认定行为人具有犯罪故意的。② 然而，笔者认为，司法解释将"应当知道"认定为主观明知是不妥的。所谓应当知道，从字面意思看，仅仅表明对行为人明知的一种可能性判断，是对行为主体认识能力的一种肯定，但事实上是否知道并不明确。这样来说，应当知道，只是完成了认识可能性证明，而没有从根本上解决行为人是否真正认识到危害行为、犯罪对象的问题。因为具有认识能力的人不一定能够认识

---

① 湖北省武汉市江夏区人民法院刑事判决书（2014）鄂江夏刑初字第 00116 号。

② 在该案中，被告人魏某被公安机关取保候审之后直至庭审，其对主观明知予以否认。已决同案犯郭某、魏某二人亦均能够证实被告人魏某知道给猪注入混合液的事情，并且有帮助拿东西、抬东西的具体行为，证人杜某的证言也能证实被告人魏某是知道给猪注入混合液的事情的。上述证据足以认定被告人魏某主观上应当知道他人的犯罪行为。根据相关法律规定，被告人魏某知道或应当知道他人实施生产、销售伪劣商品犯罪，而为其提供便利条件，以生产销售伪劣商品犯罪的共犯论处。徐州市铜山区人民法院刑事判决书（2015）铜刑初字第 434 号。

到客观存在的行为事实，正如疏忽大意的过失中，行为人具备相应的认识能力，但因为疏忽大意而没有意识到，所以属于过失犯罪而非故意犯罪。就此而言，应当知道作为认识能力的另一种表达，是判断刑事责任存在的前提条件，也是认定犯罪故意存在的基础条件。不具备认识能力或者不"应当知道"某一事实的人，不仅不存在犯罪故意，也不存在犯罪过失，而具备认识能力或者应当知道某一事实的人，不一定具备犯罪故意，而可能属于疏忽大意的过失。司法解释将"应当知道"作为明知的存在形式，等于混淆了犯罪故意和犯罪过失的区别。即便在客观上降低了侦办机关的证明难度，但不无违反罪刑法定原则之嫌。因此，应当严格限制上述解释条款的适用范围，对"应当知道"进行证据层面的合理解释，以避免犯罪认定的扩大化。

（三）主观明知的认定规则

嫌疑人的认罪供述是证明行为人主观上对于不法行为具有明确认识的惯常做法，也是最有效、最直接的证明方式。但是，在许多危害食品安全犯罪中，行为人并不会直接承认这一点，而需要办案机关通过其他途径予以证明。

关于主观明知的推定规则，司法解释等规范性文件的规定经历了发展变化的过程。较早是《地沟油通知》做了相应的规定。其第 2 条第 2 项规定，明知是利用"地沟油"生产的"食用油"而予以销售的，依照《刑法》第 144 条销售有毒、有害食品罪的规定追究刑事责任。认定是否"明知"，应当结合犯罪嫌疑人、被告人的认知能力，犯罪嫌疑人、被告人及其同案人的供述和辩解，证人证言，产品质量，进货渠道及进货价格、销售渠道及销售价格等主、客观因素予以综合判断。上述规定虽然仅仅是限定在地沟油案件中主观明知的认定，但是对于办理其他食品类案件具有重要的参考价值。此后，福建省高级人民法院、福建省人民检察院、福建省公安厅于 2013 年 4 月 1 日联合印发的《关于办理危害食品药品安全犯罪案件适用法律等若干问题的纪要》中，沿袭上述通知的有关规定，明确指出"明知"的认定，应当结合犯罪嫌疑人、被告人的认知能力、犯罪嫌疑人、被告人及其同案人的供述和辩解、证人证言、产品质量、进货渠道及进货价格、销售渠道及销售价格等主、客观因素予以综合判断。具有下列情形之一，行为人不能作出合理解释的，可以认定为明知：（1）以明显低于市场批发价进货的；（2）以明显低于市场价销售的；（3）销售假药、劣药、不符合安全标准的食品、有毒、有害的食品被发现后转移、毁灭物证或者提供虚假证明、虚假情况的；（4）曾因生产、销售假药、劣药、不符合安全标准的食品、有毒、有害食品受过刑事处罚或者行政处罚的，又实施同类犯罪行为的；（5）其他应当认定为明知的情形。这里对"明知"的认定，事实上所采取的就是司法推定的方式。从证据的证明力来说，以明显低于市场批发价进货等事实并不能直接证明行为人主观上对所购进的食品类货物为有毒、有害这一事实为明知，但是，由于司法实践中通常情况下行为人都是在明知是不符合安全标准的食品的情况下才以明显低于市场批发价进货或者销售以及其他方式经营的，因此，根据这一惯常做法而进行逻辑推断具有合理性。当然，由于以明显低于市场价格等做法并不必然意味着行为人对生产、销售不符合安全标准食品一定为明知，所以允许行为人作出相反的事实证明，以否定司法推定的成立。可以说，在当前情况下，这种做法较好地解决了主观罪过的证明问题，山东省、浙江省等地的司法机关和有关部门也联合发布了一些纪要性文件以过错推定的形式来认定"明知"。吸收这些司法实践经验，《2022年食品解释》对该类犯罪的主观明知之推定规则予以明确。其第10条规定，"刑法第一百四十四条规定的'明知'，应当综合行为人的认知能力、食品质量、进货或者销售的渠道及价格等主、客观因素进行认定。具有下列情形之一的，可以认定为刑法第一百四十四条规定的'明知'，但存在相反证据并经查证属实的除外：（一）长期从事相关食品、食用农产品生产、种植、养殖、销售、运输、贮存行业，不依法履行保障食品安全义务的；（二）没有合法有效的购货凭证，且不能提供或者拒不提供销售的相关食品来源的；（三）以明显低于市场价格进货或者销售且无合理原因的；（四）在有关部门发出禁令或者食品安全预警的情况下继续销售的；（五）因实施危害食品安全行为受过行政处罚或者刑事处罚，又实施同种行为的；（六）其他足以认定行为人明知的情形"。需要注意的是，这里列出了多种可以推定行为人主观上具备明知的情形，但是并不意味着任何一种情形都可以得出明知的结论。[①]第 10 条规定的作为推定生产、销售有毒、有害食品罪中主观明知存在的基础事实，分为放弃义务型、反常交易型、明知故犯型三类。虽然按照推定规则，只要查明这三类基础事实，都可以直接认定行为人对于食品中掺入了有毒、有害的非食品原料具有主观明知。但也要注意两点：一是在理解这三类基础事实时，不能仅根据字面意思把握。比如，第 10 条第 2 款第 3 项确定了"以明显低于市场价格进货或者销售且无合理原因的"情形作为主观明知推定的基础事实。对此，在行为人明知产品必然或者可能有质量问题，并为此降低价格销售，但真诚、合理地相信食品中没有掺入了有毒、有害的非食品原料时，构成对推定结论的反驳。再如，销售者对供货商提供质量检测报告有疑问，怀疑食品可能有质量问题时，在低价处理前就该类食品中可能出现的常见有毒、有害非食品原料进行了抽检，以排除这种可能性，但是最终依然在食品中发现了其他新型的有毒、有害化学物质，这时行为人主观上的真诚、合理判断就可以推翻原有的审查结论。另外，对于第 5 项来说，行为人因实施危害食品安全行为受过行政处罚或者刑事处罚后，其对于该行为以及食品中掺入某一非食品原料的属性具有明确认识，因此，当再实施此类行为时，径直推定其对食品中

---

① 例如，在王某某生产、销售有毒、有害食品案中，辩护人提出，被告人王某某 2013 年 1 月 31 日及同年 2 月 5 日给猪活体内注射不明液体及注水属实，但被告人王某某使用不明液体时，并不知道其为何物，主观上缺乏故意。法院审理则认为，被告人王某某在他人告知其猪肉含有"沙丁胺醇"时仍予以销售，其主观上对销售有毒、有害食品是明知的，故对辩护人提出的被告人销售有毒、有害食品主观上不存在故意的意见不予采纳，应以销售有毒、有害食品罪追究其刑事责任。（参见陕西省三原县人民法院刑事判决书〔2013〕三刑初字第 00089 号）。在本案中，如果审判机关仅仅依靠他人的单一供述就认定不法者对不法行为存在主观明知，显然证据上比较单薄。

掺入有毒、有害非食品原料，是合理的。此时，对该推定结论的反驳重点在于是否属于"同种行为"。笔者认为，所谓同种行为，是指前一行为与后一行为具有同类别的性质，比如均属于生产、销售地沟油或者掺入某一特定化学物质的案件。相应的，如果只是"危害食品安全"这一宏观属性上相同，但在具体类别上差异较大，则构成对推定结论的反驳，比如行为人因食品生产经营环境不卫生被行政处罚，但是在此后又因食品中掺入了有毒、有害非食品原料而被立案侦查，就不能因为前述违法行为而直接推定其对后者存在主观明知。[①] 二是要注意主观明知的推定结论是可以反驳的，因此，作为司法推定规则，运用上述方式推定行为人具有主观明知时，应当提供尽可能多且准确的基础事实，使不同情形、条件之间相互印证，提高推定的客观性和公正性。例如，在李某、荆某、代某生产、销售伪劣产品案中，关于三被告人的行为是否构成生产、销售伪劣产品罪，从认知条件、注意义务和行为表现来具体评判。三被告人作为经营和从事屠宰牛多年的工作人员，应当具备在屠宰牛的过程中不能注水的认知条件；三被告人注水的目的是增加牛肉重量多赚钱，违反公平竞争原则，未履行该注意义务；从行为表现来看，三被告人应当知道牛肉营养价值较高，人民群众通过食用来增加营养，提高身体机能和抗病能力。因此，牛肉质量的好坏直接关系到人民群众的人身健康甚至生命安全，是国家必须高度关注的社会公共管理事务。三被告人在活牛体中注入不符合国家卫生标准的井水，该水在短时间内会进入牛肉中，并逃避检疫部门的检疫，致使牛肉最起码是降低甚至会失去其应当有的食用性能。三被告人对上述行为的危害性是明知的，主观上是故意的，应当认定三被告人的行为是在生产、销售的涉案产品中掺杂、掺假。[②] 可以说，本案是司法机关综合运用证据推定不法者主观上具备明知的典型案件。

---

① 参见张伟珂：《生产、销售有毒、有害食品罪中明知判断的司法扩张与限缩》，载《公安学研究》2022年第4期。

② 南京市溧水区人民法院刑事判决书（2014）溧刑初字第225号。

四、抽检的方式及效力问题

危害食品安全犯罪通常涉及数量庞大的涉案物品，在确定涉案食品的性质时，既需要国家标准的规范性、权威性，也需要提供科学、有效的检测规则。在当前司法资源有限的条件下，对于大宗涉案物品逐一检验不仅面临司法成本、时间成本等困难，而且也不必要。这就需要我们构建符合此类案件特色的证据认定规则。抽样取证就是在应对这一问题的过程中提出的。然而，抽样取证受到科学方式和样本代表性的双重规范。科学方式是保证抽样取证有效性的前提，而样本代表性则是保证抽样取证证据效力的关键。当然，作为一种取证方法，抽样是以抽样检验的方式来获取证据，故而，抽样检测的结论必须符合证据的法定要求，即具备合法性、客观性和关联性。从样本案例来看，几乎所有的样本都涉及抽检问题。基于此，结合现行的规范性文件，对危害食品安全犯罪中的抽检规则予以分析。

（一）食品安全案件办理中抽样检验的效力

抽样取证作为行政处罚的事实依据获得法律的认可，抽样检测的证明作用也得到了法律的明确性规定。相应的，在刑事诉讼过程中，尤其是食品药品监管部门移送涉嫌犯罪的案件时，公安机关、检察机关和审判机关也应当依法对抽样检验报告进行审查并确认其证据效力。

1. 食品药品监管部门移送的抽样检验报告的证据效力

虽然行政处罚法对行政执法过程中抽样取证的效力做了规定，但刑事诉讼法没有规定抽样检测这样一种取证方式，抽样检测报告能否在行刑衔接过程中转化为刑事证据不无疑问。为了解决这一问题，《食品药品行政执法与刑事司法衔接工作办法》（以下简称《工作办法》）第21条明确规定，"对同一批次或者同一类型的涉案食品药品，如因数量较大等原因，无法进行全部检验检测，根据办案需要，可以依法进行抽样检验检测。公安机关、人民检察院、人民法院对符合行政执法规范要求的抽样检验检测结果予以认可，可以作为该批次或者该类型全部涉案产品的检验检测结果。"从法理上来说，抽样检验是行政执法获取行政证据的法定形式，抽样检测报告作为行政证据的类型在行刑衔接机制中获得认可并转化为刑事证据是应当允许的。虽然抽样取证具有一定的概率性，但这种概率统计并不是随机的，而是建立在科学规则的基础之上，在科学范围内可以作为判断事物属性的一种有效的方法。从证据特性上说，对抽样检测作为证据使用的质疑，主要针对的是抽样检测报告不能真实反映所有待证物品的特性，即不具有客观性。但是，证据的客观性不是指有关材料必须是纯粹的客观存在，可以包含人们的价值评价，亦如鉴定意见、检验报告。只要我们建立了科学的规则、方法、程序，并且按照法定要求进行抽样检测，所得结论就被视为是客观的、真实的。基于上述分析，允许抽样检测报告从行政证据转化为刑事证据不存在法理上的问题。

当然，虽然该条款只是规定对于同一批次或者同一类型的涉案食品因数量较大等不能全部检验检测时才可以抽检，但对于不同批次、不同类型的，也可以通过抽样检测的方式获取证据。是否属于同一批次、类型，只是选择抽检的方式不同，而不意味对抽样检测结论证明力的否定。只要是按照法定程序、要求进行抽样检测，不管是否属于同一类型、同一批次的物品，抽样检测都具有可行性。

2. 行政执法过程中抽样检验的规范依据

这里的规范依据，主要是食品领域行政执法过程中抽样检测的规范要求。对此，国家食品药品监督管理总局于 2014 年 12 月 31 日发布《食品安全抽样检验管理办法》。在该办法中明确了抽检的一系列的规则和要求。比如，（1）抽样人员。食品安全监督抽检的抽样人员在执行抽样任务时应当出示监督抽检通知书、委托书等文件及有效身份证明文件，并不得少于 2 人。（2）样品选择。食品安全监督抽检的抽样人员可以从食品生产者的成品库待销产品中或者从食品经营者的仓库和用于经营的食品中随机抽取样品，不得由食品生产经营者自行提供样品。（3）样品备份。食品安全监督抽检中的样品分为检验样品和复检备份样品。然而，对于抽样检验来说，最重要的是要选择有效的抽样检验方式。但是，该办法只是要求县级以上地方食品药品监督管理部门应当根据上级食品药品监督管理部门在制订的抽样检验年度工作计划中明确以下内容：（1）抽样检验的食品品种；（2）抽样环节、抽样方法、抽样数量等抽样工作要求；（3）检验项目、检验方法、判定依据等检验工作要求；（4）检验结果的汇总分析及报送方式和时限；（5）法律、法规、规章规定的其他要求。由此，虽然该条款提到了工作计划中应当明确抽样方法、抽样数量，但这只是执法部门计划性的内容，行刑衔接机制中食品药品监管部门通常是临时执法，完全按照计划进行抽检的情形只是线索来源及查办案件的一部分，所以对于后一工作情形，上述条款的可行性不大。这时抽检方法、程序是否合格就成为刑事执法机关审查判断取证合法性的重要标准。从上述分析来看，包括部门规章在内的食品安全行政监管法律中没有对抽检的一系列方式进行明确规定，给行刑衔接机制运行中的证据审查埋下了隐患。当然，除此以外，《猪肉、猪肝、猪尿抽样方法》（NY/T 763-2004）等国家标准也对相关食品的抽检规则作出明确规定。

（二）食品安全领域抽样检验的适用要求

1. 食品安全领域抽样检验的证明对象

在危害食品安全犯罪案件中，查处数量较大的涉案食品是较为常见的情形。虽然《工作办法》明确规定此种情形下可以使用抽样检测的方法，但是这一方法的运用范围是否应当受到限制并不明确。比如，作为常见的危害食品安全犯罪，要证明行为人涉嫌生产、销售伪劣产品犯罪，生产、销售不符合安全标准的食品犯罪或者生产、销售有毒、有害食品犯罪，就需要完成以下证明：第一，定罪方面。需要证明涉案食品的货值金额或者销售金额，涉案食品属于不符合安全标准的食品且足以造成严重食物中毒事故或者其他严重食源性疾病，涉案食品中掺入了有毒、有害的非食品原料。第二，量刑方面。涉案食品的个体数量、重量等，以及生产、销售不符合安全标准的食品犯罪和生产、销售有毒、有害食品犯罪中涉案食品的货值金额、销售金额。那么，这两个方面是否都可以通过抽样检测的方式来证明呢？有学者认为，抽样取证可以用于证明被告人的客观行为，并推断其主观状态。但是法律明确要求以金额、数量为构成要件的犯罪中，以及法律以金额、数量为量刑幅度标准的犯罪中，不得以抽样检测结果逆推计算金额、数量。[1]对比，笔者认为不宜一概而论。一般情况下，在查处伪劣食品案件中，抽样检测方法既可以用来推定涉案食品属于伪劣产品、不符合安全标准的食品以及有毒、有害食品，也可以根据抽样结果的不合格率推算伪劣产品的金额、数量。比如，结果显示涉案食品的抽检样本中全部属于伪劣食品，就应当认定涉案食品全部是伪劣产品。如果样本中只有一定比例的食品属于伪劣食品而并非全部的话，基于检测结果的有效性，该批次的涉案食品中也应当按照该比例来认定伪劣食品数量。这时涉案金额、数量可以作为抽样检测结果逆推计算的依据。在实践中，司法机关也会以抽检不合格率来推定涉案金额或者数量。如在王某某生产、销售有毒、有害食品案中，辩护人认为，2013年2月5日，对当日生产的14头猪28片猪肉进行扣押并抽样送检，部分检出含有沙丁胺醇，不应当全部算作有毒、有害食品。法院认为，经查2013年2月5日王某某生产的猪肉总重量为2501公斤，取样7份，4份检测出"沙丁胺醇"，无法区分2501公斤猪肉中有多少含有"沙丁胺醇"，故按照有利于被告人的原则，按检测出"沙丁胺醇"的抽样比例计算被告人的实际销售有毒、有害猪肉的金额比较合理，即2013年2月5日14头28片2501公斤猪肉的金额为70028元（113428.00元÷4051公斤×2501公斤=70028元），减去合格猪肉即3/7的比例数即30012元（抽检7份，4份检测出"沙丁胺醇"，3份未检测出"沙丁胺醇"），故2013年2月5日实际未销售的有毒、有害猪肉价值为40016元。综上，被告人王某某实际共销售有毒、有害猪肉价值为125780元（2013年1月31日的45头猪的猪肉价

---

[1]　参见万毅、纵博：《论刑事诉讼中的抽样取证》，载《江苏行政学院学报》2014年第4期。

值 85764.00 元与 2013 年 2 月 5 日实际未销售的有毒、有害猪肉价值 40016 元之和）。[1] 之所以认为可以以逆推的方式计算涉案食品的金额、数量等，与抽样检验中统计分析规则有关。食品安全领域的抽样检验，在统计学上属于推断统计的方式。这种方式是利用样本信息推断所关心的总体特征。[2] 因此，样本与推断事实具有内在的逻辑性，相当于证明材料与待证事实之间的关系。在危害食品安全犯罪案件中，待证事实往往有两大类：一类是涉案食品的性质；另一类是涉案食品的量。前者可以通过抽样检验的方式作出推定，这在规范层面有明确依据，如《食品安全抽样检验管理办法》。对于涉案食品的数量、重量，虽然可以通过直接计算的方式予以获得，但在涉案数量较大的情况下，通过直接计算、逐一核实会耗费巨大的司法资源。既然可以以抽检确定不合格产品的比例，那么，相应地，也可以基于不合格比例的有效性而推算不合格产品的数量、金额。当然，这种推算始于一种推定形式，所以和直接计算所获得结果效力不一样，前者是允许被告方针对推定进行反驳，但后者是对计算的过程是否真实、有效进行质疑。有观点认为，对于这类要求金额和数量的犯罪，公诉方必须以确实充分的证据将金额、数量证明至无合理怀疑的地步，若采取以抽样逆推数量和金额的手段，就无法保证推算出的金额和数量的准确性，容易造成错案。[3] 这种观点有失公允。推算金额、数量是否准确，需要区分客观事实和法律真实。一旦确定抽样检测的合法性，则其结论自然具有法律上的真实性，不存在不能排除合理怀疑的问题。除非有证据证明这一推定结论是错误的，这样可以按照有效的计算结果来认定。

2. 食品安全领域抽样检验的方法选择

要确保抽样检测的规范性、有效性，就必须建立科学的抽样检测机制。对此，有观点认为，抽样所得证据的证据能力规则需要样本的来源及总体的同质性

---

[1] 陕西省三原县人民法院刑事判决书（2013）三刑初字第 00089 号。

[2] 参见贾俊平编著：《统计学》，中国人民大学出版社 2014 年版，第 2 页。

[3] 参见万毅、纵博：《论刑事诉讼中的抽样取证》，载《江苏行政学院学报》2014 年第 4 期。

得以保证，抽样方法选取的科学性、抽样程序的规范性以及抽样结果计算的精确性等多个方面。[1] 但在笔者看来，食品药品监管部门在进行抽样检测时，极易引起司法争议的原因，是执法人员是否选择了科学方法。考虑到危害食品安全案件中常用的抽样检测方法是随机抽样和分层抽样，我们可以从以下两个方面探讨抽样检测方法的适用与选择。

一是随机抽样。随机抽样方式比较适合总体单位之间差异较小的状况。在危害食品安全犯罪中，如果涉案食品的种类较为单一，或者属于同一类型、同一批次，就可以按照随机抽样的方式进行。即从涉案食品中随机抽取一定数量组成样本，进行统计分析。这里有两个问题需要注意：（1）抽取样本的数量应当达到一定比例，保证能够反映涉案食品的总体情况。如果样本数量过少，就会导致抽样检测结论的科学性不足，进而影响抽检的效力。比如，安徽省阜阳市颍泉区人民法院秦某某生产、销售有毒、有害食品案中，法院采信的抽检笔录显示，2014年9月5日阜阳市颍泉区动物卫生监督所配合阜阳市公安局颍泉分局在现场查扣三轮车上30头生猪抽样4头（编号为FY001-FY004）、猪圈内83头生猪抽样4头（编号为FY005-FY006），秦某某家的冷库中已屠宰低温冷藏的猪肉中抽样2份（编号为FY007-FY008）。本案中虽然抽样检测的比例符合《猪肉、猪肝、猪尿抽样方法》（NY/T 763-2004）的要求，但是该标准主要服务于行政抽检的需要，是为了证明区域内猪肉等食品安全状况而采取的执法措施，但刑事诉讼的目标与之不同，是为了判断涉案物品本身的质量状况，因此，从刑事诉讼证据的客观性和抽检样本的覆盖面来说，应当在行政抽检的基础上，尽可能扩大抽检的范围和数量，从而提高犯罪证明的效果。（2）要注意随机抽样时，由于涉案食品的数量一般较大，因此，可以采用无放回抽样的方式，即抽出的样本不再放回，直接从剩下的个体中抽取下一个样本即可。

---

[1] 参见万毅、纵博：《论刑事诉讼中的抽样取证》，载《江苏行政学院学报》2014年第4期。

二是分层抽样。分层抽样实际上是科学分组、分类与随机抽样相结合。在危害食品安全犯罪案件中，涉案食品可能属于不同种类、不同批次的食品，如一批冻肉，可能有冷冻牛肉、羊肉、猪肉等多种类别。对于这些涉案食品的抽样检测，就可以采取分层抽样的方式。即在抽样之前，先将总体的涉案食品按照种类、批次等划分为不同的层次，每个层次的种类、批次是相同的；然后再从每个层次中随机抽出样本作为检测的对象。分层抽样的优点是可以使样本分布在各个层次内，使样本在总体中的分布比较均匀，降低抽样误差。[1] 当然，如果忽视了待检食品在种类、批次上的差异，就会导致样本选择难以反映总体特征而使结论失去客观性。

五、结语

围绕不同类型的注水肉所进行的司法定性分析，或者说司法裁判所确立的规则，对于行政稽查与刑事侦查活动最直接的影响就是证据搜集。比如，对于类型一，如果没有获得"检验不合格"的报告，就不宜将此类案件作为涉嫌犯罪案件移送；如果有证据表明行为人的确给生肉注水，只是含水量在标准范围内，可以对之进行行政处罚。对于类型二、三而言，在获得行为人给生肉注水的证据以后，需要对涉案肉品的生产、销售金额进行查证、确认，同时对肉进行检验检疫以确定其属于检验检疫不合格的肉类。在获得这些证据以后，即便生产、销售金额未达到法定标准，也可以按照生产、销售不符合安全标准的食品罪移送、侦查、起诉。对于类型四来说，在获得肉类中掺有禁止添加的药物以后，即可确认本案涉嫌犯罪而应当移送侦查。当然，在此类案件中，行政执法部门仍然需要搜集涉案肉品的数量、价值等，以确认不法行为的危害性程度。但在侦查过程中，

---

[1] 参见贾俊平编著：《统计学》，中国人民大学出版社 2014 年版，第 8 页。

如果没有证据证明行为人主观上明知添加的药物属于禁止添加的类型，该案件就不能认定生产、销售有毒、有害食品犯罪，不过，司法机关可以根据其主观认识程度认定为生产、销售不符合安全标准的食品罪，只是在适用该条款时，需要补充、收集涉案肉品检验不合格的行政认定。

第五章

泡打粉案：滥用食品添加剂的刑法评价

【本章概要】

将含铝的非食品添加剂作为食品添加剂使用的，应当在确定其危险性的基础上评价其行为性质。超范围使用含铝食品添加剂的行为，属于生产、销售不符合安全标准食品的行为，但如果涉案食品中铝的残留量严重超过国家食品安全标准的，可以按照严重超出标准限量使用含铝食品添加剂的行为，认定为生产、销售不符合安全标准的食品罪，不能认定为生产、销售有毒、有害食品罪。不过，是否属于严重超限量使用含铝食品添加剂并无明确标准，现阶段只能通过地方行政司法部门的协商予以解决，长远来看，必须完善国家食品安全标准，建立安全标准与危险标准的二元体系。要解决这一根本问题，必须推动从注释刑法向科技刑法的思维转变。

一、面食行业违规使用泡打粉引起的司法争议

泡打粉，是含铝食品添加剂的俗称。众所周知，含铝食品添加剂是面粉、馒头、面条、面包、海蜇、膨化食品和其他面制品中的常见添加剂。作为食品生产经营活动中必不可少的物质，食品添加剂与食品安全息息相关，可以说，没有食

品添加剂的安全，就没有食品安全。[①] 因此，为了实现对食品安全的最严厉监管，国家主管部门不断调整、规范食品添加剂的安全标准，科学限定食品添加剂的品种、使用范围和用量。这在面食行业使用泡打粉的问题上表现得更为突出。因为铝是慢性的神经毒素，被人食用后进入体内基本无法排出，故而国家食品安全标准《食品中污染物限量》（GB2762–2005）、《食品添加剂使用标准》（GB2760–2014）等都对含铝添加剂的使用范围、残留限量等做了明确规定，同时根据技术发展情况对相关标准进行适时调整。2014 年 5 月 14 日，国家卫生计生委等五部门发布了《关于调整含铝食品添加剂使用规定的公告》（简称《五部委公告》），指出"根据《食品安全法》和《食品添加剂新品种管理办法》的规定，自 2014年 7 月 1 日起，禁止将酸性磷酸铝钠、硅铝酸钠和辛烯基琥珀酸铝淀粉用于食品添加剂生产、经营和使用，膨化食品生产中不得使用含铝食品添加剂，小麦粉及其制品〔除油炸面制品、面糊（如用于鱼和禽肉的拖面糊）、裹粉、煎炸粉外〕生产中不得使用硫酸铝钾和硫酸铝铵。2014 年 7 月 1 日前已按照相关标准使用上述食品添加剂生产的食品，可以继续销售至保质期结束"。据此，一些含铝添加剂不能在任何食品中出现，如酸性磷酸铝钠、硅铝酸钠和辛烯基琥珀酸铝淀粉，而另有一些含铝食品添加剂则受到使用范围的限制，如硫酸铝钾和硫酸铝铵等。可以说，该公告对多种含铝添加剂使用范围的规定，为行政机关和司法机关判断食品安全违法犯罪行为的性质提供了具体标准，也给面食行业带来了强烈的司法震动。[②] 从实践来看，公告对含铝食品添加剂使用范围的规范化没有解决面食加工行业违规使用泡打粉行为的犯罪治理问题；相反，产生了诸多争议颇大的

---

① 参见信春鹰主编：《中华人民共和国食品安全法解读》，中国法制出版社 2015 年版，第 6 页。
② "深圳 12 家包子铺非法使用有害添加剂被查"，载《羊城晚报》2015 年 7 月 16 日；"知名包点店馒头油条含铝，滥用食品添加剂构成犯罪"，访问网址：http://news.163.com/14/0901/13/A52GFP6L00014AEF.html，访问时间：2017 年 1 月 12 日；"成都食药监局公布 21 家面食中违法使用添加剂餐饮企业"，访问网址：http://sichuan.scol.com.cn/fffy/content/2014–09/18/content_9010589.htm?node=894，访问时间：2017 年 1 月 12 日。

司法难题。从中国裁判文书网上查询可知，从 2013 年至 2015 年，全国法院系统一审审结因在面食中违规使用含铝添加剂而被认定为生产、销售不符合安全标准的食品罪和生产、销售有毒、有害食品罪的案件共计 2811 件（网上公开数量），对保障公众饮食安全起到了重要作用。但是，梳理这些案件可以发现，由于食品添加剂的安全性是一个严谨的技术问题，司法机关在办理此类刑事案件过程中往往面临着规范与技术上的冲突，由此导致对不法行为刑事责任的认定存有偏差。比如，在定性上，既有将此类案件认定为生产、销售有毒、有害食品犯罪，也有将其认定为生产、销售不符合安全标准的食品犯罪；在入罪标准上，面食中铝的残留量达到何种程度能够认定为犯罪成立，各地标准更是五花八门。入罪、定性标准的不统一，不仅违背了罪刑法定原则的要求，而且侵蚀着司法的权威性。

基于司法规范性的考虑，我们有必要对这些司法问题予以分析、研究，明晰泡打粉案件的法律适用依据，提高法律裁判的统一性。当然，为了便利研究，考虑到食品添加剂的安全性主要涉及种类、适用范围和用量，根据《五部委公告》对含铝添加剂在使用范围上的调整，本文拟从三个方面进行研究：一是围绕禁止用于食品生产的添加剂来进行分析，即面食中违规使用酸性磷酸铝钠、硅铝酸钠和辛烯基琥珀酸铝淀粉的行为分析；二是超范围使用食品添加剂的行为分析，主要涉及膨化食品使用含铝食品添加剂，小麦粉及其制品〔除油炸面制品、面糊（如用于鱼和禽肉的拖面糊）、裹粉、煎炸粉外〕生产中使用硫酸铝钾和硫酸铝铵的情形分析；三是超限量使用食品添加剂的行为分析，这是违规使用食品添加剂的常见情形。

二、将含铝的非食品添加剂添加到食品中的行为性质

按照《五部委公告》，自 2014 年 7 月 1 日以后，酸性磷酸铝钠、硅铝酸钠和辛烯基琥珀酸铝淀粉三种添加剂不得作为食品添加剂生产、经营和使用。依此规

定，公告实施以后，食品生产经营组织、个人仍然把这三种含铝添加剂作为食品添加剂使用时，就应当依照现有规定予以处罚。

（一）从规范层面看面食加工中违规添加此类物质的行为定性

按照公告要求，三类添加剂自 2014 年 7 月 1 日起禁止用于食品添加剂生产、经营和使用，这意味着三类添加剂自此不再属于食品添加剂，而被纳入一般非食品类添加剂的范畴，禁止在食品生产、经营过程予以使用。如果不法者违背公告要求依然在食品中添加此类物质，就涉及不法行为的定性问题。

笔者认为，在规范层面上，由于酸性磷酸铝钠、硅铝酸钠和辛烯基琥珀酸铝淀粉这三种化学物质属于一般工业添加剂，因此，在食品中违规添加它们的行为属于滥用添加剂的行为，按照《食品安全法》的规定，应当认定为典型的生产、销售不符合安全标准的食品的行为。但在刑法层面上，是否构成《刑法》第 143 条生产、销售不符合安全标准的食品罪或者《刑法》第 144 条生产、销售有毒、有害食品罪，则需要从犯罪构成上做具体判断。（1）不能因上述三种物质被禁止在食品中添加而认定为有毒、有害的非食品原料。《2022 年食品解释》第 9 条第 1 项的规定，因危害人体健康，被法律、法规禁止在食品生产经营活动中添加、使用的物质，应当认定为"有毒、有害的非食品原料"。那么，《五部委公告》既然已经将酸性磷酸铝钠、硅铝酸钠和辛烯基琥珀酸铝淀粉规定为禁止在作为食品添加剂生产、使用，是否意味着这些物质属于"有毒、有害的非食品原料"。其实不然。如前所述，《五部委公告》既不属于全国人民代表大会及其常务委员会制定的法律，也不属于国务院制定的行政法规或者省、直辖市、自治区人民代表大会及其常务委员会制定的地方性法规，所以不能据此认定这些物质属于有毒、有害的非食品原料。同时，这里也不能对法规作广义解释，将其扩大到行政法规、部门规章等多种规范性文件。因为一旦作出上述解释，就会导致司法认定的混乱。法律、法规和部门规章、行政规章以及其他规范性文件的适用效力是不一样的，其禁止性规定的初衷也会有所差异。在法律效力层面上，如果说法律、法规可以作为法律适用的依据，部门规章、行政规章以及行政机关制定的其他规范性文件，只能是法律适用的参考。将上述规范性文件等同视之，不仅违背了行政诉讼法的有关规定，不利于行政违法行为的认定，而且会导致司法裁判公信力的不足。因此，不应把上述三类物质认定为第 9 条第 1 项所规定的"有毒、有害的非食品原料"。这样一来，行为人如果在生产的食品中添加酸性磷酸铝钠、硅铝酸钠和辛烯基琥珀酸铝淀粉三类物质，因无法认定其属于有毒、有害的非食品原料而不构成生产、销售有毒、有害食品罪。

（二）从实质层面看面食加工中违规添加此类物质的行为定性

从司法实践来看，仅仅从形式上分析上述三种物质的属性进而确定滥用添加剂行为的性质，不无争议，在实质层面上进行探讨实为必要。诚然，该三类添加剂是否属于有毒、有害的非食品原料，在本质上属于事实鉴别问题而非规范解释问题。因此，在规范层面上，似乎只能确定行为人涉嫌生产、销售不符合安全标准的食品，至于构成何种犯罪，应当通过行政检验检测确定其是否具有危险性以及危险性程度。不过，从《五部委公告》的内容上来看，酸性磷酸铝钠、硅铝酸钠和辛烯基琥珀酸铝淀粉三类物质不符合有毒、有害非食品原料的标准。按照公告要求，"2014 年 7 月 1 日前已按照相关标准使用上述食品添加剂生产的食品，可以继续销售至保质期结束"。试想，如果这三类物质都是有毒、有害的非食品原料，就应当立即停售所有添加了这三类物质的食品，而不应该允许生产经营者继续生产、销售。所以公告中关于有效期的规定，也在一定程度上证明了食品中适量添加这三类物质不会对人体健康构成威胁，不属于有毒、有害的非食品原料。另外，从裁判标准来看，也不应当将这三类物质认定为有毒、有害的非食品原料。最高人民法院发布的指导案例 70 号"北京阳光一佰生物技术开发有限公司、习文有等生产、销售有毒、有害食品案"的裁判理由中明确指出，"行为人在食品生产经营中添加的虽然不是国务院有关部门公布的《食品中可能违法添加的非食用物质名单》和《保健食品中可能非法添加的物质名单》中的物质，但如果该物质与上述名单中所列物质具有同等属性，并且根据检验报告和专家意见等相关材料能够确定该物质对人体具有同等危害的，应当认定为《中华人民共和国刑法》第一百四十四条规定的'有毒、有害的非食品原料'"。据此，"有毒、有害非食品原料"中毒害性的判断标准应当参照《食品中可能违法添加的非食用物质名单》和《保健食品中可能非法添加的物质名单》，在无证据证明上述三类物质的毒害性达到上述两份名单中的同等标准时，不能认定为有毒、有害的非食品原料。其实，禁止某种添加剂作为食品添加剂使用，不一定都是因为添加剂本身存在安全隐患，这与我国食品添加剂的使用标准有关。食品安全国家标准《食品添加剂使用标准》（GB2760-2014）规定，"食品添加剂使用时应符合以下基本要求：不应对人体产生任何健康危害；不应掩盖食品腐败变质；不应掩盖食品本身或加工过程中的质量缺陷或以掺杂、掺假、伪造为目的而使用食品添加剂；不应降低食品本身的营养价值；在达到预期目的前提下尽可能降低在食品中的使用量"。所以安全性即不应对人体产生任何健康危害等只是食品添加剂的使用标准之一，除此以外，即便其不会给人体造成危害，倘若降低了食品本身的营养价值，或者没有达到预期改良食品性状的本质（即必要性），也不应当使用。如果一种物质不能作为食品添加剂使用，既可能是因为其不符合安全性要求，也可能是不符合必要性的要求，不能因为国务院有关部门禁止将某种添加剂作为食品添加剂使用就认为其具有毒害性。由此，依据《五部委公告》禁止在食品中使用酸性磷酸铝钠、硅铝酸钠和辛烯基琥珀酸铝淀粉三种物质之规定，不能表明这三种物质具有毒害性，而可能是技术性问题。在没有通过其他证据表明它们具有毒害性，属于有毒、有害的非食品原料之前，应当按照生产、销售不符合安全标准的食品行为处理。

基于上述分析，不管是在规范层面，还是在实质层面上，我们难以根据《五部委公告》和《2022年食品解释》确定这三类物质具有毒害性，只能对物质性状进行具体分析。一方面，在食品中添加这三类物质，属于违法食品安全经营规范的行为，应当依照《食品安全法》第 123 条第 1 款第 1 项"在食品中添加食品添加剂以外的化学物质"认定为生产、销售不符合安全标准的食品的违法行为。另一方面，在确定其是否构成犯罪之前，需要考虑两个因素：（1）如果生产、销售数额达到《刑法》第 140 条所规定的法定追诉标准，应当认定不法行为构成生产、销售伪劣产品罪；（2）如果有证据表明涉案食品足以造成严重食物中毒事故或者其他严重食源性疾病，应当认定不法行为构成生产、销售不符合安全标准的食品罪。因为对于滥用添加剂的行为，《2022 年食品解释》第 5 条第 2 款规定，在食用农产品种植、养殖、销售、运输、贮存等过程中，违反食品安全标准，超限量或者超范围滥用添加剂，足以造成严重食物中毒事故或者其他严重食源性疾病的，适用《刑法》第 143 条的规定定罪处罚。因此，如果生产者、销售者在生产经营食品过程中，向食品中非法添加酸性磷酸铝钠、硅铝酸钠和辛烯基琥珀酸铝淀粉三种添加剂，根据食品中上述物质的含量，确定足以造成严重食物中毒事故或者其他严重食源性疾病，就可以适用《刑法》第 143 条之规定。当然，司法实践的难点在于涉案食品是否足以产生上述危险状态。对此，我们可以从下文关于违规使用含铝食品添加剂的行为处理中探讨危险性的评价标准。

三、超范围使用含铝食品添加剂行为的性质认定

根据《五部委公告》，自 2014 年 7 月 1 日起，膨化食品生产中不得使用含铝食品添加剂，小麦粉及其制品〔除油炸面制品、面糊（如用于鱼和禽肉的拖面糊）、裹粉、煎炸粉外〕生产中不得使用硫酸铝钾和硫酸铝铵。也就是说，含铝食品添加剂的使用范围限定在膨化食品以外的食品之中，硫酸铝钾、硫酸铝铵只能在油炸面制品、面糊、裹粉、煎炸粉中使用。如果在这些范围之外使用上述特定的含铝食品添加剂，就属于超范围使用含铝食品添加剂行为。对此，根据《刑法》第 143 条、第 144 条的规定，可以从以下两个层面就超范围使用含铝食品添

加剂行为的性质进行分析。

（一）超范围使用的含铝食品添加剂不等于食品中禁止添加的物质

在金某生产、销售有毒、有害食品案[①]中，被告人金某加工、销售的包子中硫酸铝钾含量超标（铝残留量为 215.9mg/kg）。一审法院以被告人金某在生产、销售的食品中掺入有毒、有害的非食品原料为由认定其行为构成生产、销售有毒、有害食品罪。依照《刑法》第 144 条的规定，结合裁判理由可以发现，法院认为涉案食品中检测出的硫酸铝钾属于禁止在食品中添加的有毒、有害的非食品原料。但在童某某、徐某生产、销售不符合安全标准的食品案[②]中，被告人童某某、徐某加工、销售的包子中硫酸铝钾、硫酸铝铵含量也超标（铝残留量为912mg/kg）。但法院认为二人的行为构成生产、销售不符合安全标准的食品罪。以此逻辑，涉案食品中检测出的硫酸铝钾不属于禁止在食品中添加的有毒、有害的非食品原料。对比这两个案例发现，司法机关在面食加工中超范围使用硫酸铝钾等含铝食品添加剂的行为该如何认定犯罪性质，相互冲突。其实，查询中国裁判文书网中公开收录的 2811 份裁判文书发现，有 600 起案件涉及违规使用硫酸铝钾这一食品添加剂，但是对于这一不法行为的定性则有明显分歧。依照《刑法》第 143 条的规定认定为生产、销售不符合安全标准的食品罪有 489 份判决，

---

① 被告人金某系亳州市金某包子食品有限公司的法人代表，负责该公司的生产、经营工作。2015 年 7 月 2 日，亳州市谯城区市场监督管理局执法人员依法对该公司加工、销售的包子进行抽样检验，结果为硫酸铝钾含量超标，为 215.9mg/kg。法院认为，被告人金某在生产、销售的食品中掺入有毒、有害的非食品原料，并对外销售该食品的行为已构成生产、销售有毒、有害食品罪。参见安徽省亳州市中级人民法院（2016）皖 16 刑终 34 号刑事裁定书。

② 2015 年 8 月间，被告人童某某、徐某在经营位于北京市某区某有限公司门口一早点加工店过程中，在明知禁止在发酵面制品中使用硫酸铝钾、硫酸铝铵的情况下，仍使用含上述成分的添加剂制作包子对外销售，经检测，被告人童某某、徐某 2015 年 8 月 12 日加工的包子中铝含量为 912mg/kg。法院认为，被告人童某某、徐某生产销售不符合食品安全标准的食品，足以造成严重食物中毒或者其他严重食源性疾病，其行为已构成生产、销售不符合安全标准的食品罪。参见北京市大兴区人民法院刑事判决书（2016）京 0115 刑初 499 号，2016 年 4 月28 日。

依照《刑法》第 144 条判定为生产、销售有毒、有害食品罪的有 111 份判决。其中，599 起案件是在《2013 年食品解释》实施以后被查处的，即便在 2021 年，也有按照刑法第 144 条处理的此类案件。比如为了让生产销售的水煎包和油条彭松、口感更好，被告人王某某故意在制作水饺包和油条过程中，添加含铝的香甜泡打粉，2021 年 7 月 2 日经商丘市质检中心检测，该水煎包含铝的残留量 74.9mg/kg，评定指标不得含有，判定为不合格；油条铝的残留量 392mg/kg，评定指标小于 100mg/kg，判定为不合格。法院认为，被告人王某某违反国家食品安全管理法规，在食品加工生产添加含铝的香甜泡打粉，其行为已构成生产、销售有毒、有害食品罪。[①] 这也说明《2013 年食品解释》并没有被司法人员很好地理解以统一定罪标准。《2022 年食品解释》第 5 条延续了《2013 年食品解释》关于滥用添加剂、食品添加剂行为定性的规定，因此，面对这些分歧，仍有研究的必要性，其核心问题就是如何理解超范围使用的"含铝食品添加剂"的性质。

首先，超范围使用的含铝添加剂是在该类食品中禁止添加的物质，不表明物质的毒害性。如上文所述，食品添加剂的使用原则之一就是不会给人体造成危害；能够作为食品添加剂使用的物质，在一定量度范围内都是符合安全性要求的。对于超范围使用的这些含铝添加剂，包括在面食中使用的硫酸铝钾、硫酸铝铵，本身都属于食品添加剂的范畴。公告只是禁止在特定食品如膨化食品、油炸食品等四类面食以外的其他面食中使用，而不是禁止在所有的食品中使用，当硫酸铝钾、硫酸铝铵以及其他含铝食品添加剂在法定允许的食品中使用时，依然是安全、无毒害性的。就此而言，虽然超范围使用含铝添加剂行为是禁止的——禁止在油炸食品等食品之外的面食如包子中使用硫酸铝钾、硫酸铝铵，但是它们本身依然是安全的食品添加剂，而不是有毒、有害的非食品原料。因此，把包子中添加硫酸铝钾、硫酸铝铵的行为认定为生产、销售有毒、有害食

---

① 参见河南省商丘市睢阳区人民法院刑事判决书（2021）豫 1403 刑初 586 号。

品罪是值得商榷的。

其次，应客观理解"食品中禁止添加的物质"这一要求，不能将标准泛化。按照金某生产、销售有毒、有害食品案的裁判逻辑，之所以认定行为人的行为构成生产、销售有毒、有害食品罪，是因为公告把硫酸铝钾作为禁止在包子等面食中添加的物质。但是，公告中所作出的这一禁止性规定不能被理解为硫酸铝钾属于《2022 年食品解释》第 9 条规定的法律、法规等禁止在食品中添加的物质。后者是指在所有食品中禁止添加的物质，而不是禁止特定食品中添加的物质。如《五部委公告》中提到的酸性磷酸铝钠、硅铝酸钠和辛烯基琥珀酸铝淀粉就属于禁止在所有食品中添加的物质。之所以作出这样的解释，是因为食品添加剂的使用本身就会受到种类、范围、用量等限制。这里的范围，是指食品添加剂应当在哪些食品中被允许使用。对于某种食品添加剂来说，允许在一些食品中使用而禁止在另外一些食品中使用是极其正常的；即便禁止在一些食品中使用，也不能把这些食品添加剂归为毒害物质。否则，就会出现在食品中允许使用有毒、有害非食品原料这种令人惶恐的逻辑悖论。故而《2022 年食品解释》第 9 条规定的禁止在食品中使用应当属于禁止在所有食品中使用。硫酸铝钾、硫酸铝铵只是被限定在特定食品中使用，不属于《2022 年食品解释》第 9 条规定的禁止在食品中添加的物质，亦不属于因危害人体健康而被禁用的有毒、有害的非食品原料。超范围使用含铝食品添加剂的行为也不能被认定为生产、销售有毒、有害食品罪。

（二）超范围使用含铝食品添加剂行为的性质分析

首先，超范围使用的含铝食品添加剂的行为一定属于不符合食品安全标准的行为，已构成行政违法。《食品安全法》第 26 条规定，食品安全标准应当包括食品添加剂的品种、使用范围、用量。第 34 条规定，禁止生产经营超范围、超限量使用食品添加剂的食品。因此，在《五部委公告》规定的范围之外使用上述特定的含铝食品添加剂的行为，属于食品安全法所规定的"不符合食品安全标准"的行政违法行为。根据《食品安全法》第 124 条的规定，生产经营超范围、超限量使用食品添加剂的食品，尚不构成犯罪的，由县级以上人民政府食品药品安全管理部门没收违法所得和违法生产经营的食品、食品添加剂，并可以没收用于违法生产经营的工具、设备、原料等物品；违法生产经营的食品、食品添加剂货值金额不足 1 万元的，并处 5 万元以上 10 万元以下罚款；货值金额 1 万元以上的，并处货值金额 10 倍以上 20 倍以下罚款；情节严重的，吊销许可证。那么，对于超范围使用含铝食品添加剂的行为在不构成犯罪的情况下应当依法予以行政处罚。

其次，超范围使用的含铝食品添加剂是否属于刑事犯罪，应当依据刑法规定具体判断。根据《2022 年食品解释》第 5 条第 1 款的规定，在食品加工、销售、运输、贮存等过程中，违反食品安全标准，超限量或者超范围滥用食品添加剂，足以造成严重食物中毒事故或者其他严重食源性疾病的，依照《刑法》第 143 条的规定以生产、销售不符合安全标准的食品罪定罪处罚。据此，是否足以造成严重食物中毒事故或者其他食源性疾病，是判断超范围使用含铝食品添加剂是否构成《刑法》第 143 条之罪的关键。调查研究发现，面制品中铝的主要来源是加工过程中使用了含铝食品添加剂。[①] 因此，这种行为危险性的判断，实质上就是确认超范围使用含铝食品添加剂以后残留在食品中的铝是否足以造成《刑法》第 143 条规定的危险状态。这样的话，超范围使用食品添加剂的危险性判断就转化为了食品中铝残留量的危险性判断。不管是超范围使用含铝食品添加剂，还是超限量使用含铝食品添加剂，在对公众安全威胁的问题上，风险来源是一样的——铝的残留量决定对身体健康的危害。倘若铝的残留量严重超出安全限量，就可以认定该行为会产生《刑法》规定的危险状态而构成犯罪。但需要说明的是，既然是超范围使用了含铝食品添加剂，就意味着涉案食品中不应该出现这一含铝添加剂，也就是说来源于这种添加剂的铝的残留量应当是 0——不存在限量的问题。

---

① "《食品中污染物限量》（GB2762-2012）问答"，访问网址：http://www.moh.gov.cn/zwgkzt/zswdx/201306/6833e7c948da4aaa961f24fe9da24d1b.shtml，访问时间：2017 年 1 月 20 日。

如果按照《2022 年食品解释》第 1 条第 1 项以"严重超出标准限量"为依据判断其危险性，似乎不合逻辑。如前文所述，是否使用某种食品添加剂，需要考虑其安全性、必要性等。因此，在超范围使用的含铝食品添加剂中，大多属于不需要添加的食品添加剂，但存在并不等于威胁人体健康。因此，超范围使用含铝添加剂后就可能出现两种情形：（1）超范围使用了含铝食品添加剂，但铝在食品中的残留量低于允许使用的含铝食品添加剂的限量值；（2）超范围使用了含铝食品添加剂，且铝残留量高于食品中的限量值。由于第一种情形难以证明铝会对人体健康构成威胁，因此，不宜认定为《刑法》第 143 条之犯罪，但对于第二种情形，则在铝含量过高时可以认定为《刑法》第 143 条之犯罪。上文所提到的在食品中违规添加酸性磷酸铝钠、硅铝酸钠和辛烯基琥珀酸铝淀粉三类物质的处理模式应当与此相似，因为它们本身也会在人体内出现铝残留进而威胁人体健康，故而可以通过判断铝元素残留量与人体危害之间的关系来确定这类案件司法处理的标准。

当然，超范围使用的含铝食品添加剂的行为，即便不构成《刑法》第 143 条之犯罪，但若销售金额、货值金额达到法定标准的要求，则行为人可能涉嫌《刑法》第 140 条生产、销售伪劣产品罪。

四、超限量使用含铝食品添加剂行为的性质认定

关于铝在食品中的安全标准，最早规定在《食品中污染物限量》（GB2762-2005）中。该规定将铝认定为食品中的污染物，即食品在生产加工、包装、贮存、运输、销售、直至食用过程或环境污染所导致产生、非有意加入食品中的物质，包括除农药、兽药和真菌毒素以外的污染物。其中，该标准中明确了面制食品（以质量计）中铝的限量为 100 mg/kg（限量是指污染物在食品中的允许最大浓度）。2011 年 4 月卫生部发布的《食品添加剂使用标准》（GB2760-2014）也对硫

酸铝钾（又名钾明矾）、硫酸铝铵（又名铵明矾）在豆类制品、小麦粉及其制品、虾味片、焙烤食品、水产品及其制品等食品中铝的残留量作出了规定，也明确为100mg/kg。然而，《食品中污染物限量》（GB2762-2012）删除了铝的限量规定，原因是《食品添加剂使用标准》（GB2760-2014）已明确规定了面制品中含铝食品添加剂的使用范围、用量和残留量，新国标不再重复设置铝限量规定，食品中使用含铝添加剂应严格按照 GB2760-2014 执行。这样一来，《食品添加剂使用标准》（GB2760-2014）关于铝的限量标准就成为我国当前面食中含铝食品添加剂的残留量的法定标准。如果在面食中检测出来的铝残留量超过了 100mg/kg，就属于超限量使用含铝食品添加剂。按照前述《食品安全法》第 26 条、第 34 条、第 124 条的规定，超限量使用含铝食品添加剂一定属于行政违法行为，同时也可能涉嫌刑事犯罪。根据《2022 年食品解释》第 5 条规定，超限量使用含铝食品添加剂，是否足以造成严重食物中毒事故或者其他食源性疾病，就成为能否适用《刑法》第 143 条定罪量刑的核心问题。

（一）超限量使用含铝添加剂司法认定的实践困境

面食加工中违规使用含铝添加剂以后铝在食品中的残留量是否超出国标中的限量值以及超出的程度，决定了涉案食品是否会足以造成严重食物中毒和其他食源性疾病。就此而言，对于面食中铝的残留量进行定量分析，是解决面食中违规添加含铝食品添加剂的一个关键点。但通过查询公开的裁判文书发现，铝残留量达到多少可以认定为足以造成严重食物中毒或者其他严重食源性疾病，是一个分歧极大的问题。在杜某某生产、销售不符合安全标准的食品一案中，被告人杜某某生产、销售的包子中铝的残留量为 101mg/kg，法院认为该残留量不符合国家颁布的 GB2760-2014《食品安全国家标准食品添加剂使用标准》中规定铝的残留量 ≤ 100mg/kg 的食品安全标准要求，足以造成严重食物中毒事故或其他严重食源性疾病，其行为已构成生产、销售不符合安全标准的食品罪，依法应予惩处。[①]
在任某生产、销售不符合安全标准的食品案中，任某加工的油条中铝的残留量为
519mg/kg。法院据此认定其行为构成生产、销售不符合安全标准的食品罪。[②] 在
王某某生产、销售有毒、有害食品案中，王某某所制作、销售的小笼包铝的残留
量高达 1210mg/kg，则被认定为构成生产、销售有毒、有害食品罪。[③] 而祁某生
产、销售不符合安全标准的食品案件则与以上案件另有不同。河南省修武县法院
审理查明，2013 年 5 月至 2016 年 1 月，被告人祁某在修武县城关镇竹林大道中
段经营"老祁家逍遥镇胡辣汤"早餐店期间，违反在小麦粉及其制品生产中不
得使用含铝食品添加剂的规定，使用面粉和面时擅自添加含铝泡打粉，加工成包
子对外销售。2015 年 11 月 18 日，修武县食品药品监督管理局对被告人祁某加
工成的包子进行抽样检验。2015 年 12 月 16 日，经河南广电计量检测有限公司
检测，该包子中铝检测值为 75.3mg/kg。修武县人民法院认定被告人祁某犯生产、
销售不符合安全标准的食品罪。此后，焦作市中级人民法院（2017）豫 08 刑终
12 号判决认为，上诉人祁某非法使用食品添加剂，生产、销售不符合安全标准
的食品，足以造成严重食物中毒事故或者其他严重食源性疾病，其行为已构成生
产、销售不符合安全标准的食品罪。

从这些案例可以看出，关于面食中铝的残留足以造成严重食物中毒事故或者
其他严重食源性疾病的数量值，最低的是 75.3mg/kg（当然，这并不是全国范围
内入罪案件中最低的铝残留值）——低于国家食品安全标准规定的允许在食品中
使用的安全限量值。如何认定这一残留量会产生《刑法》规定的危险状态，裁判
文书并未说明。只是另有学者通过选取 114 件"铝超标"的生产、销售不符合安
全标准的食品罪的样本案例中研究发现，此类案件中入罪数值最高的是皮冻中铝

---

① 河南省方城县人民法院（2016）豫 1322 刑初 102 号刑事判决书。

② 上海市宝山区人民法院（2016）沪 0113 刑初 271 号刑事判决书。

③ 河南省唐河县人民法院（2014）唐刑初字第 671 号刑事判决书。

的残留量 6518mg/kg；在其中 40 件油炸食品案件中，入罪时最高的铝残留量是 1780mg/kg，最少的铝残留量是 171mg/kg。[①] 更重要的是，在这些案例中司法机关也没有说明食品中的铝残留量为多少时足以造成严重食物中毒事故或者其他严重食源性疾病。因此，这种量差极大的铝残留量入罪标准，除了表明司法机关在认定面食中超限量使用含铝食品添加剂行为时危害性评价标准的随意性，对于强化食品安全犯罪的治理效果，提升司法裁判的公信力极为有限。

（二）超限量使用含铝添加剂行为的定性分析及解决路径

超限量使用含铝食品添加，是不符合食品安全标准的生产、经营行为，但这种行为是否构成生产、销售不符合安全标准的食品罪，取决于超出标准限量的铝残留量是否足以造成严重食物中毒事故或者其他严重食源性疾病。如果不能造成这一法定的危险状态或者更为严重的侵害后果，则不构成《刑法》第 143 条之犯罪。但若涉案食品的货值金额或者销售金额达到法定标准，就可能构成《刑法》第 140 条生产、销售伪劣产品罪。因此，超限量使用含铝添加剂行为犯罪认定的核心问题就是食品中残留的超出标准限量的铝是否足以造成严重食物中毒事故或者其他严重食源性疾病。这应当是一份司法裁判解决的核心问题，遗憾的是，迄今为止，我国食品安全标准中没有提出可以说明刑法规定的上述危险状态的铝残留标准，从而使司法部门难以确立规范、统一的入罪标准。当然，《2022年食品解释》第 24 条规定，"'足以造成严重食物中毒事故或者其他严重食源性疾病''有毒、有害的非食品原料'等专门性问题难以确定的，司法机关可以依据鉴定意见、检验报告、地市级以上相关行政主管部门组织出具的书面意见，结

---

① 四个案件为：陕西省神木县人民法院刑事判决书（2015）神刑初字第 00819 号；河南省开封市祥符区人民法院刑事判决书（2015）祥刑初字第 449 号；河南省唐河县人民法院刑事判决书（2015）唐刑初字第 364 号；河北省邢台市桥西区人民法院刑事判决书（2016）冀 0503 刑初 105 号。载赵秉志、张心向：《惩治危害食品安全犯罪之实证考察与检讨》，载《第二十届国际〈刑法〉学大会第二阶段地区片会暨中国分会第四届学术研讨会论文集》，第 48 页。

合其他证据作出认定。必要时，专门性问题由省级以上相关行政主管部门组织出具书面意见"。这一做法改变了《2013 年食品解释》关于专家意见的规定，只是要求书面意见，从而简单化了操作，但从笔者调研的情况来看，市县两级办案机关很难找到能够证明上述问题的专家出具书面意见在一些新型添加物问题上恐有难度。

面对超限量使用含铝添加剂行为入罪标准的混乱状况，基于司法公信力和权威性的考量，我们应当从以下两个方面予以规范：

1. 现阶段，应当构建地方性标准，提高区域内司法裁量的规范性

在司法解释将具体的判断标准交给地方司法机构以后，现阶段能否解决含铝食品添加剂刑法危险状态的标准问题，只能依赖于地方司法机关的探索。当然，这种地方探索最好由省级司法机关主导进行，以确保在地方各级司法机关甚至行政执法部门之间形成共识，实现执法办案的规范化。省级司法机关可以组织相关领域的专家，对面食中超出食品安全标准限量的铝可能造成的危险状态进行科学论证与分析，确定可能造成严重食物中毒事故与食源性疾病的危险数值，并作为司法机关定罪量刑的依据。比如，北京市公安局根据北京市食品安全监控和风险评估中心提供的《关于包子样品中铝的残留量的评估意见》规范了此类案件的入罪标准，即"普通人对铝每周暂停耐受摄入量为每周每公斤体重 2mg，参照 2014 年 7 月 2 日前硫酸铝钾作为食品添加剂允许在小麦及其制品中的残留量国家标准，考虑地区实际情况和刑事打击的必要性，经相关部门商定，以超过 2017 年 7 月 1 日之前国家标准和成年人每周耐受量的两倍作为入罪标准，即以铝的残留量超过 200mg/kg 作为入罪标准"。当然，也有地方机关虽然没有将此类案件的入罪标准统一具体化，但是提出了案件裁量的具体解决办法。如山东省高级人民法院等三部门《办理危害食品安全刑事案件座谈会会议纪要》规定，对于"超限量或者超范围滥用食品添加剂、添加剂、农药、兽药"等行为，应当根据具体案情，由掌握相关专业知识的山东省办理危害食品安全刑事案件食品安全专家或省级卫生、疾病防控等相关主管部门，结合检验数据进行论证，并出具是否"足以造成严重食物中毒事故或者其他严重食源性疾病"的认定意见。这些地方性探索虽然具有一定的局限性，但对提高法律规范的明确性以及司法裁判的权威性意义重大。

2. 长远看，应该建构完善的国家标准，作为定罪量刑的依据

含铝食品添加剂超限量使用犯罪性质认定的司法困境，凸显了我国食品安全标准在惩治食品安全犯罪中的缺陷。现行的食品安全标准着眼于安全范围与不安全数值的区分，服务于行政监管的需要，忽略了刑事犯罪认定的现实要求，严重影响了司法裁判的公信力和权威性，甚至侵蚀了罪刑法定原则这一现代法治的基本要求。地方标准固然可以在一定时期内解决定罪量刑的标准问题，但从刑法的普遍效力来看是仍然不够的。因此，食品安全犯罪的法治治理路径，需建立完善的国家安全标准。国家安全标准所要解决的问题是为处理不符合食品安全标准的违法生产经营行为提供依据。由于食品安全犯罪领域的违规行为包括了违法行为和犯罪行为，因此，食品安全国家标准，不仅要确定行政违法的认定依据，而且要解决犯罪认定的司法标准，以构建一般违法行为到严重刑事犯罪的严密的国家标准体系。对于含铝食品添加剂的食品安全国家标准来说，在现有食品安全标准的基础上，应当进一步明确铝残留的危险性标准，即明确达到何种数值的量就视为足以造成严重食物中毒事故或者其他食源性疾病的，统一此类案件在适用《刑法》第143条时的入罪标准。对于构建上述两个层次的食品安全国家标准，不仅是必要的，而且也是可行的。既然在科学层面可以解决面食中残留多少铝对人体是安全的，就可以通过技术手段研究铝的残留量达到何种数值会对人体健康构成现实威胁。当然，之所以要求完善食品安全国家标准来规范司法，根本原因在于超限量使用含铝食品添加剂是否能够产生《刑法》第143条规定的危险状态，不是通过法律解释可以解决的问题，而是科学证明的问题；不是个案判断的问题，而是能够作出类型化确定的问题。因此，我们只需要通过科学手段完善食品安全

国家标准，就可以解决此类案件的入罪标准以及量刑问题。

五、结语：从注释刑法到科技刑法的思维转变

其实，面食加工行业违规使用泡打粉行为在定性问题上所面临的司法困境，根源在于国家食品安全标准未能给刑事司法提供有效的支撑，从而使后者只能依赖于对犯罪构成要素的规范性阐释。可以说，这已经成为食品安全犯罪治理过程中的一个缩影。在笔者看来，不仅是含铝食品添加剂的超限量、超范围使用问题，其他超限量使用添加剂、农药残留、兽药残留、重金属超标等案件中，同样也存在相似的问题。然而，当前的刑法认定注重通过法律解释方式来解决实践问题，构建了以行政法规为依托、以《2022年食品解释》《地沟油通知》等犯罪认定规则为支撑的法治体系。但司法解释的困境以及地方司法机关的探索，已经证明通过法律解释应对食品安全犯罪时的缺陷与不足。因为包括违规使用含铝食品添加的行为在内的非法生产、经营不符合安全标准食品的行为，是否威胁公众安全以及是否造成了严重的侵害是一个科学问题而非纯粹的法律解释问题。比如什么是不符合食品安全标准的食品，不需要我们解释什么是不符合食品安全标准的类型，只需要提出规范的食品安全标准指标即可，依据该标准指标就可以确认不符合食品安全标准的情形；是否能够造成严重食物中毒事故或其他食源性疾病，也不需要去解释其范围和类型，是否能够造成这一后果，应依靠现代科学技术证明涉案食品的危险性，等等。倘若通过法律解释的方式去应对科学领域的违规行为，势必因行为解释者主观的局限性而难以适应科学的客观需求。因此，要改变危害食品安全犯罪的司法困境，就必须摒弃注释刑法的旧有观念而转向于科技刑法，依托于科学技术与刑法规范结合起来，提高犯罪认定的科学性和效率，在犯罪治理与人权保障之间实现平衡。这里所谓注释刑法强调对刑法的解释，认为"法律注释活动的目的并不应该是为了恢复立法者的原本意思，而是为了适用法律，把法

律的精神及原则贯彻到现实生活中。……因为要把一般的法律规范适用于千差万别的具体的人、事件和关系，就必须对法律规范进行准确的注释，以便正确地适用法律"。① 据此，注释刑法强调通过法律解释解决刑法适用的疑难问题。如《2022年食品解释》中对《刑法》第143条"足以造成严重食物中毒事故或者其他严重食源性疾病"的解释，对超范围、超限量使用食品添加剂行为犯罪成立标准的解释，以及对《刑法》第144条"有毒、有害非食品原料"认定标准的解释等。但实践表明，立足于刑法解释的传统思维模式难以有效解决是食品安全领域罪与非罪以及量刑规范问题。科技刑法则超越了传统刑法解释的固有模式，以规范为基础通过科学技术方式来明确行为方式以及结果等诸多要素，使犯罪认定更具科学性、权威性。在危害食品安全犯罪领域，确立了科技刑法的地位，意味着我们首先将危害食品安全犯罪的认定及其刑事责任的追究定性为一个科学问题而不是纯粹的法律问题，在科学层面是否有充分的依据将成为解决食品安全犯罪认定及其处罚的主要根据。换句话说，从科技刑法的层面上来看食品安全犯罪的治理，首先，要审查是否有科学、权威的食品安全标准，使刑法中不符合安全标准的食品以及有毒、有害非食品原料的认定符合客观实际；其次，要审查是否有科学、权威的风险评估体系，为研判不法行为是否能够产生某种危险状态提供科学依据；最后，要通过科学技术手段、资源证实不法行为引起严重侵害后果的内在逻辑，为确定不法人员的刑事责任提供证据支持。概而言之，科技刑法不仅应当且能够解决食品安全犯罪罪与非罪、此罪与彼罪的问题，也能够解决食品安全犯罪危险状态及其侵害结果的归因问题。这恰恰是当前食品安全犯罪刑事治理所面临的核心问题。

---

① 王晓慧等：《刑法注释学之生命》，载《大连民族学院学报》2006年第2期。

【延伸阅读】

其实，在食品中滥用食品添加剂的行为类型多种多样，泡打粉案件只是近年来多发、频发的典型案件。除此以外，在面粉中滥用增白剂[①]、在面食中滥用甜蜜素等案件都属于日常生活中经常会发生的滥用食品添加剂行为。因此，对于此类行为的处理，也应当合理区分超限量和超范围使用食品添加剂的行为类型以及滥用添加剂行为的性质。在此，我们以甜蜜素案件为例探讨同类案件的处理规则。

据媒体报道，2018 年 6 月 6 日下午，浙江省永嘉县警方通报称，他们经过半年时间侦查，于今日破获系列毒馒头案件，打击早餐摊位 37 个，刑拘 41 人，涉案金额 300 余万元。所谓毒馒头，主要是指公众经常食用的红糖馒头，不过，涉案馒头中添加的不是红糖，而是甜蜜素，其主要成分是环己基氨基磺酸钠，是一种可以在食品中使用的食品添加剂。根据《食品添加剂使用标准》（GB 2760-2014），甜蜜素可以在水果罐头、果酱、凉果类、果糕类、面包等 20 种食品中，但是不得用于馒头、包子等发酵面制品类，以及膨化食品、小油炸食品、肉制品中。作为一种化学物质，甜蜜素有致癌、致畸作用，如果消费者长期过量食用甜蜜素超标的食品，会危害肝脏和神经系统，特别是对代谢排毒能力较弱的老

---

① 面粉增白剂是许多国家普遍使用的一种食品添加剂，也是我国面粉加工业普遍使用的品质改良剂，主要成份是过氧化苯甲酰。卫生部等 7 部门关于撤销食品添加剂过氧化苯甲酰、过氧化钙的公告（2011 年 第 4 号）：根据《食品安全法》关于食品添加剂应当在技术上确有必要且经过风险评估证明安全可靠，方可列入允许使用范围的规定，经审查，食品添加剂过氧化苯甲酰、过氧化钙已无技术上的必要性，现决定予以撤销并公告如下：（1）自 2011 年 5 月 1 日起，禁止在面粉生产中添加过氧化苯甲酰、过氧化钙，食品添加剂生产企业不得生产、销售食品添加剂过氧化苯甲酰、过氧化钙；有关面粉（小麦粉）中允许添加过氧化苯甲酰、过氧化钙的食品标准内容自行废止。此前按照相关标准使用过氧化苯甲酰和过氧化钙的面粉及其制品，可以销售至保质期结束。（2）面粉生产企业和食品添加剂生产企业要按照本公告要求依法组织生产经营，做好自查自纠工作。相关行业协会要加强行业管理和行业自律，引导企业不断规范面粉和食品添加剂生产经营活动。（3）各级食品安全监管部门要加大监督执法力度，加强食品安全监督检查，依法查处将过氧化苯甲酰、过氧化钙作为食品添加剂进行生产、销售和使用的违法行为。

人、孕妇、小孩，危害更明显。因此，我国对甜蜜素在食品中加入的量做了严格限定。也正是基于此，本案涉案人员在馒头中添加甜蜜素显然违背了食品安全法的有关规定，涉嫌生产、销售不符合食品安全标准的食品。本案曝光以后，福建省、海南省等地加强了对红糖馒头的检查，以维护公众日常饮食安全。不过，笔者查询资料发现，实践中对馒头中非法添加甜蜜素行为的治理并不少见，此前多地已查处过此类案件。如 2015 年有媒体报道，四川省、石家庄市等地有媒体曝出不法商贩为了使馒头卖相好看、口感更好，在其中加入甜蜜素。浙江省金华市市场监管局对大型超市、市政府食堂、大型餐馆、学校食堂及小餐馆馒头抽检时，在金东区巴比小吃店的红糖馒头中检出甜蜜素。2016 年，浙江省象山县市场监督管理局大徐市场监管所对辖区内的早餐店进行突击安全检查时，在黄避岙乡某早餐店的加工间内发现了已拆封的甜蜜素包装袋。经食品检验检测中心检测鉴定，该早餐店当日销售的红糖馒头中含有甜蜜素，为不合格产品。由此看来，馒头中非法添加甜蜜素行为并非新型的滥用食品添加剂案件，那么，实践中对于此类行为是如何处理呢？为此，笔者专门查阅了有关案例，司法机关对于此类案件的定性并不一致。

案例一： 从 2013 年开始，被告人刘某租赁深圳市龙华新区龙华街道水斗新围 12 栋 2 号一楼店铺生产、售卖馒头。为节省成本，刘某使用非食品添加剂"甜蜜素"取代白糖加入面粉中，做成甜馒头向附近居民出售。2015 年 11 月 11 日，公安机关在开展"打击生产、销售有毒、有害食品犯罪"专项行动中，发现刘某经营的馒头店藏有 7 包非食品添加剂"甜蜜素"，于是提取了正在售卖的四个馒头作为样品，委托深圳市计量质量检测研究院进行成分检验，经检验：该样品中，环己基氨基磺酸钠（钙）不符合 GB2760-2014 的要求，为不合格产品。司法机关以被告人刘某犯生产、销售不符合安全标准的食品罪，判处有期徒刑六个月，缓刑一年，并处罚金人民币 2000 元。

案例二： 阮某因在面食中非法使用含铝泡打粉和甜蜜素而被取保候审。在此期间，于 2015 年 9 月 1 日开始，为了使销售的面制品降低成本，在和面时，继续超标添加含有环己基氨基磺酸钠，制成后销售。2015 年 12 月 20 日，民警在阮某经营的德口福灌汤包店中，查获甜蜜素 1 袋、白甜馒头 4 个、南瓜馒头 4 个、粗粮馒头 4 个、包子 4 个、搅拌好的面团 1 袋。经深圳市计量质量检测研究院检验，白甜馒头中含环己基氨基磺酸钠 2.0g/kg，不合格；南瓜馒头中含环己基氨基磺酸钠 1.4g/kg，不合格；粗粮馒头中含环己基氨基磺酸钠 1.2g/kg，不合格；包子中含环己基氨基磺酸钠 0.047g/kg，不合格。法院认为，被告人阮某无视国家法律，在生产、销售的食品中掺入有毒、有害的非食品原料，其行为已构成生产、销售有毒、有害食品罪，应依法予以惩罚。

从上述案例可以看出，侦查机关和司法机关对馒头中非法添加甜蜜素行为的定性在理解上存在明显分歧，是按照《刑法》第 143 条认定为生产、销售不符合安全标准的食品罪，还是生产、销售有毒、有害食品罪的认识也不一致。由于定性是否准确，不仅对侦查机关取证具有明显的指导作用，而且关系公众饮食安全能够得到及时有效的保障，还事关嫌疑人的合法权益是否得到应有的尊重。因此，对于此类行为的定性问题，有必要结合食品添加剂的适用规则和司法解释的有关规定予以系统分析。

根据《食品添加剂使用标准》（GB 2760-2014），甜蜜素可以在特定的 20 种食品中使用，而包括馒头在内的其他食品中不允许使用。也就是说，甜蜜素的使用范围限定在特定的食品类型中。如果在这些范围之外使用上述甜蜜素，就属于超范围滥用食品添加剂行为。那么，根据《刑法》第 143 条、第 144 条的规定，可以从以下两个层面就超范围滥用甜蜜素的行为认定进行分析。

首先，超范围使用的甜蜜素只是表明在特定食品中禁止添加该物质，不表明该物质具有刑法意义上的"毒害性"。食品添加剂的使用原则之一就是不会给人体造成危害，因此，能够作为食品添加剂使用的物质，在一定量度范围内都是符合安全性要求的。对于超范围使用的这些甜蜜素，不会改变其食品添加剂的性质，即在一定限量内依然是安全的食品添加剂，而不是有毒、有害的非食品原料。因此，把馒头中滥用甜蜜素的行为认定为生产、销售有毒、有害食品罪是值得商榷的。

其次，应客观理解"食品中禁止添加的物质"这一要求，不能将标准泛化。按照阮某生产、销售有毒、有害食品案的裁判逻辑，之所以认定行为人的行为构成生产、销售有毒、有害食品罪，是因为国家安全标准中禁止在馒头等发酵类面食中添加该物质。但是，公告中所作出的这一禁止性规定不能理解为甜蜜素属于《2022年食品解释》第9条规定的"因危害人体健康，被法律、法规等禁止在食品中添加的物质"，对此，前文已做分析，不再赘述。在此需要补充的是，之所以作出这样的解释，是因为食品添加剂的使用本身就会受到种类、范围、用量等限制。这里的范围，是指食品添加剂应当在哪些食品中被允许使用。对于某种食品添加来说，允许在一些食品中使用而禁止在另外一些食品中使用是极其正常的；即便禁止在一些食品中使用时，也不能把这些食品添加剂归为有毒、有害的非食品原料。既然甜蜜素只是被限定在特定食品中使用，不属于《2022年食品解释》第9条规定的禁止在食品中添加的物质，也就不属于有毒、有害的非食品原料。超范围使用含铝食品添加剂的行为也不能被认定为生产、销售有毒、有害食品犯罪。

基于上述分析，可以从以下两个方面对馒头中超范围使用甜蜜素行为进行刑事评价：

（1）超范围使用的甜蜜素的行为一定属于不符合食品安全标准的行为，已构成行政违法。《食品安全法》第26条规定，食品安全标准应当包括食品添加剂的品种、使用范围、用量。第34条规定，禁止生产经营超范围、超限量使用食品添加剂的食品。因此，在国家标准规定的范围之外使用上述特定的食品添加剂的行为，属于食品安全法所规定的"不符合食品安全标准"的行政违法行为。根据《食品安全法》第124条的规定，生产经营超范围、超限量使用食品添加剂的食品，尚不构成犯罪的，由县级以上人民政府食品安全监督管理部门没收违法所得和违法生产经营的食品、食品添加剂，并可以没收用于违法生产经营的工具、设备、原料等物品；违法生产经营的食品、食品添加剂货值金额不足 1 万元的，并处 5 万元以上 10 万元以下罚款；货值金额 1 万元以上的，并处货值金额 10 倍以上 20 倍以下罚款；情节严重的，吊销许可证。因此，对于超范围使用甜蜜素的行为在不构成犯罪的情况下应当依法予以行政处罚。

（2）超范围使用甜蜜素是否属于刑事犯罪，应当依据刑法规定具体判断。根据《2022 年食品解释》第 5 条的规定，"在食品加工、销售、运输、贮存等过程中，违反食品安全标准，超限量或者超范围滥用食品添加剂，足以造成严重食物中毒事故或者其他严重食源性疾病的，依照刑法第一百四十三条的规定以生产、销售不符合安全标准的食品罪定罪处罚"。据此，是否足以造成严重食物中毒事故或者其他食源性疾病，是判断超范围使用甜蜜素是否构成《刑法》第 143 条之罪的关键。这种行为危险性的判断，实质上就是确认超范围使用甜蜜素以后是否足以造成《刑法》第 143 条规定的危险状态。如上所述，超范围使用不等于威胁人体健康。因此，超范围使用的甜蜜素，司法处理应当考虑两种情形：（1）超范围使用了甜蜜素，但残留量低于国家允许使用的食品中的限量值；（2）超范围使用了甜蜜素，且残留量高于限量值。由于第一种情形难以证明残留物会对人体健康构成威胁，因此，不宜认定为《刑法》第 143 条之犯罪，但对于第二种情形，则在甜蜜素残留量过高时可以认定为《刑法》第 143 条之犯罪，但是否足以造成这一危险状态，需要提供专门证据予以证明。当然，超范围使用甜蜜素的行为，即便不构成《刑法》第 143 条之犯罪，但若销售金额、货值金额达到法定标准的要求，则行为人可能涉嫌《刑法》第 140 条生产、销售伪劣产品罪。

作出上述区分对于司法实践具有重要意义。例如，方城县食品药品监督管理局的执法人员对张某经营的商铺进行了监督抽验。经河南省华测检测技术有限公司检测：张某处提取的馒头甜蜜素含量为 0.12g/kg，不符合 GB-2760-2014《食品安全国家标准食品添加剂使用标准》"不得检出"的规定要求。法院认为，"被告人张某在食品加工销售过程中，违反食品安全标准，超限量滥用甜蜜素添加剂，足以造成严重食物中毒事故或者其他严重食源性疾病，依照《刑法》第143条和《2022年食品解释》第5条的规定，应以生产、销售不符合安全标准的食品罪定罪处罚，公诉机关指控其犯生产、销售有毒、有害食品罪罪名不当，本院予以纠正"。在本案中，审判机关直接改变公诉机关的起诉罪名，从而较为客观地评价了不法人员的行为性质。但如果严格依照证明标准来说，从公诉机关以"生产、销售有毒、有害食品罪"提供的犯罪证据到审判机关依照"生产、销售不符合安全标准的食品罪"采纳这些定罪证据，其中就需要说明为什么本案中甜蜜素含量为0.12g/kg会足以造成严重食物中毒事故或者其他严重食源性疾病。毕竟，按照国家食品安全标准，甜蜜素在面包中的最大残留量是1.6g/kg。换言之，司法机关的潜在逻辑似乎仍然是只要超范围使用甜蜜素，就可以直接认定为"足以造成严重食物中毒事故或者其他严重食源性疾病"，进而判定不法行为构成生产、销售不符合安全标准的食品罪。这显然缺乏一定的合理性。

第六章

保健品案：游走在药品案件与食品案件之间

【本章概要】

假冒伪劣保健品案件究竟是危害食品安全犯罪案件还是危害药品安全犯罪案件，需要结合食品和药品的定义对涉案保健品的性质作出甄别。如果符合食品特征的，可以根据涉案保健品的性质决定适用《刑法》第143条、第144条或者第140条；如果涉案保健品被认定为药品，则可以考虑适用《刑法》第141条和第140条的规定。在适用这些刑法条款时，能否证明行为人主观上对涉案保健品所非法添加的成份有具体认识，或者认识的程度，对于《刑法》第140条、第141条、第143条、第144条具有重要作用。在办案过程中，不能混淆《刑法》第143条与第144条主观明知证明上的差异，也不能降低《刑法》第141条主观明知的证明标准，为此，我们可以从多个角度拓宽收集证据的渠道，以提高主观明知证明的准确性。

保健品是保健食品的简称，源于美国的"Dietary Supplement"，就是"膳食补充剂"或"健康辅助食品"的意思。如果直译，"supplement"是添加或是补充的意思，特别是补充不足或补足欠缺的含义。"Dietary Supplement"常有补足日常膳食摄入不足的营养物质之意。① 根据《食品安全国家标准保健食品》（GB 16740-2014）的规定，保健食品是指声称具有特定保健功能或者以补充维生素、矿物质为目的的食品，即适用于特定人群食用，具有调节机体功能，不以治疗疾病为目的，并且对人体不产生任何急性、亚急性或慢性危害的食品。保健食品既不同于普通食品，也不同于药品，它是一种特定的具有调节人体机能作用的某一功能食品种类，因此，保健食品也被称为功能性食品。然而，在我国，一提到保健食品，人们首先想到的是药品，其次就是其无所不治的"神奇疗效"。也正因如此，有媒体直接以"假冒伪劣""虚假宣传"两大特点概括了保健品市场上的混乱状况。事实上，从近几年查获的危害食品药品安全犯罪案件来看，伴随着虚假宣传的假冒伪劣保健品案件的确层出不穷，制假售假的手段也无所不用。从分布范围来看，保健品领域的犯罪案件主要集中在三大领域，即性保健品领域、老年保健品领域和减肥美容保健品领域。其中，前两者的比重更大。② 可以说，假冒伪劣保健品分布之广、数量之大，不仅直接侵害公众的身体健康，而且威胁人们的身心幸福。正如有观点所指出的，"现在保健品市场乱象早已不局限经济领域，还涉及社会安定问题"。③ 因此，在刑事治理层面严厉打击严重危害社会安全的保健品犯罪案件，是加强社会共治、强化预防管控的重要环节。为此，本章拟以典型案例为样本，分析、研究危害保健品安全案件中规范治理所面临的问题。

---

① 访问网址：国家食品药品监督管理总局 http://samr.cfda.gov.cn/WS01/CL1975/229620.html，访问时间：2018 年 3 月 20 日。

② 老年保健品领域的安全性问题尤其值得关注。据中国保健协会的调查数据显示，目前我国每年保健品的销售额约 2000 亿元，其中老年人消费占了 50% 以上。老年人是保健品消费的主力，而这个消费群体的一个明显特征是缺乏自我保护意识，容易被忽悠。参见富东燕：《血本无归投诉无门，深陷"保健品"骗局的老年人》，载《中国妇女报》2017 年 4 月 17 日。

③ 梁乔玲、傅江平：《保健品市场乱象丛生：假冒伪劣与虚假宣传是主要问题》，载《中国质量报》2017 年 3 月 23 日。

一、食品与药品之争

《食品安全法》第78条规定，"保健食品的标签、说明书不得涉及疾病预防、治疗功能，内容应当真实，与注册或者备案的内容相一致，载明适宜人群、不适宜人群、功效成分或者标志性成分及其含量等，并声明'本品不能代替药物'。保健食品的功能和成分应当与标签、说明书相一致"。据此，从规范层面上，保健品不是药品，然而这一常识在实践中却未能得到社会公众的普遍认识，尤其是一些不法分子夸大保健品的功能、效果，甚至冠之以"药"的名号，宣传疾病治疗、预防作用，以骗取公众的信任，从而使其成为游走在伪劣食品与假药之间的"模糊"产品。故而实践中确定涉案产品的属性，就成为执法人员查办案件时面临的第一个问题。

（一）从实践案例看保健品的食品与药品之争

案例一：王某、祝某生产、销售有毒、有害食品案①

被告人王某、祝某在网上购买设备、原料、空包装等生产加工假药、假保健品，并在网上销售。公诉机关认为，被告人王某、祝某等人生产、销售有毒、有害食品，情节严重，应当以生产、销售有毒、有害食品罪追究其刑事责任。辩护人认为，公诉机关指控王某、祝某等被告人构成生产、销售有毒、有害食品罪不当，被告人生产、销售的是降糖药，不是食品，应构成生产、销售假药罪。对此，法院认为，被告人生产、销售的均系未经国家食品、药品管理部门批准，冒用他人批准文号的产品，其中糖必清、利某甲肽系冒用"国药准字"批准文号，违反了国家药品管理法规，侵犯了国家药品管理制度和公民生命、健康权，构成生产、销售假药罪；其中，虫草二代胰岛素、新一代胰岛复活肽、利某乙扶胰康

---

① 河南省夏邑县人民法院刑事判决书（2016）豫1426刑初55号。

等冒用"国食健字"批准文号，且在生产原料中添加了格列本脲、二甲双胍等西药成分，属于在"食品中非法添加有毒、有害非食品原料"，违反了国家食品安全法规，构成生产、销售有毒、有害食品罪，应数罪并罚。

案例二：任某某生产、销售假药案 [1]

公诉机关指控，公安机关对被告人任某某经营的某保健品销售部进行检查时，查扣大批疑似假药。经协查、鉴定，国家食品药品监督管理总局未批准过台湾地区保和堂汉方生技有限公司医药产品注册申请，亦未批准过标示为药品批准文号"国药准字 B83457302"的动力伟哥（天然活性矿物质片）产品。重庆市食品药品检验所出具的检验报告，证明"动力伟哥""速效金伟哥"检出西地那非；"玉竹苦瓜胶囊（消渴平糖舒）"检出格列本脲、格列吡嗪。驻马店市食品药品监督管理局出具的鉴定结论将涉案产品认定为假药。被告人任某某提出，其是合法经营保健品，未将保健品当作药品销售。对于控辩双方的意见，法院认为，被告人任某某及李某某、牛某甲、牛某丙证言均证明任某某一直从事保健品销售，且从被告人任某某处查获的保健品中检测出假药，"动力伟哥""速效金伟哥"亦系从其日常经营的店内查获，应认定为销售假药行为，故对上述意见不予采纳。

上述两个案件中，被告人都是因为销售非法添加药物的保健品而被追究刑事责任，但是定性方面却截然相反。从裁判理由来看，案例一之所以将保健品中添加格列本脲、二甲双胍等西药的行为认定为有毒、有害食品，是因为法院认定涉案食品冒用了"国食健字"批准文号，属于食品的范畴，而在食品中添加的西药，属于在食品中掺入有毒、有害的非食品原料，所以该行为应当认定为销售有毒、有害食品罪。但是，在案例二中，同样是在保健品中添加西药的行为，法院

---

[1] 河南省驻马店市驿城区人民法院刑事判决书（2014）驿刑初字第 329 号。

却以产品标识为"国药准字"为由将其认定为药品，进而以在药品非法添加其他药物将其认定为假药。换言之，在该案中，涉案产品是冒用药品的名义进入流通领域，应认定为药品的范畴，但同时添加的成分中检测出"假药"成分，[①] 故而认定销售假药行为。比较两份裁判理由可以发现，涉案产品是以"国食健字"的名义销售还是以"国药准字"的名义销售是司法机关认定案件性质的关键。在裁判者看来，如果涉案产品标识"国食健字"则可以认定为食品，若是涉案产品标识为"国药准字"，则可以认定为药品，进而根据产品成分来确定属于有毒、有害食品还是假药。客观而言，该裁判理由具有一定的合理性。涉案产品是属于食品还是药品，产品标识是表明事物某一特征的符号，具有重要的指示作用。在我国产品监管领域，"国食健字"和"国药准字"本身就是保健食品和药品的专有标识，以此作为涉案产品属性的判断依据是有道理的。但是值得注意的是，在很多假冒伪劣保健品案件中，不法分子往往不会在产品外包装中标明相关标识，或者故意对已经标明"国食健字"的产品进行虚假宣传。这时要评判涉案产品的属性，产品标识显然难以满足证明的实践需要。这就需要我们明确食品、药品的判断标准和依据。

从调研情况来看，保健品案件主要包括两大类：一是在保健品中非法添加药物；二是未经批准非法生产保健品，包括生产、销售假冒的进口保健品的行为。但不管是哪一类案件，只有先确定涉案产品的属性，才能进一步判断属于危害食品安全犯罪还是危害药品安全犯罪。因此，确定产品性质对于案件侦查具有重要意义。一方面，食品类犯罪和药品类犯罪的犯罪对象不同，所以办案机关在查办案件中搜集证据的方向也会有根本性差异。比如，一旦认定涉案产品属于食品，取证的方向就是其对人体健康的危险性以及产品中是否添加了有

---

① 在笔者来看，该判决将在保健品中查处的"西药"成分认定为"假药"成分是不合理的。假药应当是涉案产品非法添加其他药物的认定结果，而掺入西药成分则是作出这种行政认定的原因，故而将涉案产品中掺入的非法成分本身说成是"假药"成分有颠倒因果之嫌。

毒、有害的非食品原料。相应的，如果认定涉案产品属于药品，就需要考虑涉案产品究竟是假药还是劣药，在此基础上需要查证涉案产品是否给公众造成严重伤害后果。另一方面，食品检验和药品检验往往有不同的单位承担，能否提供相应的证据确定涉案产品的性质，对于确定检验单位，避免影响鉴定意见、行政认定的合法性问题非常必要。

（二）涉案保健品的归类：食品与药品的认定根据

如上所述，产品上标明了审批文号等信息，可以作为判断其性质的依据，但是在大多数的案件中，标识往往是不明确的，或者对外宣传与产品标识不一致，对此，该如何处理就需要从案件信息中全面判断。

案例三：田某某、尹某某生产、销售假药案[①]

公诉机关指控，田婆婆洗灸堂主要经营公共浴室。2007 年 8 月至 2009 年期间，被告人田某某、尹某某在明知该公司无药品生产、销售资质的情况下，未经相关药监部门的审查批准，生产湿疹膏、小儿沐浴散等专门针对婴幼儿的药物，并销售给各加盟店使用。二被告人的辩护人认为，田婆婆洗灸堂是一家经营公共浴室的企业，在经营过程使用了自行调配的洗浴产品"小儿沐浴散""湿疹膏"为消费者洗浴，并在"小儿沐浴散"宣传纸上宣传了医疗功效。该公司使用自制的洗浴产品不需要经过药监部门审批，"小儿沐浴散""湿疹膏"不属于"药物"或者"药品"，也不属于以非药品冒充药品，更不能认定为"假药"。在本案中，四川省药监局于 2011 年 3 月 17 日在网站上公布的《四川省局认定田婆婆洗灸堂"小儿沐浴散"等为假药要求全省各级食品药品监管部门迅速查处》、四川省药监局在新浪网上发布的《省药监局：对田婆婆洗灸堂销售假药案调查的通报》等文件显示，根据《药品管理法》的规定，省药监局依法对医疗机构使用的药品

---

① 四川省成都市中级人民法院刑事判决书（2011）成刑初字第 491 号。

进行监督管理，因洗灸堂等新兴行业尚未纳入医疗机构管理，所使用的产品性质大多介于保健品、化妆品、消毒用品、药品等概念之间，界限模糊，是否定义为药品尚无直接法律依据。

虽然司法机关最终将本案认定为生产、销售假药犯罪，但在证据层面上，食品药品监管部门在对涉案产品进行鉴定时却提出了一个值得探讨的争议性问题，即将涉案产品认定为药品是否缺乏直接的法律依据。笔者认为，现行法律规范中的确没有具体针对卫浴产品是否属于药品的规定，但是却给我们判断涉案产品是否属于药品提供了法定依据。这个直接依据就是《药品管理法》规定的药品定义。之所以把药品的法定含义作为认定涉案产品是否属于药品的直接依据，是因为在规范层面上，概念是反映事物本质属性的理性认识，往往能揭示事物的本质特征，从而将此事物与彼事物区别开来，同时也是对事物进行分析和判断的逻辑基础。毕竟，"若仅从思维形式结构方面来考察，概念是构成判断并进而连接成为推理的基本要素，是思维的最小单位。只有当我们头脑中对所运用的概念清晰、明确，以之为基础而展开的思维活动才有可能是正确的。"[1] 基于此，判断涉案产品是否属于药品，就可以通过分析其是否符合药品定义来认定。相应的，保健品是否属于食品，应当依照《食品安全法》的有关规定来进行认定。

如前所述，《刑法》中的"食品"具有三个典型特征：一是供人食用或者饮用的成品和原料；二是按照传统既是食品又是中药材的物品；三是不包括以治疗为目的的物品。这里最后一个特征，正是食品与药品的本质区别。按照《药品管理法》第2条的规定，药品，是指用于预防、治疗、诊断人的疾病，有目的地调节人的生理机能并规定有适应证或者功能主治、用法和用量的物质。据此，药品具有以下特征：（1）用途特征，即用于预防、治疗、诊断人的疾病的物质；（2）

---

[1]　雍琦：《法律逻辑学》，法律出版社2004年版，第23页。

实质特征，即有目的地调节人的生理机能的物质；（3）形式特征，即规定有适应证或者功能主治、用法和用量的物质。上述三个特征相互关联，形成了药品作为特殊产品的鲜明特色。比如，如果产品标明有适应证或者功能主治、用法和用量，就可以说明其用于预防、治疗、诊断人的疾病，有目的地调节人的生理机能的产品。同样，当产品被用于预防、治疗、诊断人的疾病，有目的地调节人的生理机能时，就会标明或者说明适应证或者功能主治、用法和用量。以此为标准可以看出，保健品作为一种特殊食品，与药品相比，它仅用于调节机体机能，提高人体抵御疾病的能力，改善亚健康状态，降低疾病发生的风险，并不以治疗疾病为目的。所以对于涉案产品来说，除了产品标识可以直接说明涉案产品是否属于药品以外，[①] 经营者是否对外宣传具有治疗疾病的功效，或者经营者以有目的地调节人的生理机能，将其用于预防、治疗、诊断人的疾病时，都可以成为确定药品的依据。

基于上述分析，笔者作出如下概括：第一，涉案保健品是否属于食品或者药品，可以通过产品审批文号等国家标识予以判断；第二，如果产品标识不明，则可以通过判断经营者以何种名义将涉案保健品对外销售使之进入流通领域。即在涉案保健品的归类问题上，应当以生产者、销售者的主观认知作为判断的依据。即在生产者、销售者介绍产品时，认为所生产、销售的产品是调节机体机能，改善人体健康状况的特殊食品，还是具有预防、治疗、诊断人的疾病功能的药品。具体而言，一方面，当产品标识和对外宣传一致时，表明行为人是完全按照产品标识的介绍来对外经营的，可以直接按照标识来确定产品属性，提高司法认定的效率；另一方面，当产品标识与对外宣传不一致时，这种虚假宣传事实上属于将此产品冒充彼产品的行为（其目的是以彼产品的性能吸引顾客并销售），应当按

---

① 按照《食品安全法》的规定，保健食品标签、说明书不得涉及疾病预防、治疗功能，内容应当真实，应当载明适宜人群、不适宜人群、功效成分或者标志性成分及其含量等；产品的功能和成分必须与标签、说明书相一致。

照对外宣传的产品性能确定其属于食品还是药品。比如，对于产品标识为"国食健字"的保健品，如果有充分证据证明经营者对外宣传产品具有治疗疾病的功效，或者可以预防、治疗、诊断人的疾病时，就应当将其认定为药品，且属于典型的非药品（保健品）冒充药品行为。

（三）保健品案件的定性：伪劣食品与假药的具体判断

根据涉案保健品是否符合食品或者药品的定义可以对其类别作出明确判断，但是在产品标识不明的案件中，依据何种证据来确定类别，进而认定犯罪行为的性质，就涉及刑事证据的收集与判断问题。

1. 涉案保健品属于食品还是药品的证据问题

明确了涉案保健品归类的判断依据和标准，就可以确定证据搜集的具体方向。

首先，产品标识是确定涉案保健品类别的直接依据。对此，前文通过案例一和案例二已做分析，不再赘述。因此，能够反映产品标识的包装、说明书、标签等都属于重要的证明材料。①

其次，经营者对外宣传材料是判断保健品类别的关键信息。在很多案件中，尤其是产品标识不清或者缺失的案件中，经营者为了达到吸引顾客、增大销量的目的，会通过巡诊、推介、广告等方式对外宣传产品。这些对外宣传材料会明确涉案产品的功能、效果以及适用对象等，通过收集、分析这些材料可以有力证明经营者主观上对其产品的认识状况，进而为确定产品类别提供材料支撑。比如，

---

① 戴某生产、销售假药案也是通过产品包装、说明书确定产品类别的典型案件。在该案中，河北省食品药品监督管理局鉴定意见证明，被告人戴某经营的保健品店内销售的"黄金伟哥 VGA""蚁粒神""德国黑蚂蚁""早泄克星""美洲黑豹""Viagra""双效伟哥""华佗生精丸""男人肾宝""虫草延时王""美国黑金""硬的快""德国牛鞭""回春丹""Vigour（760mg）""Vigour（800mg）""速勃延时（1＋1）""玛卡壮阳金丹"19 种药品，符合以治疗疾病为目的，在产品包装或说明书中标示了疾病的治疗作用。依据《中华人民共和国食品安全法》第 99 条、《中华人民共和国药品管理法》第 102 条和第 48 条第 3 款第 2 项，按假药论处。参见唐山市曹妃甸区人民法院刑事判决书（2015）曹刑初字第 223 号。

在张某安、张某明生产、销售假药案中，司法机关就是将被告人对外宣传材料作为确定产品类别的依据之一。①

再次，经营者与购买者的沟通信息是判断保健品类别的重要材料。这里的沟通信息主要是指经营者与购买者之间围绕产品属性、产品功效等进行交流咨询。这些材料往往可以直接认定涉案产品是以何种名义加工并对外销售的，从而有助于确定产品类别。比如，在贾某生产、销售假药案中，司法机关认为，"有部分'性保健品'虽没有外包装、说明书，但这部分'性保健品'也均被检测出西地那非成分，且被告人销售该类'性保健品'时均明示购买人有壮阳等功能，并告知用量等，加上这部分散装的'性保健品'上没有批准文号，依照2015年修订的《中华人民共和国药品管理法》的规定，也应按假药论"。② 在使用此类材料过

---

① 公诉机关指控，被告人张某安开设某中医糖尿病研究所和中医诊所，被告人张某明等人从常州、武汉等地联系购买格列本脲、盐酸二甲双胍等西药，安排张某甲、陈某甲购买胶囊、药瓶、瓶贴及打粉机、胶囊机等生产设备和其他生产原料，指使张某明、齐某红（另案处理）等人在保健品食品原料里添加格列本脲、盐酸二甲双胍等西药成分，由齐某红等人在山西省定襄县废弃的锻造厂（羊圈旁）等地生产治疗糖尿病的"药品"，同时，张某安还以中医糖尿病研究所的名义利用媒体大肆进行治疗糖尿病的宣传。自2008年9月到2015年5月，张某安等人先后在陕西省、山西省、河北省等30多个市县的医院、诊所、宾馆等地巡诊，以给糖尿病患者测血糖、开处方、坐堂问诊的方式，通过现场销售、邮寄等途径向糖尿病患者销售添加有格列本脲、盐酸二甲双胍等西药成分的产品。辩护人认为，起诉书指控罪名有误，本案应以生产、销售有毒、有害食品罪定罪处罚。然而，司法机关根据涉案产品的销售对象、宣传材料等将涉案产品认定为假药。参见西安市中级人民法院刑事判决书（2016）陕01刑初197号。

② 公诉机关指控，被告人贾某明知是假药、有毒有害的食品，仍结伙他人予以销售，其行为均已构成销售假药罪和销售有毒、有害食品罪。对此，法院认为，从被告人处扣押的"性保健品"中，大部分"性保健品"因未标示批准文号，或者标示虚假、无效的批准文号，且明示药用疗效等，经浙江省食品药品检验研究院检测又检出西地那非成分，故依照2015年修订的《中华人民共和国药品管理法》的有关规定按假药论；有部分"性保健品"虽没有外包装、说明书，但这部分"性保健品"也均被检测出西地那非成分，且被告人销售该类"性保健品"时均明示购买人有壮阳等功能，并告知用量等，加上这部分散装的"性保健品"上没有批准文号，依照《中华人民共和国药品管理法》的规定，也应按假药论。参见浙江省海宁市人民法院刑事判决书（2014）嘉海刑初字第1218-2号。

程中应当注意的是，这些信息属于言词证据的范畴，要审慎判断证言的真实性。在搜集证据时，应当通过涉案产品的销售渠道寻找更多的购买者、消费者，强化证言之间的相互印证。

最后，经营保健品的场所和经营者的职业不是确定产品类别的依据。由于经营场所、职业与产品类别缺乏关联性，因此，在办理案件过程中，不能以经营场所是药店或者保健品店为由，直接认定涉案产品属于药品或者食品；也不能以经营者属于食品、药品行业的从业人员而认定涉案产品的类别。在案例二中，针对辩护人提出的涉案产品不是药品的辩护意见，判决书以"被告人任某某及李某某、牛某甲、牛某丙证言均证明任某某一直从事保健品销售，且从被告人任某某处查获的保健品中检测出假药，'动力伟哥''速效金伟哥'亦系从其日常经营的店内查获"为由，把职业属性和查获地点作为认定要点，作出被告人的行为属于销售假药的判断，显然是不妥当的。

随着科学技术的发展，食品药品类犯罪呈现出网络化、智能化、组织化等典型特征，这也给我们传统搜集证据的方式提出了挑战。在证人证言、书证、物证等传统证据形式之外，关注电子数据、视听资料等证据在认定产品类别中的积极作用，更有助于提高犯罪认定的效率。比如，在于某、齐某生产、销售假药案中，侦查机关结合本案犯罪时间长、涉及地域广的特点，对涉案场所电脑内的资料等进行了全面提取。该资料完整地记录了患者就诊的时间、用药名称、数量等，真实、客观反映了销售保健品的情况。陕西某司法鉴定中心依据上述资料对就诊患者的信息进行了统计，并对电脑资料中明显标注有"新"字样的就诊患者均按新患者对待，对没有标注的全部按老患者予以对待，并根据电子销售记录，鉴定机构采用"平均法"将每个老患者当月的购"药"数量以200元作为基础平均到每个单品上，在单品当中除包括本案起诉书指控的产品外，还包括未指控的，在此基础上计算出每个产品的平均单价，从而不仅证明了涉案产品的性质，而且提高了涉案金额证明的准确性。[①]

2. 保健品案件犯罪性质认定的依据

在确定涉案保健品的类别以后，就可以进一步判断不法行为的犯罪性质。从司法实践来看，大多数的保健品案件都被认定为生产、销售有毒、有害食品犯罪和生产、销售假药犯罪，少数案件被认定为生产、销售不符合安全标准的食品犯罪和生产、销售伪劣产品犯罪。基于罪刑法定原则的要求，案件定性不同，法定依据也必然有所差异。

首先，如果经营者构成生产、销售有毒、有害食品罪，主要原因是在涉案产品中检测出了非法添加的药品。由于《食品安全法》明确规定禁止在食品中添加药品，因此，根据《刑法》第 144 条、《2022 年食品解释》第 9 条第 1 项的规定，不法行为应认定为生产、销售有毒、有害食品罪。当然，如果检验部门不能认定涉案产品非法添加的物质属于药品，但属于国务院有关部门公告的《保健食品中可能非法添加的物质名单》中的物质，则可以按照《2022 年食品解释》第 9 条第 2 项的规定将其认定为"有毒、有害的非食品原料"，进而以生产、销售有毒、有害食品犯罪定性处理。如果涉案产品中非法添加的物质既不属于药品，也不属于上述名单中的物质，要适用《刑法》第 144 条的规定，就必须证明其毒害性与《保健食品中可能非法添加的物质名单》中所列物质的毒害性相当，进而将其认定为有毒、有害的非食品原料，并依照第 144 条规定处理。[②]

其次，如果经营者构成生产、销售假药罪，说明涉案保健品被认定为药品。从实践中来看，大多数案件是以保健品冒充药品销售，属于《药品管理法》第 98 条第 2 款第 2 项规定的"非药品冒充药品"的假药类型。然而，由于《药品

---

① 西安市中级人民法院刑事判决书（2017）陕 01 刑初 218 号。

② 关于物品毒害性程度的判断标准，参见本章结尾"延伸探讨"部分收录的最高人民法院第 70 号指导案例"北京阳光一佰生物技术开发有限公司、习某等生产、销售有毒、有害食品案"的裁判要点。

管理法》中规定了多种类型的缺陷药品，因此，在认定不同药品时应当注意法律适用的准确性。比如，在蒿某生产、销售假药案中，公诉机关指控，被告人蒿某在未核实、查验药品的相关资质、来源及真伪的情况下，先后三次从太原两陌生人手中购进蚁力神、美国伟哥、极品袋鼠精等 19 种保健药品，共 74 盒。对此，某食品药品监督管理局关于《依法认定"肾白金"等二十种产品、"早泄克星"等三种产品按假药论处的认定意见》，证实被告人蒿某销售的"肾白金"等 20 种产品、"早泄克星"等 3 种产品均应认定为药品，但均未经国务院药品监督管理部门批准发给药品批准文号，依据 2015 年《药品管理法》第 48 条第 3 款第 2 项之规定，依法认定"肾白金"等 20 种产品、"早泄克星"等 3 种产品按假药论处。① 在本案中，假药的认定依据不无争议。因为不管 2015 年版还是现行《药品管理法》规定"依照本法必须批准而未经批准生产"的缺陷药品，应当是具有相应治疗效果的"药品"，否则，对于没有任何治疗效果的"药品"，应当按照"非药品冒充药品"来处理。但是行政机关在认可了涉案产品属于"保健"药品（实质上是对治疗效果的否认）的同时，又按照"未经批准"生产经营的"药品"行为来定性，不无矛盾。

最后，对于生产、销售不符合安全标准食品罪和生产、销售伪劣产品罪来认定的案件，主要涉及两个因素：一是不能证明生产经营者对保健品中添加药品存在明确认识；二是出现了法规竞合的情形，按照《刑法》第 149 条的规定，择一重罪处罚，选择适用《刑法》第 140 条和第 143 条追究刑事责任。

二、保健品案件中主观明知的证明

不管将假冒伪劣保健品认定为食品还是药品，要认定其行为构成生产、销售伪

---

① 乡宁县人民法院刑事判决书（2017）晋 1029 刑初 52 号。

劣商品犯罪的犯罪行为，都应当证明不法者对其生产、销售的涉案产品存在主观明知。因此，在对保健品案件进行犯罪认定时，主观明知既是不法者经常提出的辩解理由，也是办案机关在收集证据过程中必须完成的证明对象。如何理解保健品案件中主观明知的证明内容和证明标准，就成为办理此类案件中不可回避的重要内容。

（一）主观明知：常见而有效的辩护理由

如前所述，生产、销售假药罪和生产、销售有毒、有害食品罪是常见的保健品案件的定性结论。但是，对于生产、销售假药犯罪来说，如果不能证明生产经营者明知销售的对象属于假药，则难以认定犯罪成立；同样，对于生产、销售有毒、有害食品罪来说，如果不能认定生产经营者明知涉案保健品中非法添加了有毒、有害的非食品原料，也难以认定犯罪成立。因此，被告方、辩护人往往会以不知道涉案产品属于假药或者添加了有毒、有害的食品原料为由提出无罪辩解。

案例四：朱某生产、销售假药案[①]

公诉机关指控，被告人朱某组织他人生产"生产黄金肾肽力创牌兰魁胶囊"等 12 种保健药品及包装物通过物流外销。经河南省食品药品检验所检验，12 种保健药品中均检出含有国家禁止添加的"西地那非"西药成分。经睢县食品药品监督管理局认定，查获的"生产黄金肾肽力创牌兰魁胶囊"等 12 种非法保健品均按假药论处。辩护人认为，被告人不具有生产、销售假药的主观故意。被告人只是受雇于他人从事销售业务，且不知道销售的是假药。对此，法院审查认为，证人李某某证实生产加工保健品胶囊的工费是与被告人朱某洽谈的，货物原材料亦是被告人从内蒙古和广东省通过物流发过去的，往保健品中添加"西地那非"的含量多少也是按被告人的要求添加的。被告人不论受何人指使从事了上述事

---

① 睢县人民法院刑事判决书（2015）睢刑初字第 16 号。

项，但其对推销的保健品胶囊不符合《中华人民共和国药品管理法》的相关规定是明知的，因此，辩护人的这一辩护意见不能成立。

案例五：吴某某销售假药以及有毒、有害食品案①

公诉机关指控，在经营保健品期间，被告人吴某某因销售的商品证件不全被食药监管部门行政处罚，但被告人明知其所购进商品证件不全仍继续销售。在此期间，被告人购进大量假药以及"大地勇士""持久战神"等性保健品对外销售。经检测，上述保健品中均添加有"西地那非"成分，系有毒、有害食品。被告方辩称，被告人吴某某只知道销售的保健食品证件不全、手续不全，产品说明书中也未注明含有有毒、有害成分；其购进的商品均为成品，在销售过程中没有添加任何成分，没有掺入有毒、有害的非食品原料，其不知道保健品中含有有毒、有害成分。对此，法院审查认为，被告人吴某某等人在销售保健品的过程中，从所售产品的外包装上看并没有看到其销售的保健品中含有"西地那非"有毒成分。公诉人在庭审过程中也没有提供充分的证据证实被告人吴某某明知其销售的保健品中含有"西地那非"有毒成分，所以被告人吴某某在主观上不存在主观故意。公诉机关指控证据不足，指控的罪名不成立。

在上述两个案例中，司法机关对被告人主观明知的查证思路是截然不同的。在案例四中，法院是根据证人证言来证明被告人主观认识的内容的，即证人李某某证实生产加工保健品胶囊的工费是与被告人朱某洽谈的，往保健品中添加"西地那非"的含量多少也是按被告人的要求添加的。而在案例五中，法院之所以认为被告人主观上无法认识到涉案产品掺入了有毒、有害的非食品原料，是因为产品外包装上没有标识，而其他证据又无从证明，故而支持辩护人的辩护意见。但

---

① 长春市宽城区人民法院刑事判决书（2015）宽刑初字第558号。

反过来看，公安机关乃至公诉机关在审查起诉过程中，显然忽略了主观明知证据的证明问题，致使无法对不法者定罪量刑。事实上，主观明知与客观行为、结果不同，后者以客观的外在形式可以为人们所感知，可以直观地理解行为、结果的社会意义，但是主观明知则是抽象的、隐蔽的，通常需要结合其他信息来加以综合研判。因此，对于故意犯罪而言，必须尽可能多地搜集证据去强化主观明知的证明。然而，从实践情况来，针对此类辩解理由，不同司法机关在运用证据证明主观明知时的逻辑存在较大差异，推定过程是否符合特定的逻辑规则以及具备主观推定的合理性，值得我们深入探讨和分析。也许正是基于此，《2022 年食品解释》和 2022 年 3 月 6 日起施行的最高人民法院、最高人民检察院《关于办理危害药品安全刑事案件适用法律若干问题的解释》（以下简称"2022 年药品解释"）均明确规定了主观明知的司法认定规则。

（二）明知内容：不同案件证明对象的差异

在保健品案件的司法处理中，选择适用生产、销售不符合安全标准的食品罪还是生产、销售有毒、有害食品罪，抑或是适用生产、销售假药罪还是生产、销售劣药罪，主观明知的内容是不一样的。从形式上看，证明对象分别是不符合安全标准的食品，掺入有毒、有害非食品原料的食品，以及假药和劣药。但是在证明过程中，要注意区分行为人对不符合安全标准的食品与掺入有毒、有害非食品原料的食品，假药与不合格药品之间在认识上的差异性，否则就会在行为人是否认识到有毒、有害非食品原料和假药这一特殊对象时判断错误。

案例六：蔡某生产、销售假药案①

公诉机关指控，被告人蔡某与其妻子孙某在经营性保健品店期间，非法购进"黄色伟哥""长效伟哥"等性保健品予以销售，后被公安机关查获。经检测，上

---

① 德清县人民法院刑事判决书（2016）浙 0521 刑初 329 号。

述性保健品中均检出"西地那非"成分，为假药。被告人蔡某辩称不知道所销售的是假药。法院审查认为，经查，被告人蔡某与妻子孙某自 2009 年起开始经营两家性保健品店，具有较长时间的从业经验，其在明知自己及上门推销者均无《药品经营许可证》及相关经营资质的情况下，仍从不具有正规资质的上门推销者处购进性保健药品予以销售，其对于所销售的性保健药品来源可疑，系不正规药品是明知的，因此被告人蔡某的行为已构成销售假药罪。

从本案的裁判理由来看，法官是以药品来源可疑认定被告人明知药品是不正规的，进而以此为由推定被告人明知涉案产品属于假药。对此，如果说以行为人明知自己及上门推销者均无经营药品的资质，药品来源可疑，来推定其可能知道药品不正规具有一定的合理性，那么，以明知药品不正规为由推定被告人明知药品为假药则不符合推理逻辑。因为在规范层面上，不正规的药品包括了假药、劣药以及不符合国家安全标准的其他伪劣药品，所以明知药品不正规并不意味着行为人可能知道涉案药品属于假药。不过，按照《2022 年药品解释》第 10 条的规定，这一做法倒契合该解释规则。其规定，"具有下列情形之一的，可以认定行为人有实施相关犯罪的主观故意，但有证据证明确实不具有故意的除外：（一）药品价格明显异于市场价格的；（二）向不具有资质的生产者、销售者购买药品，且不能提供合法有效的来历证明的；（三）逃避、抗拒监督检查的；（四）转移、隐匿、销毁涉案药品、进销货记录的；（五）曾因实施危害药品安全违法犯罪行为受过处罚，又实施同类行为的；（六）其他足以认定行为人主观故意的情形"。显然，本案被告人的行为符合上述情形（二）。但是，在笔者看来，为稳妥起见，避免的确"有证据证明确实不具有故意的"情形出现，我们需要证明的内容应当比"药品不正规"这一范畴要具体，即要通过其他证据明确涉案药品可能属于假药，而不是劣药等其他不正规的药品。这就需要结合假药的认定标准对被告人主观明知的内容进行确证、分析。比如，在案例五

"吴某某犯销售假药以及有毒、有害食品案"中，关于被告人是否知道涉案物品属于假药，就是通过被告人供述的方式予以证明的。"（办案民警）问：你怎么知道这些药是假药？（吴某某）答：都是别人送来的，而且都非常便宜，任何手续都没有。卖给我的这些人也都告诉我这些药不是正品了。（办案民警）问：从你销售至今，所有销售的壮阳药、避孕药、堕胎药中是否有正品真药？（吴某某）答：这些都是假的，从来没有卖过真的。"[①] 当然，在很多案例中，被告人的供述未必如此坦白，因此，取证的方向就应当在"不正规药品"的基础上进一步细化，比如通过查询销售记录、药品原料以及证人证言等方式予以证明。

其实，相应的问题在危害食品安全犯罪案件中依然存在，即将行为人对不符合安全标准的食品的认识与其对掺入有毒、有害非食品原料的食品的认识的判断混淆起来。

案例七：韩某、白某生产、销售有毒、有害食品案[②]

公诉机关指控，被告人韩某、白某夫妇二人在经营保健品店期间，食品药品管理局执法人员到其保健品店内，明确告知韩某夫妇二人经营口服保健品应依规定建立进货索证、索票及台账管理制度。其后，公安民警联合行政执法人员对其保健品店进行检查时扣押"金枪不倒"等15种保健品，经检测，扣押的保健品含有"西地那非"成分。被告人韩某辩称，其销售保健品时并不知道保健品系有毒、有害的食品。法院审查认为，被告人韩某伙同白某为获取利益销售保健品，在执法人员告知其禁止销售后，故意将保健品藏匿，并继续对外销售，对保健品的危害后果应认定为"明知"；经鉴定，在公安机关查扣的保健品"金枪不倒"中，检出的"西地那非"系非法添加物质，应认定为有毒、有害的非食品原料。

---

① 长春市宽城区人民法院刑事判决书（2015）宽刑初字第558号。

② 晋州市人民法院刑事判决书（2015）晋刑初字第00218号。

被告人韩某、白某明知保健品掺有有毒、有害的非食品原料而予以销售，其行为构成销售有毒、有害食品罪，应予处罚。

在本案中，既然司法机关认定不法行为构成销售有毒、有害食品罪，按照《刑法》第144条的规定，就应当证明销售者明知涉案保健品中添加了有毒、有害的非食品原料。然而，针对被告方的辩护意见，司法机关却以被告人接到执法人员关于台账管理等规定通知以及以隐蔽的方式销售保健品为由认定具备主观明知，客观而言，其逻辑是不合理的。因为被告人即便没有依规定建立进货索证、索票及台账管理制度，通过非法途径购进涉案保健品，也只能说明购进的保健品可能不符合食品安全标准规定；同样，隐匿销售保健品，只能表明行为人存在逃避检查的心态，以此为基础推定出其可能知道所销售的保健品是不符合食品安全标准的。但是，不管哪一种情形，都不能推定出涉案食品中掺入了有毒、有害非食品原料的食品这一高度具体的认识结论。其实，之所以出现这样的问题，就是因为办案部门混淆了不符合安全标准的食品与掺入有毒、有害非食品原料的食品之间的关系，以及由此引起的主观明知证明上的差异。按照《食品安全法的》规定，后者是前者的特殊形式，前者的范围远远大于后者，在可以推定行为人（可能）明知涉案产品属于不符合安全标准的情况下，还不能直接认定行为人（可能）明知涉案产品中添加了有毒、有害的非食品原料。换句话说，如果要证明后者，就必须证明行为人对食品中含有有毒、有害的非食品原料有（可能）认识，而不是对食品可能不符合安全标准有认识。当然，这里有必要强调的是，前文已经提到，《2022年食品解释》明确规定了主观明知的推定规则。按照这一新规则，该裁判的处理并无太大问题。但是，在司法解释强调"应当综合行为人的认知能力、食品质量、进货或者销售的渠道及价格等主、客观因素进行认定"行为人是否具有刑法第144条主观明知的情况下，即便符合这五种基础事实之一时，也要慎重得出行为人具有主观明知的结论。对此，前文已做分析，不再赘述。

（三）适用这两个罪名时的证明思路不同

《2022年食品解释》第10条明确了生产、销售有毒、有害食品罪的主观明知推定规则，而《2022年药品解释》第10条确定了生产、销售、提供假药、生产、销售、提供劣药、妨害药品管理等刑事案件中主观明知的认定规则，因此，在适用这两类罪名时，可以从司法解释的思路展开分析。

1. 证明"不符合安全标准食品""不合格药品"的常见方式

在被告人明确否认具备主观明知的情况下，要推定被告人明确认识涉案产品属于掺入有毒、有害非食品原料的食品或者假药，一般情况下可以从行为人明知涉案产品属于"不符合安全标准食品""不合格药品"的角度进行判断。具体而言，可以作为推定被告人对"不符合安全标准的食品""不合格药品"具有主观明知的常见基础事实如下：

（1）经营方式异常。这里的经营方式主要是指生产、加工、销售涉案产品的方式是否隐蔽、异常。一般来讲，作为经营者来说，公开、透明的经营方式是行为人对产品质量符合法律规范的一种表征；而以隐蔽等非正常方式经营的产品来说，行为人对其产品不符合经营规范的认识应当是存在的。因此，在实践中，我们可以根据经营者的经营方式是否异常来推定其主观上对涉案产品不符合国家标准有明确认识。比如，在张某军、张某甲等生产、销售有毒、有害食品罪案中，法院认为，被告人张某军曾与他人一起从事生产、销售假性保健品，也明知他人已被查处，其暂停一段时间后又开始生产、销售假性保健品，并且在当地不少人因为销售该类物品被查处后，他们一直采用隐蔽方式进行生产、销售。据此认定其主观上可能知道涉案保健品不符合食品安全标准。①

（2）没有履行索票、索证义务。现行《药品管理法》第56条规定，"药品经营企业购进药品，必须建立并执行进货检查验收制度，验明药品合格证明和其

---

① 洪泽县人民法院刑事判决书（2015）泽刑初字第339号。

他标识；不符合规定要求的，不得购进"。第 57 条规定，"药品经营企业购销药品，必须有真实完整的购销记录。购销记录必须注明药品的通用名称、剂型、规格、批号、有效期、生产厂商、购（销）货单位、购（销）货数量、购销价格、购（销）货日期及国务院药品监督管理部门规定的其他内容"。《食品安全法》对食品经营者也有相同规定，要求食品经营者采购食品，应当查验供货者的许可证和食品出厂检验合格证或者其他合格证明。这就是经营者的索票、索证义务。因此，如果经营者不能提供涉案产品质量合格的票据或者其他合格证明，或者购进商品时没有取得涉案产品质量合格的票据或者其他合格证明，就说明涉案产品的质量状况有可能存在问题，而经营者依然予以销售则表明其主观上对涉案产品不符合国家标准有明确认识。比如，在龙某、孙某生产、销售有毒、有害食品案中，法院认为，被告人龙某、孙某因贪图便宜，为降低成本，从不正规渠道进购性保健食品予以销售，其在进购性保健食品时，没有发票等销售凭证，该批被查获的性保健食品均无完整的生产批号、生产日期、保质期、食品字号等正规食品应有的标识，可以认定被告人龙某、孙某明知其所销售性保健食品系来源可疑。据此，被告人龙某、孙某明知自己所销售的性保健食品系来源可疑的不正规产品仍予以销售，可以推定其主观上对涉案产品不符合食品安全标准具备主观明知。[①]

（3）进货渠道不合法、不规范。合法、规范的进货渠道是确保产品安全的重要条件，相应的，如果是通过非法渠道或者不规范方式购进货物的，就极有可能影响产品的质量问题。事实上，通过非法、不规范的渠道进货时，经营者也往往难以提供有效的票据和合格证明，所以当有证据证明行为人知道进货渠道异常仍然购进货物时，就可以推定其明知涉案产品不符合国家安全标准。比如在孙某等生产、销售有毒、有害食品案中，法院认为，被告人孙某明知经营的保健品的进货渠道、进货价格、货品状态不正规、不合法，仍不计后果予以包装并进行销

[①]　德清县人民法院刑事判决书（2014）湖德刑初字第 591 号。

售，应认定被告人孙某对该保健品含有有毒、有害成分主观明知。① 应当说明的是，笔者认为，进货渠道异常是推定行为人明知涉案产品属于不符合安全标准的食品的依据，而不能据此得出明知该保健品含有有毒、有害成分。

（4）价格低于市场正常价格。通常情况下，产品质量和市场价格是成正比的，**在大多数情况下，市场价格也是我们评价产品质量的重要因素，当然，市场波动或者倾销商品的场合除外**。所以在该类案件中，行为人如果以远低于市场正常价格的方式销售产品，可以推定行为人对涉案产品不符合安全标准有明知。比如，在李某生产、销售有毒、有害食品案中，法院认为，被告人李某经营的性保健品店只有工商营业执照，无药品经营许可证，其从一陌生男子处购进伟立坚、A8 速效伟哥时，违反规定未索取食品质量合格证明、检验检疫等相关证明文件，并以明显低于市场价格进货，而后以极其隐蔽的方式高价进行销售，据此可以认定被告人李某明知销售的是掺有有毒、有害物质的性保健品。②

（5）明知故犯。所谓明知故犯，是指行为人因经营不符合安全标准的食品行为、有毒、有害食品行为或者假药等不法行为被告知、处罚以后，再次因为同类案件行为被查获时，可以直接推定对产品性状存在主观明知。比如，在姚某销售有毒、有害食品案中，法院认为，被告人姚某作为食品销售者，负有确保食品安全的义务。栖霞区药监局工作人员在 2015 年 4 月 28 日已向其送达《关于清查非法添加"西地那非"类保健品（药品）的告知书》，其仍继续销售上述性保健品，可见其主观上有明知的故意，故对被告人姚某提出的其不明知销售的保健品掺有有毒、有害的非食品原料，所以其行为不构成犯罪的辩解意

---

① 吉林省松原市宁江区人民法院刑事判决书（2017）吉 0702 刑初 88 号。
② 浙江省苍南县人民法院刑事判决书（2015）温苍刑初字第 568 号。当然，如上所述，笔者赞同以异常价格作为判断行为人明知产品不合格的依据，但是不能据此推定行为人明知产品掺入有毒、有害非食品原料。

见，不予采纳。①需要注意的是，该类型的推定规则是建立在行为人对既往违法行为重复再犯的事实基础上的，因此，其不仅可以用来推定经营者对涉案产品属于不符合安全标准的食品存有明知，而且可以作为证明对假药等其他更为具体的对象有明确认识的依据。

从证据关联性的角度而言，上述推理的合理性在于：除了明知故犯以外，其他四类行为都是经营者在经营过程中严重违背了《食品安全法》《药品管理法》赋予的法定义务；这些义务背后的规则既是保证食品、药品安全的强制性要求，也是合格产品进入流通领域必须具备的法定条件。因此，如果经营者实施了上述行为，就可以推定其明知涉案产品可能属于不符合安全标准的食品或者药品。相应地，除了上述五类常见的推定行为人对涉案产品不符合国家安全标准可能存有明知的基础事实以外，行为人的从业经历、撕毁、隐匿、转移销售单据等书证可以作为推定主观明知的事实依据。当然，既然对主观明知的证明更多是基于客观事实的推定，是建立在常识和逻辑推理之上的，就应当允许例外和反驳。即便存在上述基础事实，如果经营者能够提出合理的、真诚的辩解理由且查证属实，就可以推翻行为人具有主观明知的推定结论。需要说明的是，上述分析与《2022年食品解释》第10条确定的生产、销售有毒、有害食品案中主观明知的推定思路基本一致，但两者的差异在于，上述基础事实与刑法第143条主观明知的联系更为密切，所以推定结论更为扎实，而第144条的主观明知之推定相比较，后者更易被证据反驳，因此，在适用时要特别注意。

2. 关于经营者对"有毒、有害非食品原料""假药"存在主观明知的证明

在保健品案中，要证明行为人明知涉案产品中"掺入了有毒、有害的非食品原料"或者属于"假药"，仅仅证明产品不符合国家安全标准是不够的，还需要在此基础上完成更为具体的证明内容。

---

① 江苏省南京市栖霞区人民法院刑事判决书（2015）栖刑初字第336号。

（1）生产、销售有毒、有害食品犯罪案件中主观明知的证明问题。

虽然《2022年食品解释》《2022年药品解释》对此有明确规定，但是在保健品问题上，还有分析探讨的空间的。对于此类案件中，由于生产行为和销售行为属于食品安全监管的不同阶段，对食品安全的影响有很大差异，因此，在司法解释确定的推定规则基础上，在生产阶段和销售阶段对行为人是否明知涉案产品中"掺入了有毒、有害的非食品原料"的证明方式是不一样的。

首先，对于生产食品的行为，证明生产者明知在保健品中掺入有毒、有害的非食品原料，可以通过现场查获的加工原料、原料购进记录、加工工人的证人证言予以认定。食品生产行为是生产者利用原料加工成品的行为，作为生产者，往往对食品加工过程中使用的原料有明确认识，因此，在办理此类案件时，应当加强对现场原料、成品的收集、查证，同时对从事生产加工的工作人员进行详细取证，尤其围绕产品原料的来源、用途等进行查证、核实；此外，还要注意收集反映生产、加工过程的工作记录等书证，以证明生产者对于生产原料的情况有相应了解。需要说明的是，关于生产者对有毒、有害非食品原料的认识内容，按照我国刑法理论的通行观点，违法性认识不是犯罪主观方面的必备要素，生产者是否知道添加的非食品原料属于有毒、有害或者禁止添加的原料并不重要，只要可以证明其知道这种物质被添加到食品中即可。

其次，对于销售食品的行为，证明销售者明知保健品中掺入了有毒、有害的非食品原料，可以通过上线与下线的交易记录、消费者的证言、宣传材料、从业经验等信息予以证明。由于销售行为处于生产行为的下游，往往经营的是加工完毕的成品，因此，要证明销售者明知购进的成品中掺入了有毒、有害的非食品原料十分困难。这也是实践中对于销售行为降低证明标准，包括《2022年》食品解释第10条将生产、销售不符合安全标准的食品犯罪和生产、销售有毒、有害食品犯罪主观明知的证明标准相混淆的原因。这种做法违反了《刑法》第144条关于"销售明知掺入有毒、有害非食品原料食品"的规定，值得商榷。在笔者看来，对于此类案件，可以通过交易记录、消费者的证言、宣传材料以及销售者的从业经历等进一步强化对刑法第 144 条明知掺入有毒、有害非食品原料的证明效果。从大多数的样本案例来看，不管是性保健品还是降压、降糖类保健品以及美容类保健品，在保健品中非法添加药物成为涉案产品的共性特征。因此，实践中，如果行为人长期从事这一行业，可以结合交易记录（网上聊天记录）、购货渠道、宣传材料综合判断行为人的主观明知内容。

当然，如果不能依据司法解释证明行为人对保健品中掺入有毒、有害非食品原料具有明知，但是能够推定行为人主观上认识到涉案产品可能不符合食品安全标准，且有证据证明涉案产品对人体健康具有严重的危害性，可以按照《刑法》第 143 条的规定定性处罚。如蒋某、左某、赖某某生产、销售不符合安全标准的食品案中，被告人蒋某在明知被告人左某生产深海鱼油软胶囊的情况下，仍购进其他企业生产深海鱼油的鱼油副产品（不能用于食品生产），向被告人左某销售，上述鱼油被制作成深海鱼油胶囊并销售给消费者食用。经查，根据《食品安全法》规定，鱼油胶囊属于食品范围。被告人蒋某自知其生产的鱼油不能用于生产鱼油胶囊，并明知被告人左某向其购买鱼油用于生产保健食品鱼油胶囊，仍向被告人左某和匡某销售其生产的鱼油，后被告人左某等人明知上述鱼油不能生产鱼油胶囊仍生产并销售，且鱼油最终流入食品领域，被告人蒋某、左某的犯罪行为足以造成严重食物中毒事故和其他严重食源性疾病，因此，按照《刑法》第 143 条定罪处罚。①

（2）生产、销售假药、妨害药品管理犯罪案件中主观明知的证明问题。

《刑法修正案（十一）》删除了刑法原第 141 条第 2 款刑法中的假药与药品管理法中的假药相一致的规定，但《2022 年药品解释》第 19 条重申，"刑法第 141 条、第 142 条规定的'假药''劣药'，依照《中华人民共和国药品管理法》

---

① 沛县人民法院刑事判决书（2014）沛刑初字第 139 号。

的规定认定"。据此，要证明行为人对生产、销售的药品系假药存在主观明知，仍然以其是否认识到现行《药品管理法》第 98 条规定的假药类型即可。关于这一点，《2022 年药品解释》采取了打包式证明生产、销售、提供假药罪与妨害药品管理罪等犯罪中主观明知的方法，即主要案件中存在特定的五种基础事实，就可以推定其具有相关犯罪的主观故意。这就意味着，在符合列明的基础事实的情况下，只要证明涉案对象是假药、劣药或者其他缺陷药品，就可以直接推定行为人对假药、劣药或者其他缺陷药品具有主观明知，而不用细究行为人是否的确认识到假药。这样一来，就极大地降低了公安司法机关的证明要求，比如，不需要证明行为人是否知道系"非药品"冒充了"药品"。但是，在保健品案件中，因生产者和经营者身份的差异，在认定主观明知时，即便适用该解释规则，也要特别注意取证时的不同。

在涉案保健品因符合实质上假药标准而被认定为假药的案件中，对生产者、销售者主观明知的证明，就区别对待。对于生产者而言，要证明其明知生产的药品所含成分与国家药品标准规定的成分不符，或者是以非药品冒充药品，以他种药品冒充此种药品，只需要查明行为人是否知道生产加工成品的原料、工艺和功效这些基础事实即可。而对于销售者而言，要证明明知这两类假药，如前文所述，需要查明行为人对产品功效的认识、产品标识以及对外宣传等信息，以确定其对产品成分、产品性质等认识程度，从而为判断是否知道药品所含成分与国家药品标准规定的成分不符，或者是以"以非药品冒充药品"，"以他种药品冒充此种药品"提供判断依据。

这里需要注意的是假药与劣药的关系对主观明知证明的影响。按照《药品管理法》第 98 条的规定，药品成分的含量不符合国家药品标准的，为劣药。因此，在药品成分上出现问题的时候，要么会因为药品所含成分与国家药品标准规定的成分不符而被认定为假药，要么因药品成分的含量不符合国家药品标准而被认定为劣药。倘若行为人对药品成份的合格性有疑问，则可以推定其行为人对于涉案药品属于假药具有主观明知。比如梁某销售假药案中，在被告人陀某明知系假药的情况下，多次从陈某（另案处理）处购买假冒人血白蛋白销售给被告人梁某。被告人梁某的辩护人认为，梁某认为从陀某处购买的药品只是蛋白含量不足并非不含有蛋白成分，梁某主观上并不明知是假药，其行为不构成销售假药罪。法院认为，三被告人均无药品经营的资质，不具备药品检验条件，在长达一年的时间内通过非法渠道大量购买药品人血白蛋白，并非法进行药品销售的经营活动，三被告人对所销售的药品人血白蛋白是否是假药至少持放任态度，结合销售方式、送货渠道及"药品"价格等方面考量，可以认定三被告人明知是假药仍予以销售。[①]其实，在笔者看来，这里认定行为人主观上对假药存有明知的逻辑基础是，行为人辩解知道药品成分含量不足，但是又没有提供证据证实这种辩解理由是真实的，所以可以确定行为人是知道药品成分有问题。一旦是药品成分有问题，那么涉案产品要么是假药，要么是劣药。在这种情况下，如果行为人没有采取措施积极核实涉案药品属于劣药，就可以认定行为人对涉案药品是否假药持放任态度，据此推定其具备主观明知。

当然，如果通过上述方式依然不能证明行为人对于涉案产品属于假药具有主观明知，只能证明行为人可能认识到药品不合格，且涉案金额达到生产、销售伪劣产品的追诉标准，可以按照《刑法》第140条的规定定罪处罚。

---

① 徐州市泉山区人民法院刑事判决书（2015）泉刑初字第197号。

【延伸阅读】

最高人民法院指导案例 70 号
北京阳光一佰生物技术开发有限公司、
习文有等生产、销售有毒、有害食品案

（最高人民法院审判委员会讨论通过 2016 年 12 月 28 日发布）①

关键词 刑事 / 生产、销售有毒、有害食品罪 / 有毒、有害的非食品原料

裁判要点

行为人在食品生产经营中添加的虽然不是国务院有关部门公布的《食品中可能违法添加的非食用物质名单》和《保健食品中可能非法添加的物质名单》中的物质，但如果该物质与上述名单中所列物质具有同等属性，并且根据检验报告和专家意见等相关材料能够确定该物质对人体具有同等危害的，应当认定为《中华人民共和国刑法》第 144 条规定的"有毒、有害的非食品原料"。

相关法条：《中华人民共和国刑法》第 144 条

基本案情

被告人习文有于 2001 年注册成立了北京阳光一佰生物技术开发有限公司（以下简称阳光一佰公司），系公司的实际生产经营负责人。2010 年以来，被告单位阳光一佰公司从被告人谭国民处以 600 元 / 公斤的价格购进生产保健食品的原料，该原料系被告人谭国民从被告人尹立新处以 2500 元 / 公斤的价格购进后进行加工，阳光一佰公司购进原料后加工制作成用于辅助降血糖的保健食品阳光

---

① 信息来源：最高人民法院网 http://www.court.gov.cn/shenpan-xiangqing-34272.html 发布时间：2017-01-03.

一佰牌山芪参胶囊，以每盒 100 元左右的价格销售至扬州市广陵区金福海保健品店及全国多个地区。被告人杨立峰具体负责生产，被告人钟立檬、王海龙负责销售。2012 年 5 月至 9 月，销往上海、湖南、北京等地的山芪参胶囊分别被检测出含有盐酸丁二胍，食品药品监督管理部门将检测结果告知阳光一佰公司及习文有。被告人习文有在得知检测结果后随即告知被告人谭国民、尹立新，被告人习文有明知其所生产、销售的保健品中含有盐酸丁二胍后，仍然继续向被告人谭国民、尹立新购买原料，组织杨立峰、钟立檬、王海龙等人生产山芪参胶囊并销售。被告人谭国民、尹立新在得知检测结果后继续向被告人习文有销售该原料。

　　盐酸丁二胍是丁二胍的盐酸盐。目前盐酸丁二胍未获得国务院药品监督管理部门批准生产或进口，不得作为药物在我国生产、销售和使用。扬州大学医学院葛晓群教授出具的专家意见和南京医科大学司法鉴定所的鉴定意见证明：盐酸丁二胍具有降低血糖的作用，很早就撤出我国市场，长期使用添加盐酸丁二胍的保健食品可能对机体产生不良影响，甚至危及生命。

　　从 2012 年 8 月底至 2013 年 1 月案发，阳光一佰公司生产、销售金额达 800 余万元。其中，习文有、尹立新、谭国民参与生产、销售的含有盐酸丁二胍的山芪参胶囊金额达 800 余万元；杨立峰参与生产的含有盐酸丁二胍的山芪参胶囊金额达 800 余万元；钟立檬、王海龙参与销售的含有盐酸丁二胍的山芪参胶囊金额达 40 余万元。尹立新、谭国民与阳光一佰公司共同故意实施犯罪，系共同犯罪，尹立新、谭国民系提供有毒、有害原料用于生产、销售有毒、有害食品的帮助犯，其在共同犯罪中均系从犯。习文有与杨立峰、钟立檬、王海龙共同故意实施犯罪，系共同犯罪，杨立峰、钟立檬、王海龙系受习文有指使实施生产、销售有毒、有害食品的犯罪行为，均系从犯。习文有在共同犯罪中起主要作用，系主犯。杨立峰、谭国民犯罪后主动投案，并如实供述犯罪事实，系自首，当庭自愿认罪。习文有、尹立新、王海龙归案后如实供述犯罪事实，当庭自愿认罪。钟立檬归案后如实供述部分犯罪事实，当庭对部分犯罪事实自愿认罪。

裁判结果

江苏省扬州市广陵区人民法院于2014年1月10日作出（2013）扬广刑初字第0330号刑事判决：被告单位北京阳光一佰生物技术开发有限公司犯生产、销售有毒、有害食品罪，判处罚金人民币一千五百万元；被告人习文有犯生产、销售有毒、有害食品罪，判处有期徒刑十五年，剥夺政治权利三年，并处罚金人民币九百万元；被告人尹立新犯生产、销售有毒、有害食品罪，判处有期徒刑十二年，剥夺政治权利二年，并处罚金人民币一百万元；被告人谭国民犯生产、销售有毒、有害食品罪，判处有期徒刑十一年，剥夺政治权利二年，并处罚金人民币一百万元；被告人杨立峰犯生产有毒、有害食品罪，判处有期徒刑五年，并处罚金人民币十万元；被告人钟立檬犯销售有毒、有害食品罪，判处有期徒刑四年，并处罚金人民币八万元；被告人王海龙犯销售有毒、有害食品罪，判处有期徒刑三年六个月，并处罚金人民币六万元；继续向被告单位北京阳光一佰生物技术开发有限公司追缴违法所得人民币八百万元，向被告人尹立新追缴违法所得人民币六十七万一千五百元，向被告人谭国民追缴违法所得人民币一百三十二万元；扣押的含有盐酸丁二胍的山芪参胶囊、颗粒，予以没收。宣判后，被告单位和各被告人均提出上诉。江苏省扬州市中级人民法院于2014年6月13日作出（2014）扬刑二终字第0032号刑事裁定：驳回上诉、维持原判。

裁判理由

法院生效裁判认为：刑法第一百四十四条规定，"在生产、销售的食品中掺入有毒、有害的非食品原料的，或者销售明知掺有有毒、有害的非食品原料的食品的，处五年以下有期徒刑，并处罚金；对人体健康造成严重危害或者有其他严重情节的，处五年以上十年以下有期徒刑，并处罚金；致人死亡或者有其他特别严重情节的，依照本法第一百四十一条的规定处罚"。《食品解释》第二十条规定，"下列物质应当认定为'有毒、有害的非食品原料'：（一）法律、法规禁止在食品生产经营活动中添加、使用的物质；（二）国务院有关部门公布的《食品中可能违法添加的非食用物质名单》《保健食品中可能非法添加的物质名单》上的物质；（三）国务院有关部门公告禁止使用的农药、兽药以及其他有毒、有害物质；（四）其他危害人体健康的物质"。第二十一条规定，"'足以造成严重食物中毒事故或者其他严重食源性疾病''有毒、有害非食品原料'难以确定的，司法机关可以根据检验报告并结合专家意见等相关材料进行认定。必要时，人民法院可以依法通知有关专家出庭作出说明"。本案中，盐酸丁二胍系在我国未获得药品监督管理部门批准生产或进口，不得作为药品在我国生产、销售和使用的化学物质；其亦非食品添加剂。盐酸丁二胍也不属于上述《食品解释》第二十条第二、三项规定的物质。根据扬州大学医学院葛晓群教授出具的专家意见和南京医科大学司法鉴定所的鉴定意见证明，盐酸丁二胍与《食品解释》第二十条第二项《保健食品中可能非法添加的物质名单》中的其他降糖类西药（盐酸二甲双胍、盐酸苯乙双胍）具有同等属性和同等危害。长期服用添加有盐酸丁二胍的"阳光一佰牌山芪参胶囊"有对人体产生毒副作用的风险，影响人体健康，甚至危害生命。因此，对盐酸丁二胍应当依照《食品解释》第二十条第四项、第二十一条的规定，认定为刑法第一百四十四条规定的"有毒、有害的非食品原料"。

被告单位阳光一佰公司、被告人习文有作为阳光一佰公司生产、销售山芪参胶囊的直接负责的主管人员，被告人杨立峰、钟立檬、王海龙作为阳光一佰公司生产、销售山芪参胶囊的直接责任人员，明知阳光一佰公司生产、销售的保健食品山芪参胶囊中含有国家禁止添加的盐酸丁二胍成分，仍然进行生产、销售；被告人尹立新、谭国民明知其提供的含有国家禁止添加的盐酸丁二胍的原料被被告人习文有用于生产保健食品山芪参胶囊并进行销售，仍然向习文有提供该种原料，因此，上述单位和被告人均依法构成生产、销售有毒、有害食品罪。其中，被告单位阳光一佰公司、被告人习文有、尹立新、谭国民的行为构成生产、销售有毒、有害食品罪。被告人杨立峰的行为构成生产有毒、有害食品罪；被告人钟立檬、王海龙的行为均已构成销售有毒、有害食品罪。根据被告单位及各被告人犯罪情节、犯罪数额，综合考虑各被告人在共同犯罪的地位作用、自首、认罪态度等量刑情节，作出如上判决。

（生效裁判审判人员：汤咏梅、陈圣勇、汤军琪）

第七章

进口药案：不是问题的刑事司法难题

【本章概要】

《药品管理法》《刑法》修改以后，非法进口药案件主要涉及妨害药品管理罪。一般认为，该罪系具体危险犯，成立犯罪要求涉案药品足以严重危害人体健康。但是如何评价这一危险性，是司法实践的难点。除此以外，如何证明非法进口药案件中的药品的确来自于境外，且在境外合法上市，也是一项司法挑战。《2022年药品解释》对于涉案药品的危险性以及境外合法上市的"身份"之证明做了规定，同时删除了无证经营药品可以认定为非法经营罪的条文。这样一来，非法进口药案件的刑法评价体系就有了显著变化。如何查明非法进口药与假药、妨害药品管理之药品以及真药的关系，并进而明确行为性质，应当予以充分关注。

第一段：在2019年修订《药品管理法》时，以药品实际功效为标准，立法者对假药、劣药的类型进行重新划分，原本按照假药论处的"未取得药品批准证明文件生产、进口药品"，不再属于行政规范层面的假药；相应的，《药品管理法》第124条以经营禁用药品的形式对其以行政违法论处，同时规定，"未经批准进口少量境外已合法上市的药品，情节较轻的，可以依法减轻或者免予处罚"。此后，随着 2021 年 3 月 1 日《刑法修正案（十一）》的生效实施，陆勇假药案、山东聊城假药案等案件引起的围绕非法进口药案件的法律争议，也逐渐趋于淡化。随之而来的是，经营非法进口药行为被作为妨害药品管理罪的一种行为方式，该如何评价其危险性，在过去的一年中争议颇大，迄今鲜见有实践案例出现。而从 2019 年 12 月到 2021 年 3 月期间，关于非法进口药案件的查办与定性在司法上也争议颇大，有些地方司法机关把此类案件按照非法经营罪论处，在法理上也不无分歧。而今，《2022 年药品解释》以列举加概括的方式明确了妨害药品管理罪中"足以严重危害人体健康"的认定归责，而第 7 条第 2 款规定也确定了"进口药"身份的核验规则，即"对于涉案药品是否在境外合法上市，应当根据境外药品监督管理部门或者权利人的证明等证据，结合犯罪嫌疑人、被告人及其辩护人提供的证据材料综合审查，依法作出认定"。如此一来，制约非法进口药案件办理的两大难点问题很大程度上都得到了解决，有关部门对于进口药案件的监管力度应当会有显著提升。当然，这不意味着司法解释一劳永逸地解决了所有问题，司法实践的复杂性决定了我们必须审慎面对出现的各种类型案件，并不断总结司法经验，从而为解决司法疑难问题奠定基础。

一、陆勇案引发的司法争议

如果说要给进口药案件中存在的司法争议寻找一个实践焦点，"陆勇案"绝对是假药犯罪司法治理过程中无法回避的重要节点。这不仅是因为其对进口药定性的争议推动了《药品管理法》的修改，而且本案中关于销售行为的认定，在今天也颇值得研究。为此，我们可以通过回顾陆勇案中公安机关的取证、定性以及公诉机关作出不起诉的理由，进而以此为基础探讨陆勇案背后的司法问题。

（一）陆勇案：从立案到不诉[①]

陆勇，系无锡振生针织品有限公司和无锡绿橙国际贸易公司法定代表人。2002 年，陆勇被查出患有慢粒性白血病，需要长期服用抗癌药品。我国国内对症治疗白血病的正规抗癌药品"格列卫"系列系瑞士进口，每盒需人民币 23500 元，陆勇曾服用该药品。为了进行同病患者之间的交流，相互传递寻医问药信息，通过增加购同一药品的人数降低药品价格，陆勇从 2004 年 4 月开始建立了白血病患者病友网络 QQ 群。2004 年 9 月，陆勇通过他人从日本购买由印度生产的同类药品，价格每盒约为人民币 4000 元，服用效果与瑞士进口的"格列卫"相同。之后，陆勇使用药品说明书中提供的联系方式，直接联系到了印度抗癌药物的经销商印度赛诺公司，并开始直接从印度赛诺公司购买抗癌药物。陆勇通过自己服用一段时间后，觉得印度同类药物疗效好、价格便宜，遂通过网络 QQ 群等方式向病友推荐。网络 QQ 群的病友也加入到向印度赛诺公司购买该药品的行列。陆勇及病友首先是通过西联汇款等国际汇款方式向印度赛诺公司支付购药款。在此过程中，陆勇还利用其懂英文的特长免费为白血病等癌症患者翻译与印度赛诺公司的往来电子邮件等资料。随着病友间的传播，从印度赛诺公司购买该抗癌药品的国内白血病患者逐渐增多，药品价格逐渐降低，直至每盒为人民币 200 余元。

由于前述支付购药款方式，既要先把人民币换成美元，又要使用英文，程序烦琐，操作难度大。求药的患者向印度赛诺公司提出了在中国开设账号便于付款的要求。2013 年 3 月，经印度赛诺公司与最早在该公司购药的陆勇商谈，由陆勇在中国国内设立银行账户，接收患者的购药款，并定期将购药款转账到印度赛诺公司指定的户名为张金霞的中国国内银行账户，在陆勇统计好各病友具体购药数量、告知印度赛诺公司后，再由印度赛诺公司直接将药品邮寄给患

[①]　参见湖南省沅江市人民检察院不起诉决定书沅检公刑不诉〔2015〕1 号。

者。印度赛诺公司承诺对提供账号的病友将免费供应药品。陆勇在 QQ 病友群里发布了印度赛诺公司的想法，云南籍白血病患者罗树春即与陆勇联系，愿意提供本人及其妻子杨慧英的银行账号，以换取免费药品。陆勇通过网银 U 盾使用管理罗树春提供的账号，在病友向该账号支付购药款后，将购药款转至张金霞账户，通知印度赛诺公司向病友寄送药品，免除了购药的病友换汇、翻译等以往的一些烦琐劳动。

在使用罗树春、杨慧英账号支付购药款一段时间后，罗树春听说银行卡的交易额太大，有可能导致被怀疑为洗钱，不愿再提供使用了。2013 年 8 月，陆勇通过网站从郭梓彪处以 500 元每套的价格购买了 3 张用他人身份信息开设的银行借记卡，在准备使用中发现有 2 张因密码无法激活而不能用，仅使用了 1 张户名为夏维雨的借记卡。陆勇同样通过网银 U 盾使用管理该账号，将病友购药款转账到印度赛诺公司指定的张金霞账户。

证据显示，被查证属实的共有 21 名白血病等癌症患者通过陆勇先后提供并管理的罗树春、杨慧英、夏维雨 3 个银行账户向印度赛诺公司购买了价值约 120000 元的 10 余种抗癌药品。陆勇为病友们提供的帮助全是无偿的。对所购买的 10 余种抗癌药品，有"VEENAT100""IMATINIB400""IMATINIB100"3 种药品经益阳市食品药品监督管理局出具的相关鉴定，系未经我国批准进口的药品。

针对上述事实，公安机关以陆勇涉嫌销售假药罪向检察机关移送审查起诉。公诉机关审查后认为，陆勇的购买和帮助他人购买未经批准进口的抗癌药品的行为，违反了《药品管理法》的相关规定，但陆勇的行为不是销售行为，不符合《刑法》第 141 条的规定，不构成销售假药罪。具体理由如下：

所谓销售即卖出（商品）。在经济学上，销售是以货币为媒介的商品交换过程中卖方的业务活动，是卖出商品的行为，卖方寻求的是商品的价值，而买方寻求的则是商品的使用价值。全面系统分析该案的全部事实，陆勇的行为是买方行为，并且是白血病患者群体购买药品整体行为中的组成行为，寻求的是印度赛诺公司抗癌药品的使用价值。

首先，陆勇与白血病患者是印度赛诺公司抗癌药品的买方。一是早在向印度赛诺公司买药之前，作为白血病患者的陆勇就与这些求药的白血病患者建立了 QQ 群，并以网络 QQ 和病友会等载体相互交流病情，传递求医问药信息。患者潘建三的证言说，建立 QQ 群还能扩大病友群，组织病友与药品生产厂家协商降低药品价格。二是陆勇是在自己服用印度赛诺公司的药品有效后，才向病友做介绍的。所购印度赛诺公司抗癌药品的价格开始时每盒 4000 元，后来降至每盒 200 元。三是陆勇为病友购买药品提供的帮助是无偿的。陆勇不仅帮助病友买药、付款，还利用懂英语的特长，为病友的药品说明书和来往电子邮件进行翻译，在此过程中，陆勇既没有加价行为，也没有收取代理费、中介费等任何费用。四是陆勇所帮助的买药者全部是白血病患者，没有任何为营利而从事销售或者中介等经营药品的人员。

其次，陆勇提供账号的行为不构成与印度赛诺公司销售假药的共犯。根据我国 2015 年版《药品管理法》第 48 条第 3 款第 2 项的规定，依照该法必须批准而未经批准生产、进口，或者依照该法必须检验而未经检验即销售的药品，以假药论处。也就是法律拟制的假药。印度赛诺公司在我国销售未经批准进口的抗癌药品，属于销售假药的行为。根据 2014 年施行的最高人民法院、最高人民检察院《关于办理危害药品安全刑事案件适用法律若干问题的解释》（以下简称《2014 年药品解释》）第 8 条第 1 项规定，明知他人生产、销售假药而提供账号的，以共同犯罪论处。本案中，陆勇先后提供罗树春、杨慧英、夏维雨 3 个账号行为的实质是买方行为，而不能认为是共同销售行为。（1）从账号产生的背景看，最初源于病友方便购药的请求。在陆勇提供账号前，病友支付印度赛诺公司购药款是以西联汇款等国际汇款方式，既要先把人民币换成美元，又要使用英文，程序烦琐，操作难度大。求药的患者向印度赛诺公司提出在中国开设账号便于付款的要求，印度赛诺公司与最早向本公司购药的陆勇商谈，并提出对愿意提供账号的可免费提供药品。（2）从账号的来源看，3个账号中先使用的两个账号由病友提供。陆勇向病友群传递这一消息后，云南籍病友罗树春即愿意将本人和妻子杨慧英已设立的账号提供给陆勇使用。在罗树春担心因交易资金量增加可能被怀疑洗钱的情况下，才通过网站购买户名为夏维雨的借记卡。（3）从所提供账号的功能看，就是收集病友的购药款，以便转款到印度赛诺公司指定的张金霞的账号，是用于收账、转账的过渡账号，承担方便病友支付购药款的功能，无须购药的病友换汇和翻译。（4）从账号的实际用途看，病友购药向这3个账号支付购药款后告知陆勇，陆勇通过网银U盾使用管理这3个账号，将病友的付款转至印度赛诺公司指定的张金霞的账号，然后陆勇再告知印度赛诺公司，印度赛诺公司根据付款账单发药。可见，设置这3个账号就是陆勇为病友提供购药服务的，是作为白血病患者的求药群体购买药品行为整体中的组成行为。根据我国刑法的规定，共同犯罪是指二人以上共同故意犯罪，具体到本案，如果构成故意犯罪，应当是陆勇与印度赛诺公司共同实施销售假药犯罪，更具体地说，应是陆勇基于帮助印度赛诺公司销售假药而为印度赛诺公司提供账号。而本案，购买印度赛诺公司抗癌药品的行为是白血病患者群体求药的集体行为，陆勇代表的是买方而不是卖方，印度赛诺公司就设立账号与陆勇的商谈是卖方与买方之间的洽谈，陆勇作为买方的代表自始至终在为买方提供服务。当买卖成交时，买方的行为自然在客观结果上为卖方提供了帮助，这是买卖双方成交的必然的交易形态，但绝对不能因此而认为买方就变为共同卖方了。正如在市场上买货，买货的结果为销售方实现销售提供了帮助，如果因此而把买方视为共同卖方，那就从根本上混淆了买与卖的关系。同理，如果将陆勇的行为当成印度赛诺公司的共同销售行为，也就混淆了买与卖的关系，从根本上脱离了判断本案的逻辑前提，进而必将违背事实真相。基于此，陆勇的行为不是销售行为，不构成《刑法》第141条销售假药罪。

对于检察机关作出的不起诉决定，社会舆论普遍给予积极评价和肯定。正如有观点指出的，"法律条文的正确适用是公平的保障。转变刑事司法理念，就是要重视刑事法治、慎用刑事手段、规范刑事司法权运行。湖南省检察机关作出不起诉的决定，不是凭空决定，而是严格以法律为准绳的。从发布的处理依据来看，不仅彰显出检察机关须牢固树立的时效、监督、证据、人权、证据等意识，还深深体现出其坚持程序公正与实体公正并重、坚持严格公正廉洁执法与理性平和文明规范执法并重等方面的司法理念"。[①] 当然，在这些正面评价之外，也不乏质疑的声音，即对陆勇的行为是否属于销售行为表达了不同的看法。事实上，因为检察机关并没有对涉案药品的性质作出不同的认定——依然将药品认定为假药，所以销售行为的认定是否合理就成为陆勇案件出罪的关键，这也是所有生产、销售伪劣产品案件面临的共同问题。

（二）从陆勇案看销售行为的认定

何为销售，似乎是一个无须解释的问题，然而，实践中出现的货物抵债、代购药品等案件，无不引起执法人员对销售行为认定的探讨，陆勇案中检察机关对销售行为的阐释也成为审视这一问题的范例。因此，对销售行为的内涵进行诠释是十分必要的。

在笔者看来，销售行为的本质是市场活动，必须从"市场经济"的视角去看待这一行为的本质。在刑法中，破坏社会主义市场经济秩序犯罪，是指违反国家市场经济管理法规，破坏社会主义市场经济秩序，严重危害市场经济发展的行为。倘若行为本身不属于市场经济管理法规调控的行为，也就难以造成社会主义市场经济秩序的破坏（可能只是侵害他人财产权或者扰乱社会秩序等），不能适用本罪进行评价。市场经济秩序，通常理解为由市场经济活动所必须遵循的经济准则与行为规范所调整的模式、结构及其有序状态。这一限定排除了与市场经济

---

① 圣剑：《对陆勇不诉的决定是对法律与事实的尊重》，访问网址：http://hunan.ifeng.com/news/rdgz/detail_2015_02/27/3590817_0.shtml，访问时间：2018 年 7 月 30 日。

活动无涉的一般的民事行为，而属于被称之为商行为的另一种法律行为。换言之，包括销售假药犯罪在内的生产、销售伪劣商品犯罪中的生产、销售行为，应当是受到市场规制、调控的商行为。虽然如何准确地区分民事行为与商行为至今不无争议，但商行为的特殊性是毋庸置疑的。一般认为，"商行为本质上为市场行为，其根本目标乃在于实现利润最大化，因此，商行为是以营利为目的的法律行为；同时，商行为是经营性行为，即营利行为的连续性和不间断性，它表明商主体至少在一段时间内连续不间断地从事某种同一性质的营利活动，因而是一种职业性营利行为。商行为是商主体所从事的行为，体现商事交易特点的行为。"①将刑法分则第 3 章第 1 节的生产、销售行为纳入商行为的范畴，其司法认定的脉络就清晰起来。

笔者认为，销售行为除了具有"卖出"这一本质特征，应当符合以下特征：（1）从主体层面来说，销售行为往往是商事主体从事出卖各种生产资料和生活资料的活动，这里的商事主体主要包括个体工商户、公司、企业等。（2）在主观层面上，销售行为必须以营利为目的。不是商事主体实施的所有交易活动都是销售行为，不以营利为目的的行为不属于商行为。对此，《2022 年药品解释》第 18 条第 1 款规定，"不以营利为目的实施带有自救、互助性质的生产、进口、销售药品的行为，不应当认定为犯罪"即体现了这一特点。不过，是否具有营利的目的，不能从是否赚钱或者赔钱而简单判断，这也是司法解释适用难点所在。应该说，这种营利目的只是行为人的内心意思，并不需要得到切实的实现。实践中可以根据特定事实来推定行为是否存在这一目的。（3）在客观上，销售行为需具有营业性和交易性。前者表明行为的职业性特征，将偶发性的交易行为排除在外；后者表明对象的商品性特征，将不以实现交换价值为内容的行为排除在外。例如，在陈某生产、销售假药案中，陈某是九江市某私立医院的老板，邹某系其司

---

① 范健：《商行为论纲》，载《南京大学法律评论》2004 年第 2 期。

机。2012 年 4 月，陈某告诉邹某，他在九江市修水县开设的中药饮片厂需要资金周转。邹某便拿出自己 40 余万元借给陈某，并约定每月支付月息两分五。债务到期后陈某未能按期归还借款，邹某遂将陈某告上法院。经过法院审理，判决陈某在两个月内归还欠款。到了还款期限后，陈某提出用价值 40 余万元的名贵中药冬虫夏草和东阿阿胶来偿还欠款。邹某拿到陈某的药品后，把药品送到九江市食品药品监督管理局进行鉴定。经鉴定，这批药全部为假药。[①] 对于这种"以药抵债"行为，如果行为人属于商事主体，且从事药品经营活动，其将药品抵债就应当认定为销售行为——通过药品的价值换取了财产性利益；但若行为人不属于商事主体，将家里私用的非法进口药用于抵债，即便通过交换抵销债务，也不宜认定为销售行为。基于上述分析可以发现，不管是从个体的销售，还是作为共犯的销售，陆勇的行为都不符合"销售"行为的本质特征，即不是以营利为目的的交易行为。

在认定销售行为时需要注意：（1）以营利性作为基础的赠与行为应认定为销售。在一些保健品销售行业，消费者向经营者购买某种服务时，后者会通过赠与保健品笼络更多消费者，但部分案例中的保健品被检测出含有药物成分而被认定为假药，此时，不能因为保健品属于"赠品"而否定行为的"销售"属性。这种与经营者意思表示不同的强制性法律效果，"来源于立法者对商人和商行为营利性的基本判断。这种特殊规则即便与民事行为的意思自治原则不符"[②]，但却符合商行为的本质。（2）价格变化与销售行为的认定并无直接关系。买卖活动中，价格变化往往是销售行为的直观表现，但是价格变化不能反映销售行为的本质。事实上，销售行为的交易性，只是表明了买卖关系双方围绕商品价值而进行的物质交换，是否存在物质对价才是判断交易性的重要指标。因此，即便行为人在出售

[①]　参见杨海涛：《医院老板"以药抵债"，牵出家族式制售假药案》，载《新法制报》2013 年 9 月 13 日。

[②]　叶林：《商行为的性质》，载《清华法学》2008 年第 4 期。

药品时没有提高价格，仍然不能直接否定其销售的属性。

在司法实践中，要注意非典型销售行为的认定。（1）药店存放超出经营范围的药品行为。按照《零售药店经营服务规范》的要求，零售药店的营业场所、仓库、办公、生活等区域应分开。一般来讲，药店的经营区域属于实施经营行为的场所。实践中存在争议的是，是否在经营区域发现的药品都属于待销售的药品呢？笔者认为，由于药店经营者属于商事主体，因此，其从事的与经营范围相近的行为都可以认定为商行为即销售行为。换言之，只要是在药店经营区域发现的药品都可以推定为待销售产品。当然，这种认定属于一种事实推定。除非药店经营者有证据证明其不以营利为目的，或者这些药品不是用来交易的，否则，不能构成对上述推定的有效反驳。相应的，如果在药店经营区域查获的非法药品上还标有销售价格，则可以进一步强化推定销售行为的证据。（2）海外代购药品行为。代购通常是指帮助他人代为购买商品。物流业的发达带动了代购行业的迅猛发展，但同时在药品行业将国外药品代购入境并出售的行为是否属于销售行为在实践中引起了较大争议，尤其是在"陆勇案"中更是掀起了巨大的司法波澜。代购行为是否属于销售行为，在陆勇案中，检察机关认为陆勇的行为不是销售行为。因为"销售即卖出（商品）。在经济学上，销售是以货币为媒介的商品交换过程中卖方的业务活动，是卖出商品的行为，卖方寻求的是商品的价值，而买方寻求的则是商品的使用价值。陆勇为病友购买药品提供的帮助是无偿的"。笔者赞同这一分析。有必要提及的是，《刑法修正案（十一）》增设了提供假药罪，区别于销售假药罪。《2022年药品解释》第6条第2款规定，"药品使用单位及其工作人员明知是假药、劣药而有偿提供给他人使用的，应当认定为刑法第一百四十一条、第一百四十二条规定的'销售'；无偿提供给他人使用的，应当认定为刑法第一百四十一条、第一百四十二条规定的'提供'"。据此，销售与提供的区别就是是否有偿给他人使用。因此，针对实践中频繁出现的代购行为，是否属于销售行为，仍然应当考虑主体性、目的性和经营性三个特征，只有符合这些要素的，才能视为销售行为。

二、陆勇案引发的理论争议

陆勇案的判决并非赢得了所有人的支持，尤其是在专业学者的学术逻辑中，甚至有学者将其称为"令人啼笑皆非的不诉理由"——陆勇不构成销售假药罪的理由不是因为药品不是假药，而是因为代购行为不属于销售行为。[①]事实上，代购不等于销售行为的裁判理由并不可笑，因为代购不等于代销，是市场经济发展到一定阶段出现的代行为人购买特定商品的特定行为模式。因此，代购与销售之间并没有必然联系，代购也可能是纯粹的替人购买而不夹杂任何交易、营利的意思。因此，以代购为由否定行为的销售性并无不妥。在笔者看来，不管检察机关作出的不起诉决定是否受到了舆论的影响，至少在证据和逻辑层面上对销售行为进行论证的思路是值得肯定的。

（一）学界观点

陆勇案暴露出来的最大争议，是司法机关将《药品管理法》中假药的认定标准和《刑法》中假药的认定标准等同，在生产、销售假药罪成立无须证明对人体健康构成具体危险的情况下，共同导致犯罪圈的无限扩张。对于生产、销售假药犯罪司法认定中存在的这一问题，在学者之间引发了巨大分歧，并延伸到《刑法修正案（十一）》生效以后的较长一段时间。因为该修正案删除了刑法原第 141 条第 2 款刑法中药品与《药品管理法》中的药品内涵一致的规定，所以删除后刑法中的假药是否有必要和现行《药品管理法》继续保持一致，不管是理论界还是实务界都存在较大争议。整体而言，不管学者们的立场如何，基本是基于出罪的目的而探讨本罪的司法适用问题，意图在刑法的法治效果与公众人权保障之间建

---

① 孙万怀：《生产、销售假药行为刑事违法性之评估》，载《法学家》2017 年第 2 期。

立应有的平衡。但是，在具体思路上，不同观点之间的差异十分明显。有观点提出应当从实体法和程序法两个层面对生产、销售假药犯罪的适用进行合理限制。该观点认为，一方面宜进行法益的合目的性考虑，同时"但书"在个案中的具体适用应得到提倡；另一方面，在对抽象危险犯提起刑事诉讼过程中，除了合理利用酌定不起诉制度、强化有效辩护制度等，应予以特别关注的是鉴定意见的规范适用。[①] 也有学者从法益侵害性的角度，对陆勇案无罪处理进行探讨。该观点认为，在刑法规范层面上，公民生命健康法益的保护处于优势地位，秩序的维护则处于从属地位，其目的在于更好地保障个人法益。对于假药的认定应根据药品是否具有真实疗效进行实质认定而不能仅从形式上看是否取得药品管理部门批号。在陆勇案中，陆勇代购药品行为不具有法益侵害性，欠缺相关犯罪构成要件的违法性要素，不应作为犯罪处理。[②] 也有观点从抽象危险犯的角度探讨假药犯罪的出罪机制。其认为生产、销售假药罪的出罪机制可以从两个方面分析，一是我国《刑法》第 13 条的"但书"规定，二是不存在危险的反证。[③]

概括起来，这些观点从三个方面探讨了生产、销售假药罪的出罪机制：一是基于法益侵害性的犯罪本质，如果《药品管理法》中的假药不会危及公众健康，就应该否定该行为的法益侵害性进而否定犯罪成立；二是以法益侵害性为基础，对证明规则进行建构，允许以犯罪缺乏抽象危险来证明不符合犯罪成立条件；三是运用《刑法》第 13 条的"但书"条款，对于情节显著轻微，危害不大的生产、销售行为做无罪化处理。然而，这三种主张在具体适用中却并非像论者所言的如此妥当。（1）关于法益侵害性的问题。如果说，依据 2015 年版《药品管理法》的规定，未经批准非法进口的药品因系境外合法上市而可能不具有危害

---

① 杜小丽：《抽象危险犯形态法定犯的出罪机制》，载《政治与法律》2016 年第 12 期。

② 时方：《生产、销售假药罪法益侵害的规范解释》，载《政治与法律》2015 年第 5 期。

③ 张学永：《生产、销售假药罪的〈刑法〉教义学检讨》，载《中国人民公安大学学报（社会科学版）》2018 年第 3 期。

人身的法益侵害性，那么，依照现行《药品管理法》的规定，不管是何种类型的假药，都不具有其宣传的实质功效，因此，其对用药人的人身危险性的侵害应该说是客观现实。当然，不同药物的危险性不同，也决定了即便是假药，其法益侵害性程度也会有显著差异。但是，至少依据现行规范，以否定假药的法益侵害性进而予以出罪的做法，恐怕是不可行的。只是进口药案件尤其特殊性，其法益侵害性的判断如果仅仅以境外上市作为危害性的判断标准，也会带来认定难题。因为新型药物的危险性可能处于不确定状态，有些境外合法上市的药品，在官方层面已经确定了危害性后果，这种情况下如何评价非法进口药的法益侵害性，也会面临争议。例如，2012 年 11 月 7 日，辉瑞（Pfizer）制药宣布，药物 Xeljanz 获 FDA 批准，用于对氨甲喋呤（methotrexate）治疗反应不足或不耐受的中度至重度活动性类风湿性关节炎（RA）成人患者的治疗。然而，2013 年 4 月，欧盟药品管理局人类使用医药产品委员会建议拒绝风湿性关节炎药物 Xeljanz 的上市申请，因为其对 Xeljanz 临床试验中所观察到的副作用提出了质疑，副作用包括严重感染、胃肠道穿孔和恶性肿瘤。[1] 若行为人以美国批准上市为由进口该药品销售，是否可以直接认定其不具有侵害人身健康的风险呢？事实上，在国内外药品质量不平衡这一特殊背景下，药品管理秩序和公众健康保护是否必然在进口药的问题上存在冲突是缺乏实证性的。这也是笔者曾经不赞成将未经批准而非法进口的药品从"假药"范畴中排除出去的原因，因为这一修改看似合理定位了进口药的身份问题，但是却产生了新的司法评价难题，而这种难题缺失在技术层面往往难以解决，这一点，从 2020 年、2021 年两年中全国药品案件，不管行政案件还

---

[1] "EMA 拒绝辉瑞旗下 RA 新药 Xeljanz 的上市申请"，参见 http://rheum.dxy.cn/article/52037，访问时间 2018 年 7 月 26 日。据悉，在此后几年中，欧盟和中国相继批准了该药品上市。参见"辉瑞口服 JAK 抑制剂 Xeljanz 获欧盟 CHMP 支持批准"，访问网址：http://med.sina.com/article_detail_103_1_19603.html，访问时间：2018 年 7 月 26 日。

是刑事案件的数量大幅度下降可以证明。（2）建立在法益侵害性基础上的抽象危险的证明（或者反证，只是证明思路的问题），其实涵盖两个方面的问题，一是法益侵害性是否仅限于对人身安全的威胁，二是抽象危险犯中的抽象危险是否需要证明。如果说后一问题是可以探讨的理论问题，第一个问题对于生产、销售假药犯罪而言似乎就不那么合理了。毕竟，刑法分则第三章是以破坏社会主义市场经济秩序为主要法益侵害内容，区别于刑法分则第四章侵害公民人身权利、民主权利的犯罪。如果仅仅以不具有人身安全侵害性为由而认定无罪，如何评价行为人销售行为对市场经济秩序的侵害性呢？倘若认定该行为无罪，就等于变相承认了在药品合格的情况下即便构成对市场经济秩序的侵犯也不予追究法律责任，处罚非法经营行为的合理性就值得商榷了。其实，即便进口药不会侵害公民生命健康法益，但作为次要法益的市场经济秩序被侵害之后至少可以对不法行为按照其他破坏社会主义市场经济秩序犯罪来处理。（3）适用《刑法》第13条"但书"条款在规范层面是可行的，因为《2022年药品解释》对此也做了明确规定，即"根据民间传统配方私自加工药品或者销售上述药品，数量不大，且未造成他人伤害后果或者延误诊治的，不以营利为目的实施带有自救、互助性质的生产、进口、销售药品的行为，不应当认定为犯罪"。但从实践来看，适用这一条款存在两个问题：一是"数量不大"的标准不明确，对于这类涉药敏感案件而言，司法机关的可操作性不大，认定其"不认定是犯罪"极易引起质疑。二是适用"但书"条款时，司法者通常会考虑行为背后的法益侵害性。在提起公诉的案件中，公诉机关恰恰是认定案件不符合该情形而应当追究刑事责任的，所以期待司法机关主动适用这一条款通常较为困难。更何况通行观点认为生产、销售假药犯罪侵犯双重法益，如何处理两者之间的关系又会回到法益侵害性判断的老问题上，因此，"但书"看似清晰但缺乏明确的论证思路。

正是因为本案存在诸多可以探讨的问题，有学者对此类案件的出罪化进行了深入分析，并提出了翔实建议，在今天也很有参考价值。论者认为，（1）从"销售"概念入手，考察行为人是否实施了有偿转让的行为。"销售"本质上是指有偿转让的行为。就陆勇案而言，他并未实施有偿转让药品的行为，而只是立足于作为购买方的其他病患的利益，协助后者向印度制药公司购买药品，他的行为不成立销售行为，也不能视为销售行为的帮助行为，而只能理解为是购买行为的帮助行为。（2）从危险的判断入手，考察是否存在严重危害人体健康的抽象危险。考虑到抽象危险犯存在将法益保护过度前置的倾向，将抽象危险解读为是可反驳的推定，有助于合理限制抽象危险犯的处罚范围，对被告人较为有利。原则上，被告方需要对抽象危险的不存在承担证明责任。如果被告方能够反证抽象危险不存在，则应当得出相关行为不具有违法性的结论。（3）即使符合销售假药罪的构成要件，且认为对抽象危险的存在与否不允许进行反证，相关行为仍可能由于成立紧急避险而正当化。陆勇案中，由于众多病患的生命受到直接威胁，应当承认存在紧急状态；同时，与药品买卖与用药安全方面的抽象利益或相关企业的经济利益相比，生命权属于更为优越的利益。（4）从有无期待可能性的角度，考察是否存在阻却罪责的情形。作为患者的陆勇没有理由为现行的定价机制买单，即使其继续选择购买或代购印度仿制药，仍能基于缺乏期待可能性而作无罪处理。[①] 对于上述出罪理由，笔者认为，第一项理由是陆勇案的裁判依据，也是合理的，但是第三项的紧急避险论和第四项的无期待可能性论则不无疑问。比如，陆勇案中的购买本身就不是犯罪行为，谈不上适用期待可能性的问题；既是从期待可能性视角进行分析，行为人也可以购买但却具有不加价销售的可能性，所以按期待可能性无法解决销售行为的合理性，紧急避险论也存在同样问题，不再赘述。

（二）评述分析

随着刑法、药品管理法的修订，陆勇案留给我们的思考，除了销售行为的认

---

① 劳东燕：《价值判断与刑法解释：对陆勇案的刑法困境与出路的思考》，载《清华法律评论》2016 年第 1 辑。

定外，还有假药的认定标准以及法益侵害性的相关问题。

1.《刑法》与《药品管理法》中的假药应当具有一致性

对于《刑法》中的假药是否应当直接采用《药品管理法》中的假药认定标准，在这两部法律修订后，争议很大，即便《2022年药品解释》明确了一致性标准，但其中的法理仍有必要探讨，以避免新型案件出现后可能产生的争议。

刑法中的假药、劣药是否应当与药品管理法保持一致，在自然犯的立法体例下的确存在深入探讨的空间。笔者认为，刑法中的假药、劣药可以参考现行《药品管理法》的假、劣药标准认定。

从概念源流上，自然犯的违法性本质，是不法行为严重背离了自然法确定的传统道德伦理，而法定犯则是违反了为了维护行政秩序而颁行的禁令。[①] 修订后的生产、销售假药罪和生产、销售劣药罪取消了按照《药品管理法》认定该两类药品的规定，意味着对假药、劣药的判断应当结合刑法规范目的予以考量。这样一来，涉案药品是否会对用药人的身体健康乃至生命安全造成直接伤害就成为判断假劣药性质的关键。这一点，也可以从《刑法修正案（十一）草案》到二审稿的变化中得以验证。在《刑法修正案（十一）草案》中，立法机关将"未取得批准证明文件生产药品或者明知是上述药品而销售的"行为以生产、销售假药罪论处，其意图是"在药品管理法对假劣药的范围做出调整以后，保持对涉药品犯罪惩治力度不减，考虑到实践中'黑作坊'生产、销售药品的严重危害，规定与生产、销售假药罪同等处罚"。[②] 然而，这种行为只是违反了药品注册申请与许可程序，并不能反映药品的质量问题，比如实践中高发的按照民间配方私自加工膏药

---

① Author unknown. "The Distinction between 'Mala Prohibita' and 'Mala in se' in Criminal Law", *Columbia Law Review*, 1930, No. 1, pp. 75—76.

② 李宁：关于《中华人民共和国刑法修正案（十一）（草案）》的说明，访问网址：http://www.npc.gov.cn/npc/c30834/202012/f16fedb673644b35936580d25287a564.shtml，访问时间：2020年11月25日。

的行为，往往具有真实治疗效果，所以《刑法修正案（十一）草案》这一规定与此次删除刑法原第 141 条第 2 款的规定相冲突，故而在二审稿中立法机关删除了《刑法修正案（十一）草案》第 5 条第 2 款的表述，使刑法第 141 条、第 142 条真正回归自然犯的属性。

"具体的解释规则既不是天生的，也不是铁定的，而是人们为了追求公正合理的结论归纳出来的。"[1] 在这一点上，刑事违法需要"相对独立"判断，其中，独立的含义在于以刑法规范目的实现来判定行为是否违法。[2] 其实，早在刑法修订前，立法机关为了突出假药、劣药这一分类对公众用药安全的实质影响，已经在《药品管理法》中确立了以药品实质功效区分假药、劣药的判断标准。[3] 以假药为例，《药品管理法》第 98 条规定，"禁止生产（包括配制，下同）、销售、使用假药、劣药。有下列情形之一的，为假药：（一）药品所含成分与国家药品标准规定的成分不符；（二）以非药品冒充药品或者以他种药品冒充此种药品；（三）变质的药品；（四）药品所标明的适应证或者功能主治超出规定范围"。这四种类型的假药均属于严重影响病患用药安全的问题药品。比如，第一类中的药品所含成分是指该药品产生规定作用的有效成份或活性物质，直觉决定药品效果和质量；第二类中的非药品不具有药品特定的功效，如果被使用，轻者可延误病情，严重的危及使用者的生命安全，而他种药品与被冒充的药品的一个重要区别就在于它们的适应证或功能主治以及服法用量、用药注意事项不同；第三类变质药品的理化性质、药效等都会发生变化，不能再起到药品标准所规定的作用；第四项中标明适应证或者功能主治超出规定范围的、增加或变更适应证或功能主治

---

① 参见张明楷：《自然犯与法定犯一体化立法体例下的实质解释》，载《法商研究》2013 年第 4 期，第 57 页。

② 参见简爱：《我国行政犯定罪模式之反思》，载《政治与法律》2018 年第 11 期，第 35 页。

③ 参见袁杰、王振江、刘红亮、刘沛：《中华人民共和国药品管理法释义》，中国民主法制出版社 2019 年版，第 41 页。

的药品，实质上都是对原药品标准的改变，极易侵害用药人的人身安全。[①] 可以说，《药品管理法》以药品实质功效做出的假劣药分类，较好地满足了当前刑法典通过生产、销售假药罪与生产、销售劣药罪强化药品犯罪治理，避免生产、销售假药、劣药的行为给公众用药安全带来实质伤害或者风险的规范目的。除此以外，在公众情感上，对两部规范中的假药做同一性解释，符合公众逾期，既不会偏于法律语言的本意，而且有助于塑造刑法规范的公信力。一方面，药品管理法从实质功效的角度区分假药、劣药，是对社会公众诉求的积极回应。在药品管理法修订过程中，人们普遍认为，原规定中关于假劣药范围的认定比较宽泛，导致我国假劣药案件较多，既影响国际形象，也影响人民群众对我国药品行业的信息，尤其这一规定与公众朴素认知不太相符，影响了一些案件处理的社会效果，也不利于精准惩治违法犯罪行为，所以此次修订以药品质量功效为标准，回归假劣药的本来面目。[②] 刑法学研究必然要正视伦理道德问题。如果基于被建构的理论体系形成的、对具体问题的看法和处理方案，与公众对是非善恶的理解相悖，那么，应该检讨的，显然是这个体系及其基本理念和方法。伦理道德认识建立在公众价值共识和行为标准上，刑法同样以此为根据，[③] 另一方面，刑法典中删除原第 141 条第 2 款和第 142 条第 2 款之规定，并不是要割裂两法中假药、劣药标准的联系，而是基于此前以"陆勇销售假药案"为代表的非法进口药案件刑事处理在社会舆论引起了负面情绪，在药品管理法对假劣药的范围做出调整以后刑法必须做出相应的修改即将"按照假药论处""按照劣药论处"之情形排除适用上述

[①] 参见卞耀武主编：《中华人民共和国药品管理法释义》，法律出版社 2002 年版，第 96 页。《药品管理法》第 98 条第 2 款规定 6 种劣药：药品成分的含量不符合国家药品标准、被污染的药品、未标明或者更改有效期的药品、未注明或者更改产品批号的药品、超过有效期的药品以及擅自添加防腐剂、辅料的药品，均属于具有实质危害性的药品。

[②] 参见袁杰、王振江、刘红亮、刘沛：《中华人民共和国药品管理法释义》，中国民主法制出版社 2019 年版，第 181—182 页。

[③] 参见时延安：《刑法的伦理道德基础》，载《中国刑事法杂志》2019 年第 3 期，第 32 页。

条款的可能性。

基于上述分析，《2022 年药品解释》规定行刑规范中假药认定标准一致是合理的。其实，如果不以现行《药品管理法》中的假药标准为参照，就无法在刑法层面确定假药的评价标准，尤其是在劣药和其他问题药品同时列为刑法规制对象的情况下，如果不能保持一致，就会导致规范评价的混乱。就此而言，建立两者之间的同一性也是必要的。当然，以此为标准，《中医药法》中关于"医疗机构应用传统工艺配制中药制剂未依照本法规定备案，或者未按照备案材料载明的要求配制中药制剂的，按生产假药给予处罚"之规定，仍然不能适用于刑法第 141条生产、销售、提供假药罪，因为前者并非实质意义上的假药，与刑法的规范目的相冲突。

2. 非法进口药案件中的法益侵害性问题

《药品管理法》《刑法》修订后，非法进口药案件的刑法评价体系被调整，建立了以生产、销售、提供假药罪、妨害药品管理罪和无证经营为核心的假药、禁用药、真药的多层次规制体系，法益侵害性作为犯罪的本质特征，在犯罪定性上依然发挥着重要作用。

首先，非法进口药案件并非不具有法益侵害性。有学者认为，"中国传统刑法当中对于生产、销售假药罪保护法益的认识是存在重大逻辑漏洞的。首先，按照洛克辛'从宪法中引导法益'的思想来看，将本罪保障的法益定位为用药人身体健康的事实自然是能够在任何一国的宪法中找到根基的，但宪法的内容却是否包含国家的药品管理制度，则是存疑的。"[1] 实则不然，宪法的确没有明确规定药品管理秩序稳定有序，但是却明确了社会主义市场经济秩序的法定地位和不容侵犯性，而药品管理秩序作为市场经济秩序的有机组成部分，自然也在宪法内容之

---

[1]　肖怡、龚力：《对生产、销售假药罪的探讨与解析》，载《首都师范大学学报（社会科学版）》2016 年第 2 期。

中。因此，我们不能简单否认非法进口药品的犯罪不具有法益侵害性——只能说在对症情况下不会侵害患者人身健康，而不能否认其对药品监管秩序这一集体法益的侵害。事实上，集体法益在现代刑法的发展中获得了独立于个人法益的地位，由古典刑法向现代刑法的演变是不可阻挡的法治潮流。[①] **集体法益的刑法保护不仅是现行刑法明确规定的法益内容，而且具有宪法上的正当性。**对此，有观点认为，"未经许可而进口的真实有效药品，本身并无毒副作用，甚至对患者具有经济上和健康上双重的益处；这些行为本身确实违反了行政许可，却并没有侵害具体的个人法益，也并无此种侵害的危险。根据当前刑法规定，这些情形同样应当成立犯罪，然而这种结论的正当性却面临法益侵害具体化原则的拷问。"[②] 这种表述言过其实。因为非法进口药案件可能侵犯的是市场经济秩序和公众健康安全双重法益，即便没有对后者构成实质威胁，但在对前者构成侵害的情况下，其法益侵害性是不容回避的。

其次，不法行为会对法益造成的严重威胁，是生产、销售、提供假药罪这一抽象危险犯成立不可或缺的条件。危险状态是否属于抽象危险犯成立的前提条件，在理论上不无争议。然而，从犯罪本质特征来看，抽象危险作为抽象危险犯中法益侵害性的表征，应当是抽象危险犯不可或缺的本质特征。这里需要注意犯罪构成特征和犯罪本质特征之间的关系。犯罪构成要件往往是对某一具体犯罪构成特征的形式表述，符合相关要件的行为通常就认定犯罪成立，但犯罪构成要件并不必然体现犯罪的本质特征。按照我国的刑法理论，犯罪具有社会危害性、刑事违法性和应受刑罚处罚性三个特征。因此，对于任何犯罪而言，都必须具有社会危害性这一本质特征，抽象危险犯也不例外。当然，犯罪构成仅仅是对不法行为特征的表述，符合犯罪构成的行为具有社会危害性，对

---

① 马春晓：《使用他人许可证经营烟草的法教义学分析——以集体法益的分析为进路》，载《政治与法律》2016 年第 9 期。

② 杜小丽：《抽象危险犯形态法定犯的出罪机制》，载《政治与法律》2016 年第 12 期。

于大多数犯罪而言都是成立的，我们不需要对抽象危险犯中不法行为的社会危害性即法益所造成的威胁进行具体判断，但如果可以通过证据证明不法行为不会对法益构成严重威胁，就说明其不符合犯罪的本质特征。

最后，不法行为对法益所造成的危险状态，是直接推定但允许反证。成立抽象危险犯需要确认存在抽象危险，并不意味着公诉机关在认定范围时必须完成抽象危险的证明。在具体案件中，行为是否存在抽象危险，并非完全不需要判断，只是不需要像具体危险犯那样判断，而是需要一般性的、类型性的判断。[①] 这种类型化的判断就是只要完成犯罪构成要件的证明，就可以推定抽象危险的存在，即完成了控方的证明责任。而在销售假药犯罪中，假药是否具有侵害公众健康的实质危险，不是构成要件的要素。相应的，将销售假药罪中的抽象危险理解为是构成要件要素的观点，必然面临违背无罪推定原则的批评。[②] 但是，抽象危险既然是基于行为类型的一般化风险而进行的推定，即不是有确实充分的证据可以证明存在"不需要证明"的抽象危险，自然允许被告方进行有效反证，即证明涉案产品不存在犯罪成立所具有的法益侵害性，从而主张无罪。

三、非法进口药案件的司法认定

《2022 年药品解释》明确了非法进口药案件的评价规则，以此为基础，对于该类案件的司法认定，可以从以下三个方面讨论。

（一）非法进口药的身份认定

"未取得药品相关批准证明文件进口药品"，即非法进口药，只是一种形式判断，无关真假。换言之，这种未取得相关批准证明文件而进口的药品，既可以是

---

① 张明楷：《危险驾驶罪的基本问题》，载《政法论坛》2012 年第 6 期。
② 劳东燕：《价值判断与刑法解释：对陆勇案的刑法困境与出路的思考》，载《清华法律评论》2016 年第 1 辑。

境外合法上市的药品，也可能是境外退市的药品，甚至是源于境外但来路不明比如国外"黑作坊"生产的药品。因此，对于非法进口药案件的司法评价，应当透过这一表象去分析其真实身份，只有境外合法上市的且未取得药品相关批准证明文件的进口药品，才属于这里的非法进口药。之所以这样区分，原因在于，《药品管理法》删除了"按假药论处"的形式假药类别，非法进口药也从假药变成了该法第 124 条禁止经营的其他缺陷药品。做出这一分类的原因之一，就是非法进口药往往具有相应的疗效，不符合观念上人们对"假药"的认知，将其作为"假药"对待是不合情理的，因此，将两者区分开来，建立不同的缺陷药品评价机制，使"假药"回归药效缺失这一实质性标准是十分必要的。相应，如果说非法进口药并非来自于境外，则不能称之为进口药；若在境外从未合法上市，也难以确定其具有相应的治疗功效，所以此次药品管理法修订后，通俗意义上的非法进口药应当是来源于境外且具有一定疗效的药物。这样一来，关于非法进口药的认定，需要注意两个方面：一个是药品来自于境外，二是境外合法上市。

首先，关于药品来自于境外的问题。事实上，实践中不法此类争议问题。在既往，由于非法进口药属于按假药论处的情形，因此，不管是真的进口药还是打着外文标签的假的进口药，都统一按照假药论不会带来司法定性上的差异，司法机关也不用专门核查药品的身份。比如，在贾前宽生产、销售假药案中，被告人贾前宽受雇于朱辞藻（另案处理），在未取得药品生产、销售许可证的情况下，贾前宽用朱辞藻提供的药品原料和制药工具，在其承租的房间生产"糖平康降糖胶囊"（标注生产者"北京长城制药厂"）、"奥利司他高肽活胰胶囊"〔标注生产者"霍福迈（中国）生物制药有限公司"〕、"中德通益风宁"（标注生产者"北京麦克乐制药有限公司"）、"科亚克痫素"〔标注研制机构"美国科比亚德国际（kebyled Corp）生物制药集团"〕等药品；并通过快递方式将上述药品向张某等人进行销售，销售金额共计 180 余万元。① 该案中虽然被告人生产经营的药品保障中注明了境外药品的规定，且北京市房山区市场监督管理局情况说明证明依据 2015 年版《药品管理法》第 48 条第 3 款第 2 项的规定"依照本法必须批准而未经批准生产、进口，或者依照本法继续检验而未经检验即销售的"应依法按假药论处，但事实上药品是否的确系境外药品无从确认。因此，要查明涉案药品是否来自于境外，是确定非法进口药案件定性的第一步。

第二，关于药品在境外合法上市的问题。药品来自于境外，未必在境外合法上市。比如前文提到的辉瑞制药生产的药物 Xeljanz，一旦被欧盟有关部门拒绝其上市申请，就难以评价为在欧盟合法上市的药物。因此，如何证明药物在金外合法上市，是实践中制约此类案件的关键问题。为了解决这一问题，《2022 年药品解释》第 7 条第 2 款规定，"对于涉案药品是否在境外合法上市，应当根据境外药品监督管理部门或者权利人的证明等证据，结合犯罪嫌疑人、被告人及其辩护人提供的证据材料综合审查，依法作出认定"。这一处理思路参考了侵犯知识产权案件办理中的工作方式，通过有关部门向境外机构或者境内权利人取证，确定涉案药品是否系境外合法上市的药品，应该说具有较强的可操作性。但是，如果从外包装无法确定权利人或者通过境外药品监督管理部门无从确定药品来源真实性时，应当否定其境外合法上市药品的属性；在此基础上，如果行为人也无法证明涉案药物系从境外购进时，可以进一步否定涉案药物系境外进口药的身份，而可以将其视为"未取得药品相关批准证明文件生产的药品"（即按照境内药品处理）等。

基于上述分析，非法进口药的身份证明分为两个层次：一是关于药品来源于境外的证明，二是关于药品境外合法上市的证明。这两个层次的证明有密切的内在逻辑关系，比如通过境外药品管理机构和权利人等途径查证属实的，在证明药

---

① 参见北京市房山区人民法院刑事判决书（2020）京 0111 刑初 193 号。

品来源于境外的同时也就完成了境外合法上市的证明；通过境外药品管理机构和权利人等途径证实药品来源于境外但已退出市场时，可以进一步确定具体原因，但可以证实系进口药；通过境外药品监管机构和权利人等方式无法证实药品来源于境外或者无法确定境外药品监管机构、权利人的，比如无生产文号、生产厂商的药品，那么，行为人可以举证证明药品系境外进口，如果不能说明，则对其应当按照"未取得药品相关批准证明文件生产的药品"或者"以非药品冒充药品"等处理。但是要注意的是，认定为后者时，在证据层面应当无法证明涉案药品具有其所宣传的功效。

（二）非法进口药的危险评价

非法进口药案件曾经在我国假药犯罪案件中较为集中、多发的案件类型，但是随着《药品管理法》《刑法》的修订，非法进口药案件不能直接按照生产、销售假药罪论处，而妨害药品管理罪的认定标准较为抽象，这就导致此类案件的处理在司法实践中遇到了较大困难。

案例一：林家昆销售劣药案

法院查明，从 2016 年开始，被告人林家昆在未取得《工商营业执照》《药品经营许可证》的情况下，在路边向他人低价购进"德国强力消石素""坐骨神经痛丸""Ｃｏ风湿骨痛宁胶囊""胃肠 8 号复合三仙砂仁胶囊""蛇粉风湿灵"等药品产品，然后上门推销，加价销售给被告人胡健馨等人，经百色市食品药品监督管理局认定，这些药品未标注批准文号或生产批号。在审理过程中，因《中华人民共和国药品管理法》重新修订，其中关于假药、劣药的认定标准发生了变更。本案中，药品监管部门依照修订前的《中华人民共和国药品管理法》中假药认定标准对本案涉案药品作出按假药论处的认定意见，但依照变更后的认定标准，本案涉案药品应认定为劣药。因此，根据刑事诉讼适用法律从旧兼从轻的原则，法院将本案涉案药品认定为劣药，并以被告人销售未取得药品相关批准证明文件生产、进口的药品，足以严重危害人体健康为由，依据刑法第142条之一判处其构成销售劣药罪。①

案例二：黄明姬非法经营案

法院查明，被告人黄明姬在未经国家有关部门许可，非法从韩国进口假药、医疗器械、化妆品。同时，被告人黄明姬注册微信工作号"悦悦"，通过微信和黑龙江的孙玉冉（微信名"狮子狗"）购进假药和无医疗器械注册证的医疗器械，以"王总、林总"的虚假称呼通过快递收取假药、医疗器械、化妆品，然后通过微信在我国境内非法销售。一审法院认为，被告人黄明姬明知是未经我国食品药品监督管理总局批准的药品，未取得药品经营许可证销售药品，构成非法经营罪。辩护人在上诉时认为，上诉人的行为未达到对人体健康造成严重危害或其他严重情节，不构成非法经营罪，只能构成销售劣药罪。二审法院认为，上诉人黄明姬在未经国家有关部门许可，非法从韩国进口药品，但未有证据证实足以严重危害人体健康或对人体健康造成严重危害，并不符合妨害药品管理罪之规定。上诉人黄明姬明知是未经我国食品药品监督管理总局批准的药品，未取得药品经营许可证销售药品，情节特别严重，已构成非法经营罪。②

上述两个案例，司法机关都认定涉案药品系非法进口药，但也未说明认定为境外药品的根据，这实际上也是实践中许多法院容易忽略的问题。除此之外，对于涉案药品的危险性，案例一直接认定涉案药品足以严重危害人体健康，只是没有列明这一认定的事实根据，而案例二直接否定了涉案药品足以严重危害人体健康的，也同样未说明具体依据。事实上，这也是所有非法进口药案件查办过程中

---

① 广西壮族自治区百色市右江区人民法院刑事判决书（2019）桂1002刑初402号。本案判决虽然援引了刑法第142条之一，但判处的罪名依然是销售劣药罪，而不是妨害药品管理罪。

② 参见山西省大同市中级人民法院刑事裁定书（2020）晋02刑终218号。

所面临的问题，即如何评价涉案药品的危险性。其实，决定药品危险性的因素很多，最常见的是药品成分，其次是药品类型及适应证。不过，依照《2022年药品解释》的规定，这些因素都没有被用来评价非法进口药的危险性。其第7条第1款第5项规定，"未取得药品相关批准证明文件进口药品或者明知是上述药品而销售，涉案药品在境外也未合法上市的，应当认定为刑法第一百四十二条之一规定的'足以严重危害人体健康'"。也就是说，只要涉案药品未在境外合法上市，不管其未上市的原因如何，亦无论其药品类型，都认定"足以严重危害人体健康"。这样一来，涉案药品危险性的规范评价变成了药品身份状态的事实证明，可以说极大地降低了办案机关的证明责任。但是，在适用这一规则时，还需要注意两点。

其一，关于境外未合法上市的理解。药品在境外为合法上市的原因很多，比如处于临床试验期间，或者处于上市审批阶段等，这些都属于未在境外合法上市。原则来讲，任何未经药品监管部门审批同意进入市场流通的药品，都可以归为未在境外合法上市，因为有关部门对其上市申请的审查也是确保药品安全的重要程序。但是，如果在案件审理期间，原本正在审查中的上市申请被批准，则应当将涉案药物视为已在境外获得合法上市资格。此外，药品在境外合法上市，是在部分地区允许上市即可，还是在其申请上市的国家或者地区都应当获得流通资格，应予以合理分析。比如前述辉瑞制药生产的药品，一旦在欧盟禁止流通，其在该地区就不属于合法上市的药品，而如果美国等非欧盟国家没有禁止，那么，行为人将其非法进口到我国并销售时，该药品是否属于境外合法上市的药品呢？笔者认为，既然该药品允许在部分地区上市流通，原则上就是境外合法上市的药品，不宜以其他地区禁止该药品流通而将其视为"境外未合法上市"的药品。一方面，某药品被禁止上市的原因有很多，而司法解释是将境外未合法上市等同于药品有安全风险，故而部分地区禁止特定药品流通时其原因未必系安全问题，两者不具有直接关联性。另一方面，不同国家、地区对药品上市申请审查机制会有一定差异，这也会导致境外上市情况因国别而不同，故而，当该药物在一些国家允许流通时，不宜直接评价为司法解释中"境外未合法上市"。

其二，关于药品成分、适应证的影响。不管是药品管理法还是刑法，都是将未取得药品相关批准证明文件生产的药品和进口药品放在统一条款中，在某种程度上也表明了该类药品危险性的评价机制具有较大的共通性。但是，在《2022年药品解释》中，对于非法生产药品和非法进口药品的危险性评价做了区别对待。比如，其第7条第1款第2项规定，未取得药品相关批准证明文件生产药品或者明知是上述药品而销售，涉案药品属于以孕产妇、儿童或者危重病人为主要使用对象的，或者属于麻醉药品、精神药品、医疗用毒性药品、放射性药品、生物制品，或者以药品类易制毒化学品冒充其他药品的，或者涉案药品属于注射剂药品、急救药品的；第3项规定，未取得药品相关批准证明文件生产药品或者明知是上述药品而销售，涉案药品的适应证、功能主治或者成份不明的。据此，对于未经批准生产的药品，主要通过药品类型、适应症、成分等予以判断，而对于未经批准进口的药品，则是通过是否在境外合法上市来判断。由此导致的结果是，对于未在境外合法上市的药品，不管器是否属于上述三类针对特定对象、特别种类的药品，还是适应证、功能主治或者成分不明的药物，都认定为"足以严重危害人体健康"。比如对于境外临床试验已经结束但处于上市申请阶段的药品，因其未获得上市申请，那么，即便其药品类型、适应证、成分都很清晰，也认定为"足以严重危害人体健康"。这显然是不合理的，在非法在境内生产药品和非法从境外进口药品这个问题，对于后者的打击力度显然扩大，势必导致处罚范围的扩大化。对此，笔者建议在适用这一规则时需要应当注意把握两点：一是对于境外未合法上市但又不属于该司法解释第1条第1项至第3项规定情形的药品的，应当允许在数量较小的情况下按照"情节轻微"甚至"情节显著轻微"来处理；二是即便属于境外未合法上市的药品，在药品类型、适应证或者成分比较清晰、明确时，应当允许提出相反证据证明涉案药品不足以严重危害人体健康，从而构成对司法解释规则的合理限缩。

（三）非法进口药案件的分类处理

按照当前的法律规定，非法经营的未经批准进口的国外、境外药品被认定为销售假药、妨害药品管理以及非法经营的可能性都存在。当无法证明所谓的进口药系境外药品，对其按照境内药品论处时，或者可以证明系境外的假药时，都会涉嫌销售假药犯罪。而对于妨害药品管理罪和非法经营违法行为的认定，可以做如下分析：

第一，若有证据证明行为人所销售的未经批准进口的国外、境外药品属于国外、境外的合格药品，不会给公众安全构成实质性的威胁，就可以以该行为没有侵害公众健康、安全这一法益为由，认定其不符合妨害药品管理罪的本质特征而否定构成本罪。这里需要注意的是，由于司法解释将危险性证明转变为事实证明，因此，办案机关只需要围绕"药品身份"进行取证、证明，就可以认定涉案行为构成犯罪。但是，如上文所述，虽然办案机关不需要提供专门证据去证明涉案药品的危险性，但是涉案药品是否具备这一法益侵害性可以作为被告方辩护的理由。换言之，被告方可以通过足够的证据证明涉案药品不会或者没有给服用该药物的患者带来危险性。如果审判机关予以采信，就应当以涉案药品不具有危害公众健康、安全的风险而不按照本罪处理。

第二，若有证据证明行为人所销售的未经批准进口的国外、境外药品属于国外、境外的合格药品，不具有危害公众安全的危险，从而不构成妨害药品管理罪，但是不意味着这种行为一定是无罪的。因为销售未经批准进口的国外、境外药品的行为，即便涉案药品属于国外、境外的合格产品，不会对公众人身健康和生命安全构成威胁，但是行为人非法进口、销售药品的行为如果在客观上扰乱了我国海关监管的正常秩序，具有处罚的必要性。当然，是否能够适用刑法的其他罪名追究刑事责任，必须坚持罪刑法定的基本原则。应当注意的是，因《2022年药品解释》删除了《2014年药品解释》第7条第1款无证经营药品涉嫌非法经营罪之规定，故而，即便行为人不具有经营药品的资质，这种扰乱市场监管秩序（有经营资格）行为因不符合非法经营罪等犯罪行为的追诉标准而不能认定为犯罪。其实，《药品管理法》已经为我们追究此类行为的行政违法责任提供了充分依据。该法第 56 条规定，药品经营企业购进药品，必须建立并执行进货检查验收制度，验明药品合格证明和其他标识；不符合规定要求的，不得购进。第 55 条药品生产企业、药品经营企业、医疗机构必须从具有药品生产、经营资格的企业购进药品；但是，购进没有实施批准审批的中药材除外。那么，行为人销售未经批准进口的国外、境外药品，显然不是从我国法律规定的具有药品生产、经营资格的企业购进药品，有违上述规定之嫌疑。根据第 124 条的规定，未取得药品批准证明文件生产、进口药品的，没收违法生产、进口、销售的药品和违法所得以及专门用于违法生产的原料、辅料、包装材料和生产设备，责令停产停业整顿，并处违法生产、进口、销售的药品货值金额 15 倍以上 30 倍以下的罚款；货值金额不足 10 万元的，按 10 万元计算；情节严重的，吊销药品批准证明文件直至吊销药品生产许可证、药品经营许可证或者医疗机构制剂许可证，对法定代表人、主要负责人、直接负责的主管人员和其他责任人员，没收违法行为发生期间自本单位所获收入，并处所获收入 30% 以上 3 倍以下的罚款，10 年直至终身禁止从事药品生产经营活动，并可以由公安机关处 5 日以上 15 日以下的拘留。

【延伸阅读】

私制兽药案：假劣兽药与伪劣产品的区分逻辑

2022 年 3 月 21 日，农业农村部、最高检、公安部、国家市场监管总局等 7 部门联合召开了"2022 年全国农资打假专项治理行动视频会"。此次会议上，最高人民检察院发布了 4 件检察机关依法惩治危害农资安全犯罪典型案例，其中包括了易某某等人生产、销售假兽药案，并对本领域内农资打假工作进行了部署，并强调深入开展农资打假专项治理行动。可以想见，在此后的一段时间里，强化监管执法仍然是该领域的工作重点。当然，由于农资产品的复杂性，法律适用问题一直鲜有探讨，不过，从近期媒体报道的热点案件来看，有些问题的交流还具有一定的必要性，为此，本文主要围绕兽药安全进行初步分析。

私制兽药的常见形态

从司法实践来看，私制兽药案的常见行为方式有三类。

一是自行组装模式，即行为人随意挑选配料生产加工成品后以兽药名义对外出售。这一模式的典型特征是，原料配比具有较大的随意性，不能达到其所宣称的治疗效果。从原料性质来讲，既可能将普通原料与药物原料随意配比，也可能纯粹是普通原料的加工。比如此次发布的易某某生产、销售假兽药案（案例一）中，易某某在未取得兽药生产许可的情况下，擅自购买设备和原料，租用仓库，以不含有药物成分的石粉、木粉、麦芽精糊等物质为原料大量生产宣称可以治疗"鸡瘟"的兽药片剂，通过微信对外销售，销售金额 39 万余元。吴某甲、吴某乙、胡某某 3 人在未取得兽药生产许可的情况下，各自租赁民宅，使用从易某某处购进的兽药片剂或自行以不含有药物成分的石粉、木粉等物质生产的兽药粉剂，冒充正规兽药，通过物流销往全国各地。

二是自行研制模式，即行为人为治疗特定疾病，通过药物、病理学等分析，加工研制具有真实疗效的兽药。该类模式的典型特征是行为人具有一定的药物研发能力，对于药物原料的配比考虑了治疗的功效。比如，在冯某某生产销售假兽药案（案例二）中，被告人冯某某未经国家行政部门批准，租用厂房，利用北京某某生物药业有限公司、山西某某兴业生物科技有限公司的名义生产兽药，并将生产的兽药销往江苏、四川、重庆等地。经某省农业农村厅和某市农业农村局对该两家公司生产的 11 种产品（分别是"赤皮烂鳃暴血宁""烂鳃肠炎暴血宁""特效病毒灵""草鲤五病灵""龙虾纤虫净""杀毒先锋""氰戊菊酯溶液""高效氯氰菊酯溶液"（水产用）"灭虫暴血停""复合阿维菌素溶液""精制敌百虫"进行鉴定，认定该 11 种产品均为假兽药。

三是非法添加模式，即针对已经合法上市的兽药，非法添加其他成分后以新兽药的名义对外销售。该种模式的特征是行为人是对真兽药的再加工，从而改变了兽药的药物成分。比如，在刘某某生产、销售假兽药案（案例三）中，被告人刘某某某地设立"四川康威动物药业有限公司"（未注册），专门从事生产、销售兽药活动。在案发前，刘某某在租赁的两间简易仓库中，在兽药原料中随意添加葡萄糖等原料，指挥他人加工生产成所谓的阿莫西林、氟苯尼考、替米考星、盐酸多西环素、粘杆菌素等十几种兽药，并粘贴"四川康威"或者"康威牧鑫"的商标，然后采取网络或者电话对外销售。

上述三类案件虽然均涉及假兽药，但是实践中几乎都被认定为生产、销售伪劣产品犯罪，其原因之一是第 147 条生产、销售伪劣兽药罪系结果犯，成立该罪需不法行为"使生产遭受较大损失"，而后者证明难度较大。当然，生产、销售伪劣产品罪的认定标准，也存在许多司法争议，但此类案件的核心问题是，私制兽药是否可以评价为刑法意义上的伪劣产品。要解决这一问题，必须从行政规范层面展开探讨。

私制兽药与假劣兽药

对于上述私制兽药，是否可以一律评价为假冒伪劣的兽药，需要依据行政法规范作出判断。在案例二中，被告方就认为起诉书中关于冯某某未经批准生产假兽药的认定不准确。其生产聚维酮碘溶液、苯扎溴铵溶液有农业部批文，冯运恒作为北京某某公司的法定代表人，有权组织生产涉案产品中的赤皮烂腮暴血宁等涉案兽药。但法院认为，涉案公司虽有农业部下发的苯扎溴铵溶液等兽药产品批准文号，但该类兽药均未执行农业农村部批准文号的标准，被该地农业农村局判定为未获得农业农村部批准文号产品。对此，该如何理解？毕竟，所谓私制兽药，本义上就是未经有关部门批准而生产的兽药。这就涉及两个问题：一是假兽药的认定标准是什么;二是未经批准而生产的兽药该如何理解。

对于上述问题,根据《兽药管理条例》第47条规定,"有下列情形之一的,为假兽药:(一)以非兽药冒充兽药或者以他种兽药冒充此种兽药的;(二)兽药所含成分的种类、名称与兽药国家标准不符合的。""有下列情形之一的,按照假兽药处理:(一)国务院兽医行政管理部门规定禁止使用的;(二)依照本条例规定应当经审查批准而未经审查批准即生产、进口的,或者依照本条例规定应当经抽查检验、审查核对而未经抽查检验、审查核对即销售、进口的;(三)变质的;(四)被污染的;(五)所标明的适应证或者功能主治超出规定范围的。"据此可以发现,该条例关于假兽药的规定,与原《药品管理法》第48条关于假药(人用药品)的规定采取了相同的立法模式,将假兽药分为两种类型:一种是实质意义上的假兽药,即兽药本身不具有治疗相应疾病的功效;二是形式意义上的假兽药,即立法规范本身关注的不是药品是否具有实质功效,而是违反了国家关于兽药安全管理的程序性要求。比如前述第2款中第1项、第2项、第4项、第5项之规定(严格来讲,变质的药品往往也会影响其实际功效,所以可以归为实质性的假兽药)。也正是因为后者虽然违反了药品监管的程序性规范,但不必然影响药品的治疗功效,所以立法采纳了"按假兽药处理"的表述。这也表明这两款本身的规范目的有些许差异的。对于实质意义上的假兽药,显然属于立法机关重点打击的对象。其不仅扰乱了兽药市场监管秩序,而且侵害动物的用药安全,侵害侵犯了消费者的合法经济利益。而对于形式意义上的假兽药,立法意图更偏向于维护市场监管秩序——将那些违反程序性规定而生产的兽药,直接按照假药论处,从而强化违法评价的力度。

具体前述三类私制兽药案件中,既然生产、经营兽药的行为都没有经过有关部门的审批,就满足了《兽药管理条例》第47条第2款第2项"依照本条例规定应当经审查批准而未经审查批准即生产、进口"之规定,评价为"假兽药"并无不当。当然,如果执法机关能够进一步查证,确定涉案假兽药的原料根本不具有治疗功效（比如案例一），或者冒充某一品牌的兽药，但有非法添加成分的行为（案例三），则可以分别认定为第 47 条第 1 款实质意义上的假兽药。当然，前者的证明责任更轻，后者则需要对药效进行实质性评价，难度会有所增加。也正是基于此，在前文提到的案例二，即便涉案兽药系被告单位研制生产，但是如果没有按照有关部门批准的文号进行生产、经营，也仍然可以以涉案兽药"未经审查批准即生产"为由，将其认定为"假兽药"。相应的，如果在案证据足以证明涉案兽药符合《兽药管理条例》第 48 条规定，可以将其评价为"劣兽药"。

私制兽药与伪劣产品

从罪与非罪的角度来看，核心问题是私制兽药被评价为假劣兽药后，是否可以将其认定为刑法第 140 条的"伪劣产品"。

关于"伪劣产品"的范围，刑法第 140 条做了明确规定，主要包括掺杂掺假、以次充好、以假乱真以及以不合格产品冒充合格产品四种类型。《最高人民检察院、公安部关于公安机关管辖的刑事案件立案追诉标准的规定（一）》进一步阐释了四种类型的具体标准，即第 16 条第 2 款规定，这里的"掺杂、掺假"，是指在产品中掺入杂质或者异物，致使产品质量不符合国家法律、法规或者产品明示质量标准规定的质量要求，降低、失去应有使用性能的行为；"以假充真"，是指以不具有某种使用性能的产品冒充具有该种使用性能的产品的行为；"以次充好"，是指以低等级、低档次产品冒充高等级、高档次产品，或者以残次、废旧零配件组合、拼装后冒充正品或者新产品的行为；"不合格产品"，是指不符合《中华人民共和国产品质量法》第 26 条第 2 款规定的质量要求的产品。从该规定来看，伪劣产品的判断坚持了实质判断的立场，比如"掺杂掺假"要求产品性能降低或丧失；"以假充真"要求涉案产品不具有相应性能，"以次充好"突出劣质、低级的特点，而不合格产品，则根据《产品质量法》第 26 条第 2 款的规定，也是以人身危险、产品质量缺陷作为判断依据的。就此而言，四种伪劣产品必须属于产品功能存在实质性缺陷的产品。如果涉案产品只是存在某种程度的制假，但产品性没有严重的质量缺陷，不足以将其认定为本罪中的"伪劣产品"。

以此为标准看私制兽药行为，案例一直接用不具有治疗功效的配料来生产兽药，显然制成品不具有兽药本身相应的性能，故而在认定为"假兽药"的同时，属于典型的"以假充真"，可以认定为刑法中的"伪劣产品"；而案例三则是在兽药原料的基础上非法添加其他成分，从而改变了产品的性能（因非法添加化学药物而可能对动物造成其他伤害），降低兽药本身的治疗效果，因此，可以将其评价为"掺杂掺假"型伪劣产品。关于案例二，虽然涉案产品本身没有按照批准文号生产，且属于未经检验即销售的兽药，但是否具有其宣传的治疗功效，我们并不清楚，判决书也没有予以明示，故而本文不宜判断其认定为"伪劣产品"是否妥当。当然，如果其具有实质功效，即便其属于行政规范层面上"假兽药"，也不属于刑法中的"伪劣产品"。

在实践中，对伪劣产品进行查证时，需要注意两点：一是既然伪劣产品的判断属于实质判断，就不能直接将"未经审批药品"等形式意义上的假兽药直接等同于"伪劣药品"。此时，需要对其自行研制的工艺、技术、成分以及可能存在的功效进行实质审查，进而确定所宣传的功效是否客观真实。如果从兽药的销售去向、成分、工艺技术等方面没有发现功能性缺陷，且有积极的治疗效果，则不宜将此类药品认定为"伪劣药品"。二是虽然伪劣产品的判断是实质判断，但是不意味着只能通过司法鉴定等方式来认定产品质量缺陷。对此，一种可以是经验判断，即根据公众常识，此类产品的功效伴随严重的附加后果，比如在自行研制的兽药中使用禁用药物，即便在一些情形下有治疗功效，但是因为法律基于食用安全性而禁用时，可以直接认定兽药存在质量缺陷，不需要对其是否能够治疗动物疾病进行实质审查。另一种是技术判断，即通过科学鉴定的方式直接验证功效是否存在，比如兽药中存在致害性成分或者导致动物死亡等，可以认定兽药存在功能缺陷。这两种情况都可以以产品本身不符合质量安全标准，将其评价为"不合格产品冒充合格产品"。

最后，有必要提及的是，刑法第147条生产、销售伪劣兽药罪的罪状中明确提到的"假的兽药"和"不合格的兽药"，也应当做实质评价，即将形式上按"假兽药"论处但具有真实功效的兽药排除在外。其理由在于：一是从同类解释的角度来讲，罪状中的"假"和罪状中"失去使用性能"具有相近的含义，故而"假的兽药"一定是性能欠缺的兽药，不能将具有治疗效果的兽药归入其中；二是从入罪标注来看，要求给生产活动造成损失，那么，既然兽药有真实效果，就难以造成相应损失，因此，实无将其解释为"假兽药"的必要性。

第八章

假疫苗案：经营"真假"疫苗的规范评价

【本章概要】

对于疫苗案件，必须坚持严厉打击、从严惩处的刑事政策。不管是从国外非法进口的"假的"真疫苗，还是国内非法经营的"真的"假疫苗，都应当依照刑法明文规定定罪量刑。但是，从司法实践来看，如何理解假药的认定标准，如何确定经营的劣质疫苗和人身伤害之间具有刑法上的因果联系，存在诸多值得探讨的地方。就前者而言，刑法上的认定标准和药品管理法上的认定标准是一致的，就后者来说，应当确定双层次刑法因果关系评价规则，以合法则性条件说作为事实因果关系的认定基础，进而确定是否应当对不法行为进行归责。在疫苗案件办理过程中，要特别注意行政执法与刑事司法机制的衔接问题，只要确定有生产、销售劣质疫苗的不法行为，涉案货值达到生产、销售伪劣产品罪的立案标准的，即便没有造成致人伤亡的危害后果，也应当依法将案件移送公安机关。

疫苗是指为了预防、控制传染病的发生、流行，用于人体预防接种的疫苗类预防性生物制品。[①] 接种疫苗是预防控制传染病最有效的手段，避免了无数儿童

---

① 田侃、吕雄文主编：《药事管理法》，中国医药科技出版社 2016 年版，第 228 页。

因病致残和死亡，因此，疫苗的发明和预防接种也被视为人类最伟大的公共卫生成就。然而，对于公共安全和公众健康如此重要的药物，竟然会频繁出现不同程度的造假制假。2018 年 7 月 15 日，国家药品监督管理局通告长春长生生物科技有限责任公司（以下简称"长春长生"）人用狂犬病疫苗生产存在记录造假等严重违反《药品生产质量管理规范》的行为，引起社会舆论的广泛关注。然而，一波未平一波又起，涉事厂家长春长生收到《吉林省食品药品监督管理局行政处罚决定书》，再次被曝疫苗违规生产。处罚决定书显示，该公司生产的"吸附无细胞百白破联合疫苗"（批号：201605014 − 01），"效价测定"项不符合规定，应按劣药论处。几乎在同一时间，媒体曝光武汉某疫苗企业制品研究所有限责任公司（以下简称武汉公司）生产的批号为 201607050-2 的百白破疫苗效价不合格。然而，这并非疫苗领域的偶发事件。其实，早在 2010 年 3 月，就有媒体刊登了"山西疫苗乱象调查""近百名儿童注射疫苗后致死致残"的报道。虽然事后有关部门对涉案信息进行核实发现有 3 例所患疾病与疫苗接种有关，但这次事件，客观上已经造成了全国范围内广大群众对疫苗的信任危机。[①] 令公众遗憾且愤怒的是，山西疫苗事件并没有引起其他地区监管部门的足够重视，从而为山东疫苗事件埋下了隐患。2016 年 3 月，山东省警方破获案值 5.7 亿元非法疫苗案，疫苗未经严格冷链存储运输销往安徽、北京、福建、甘肃、广东、广西、贵州、河北、河南、黑龙江、湖北、吉林、江苏、江西、重庆、浙江、四川、陕西、山西、山东、湖南、辽宁、内蒙古、新疆等 24 个省份 80 余个县市。[②] 此次疫苗案件涉及范围之广令人震惊，被社会公众称之为"山东疫苗事件"。面对十年来频繁发生的疫苗造假事件，公众表达任何的质疑、谴责、焦虑都不为过，正如媒体所言，

① 吴鹏：《"山西疫苗事件"调查结果发布，患儿未种贴签疫苗》，载《新京报》2010 年 4 月 7 日。
② 朱顺忠：《山东疫苗事件涉 24 省份 80 余县市，涉案人 300 余》，载《法制晚报》2016 年 3 月 20 日。

"假疫苗事件深层次地造成亿万民众精神损失、信任危机，何止'致人重伤、死亡或者使公私财产遭受重大损失'能够比拟的？"① 公众对不法分子的痛恨也逐渐酝酿成一种全民情绪，呼吁对其适用重刑乃至死刑的声音不绝于网络。诸如"名律师说法：长春长生疫苗案以生产、销售劣药罪论处，何以谢天下？"② "对于长春长生涉嫌以危险方法危害公共安全罪从重追究刑事责任，难道不是符合刑法精神、顺应民意吗？"等呼声获得了公众极大认同，其中不乏法律界的专业人士。那么，行政监管部门和公安机关对于这些案件的处理是否符合法律规定，是否可以因为疫苗的重要功能而对于造假分子苛以重刑？缘何以生产、销售劣药罪对不法分子立案侦查令舆论难以接受？从药品安全监管与社会共治的角度来看，这些都是不容回避且亟待探讨的重要问题。

毕竟，随着新冠肺炎疫情的蔓延，社会上也出现了一些不法分子利用假疫苗谋取非法利益的案件。如2021年2月10日最高人民检察院发布的依法严惩涉新冠疫苗犯罪典型案例中，就有孔某、乔某等人用生理盐水制造假新冠疫苗这一生产、销售假药案。可以说，在当下强化对非法生产、经营假劣疫苗的规范研究，具有重要的现实意义。

一、"真"的假疫苗：假药犯罪认定的司法争议

假疫苗，是公众对问题疫苗的俗称，然而在规范的层面上，既然《药品管理法》对药品做了劣药和假药的区分，问题疫苗就不应都是"假"的药品，还可能是属于劣质疫苗。比如，有关部门查获的长春长生和武汉公司生产的疫苗似乎与假药不太相关。因此，本部分所探讨的"真"的假疫苗，主要是指符合现行《药

---

① 燕然：《劣药？假药？长春长生该当何罪》，载《华商报》2018年7月31日。
② "名律师说法：长春长生疫苗案以生产销售劣药罪论处 何以谢天下？"，访问网址：http://www.sohu.com/a/245267921_477768，访问时间：2018年8月10日。

品管理法》第 98 条规定为假药的疫苗，即药品所含成分与国家药品标准规定的成分不符，以非药品冒充药品或者以他种药品冒充此种药品的假药，变质的药品，以及药品所标明的适应证或者功能主治超出规定范围四类。

（一）"真"的假疫苗与假药的认定

案例一：宋某某、李某销售假药案[①]

法院审理查明，被告人宋某某、李某联系另案被告人陶某某在徐州购买其假狂犬疫苗。随后，宋某某、李某将购买来的假狂犬疫苗销售给被害人李某甲、李某乙、魏某（每人一盒，每盒五支）注射使用。案发后，在宋某某经营的"康华鞋店"里搜查出其尚未销售的标有某生物工程有限公司生产的人用假狂犬疫苗一盒（内有四支），经鉴定该疫苗不含狂犬病病毒抗原，不符合规定。2008 年 8 月 16 日下午，被告人宋某某在从被告人陶某甲、陶某乙手中购买了标有某生物制药有限公司生产的冻干人用假狂犬疫苗 11 盒（每盒五支），另一品牌人用假狂犬疫苗 14 盒（每盒五支），合计假狂犬疫苗 25 盒，支付给被告人陶某甲、陶某乙购药款人民币共计 1520 元。案发后，从宋某某家中搜查出人用狂犬疫苗 1 盒（内有五支）。上述两种同类同批次的狂犬疫苗，经鉴定该疫苗不含狂犬病病毒抗原，不符合规定。据此，法院认定被告人构成生产、销售假药罪。

案件二：张某某生产、销售假药案[②]

法院审理查明：被告人张某某同其父张理某在家中用针管抽出张某厂购买医用生理盐水（氯化钠溶液），注射到狂犬疫苗的玻璃瓶（假冒某品牌，2009 年规格 5 支 / 盒、2010 年规格 4 支 / 盒）空瓶里，每次注入瓶内 0.5ml，然后用机器压上盖子，贴上标签装盒封箱，交给张某厂对外销售。张某某受张某厂委托，2013 年

---

① 徐州铁路运输法院刑事判决书（2009）徐铁刑初字第 7 号。
② 亳州市谯城区人民法院刑事判决书（2014）谯刑初字第 00627 号。

春节过后多次通过客运车辆发货，以客运车辆车主代收货款的方式销售假人用狂犬疫苗 1800 余盒。法院认为，被告人张某某的行为已构成生产、销售假药罪。

　　上述两个案件是实践中典型的非法制售假疫苗案件。从形式上看，第一种通过鉴定意见明确指出是药品成分不符合国家安全标准的疫苗，第二种则对药品成份没有提出明确的结论性意见，虽然该类型的疫苗在成分上必然不符合国家安全标准的疫苗。但是，这两种是否均应认定为"药品所含成分与国家药品标准规定的成分不符"的假药，还是应当有所区别，将第二种假疫苗认定为"非药品冒充药品"的假药，从取证规范性以及规范定性的角度来看，应当予以审慎分析。既然《药品管理法》将"药品所含成分与国家药品标准规定的成分不符"和"非药品冒充药品"作为两类不同的假药，其适用的对象肯定是不同的。笔者认为，"药品所含成分与国家药品标准规定的成分不符"的药品应当是具有合法的身份的药品，而不是"非药品"的范畴。"药品成分，直接决定该种药品本身的有效性、安全性。按照本法第 28 条的规定，药品必须符合国家药品标准。国家药品标准中载明的药品成分，是经过药理、毒理等临床和非临床的反复试验，在试生产期又经过药品质量、稳定性及临床疗效和不良反应的检验，证明对某种疾病确有疗效并能保证使用安全后才确定下来的。国家药品标准作为强制性的标准，药品的生产者、销售者必须执行。药品所含成分与国家药品标准规定的成分不符的，不能保证使用中的安全性和有效性，因此本法将其列为假药。"据此，允许生产经营的药品，必须是符合国家药品标准的药品；[1] 只有符合国家药品标准的药品才是合格药品，方可销售、使用。但是，在实践中，一些厂家为追求利润，生产、销售的药品并不符合国家药品安全标准，却在"药品"出厂时获得合法身份，对此，就应当按照以不符合国家安全标准为由将其认定为假药。对于这一类案件，一定要存在同涉案药品相关联的国家药品安全标准，否则将无从确定其药品成份是否符合国家标准成份。基于此，如果查获的涉案药品，根本就存在所谓的国家药品标准（无国家标准成份的中药饮片除外），就不能将其认定为这里的"药品"，可以考虑适用"非药品冒充药品"。一般来说，药品是治病救人的，非药品不但不能达到治病救人的目的，反而会贻误病情，甚至会危及患者的生命安全。[2] 据此，非药品的核心特征就是不具有治疗病症的功效，当然，从形式上来说，其生产经营也没有获得国家药品监管管理批准。因此，如果涉案产品本身不具所宣传或者标明的治疗功效，就可以认定为非药品并以"非药品冒充药品"为由确定为假药。

从上述分析可以看出，不管是"药品所含成份与国家药品标准规定的成份不符"的假药，还是"非药品冒充药品"的假药，都不具有相应的治疗功效，就此

---

[1] 药品管理法第 28 条规定，药品必须符合国家药品标准。药品标准是对药品的质量、规格等技术指标及相关的检验方法所作的规定。国家制定的药品标准，是经过严格的科学研究论证，通过非临床安全性评价研究和临床试验所确定的，是保证药品安全、有效的技术依据。《中华人民共和国标准化法》规定："保障人体健康，人身财产安全的标准和法律、行政法规规定强制执行的标准是强制性标准。"国家药品标准是保障人体健康、人身安全的标准，属于必须执行的强制性标准。为此，本条第 1 款明确规定，药品必须执行国家药品标准。国家药品标准的法律意义在于，它是判断药品是否合格的唯一依据，只有符合国家药品标准的药品才是合格药品，方可销售、使用。依照本法第 98 条的规定，凡不符合国家药品标准的都属于假药或者劣药，禁止生产、销售。卞耀武：《中华人民共和国药品管理法释义》，访问网址：中国人大网 http://www.npc.gov.cn/npc/flsyywd/xingzheng/2002-07/15/content_297575.htm，访问时间：2018 年 7 月 26 日。

[2] 卞耀武：《中华人民共和国药品管理法释义》，访问网址：中国人大网 http://www.npc.gov.cn/npc/flsyywd/xingzheng/2002-07/15/content_297575.htm，访问时间：2018 年 7 月 26 日。

而言，其对人体健康乃至生命安全的威胁是现实存在的、客观的。这也是该两类假药和"以他种药品冒充此种药品的"的共同特征。[①] 当然，实践中还存在较多的具有相应的治疗效果但是没有经过国家有关部门依法批准而进行非法生产、经营且不存在国家药品标准的药品，对此，应当以"依照本法必须批准而未经批准生产"为由，按照《药品管理法》第 124 条的规定处理，足以严重危害人体健康，按照刑法第 142 条之一。基于此，对于案例一、案例二中的涉案疫苗，由于狂犬疫苗有相应的国家强制性药品标准，涉案疫苗不仅假冒某厂家的产品，而且有效成分严重缺失，因此，应当以"非药品冒充药品"将其认定为假药，其取证的重点不仅是关于假药的行政认定，而且应尽可能提供药品成分检验报告。

（二）假疫苗案件是否适用以危险方法危害公共安全罪

从山东疫苗案到长春长生疫苗案，舆论中呼吁以危险方法危害公共安全罪追究不法者刑事责任的声音不绝于耳。作为刑法中危害公共安全犯罪的重要类型，法定罪高刑为死刑的刑罚配置足以满足公众对违规生产、经营者的愤恨。但是从罪刑法定原则的视角来看，假疫苗案件并不符合以危险方法危害公共安全罪的特征。

根据《刑法》第 114 条的规定，以危险方法危害公共安全罪，是指以放火、决水、爆炸以及投放毒害性、放射性、传染病病原体等物质以外的其他危险方法危害公共安全的行为。因此，本罪的核心特征是以其他危险方法危害公共安全。客观而言，公共安全是一个宽泛的范畴，危害公共安全的行为也多种多样，相应地，能够危害公共安全的危险方法自然也有很多种类。但是，刑法中"以危险方

---

① 每一种药品都是针对特定的疾病产生一定的疗效，不同药品间的重要区别就在于各自的适应证或功能主治以及服法用量、禁忌及用药注意事项不同，以他种药品冒充此种药品，不但不能达到用药目的，反而可能产生严重后果。因此，"以他种药品冒充此种药品的"危害性也是客观存在的。参见卞耀武：《中华人民共和国药品管理法释义》，访问网址：中国人大网 http://www.npc.gov.cn/npc/flsyywd/xingzheng/2002-07/15/content_297575.htm，访问时间：2018 年 7 月 26 日。

法危害公共安全罪"的"危险方法"并非指任何一种可以危害公共安全的行为。比如，违章驾驶属于危害公共安全的行为，具有高度的危险性，但不能将其认定为以危险方法危害公共安全行为，交通肇事罪与以危害方法危害公共安全罪也并非包容关系。这就需要对以危险方法危害公共安全罪中的"危险方法"进行限定，而不能肆意解释，使其在"口袋罪"的反法治道路上越走越远。

关于如何限定以危险方法危害公共安全罪中的"危险方法"，学界可谓众说纷纭。有观点认为，《刑法》第114条中的"其他危险方法"是独立于危害公共安全的要件，应当从性质与程度两个角度进行限定。"首先，从性质上来说，成立'其他危险方法'的行为本身，必须在客观上具有导致多数人重伤或者死亡的内在危险。其次，从程度上而言，成立'其他危险方法'的行为本身，必须同时具备导致多数人重伤或死亡的直接性、迅速蔓延性与高度盖然性。这是与放火、决水、爆炸、投放危险物质行为进行同类解释所得出的结论。所谓的直接性，是指危害结果乃是由相关行为所直接导致，而不是介入其他因素的结果。迅速蔓延性，是指危险现实化的进程非常短暂与迅捷，行为所蕴含的危险一旦现实化便会迅速蔓延和不可控制，致使局面变得难以收拾。高度盖然性，是指行为所蕴含的内在危险在一般情况下会合乎规律地导致危害结果的发生，即此类行为不仅在客观上危及多数人的生命或重大健康，而且从一般生活经验的角度来看，相关危险的现实化不是小概率事件，而是具有高度盖然的现实可能。"[1] 也有学者从相当性、兜底性和具体危险性层面对"危险方法"进行限定，主张：（1）危险方法具有相当性。相当性是指危险方法与放火、决水、爆炸、投放危险物质在行为性质上必须具有类似性，即能够一次性地危及不特定多数人的生命、健康安全或者重大公私财产的安全。（2）危险方法具有特定范围的兜底性。在我国刑法中，"危害公共安全罪"分为以下5类：一是以危险方法危害公共安全的犯罪；二是破坏公用

---

[1] 劳东燕：《以危险方法危害公共安全罪的解释学研究》，载《政治与法律》2013年第3期。

工具、设施危害公共安全的犯罪；三是实施恐怖、危险活动危害公共安全的犯罪；四是违反枪支、弹药管理规定危害公共安全的犯罪；五是违反安全管理规定危害公共安全的犯罪。这就意味着"以危险方法危害公共安全罪"仅仅是危害公共安全犯罪中的一种类型而已。（3）危险方法具有具体危险性。以危险方法危害公共安全罪在刑法理论上被公认为是具体危险犯。既然该罪是具体危险犯，作为危险方法的行为对公共安全所造成的危险必须是具体危险，仅仅造成抽象危险的行为不能被认定为"危险方法"。① 上述两种观点虽然表述上有一定差异，但实质上殊途同归，都从侵害方式、法益威胁以及侵害特点等方面对"危险方法"进行了限定。在笔者看来，这种反思有效针对了实践中频繁扩大适用以危险方法危害公共安全罪的司法倾向，有助于遏制使其成为"口袋罪"的危险趋势，更是对司法领域疑难案件"以结果论罪"的检视，对于我们把握"危险方法"实质特点具有重要的借鉴意义。毕竟，从司法实践来看，"危险方法"的认定扩大化，根本原因就是把结果的危害性的判断取代了方法的危险性的判断，而使"其他危险方法"的判断发生了偏失。② 因此，对于"危险方法"的限定，应当将实害结果和公共危险区别开来，不能将引起实害结果的所有危害公共安全的行为等同于"以危害方法危害公共安全罪"中的行为危险——危险方法。

笔者认为，假疫苗案件不符合以危险方法危害公共安全的构成特征。具体原因如下：

首先，假疫苗不会对接种群体产生与放火、爆炸相当的直接的伤害后果。从

---

① 陆诗忠：《论"以危险方法危害公共安全罪"中的"危险方法"》，载《法律科学（西北政法大学学报）》2017 年第 5 期。

② 陈兴良：《口袋罪的法教义学分析：以以危险方法危害公共安全罪为例》，载《政治与法律》2013 年第 3 期。手段本身具有公共安全的危险性，简称手段危险性；事故的结果具有公共安全的危险性，简称结果危险性手段的危险性与结果的危险性是有所不同的。把盗窃井盖的行为认定为以危险方法危害公共安全罪，其错误就在于混淆了手段的危险性与结果的危险性之间的关系。

《刑法》第 114 条的规定来看，"其他危险方法"与放火、决水、爆炸、投放危险物质作为同一条文中的并列行为，决定了这里的危险方法在行为性质上必须与放火、爆炸等行为具有类似性或者相当性。如前所述，这种相当性表现在能够一次性地危及到不特定多数人的生命、健康安全或者重大公私财产的安全，且危害结果是由不法行为所直接造成。同时，这种侵害行为与不法结果之间往往是会合乎规律地、自然地导致危害结果的发生，也就是前文提到的"不是小概率事件，而是具有高度盖然的现实可能。"但是，在假疫苗案件中，不管是药品成分不符合国家药品标准的假疫苗，还是以非药品冒充药品的假疫苗，都不会因为生产行为、销售行为而直接造成不特定人的生命健康安全。因为实践中出现的因疫苗问题而产生的人身伤害，通常是特殊体质或者并发症等情形共同导致，这些因人而异的共同威胁、侵害并不符合放火、爆炸等行为的危险性特征。事实上，从经验来判断，假疫苗进入流通环节以后，发生严重公共安全事件上属于小概率的，并非表现出统计学上的高度盖然性，而这一点显然是无法和放火、决水、爆炸等行为相比的。

其次，假疫苗对人体健康所造成的威胁不会像放火、爆炸等行为一样迅速失控、蔓延，从而造成超越一般危险方法的公共威胁。如前所述，《刑法》第 114 条规定的放火、决水、爆炸等行为危险现实化的进程非常短暂与迅捷，行为所蕴含的危险一旦现实化便会迅速蔓延。但是在假疫苗案件中，生产经营假疫苗的行为并非能够直接产生公共威胁，在疫苗未注入人体之前，生产经营行为不会对公共安全造成具体危险，更不会使危险迅速失控、蔓延。因此，生产、销售行为与以危险方法危害公共安全罪中的"危险方法"具有本质上的差异。那么，能不能将防疫机构注射假疫苗的行为认定为实施"危险方法"呢？毕竟注射行为往往是销售行为的延续。在笔者看来，虽然注射行为使假疫苗对人体的威胁更加紧迫、具体，但疫苗所防范的疾病是预防性的，不仅出现这种疾病是不确定的，而且注射疫苗之后是否会因为疫苗无效而给公共安全产生不可控的现实危险，也是不确定的，这一风险并不具备"危险方法"应当具备的迅速失控、蔓延的特点。也正是基于此，假疫苗案件背后公众担忧的公共安全，更多的是一种抽象的威胁，并非具体或者实在性的侵害。故而我们不宜将这种行为认定为"危险方法"。

虽然通常情况下假疫苗案件不符合以危险方法危害公共安全的犯罪特征，但是如果不法人员在疫苗中投放了危险物质，符合《刑法》第 114 条投放危险物质罪的构成特征的话，可以按照该罪定罪量刑。

二、假的"真"疫苗：僵尸条款的适用与犯罪竞合处理

2018 年 7 月 29 日，吉林省长春市公安局长春新区分局发布通告称，已基本查明长春长生生物科技有限责任公司生产冻干人用狂犬病疫苗的涉嫌违法犯罪事实，依据《刑事诉讼法》第 79 条，决定以涉嫌生产、销售劣药罪，对该公司董事长高某芳等 18 名犯罪嫌疑人向检察机关提请批准逮捕。面对公安机关对案件的初步定性，舆论层面表达了诸多质疑，比如"这样的疫苗，只是劣药吗？不能认定为假药吗？不能定性为生产、销售假药罪吗？"徐昕认为，这样的疫苗，直接打进人的身体，就相当于杀人。这种行为已严重危害到不特定的多数人的生命，难道不能定性为以危险方法危害公共安全罪吗？徐昕表示，这一案件折射了刑法的不完善之处。刑法区分生产、销售假药罪与劣药罪，有何意义？难道劣药的社会危害性会小于假药？为什么假药罪是抽象危险犯，劣药罪就是结果犯？这种区别合理吗？量刑的巨大差别，合理吗？[1]也许，这代表了大多数人的疑虑和不满。然而，虽然现行《药品管理法》调整了旧法中关于假药、劣药的类型标准，但其评价依据依然是具体明确的，因此，存在质量缺陷的疫苗，究竟是假药还是劣药，只能依照法律设定的标准去判断；相应，不管罪名设定存在多大争

---

[1] 燕然：《劣药？假药？长春长生该当何罪》，载《华商报》2018 年 7 月 31 日。

议，在当下，也必须恪守罪刑法定原则的法治底线。

（一）生产、销售劣药罪：僵尸条款的困境与激活

涉案的长春长生疫苗被有关部门认定为劣药而不是假药，两者之间存在本质差别。根据现行《药品管理法》第 98 条第 3 款规定，"有下列情形之一的，为劣药：（一）药品成分的含量不符合国家药品标准；（二）被污染的药品；（三）未标明或者更改有效期的药品；（四）未注明或者更改产品批号的药品；（五）超过有效期的药品；（六）擅自添加防腐剂、辅料的药品；（七）其他不符合药品标准的药品"。从媒体报道来看，长春长生公司生产的"吸附无细胞百白破联合疫苗"（批号：201605014—01）属于"效价测定"项不符合有关规定，应按劣药论处。所谓"效价测定"项不符合规定，是指疫苗中有效抗原成分的含量低于标准范围，表明疫苗的有效性不够，可能会影响保护效果，与安全性是不同的两个方面。[①] 就此而言，涉案的长春长生疫苗涉嫌"药品成分的含量不符合国家药品标准"，即便按照现行《药品管理法》，也仍应将其认定为劣药。当然，也正是因为药品有效成分含量不符合国家药品标准，这种劣药与"药品成分不符合国家药品标准"的假药相比，两者的危害性是不一样的。除此之外，常见的劣药类型还包括"未标明有效期或者更改有效期的"和"未注明或者更改产品批号的"两种

---

① 朱国旺：《中国疾控中心专家：疫苗价值无可替代，效价降低不添安全风险》，载《中国医药报》2017 年 11 月 6 日。

药品。①

按照《刑法》第 142 条的规定，生产、销售劣药，对人体健康造成严重危害的，构成生产、销售劣药罪。《2022 年药品解释》第 2 条、第 5 条的规定，生产、销售假药，造成轻伤或者重伤的，造成轻度残疾或者中度残疾的，造成器官组织损伤导致一般功能障碍或者严重功能障碍的，或者有其他对人体健康造成严重危害的情形的，应当认定为"对人体健康造成严重危害"。据此，对于生产经营劣药的行为，并不必然构成本罪，除非有证据证明涉案药品对人体健康造成严重危害后果。这就需要办案机关在证明涉案药品属于劣药的同时，查实涉案药品与公众人身伤害之间具有刑法上的因果关系。这个看似简单明了的犯罪构成，在实践中却因为涉案药品与伤害后果之间因果关系的难以确定而致使《刑法》第 142 条沦为"僵尸条款"。据笔者在中国裁判文书网和实践调研中了解到，全国目前尚未有一例按照生产、销售劣药罪定罪量刑的案件。这也无怪乎网络舆论在看到公安机关以生产、销售劣药罪对长春长生案件予以立案侦查以后，担心犯罪结果无从查证而使犯罪人逃脱处罚。笔者认为，对于这种担忧大可不必，因为即便缺少充分证据证明涉案疫苗与伤害后果之间具有因果关系，如果生产、销售的涉案产品金额达到了生产、销售伪劣产品罪的追诉标准，依然可以对不法经营者追究刑

① "药品有效期是指药品在一定的储存条件下，能够保持质量不变的期限。药品有效期的确定是在经过大量科学实验（非临床研究及临床试验等）的基础上，根据每一药品稳定性的实际情况而作出的，是药品标准的重要组成部分。超过有效期的药品，药效降低，毒性增高，已不能药用。如果继续使用，就可能对健康造成危害。不依法标明有效期、更改有效期或者超过有效期的药品，会给使用者带来安全隐患。""药品生产批号是指用于识别该药品在生产中的批次的一组数字或字母加数字。在生产过程中，药品批号主要起标识作用。根据生产批号和相应的生产记录，可以追溯该批药品的原料来源、药品形成过程的历史；在药品出售后，根据销售记录，可以追溯药品的市场去向，在需要的时候可以控制和回收该批药品。对于生产日期以生产批号为准的药品，药品有效期的计算也是自生产批号确定的日期计算，不注明或更改生产批号的行为，其结果等同于未标明有效期或更改有效期。"参见卞耀武：《中华人民共和国药品管理法释义》，访问网址：中国人大网 http://www.npc.gov.cn/npc/flsyywd/xingzheng/2002-07/15/content_297575.htm，访问时间：2018 年 7 月 26 日。

事责任而不会无罪释放。当然，在选择适用其他罪名之前，面对疫苗案件频发而生产、销售劣药罪难有"作为"的困境，如何激活这一条款避免成为一纸空文可以深入探讨，这就需要我们构建更加合理的因果关系认定规则。

在笔者看来，面对假冒伪劣药品对公共安全威胁、侵害的持续性、隐蔽性、专业性以及复杂性，应当放弃抽象的必然因果关系和偶然因果关系理论，通过事实因果关系和法律因果关系两个侧面来构建更具实践性的判断规则。

案例三：文某某与宜宾市第二人民医院医疗损害赔偿纠纷案 [①]

2010 年 10 月 15 日，原告文某某在被告所属南岸分院注射了过期 16 天的乙脑疫苗，当晚原告出现惊厥、冒冷汗、抽搐等症状。住院 4 天后于 2010 年 10 月 22 日转入重庆医科大学附属儿童医院住院治疗，入院诊断为原发性肾病综合征、肺炎。此后，原告三次因原发性肾病综合征复发在重庆儿科医院住院治疗。2012 年 9 月 3 日，原、被告因原告的病发原因发生争议，双方共同协商就被告注射的过期乙脑疫苗与原告所患肾病综合征之间是否有因果关系及参与度，共同协商确定由西南政法大学司法鉴定中心对该诊疗行为进行鉴定。法院认为，依据该鉴定意见，注射过期疫苗的行为只是导致乙脑疫苗药效减弱，但并不会导致原告罹患原发性肾病综合征，而只是引发该病的诱因，故该注射疫苗的诊疗行为与上诉人文某某所患肾病综合征间无因果关系。因此，上诉人文某某提供的证据不足以证明其所罹患肾病综合征与诊疗行为间具有必然的因果关系，作为医疗机构的被上诉人依法不应当对上诉人因患肾病综合征所产生的损失承担赔偿责任。

---

① 宜宾市中级人民法院民事判决书（2014）宜民终字第 506 号。

案例四：美国默克公司、上海生物制品研究所有限责任公司与石某某、北京市华生医药生物技术开发有限责任公司、上海美罗医药有限公司人身损害赔偿纠纷案①

2005 年 9 月 6 日，石某某到某卫健中心办理有关健康手续，并于上午 10 时 20 分，使用一次性注射器注射 0.5ml 麻腮风三联疫苗（MMR）和白破二联类毒素（TD）。MMR 是默克公司生产上海分包装，TD 为上海生研所公司生产，两种疫苗均有批签发合格证书，MMR 系厦门卫健公司从北京华生公司购进；TD 系厦门卫健公司从上海生研所公司购进。石某某接种疫苗 10 天后，身体出现不良反应。后被诊断为变应性血管炎、脱髓鞘性周围神经病。2006 年 2 月 13 日，山西省卫生厅根据该卫健中心申请，委托山西省预防接种异常反应和事故鉴定小组对石某某疑似接种白破二联疫苗和麻腮风三联疫苗异常反应进行了鉴定。鉴定意见为：（1）变应性血管炎；（2）脱髓鞘性周围神经病；（3）患者为特异性体质；（4）接种疫苗可能是本病的诱发因素。关于本案石某某出现的患病症状与注射两个上诉人的疫苗之间是否存在因果关系。法院认为，石某某在接种二上诉人疫苗后，出现患病症状，山西省预防接种异常反应和事故鉴定小组作出的《关于石某某疑似接种白破二联疫苗和麻腮风三联疫苗异常反应的鉴定意见》表明，接种疫苗可能是石某某患病的诱发因素，因此从民事证据高度盖然性的原则分析，石某某出现的患病症状与注射两个上诉人的疫苗之间存在因果关系。

上述两个案例，虽然都涉及原告的患病情况与其所注射的疫苗是否具有因果关系的问题，但是法院在因果关系的认定标准上采取了截然相反的证明规则。案例三中法院采取的证明标准虽未明确但无疑要高于案例四中的"高度盖然性"原则，前者明显否定了鉴定意见中提到的"注射过期疫苗的行为……只是引发该病的诱因"

这一具有因果关系意味的表述。在笔者看来，案例三中否定因果关系的做法显然是不妥当的。裁判文书中关于"注射过期疫苗的行为只是导致乙脑疫苗药效减弱"的说法没有全面评估过期疫苗的危险性。关于疫苗的安全性，一方面是指疫苗本身是否会给人体健康带来伤害；另一方面是指疫苗是否能够有效预防传染病，保障公众身体健康。相应地，被行政认定为劣药的疫苗对人体健康所构成的危害，就包括了对公众健康的直接威胁，同时也包括因药品成分含量不符合国家标准而难以起到有效的疾病预防进而给公众安全带来的危害。前一种可以称之为直接危害，后一种则属于间接危害。就此而言，涉案疫苗只是导致药效减弱，但这种减弱只是外在的表征，因果关系判断所要解决的是前行为是否是后结果出现的条件（原因），从而确定归责问题。很明显，药效减弱为并发症的出现创造了条件，这就是疫苗的间接危害，也是裁判理由所提到的"诱因"，但司法机关忽略了这种原因与结果之间的条件性，将因果关系判断等同于原因与结果的唯一性、必然性判断，不当缩小了因果关系的认定范围。就此而言，案例四以"高度盖然性"这一民事诉讼规则来确定行为与结果之间的因果关系相对更为可取。

虽然上述两个案例的处理思路并不一致，但至少说明在民事领域疫苗类案件中因果关系认定规则的司法实践更为超前，进一步凸显刑事司法实践的僵化。在笔者看来，如果能够肯定民事领域患者的病症和注射疫苗行为之间具有因果关系，就不宜在刑事司法中否定这种因果关系的存在。

因果关系具有客观性已经成为理论界的通行认识。这种客观性不会因为诉讼领域的不同而有所差异，也不会因为证明标准的不同而有所改变。在民事领域确认行为与结果具有因果关系的，等同于肯定了两者之间内在关联性的客观事实，这种事实理应得到刑法因果关系的客观评价。当然，这种评价融入刑事司法中需要进行相应的解构。传统的必然因果关系理论对因果关系判断坚持"一站式"的认定思路，不区分事实层面的客观判断和规范层面的价值判断，不仅导致认定标准模糊、抽象，而且同样的行为与结果在不同理解下会得出不同的因果关系认定结论。相应地，如果能够按照事实因果关系和法律因果关系的逻辑去分析，则可以较好地避免这一问题，而民事领域的判断规则也为事实因果关系的判断提供了支撑。在笔者看来，上述案例四关于因果关系的判断虽然采取了"高度盖然性"的判断标准，但是实质上是解决了行为是结果发生的条件这一因果关系之"条件说"的认定问题。换言之，如何判断注射行为是患病结果的条件，只要两者之间具有高度盖然性（若具有必然性更无疑问）就可以予以确定；而案例三的"诱因"分析显然也是结果发生的"条件"之一。就此而言，两个案例中涉案疫苗与患病病症之间都具有事实上的因果关系。当然，刑法理论上一直认为"条件说"具有导致因果关系扩大化的弊端，应当进行限定。笔者认为，合法则性的条件理论可以起到限制范围且具有较好的明确性。合法则性的条件理论具有两个显著特征：一是在判断条件关系时，不局限于自然科学的确证性，允许通过经验法则判断事实上的关联性。这里的法则不仅包括自然法则也包括社会科学法则，不仅包括决定论法则也包括统计法则。二是因果关系的判断是为了进行层次性的区分。首先要确定存在明确经验法则的一般性原理，然后确定具体案件中符合该一般性原理，即作出具体性判断。由此把因果关系的认定划分了两个层次。即既要处理表现一般因果关系问题，又要处理与之相对应的具体因果关系问题。[①] 这样一来，事实层面因果关系的判断思路更加清晰、合理。

　　基于上述分析，在疫苗案件中，因果关系的判断规则应当予以调整，以事实因果关系和法律因果关系代替必然因果关系理论。在操作层面，以"合法则性条件说"作为事实因果关系的标准，即只要注射疫苗是患病结果的条件之一，就应当肯定事实因果关系的存在。以此为基础，确定注射疫苗所产生的危险是否在法律允许的范围，比如说副作用，从而判断两者之间法律因果关系的存在。如果同时具备，就应当肯定疫苗案件中存在刑法上的因果关系。以案例三为例，在确

---

① 参见邹兵建：《合法则性条件说的厘清与质疑》，载《环球法律评论》2017 年第 3 期。

定注射疫苗过期的情况下，其应当认定为劣药，而作为危害后果产生的"诱因"，即肯定了两者之间的条件关系，同时，劣药的不法性和法益威胁性是客观存在的，实际上的危害后果也没有超出这种法益威胁的范围，因此，应当肯定两者之间具有刑法上的因果关系。但是在案例四中，虽然行为与结果之间具有事实上的因果关系，但是由于疫苗合格不具有危险性，故而因不具有法律上的因果关系而否定刑法因果关系的存在。

就常理而言，劣药的危害性要比假药的危险性低，对于查处的劣药案件，实践中鲜有证明其对人体健康造成实质性伤害的情形。更不难理解，在长春长生人用狂犬病疫苗生产存在记录造假事件中，该公司公告声称"这批百白破联合疫苗可能影响免疫保护效果，但对人体安全性没有影响。"因此，改变因果关系的认定因果关系，建立符合危害药品安全犯罪案件规律的因果判断标准，这对于激活《刑法》第142条而言至关重要。

（二）生产、销售伪劣产品罪：劣质疫苗的刑事追诉

在生产记录造假行为是否影响涉案的狂犬病疫苗的安全性问题尚无最终结论之前，长春长生生产、销售的百白破疫苗被认定为劣药，已经明确了生产者违规生产疫苗的行为性质即生产、销售劣药。这一行为既违反了《药品管理法》的规定，也可能涉嫌刑事犯罪。但是，面对公众担忧，是否存在无法证明实害结果发生时就难以认定为犯罪呢？对此，需要从两点予以说明：（1）根据《刑事诉讼法》的规定，有犯罪事实、需要追究刑事责任且符合管辖规定的案件，公安机关应当立案。据此，公安机关既然对长春长生以生产、销售劣药罪立案，说明已经有初步证据证明犯罪事实发生且需要追究刑事责任。从《刑法》第142条的规定来看，本罪的犯罪事实包含两个要素：生产、销售劣药，劣药对人体健康造成严重危害的，两者缺一不可。若能以此罪立案，说明有证据表明涉案劣药对人体健康造成严重伤害后果。（2）即便立案阶段查到的危害结果最终未能归责于不法行为，也不意味着本案中生产经营者可以被认定无罪。刑法作为最后保障法的地

位，具有鲜明的补充性，即只有在其他法律规范不足以充分评价不法行为的危害性的时候，才能将后者作为刑事犯罪处理。但在司法层面，某一行为是否能够受到刑事违法评价，需要考虑刑法的明文规定。对于劣药案件来说，我国刑法已经构建了相对完善的犯罪评价体系，可以及时惩治严重的危害药品安全犯罪行为。

从劣药的认定标准来看，劣药显然属于不合格产品。因此，对于劣药的生产者、销售者而言，《刑法》第 140 条也可以成为追究其责任的法定依据。按照该条款规定，生产者、销售者在产品中掺杂、掺假，以假充真，以次充好或者以不合格产品冒充合格产品，销售金额五万元以上不满二十万元的，处二年以下有期徒刑或者拘役。长春长生的公告中提到"这批百白破联合疫苗可能影响免疫保护效果，……"因此，如果药品监督管理部门将涉案疫苗认定为"以次充好""以假充真"或者"以不合格产品冒充合格产品"，考虑到本案中涉案货值金额高达 86 万多元已经符合本罪的刑事追诉标准，不法行为即涉嫌刑事犯罪。此外，《刑法》第 150 条规定，单位犯本节第 140 条规定之罪的，对单位判处罚金，并对其直接负责的主管人员和其他直接责任人员，依照该条的规定处罚。据此，一旦查明不法行为构成本罪，则涉案单位及其相关负责人员均应受到相应的法律追究。

这里需要注意的是，将涉案产品认定为伪劣产品的证明问题。当然，在本案中，由于涉案疫苗已经被认定为不合格产品，不存在这一问题，但是在实践中，如何认定疫苗是否合格主要涉及生产者的证明责任。

案例五：山东省润光液压科技股份有限公司与长春长生生物科技股份有限公司、青州市疾病预防控制中心产品质量损害赔偿纠纷案①

二审法院认为，患者夏某产生的异常反应与其注射长生公司生产的狂犬疫苗存在关联性，该症状符合狂犬疫苗导致颅脑变态反应炎症的罕见不良反应特点，

---

① 山东省高级人民法院民事判决书（2015）鲁民提字第 614 号。

该现象属于医疗意外情形。因此，该损失应由长生公司依法予以补偿。同时，根据《产品质量法》第26条、第27条规定，生产者应对其生产的产品质量负责，并有提供产品质量检验合格证明的法定义务。在涉案疫苗已经造成严重损害后果，且长生公司有能力、有义务提供涉案疫苗检验合格证明的情况下，未能提供该批次疫苗的检验合格证明。长生公司依法应承担相应责任。[①] 宣判后，长生公司不服原审判决，向山东省高级人民法院提起再审。再审法院认为，2005年6月30日，国家食品药品监督管理局下发的《关于人用狂犬疫苗实施批签发管理的通知》要求，自2005年8月1日起实施签发每批检验合格证明，即在此时间前对销售狂犬疫苗并无强制性规定，且北京法源科学证据鉴定中心出具的鉴定结论也未说明涉案狂犬疫苗为不合格产品。润光公司主张长生公司应承担医疗产品责任，其应当对涉案狂犬疫苗存在缺陷承担举证责任。因此，原审仅以长生公司对期间批次的狂犬疫苗未能提供批签发合格证明，认定具备生产资质的长生公司就涉案狂犬疫苗是否为合格产品承担举证不能的法律后果，无事实和法律依据。应认定涉案狂犬疫苗为合格医疗产品。润光公司主张长生公司承担医疗产品质量责任的理由不能成立，本院不予支持。

　　本案主要涉及不合格产品的证明责任问题。在案例五中，二审法院按照《产品质量法》认定涉案厂家承当产品质量不合格的责任，并且在其不能举证的情况下承担不利的后果。应当说，这在民事诉讼中是符合法律规定的。然而，再审法

---

① 山东省润光液压科技股份有限公司与长春长生生物科技有限责任公司（原长春长生生物科技股份有限公司）、青州市疾病预防控制中心产品责任纠纷再审民事判决书：润光公司主张长生公司应承担医疗产品责任，其应当对涉案狂犬疫苗存在缺陷承担举证责任。因此，原审仅以长生公司对期间批次的狂犬疫苗未能提供批签发合格证明，认定具备生产资质的长生公司就涉案狂犬疫苗是否为合格产品承担举证不能的法律后果，无事实和法律依据。应认定涉案狂犬疫苗为合格医疗产品。润光公司主张长生公司承担医疗产品质量责任的理由不能成立，本院不予支持。参见山东省高级人民法院民事判决书（2015）鲁民提字第614号。

院以"自 2005 年 8 月 1 日起实施签发每批检验合格证明，即在此时间前对销售狂犬疫苗并无强制性规定"为由驳回二审法院的认定是不妥当的。即便 2015 年 8 月 1 日之前并没有要求销售疫苗时签发每批检验合格证明，但生产者对于产品**合格的质量保证义务是存在的，只是表现方式不是依据该强制性规定。换句话说，即便生产者不用通过每批签发检验合格证明的方式来证明产品质量合格，也应当通过其他途径来履行产品质量合格的证明义务。**就此而言，再审法院仅仅以此为由就否定二审法院在生产者放弃证明义务的情况下的责任分配，是不合理的。毕竟，在民事诉讼中，应当由生产者来证明产品质量合格，如果不能提供证据证明这一点的，就应当承担不利的后果。但在刑事诉讼中，对于产品质量的证明，则应当由控方来承担，不能以生产者"放弃举证"为由予以推定。也就是说，即便在民事案件中因生产者放弃举证责任而要求其承担侵权责任，但不能以此为由直接认定涉案产品属于《刑法》中的"伪劣产品"，后者只能以鉴定、检验等方式来确定。因此，在疫苗案件中，对于查获的疫苗产品，只能由检验、鉴定部门根据《药品管理法》《疫苗管理法》的规定予以确认。同时，在认定意见中，有关部门应当明确疫苗被认定为劣药的具体原因，提高鉴定意见、检验报告的证明效力。

三、劣质疫苗案中行刑衔接机制实践探讨

行刑衔接机制，是指为了使违法犯罪行为依法得到惩治，确保行政机关执法过程中发现的涉嫌犯罪案件及时移送公安司法机关，以及公安司法部门在查办、审理涉嫌犯罪案件过程中发现需要追究行政违法责任的案件及时移送行政机关，而建立以执法监督与办案协作为核心的制度。在劣质疫苗案件中，因为劣质疫苗是否会造成严重危害人体健康的后果通常难以及时查明，而生产经营厂家往往以工艺问题将劣质疫苗归结为技术操作问题，从而难以查清直接责任人员的责任，

影响刑事责任的追究。然而，这不意味着此类案件发生以后可以任由药品监管部门以行政处罚了事。因为行政执法与刑事司法衔接机制已经清晰、明确地确定了行政执法过程中发现涉嫌犯罪事实后，行政执法部门和公安司法机关的职责权限。

（一）行刑衔接机制中关于涉嫌犯罪案件移送的规范要求

从执法实践来看，行刑衔接机制的运行状况不尽如人意，出现了有案不移、有案难移、以罚代刑等诸多问题，严重影响犯罪治理的力度。究其原因，行政执法过程中法律监督不到位，执法部门对案件移送的标准和要求认识不统一，行刑衔接的保障、协调制度不完善等，都严重影响了衔接机制的运行效果。为此，《工作办法》第 5 条开宗明义，在强调药品监管部门向公安机关依法移送涉嫌犯罪案件的基础上，明确要求药品监管部门应当将案件移送的情况抄送人民检察院，使检察机关能够及时了解行政执法机关案件查办的具体情况，并对案件移送情况和公安机关的案件受理情况进行法律监督。此外，由于刑事诉讼法等其他法律、法规中只是规定移送的对象是涉嫌犯罪且需要追究刑事责任的案件，没有明确涉嫌犯罪以及需要追究刑事责任的判断标准，致使公安机关和药品监管部门在案件移送标准上存在一些分歧，甚至导致案件难以移送，因此，本条款从形式和实体两个层面明确规定了案件移送的条件。

1. 涉嫌劣药案件移送的形式条件

这里的形式条件，主要是指实施行政执法的主体与程序合法。药品监管部门在行政执法过程中发现涉嫌劣药犯罪的案件，需要追究刑事责任，应当将其移送公安机关。但在认定违法行为是否涉嫌犯罪时所依据的正是行政机关在执法过程中发现证据材料和查明的事实。一般来说，行政执法的合法性包括行政主体的合法性、行政执法内容的合法性和执法程序的合法性，对认定案件性质来说具有重要作用。因此，作为案件移送的基础条件的行政执法行为必须满足主体合法性、内容合法性和程序合法性三方面的要求。主体合法性，是指执法者必须是行政执法组织的工作人员或者经法律授权、委托的机构或者组织的人员，具有相应的执法资格和执法权限；内容合法性，是指通过依法规范、收集证据，准确认定案件事实和适用法律；程序合法性，是指执法活动必须在法定权限内按照法定步骤、规则、时限等进行。之所以要求案件移送要满足主体和程序的合法性要素，是因为没有法定依据或者不遵守法定程序做出的行政行为，不仅可能会导致行政处罚无效，而且会因非法取证而使证据被排除。这样一来，就难以确定相关案件是否"涉嫌犯罪"，移送的前提条件也可能随之丧失。因此，在案件移送过程中必须要求行政执法主体与程序的合法。不过，程序的合法性，不意味着食品药品监管部门的执法活动不能存在任何程序上的瑕疵。在法律上，与程序的非法性不同，程序上的轻微瑕疵，如轻微的程序违法、没有对行政相对人的实体权益造成侵害的程序违法并不足以否定程序的合法性，可以通过瑕疵程序的补正规则进行解释；如果能够得到合理的解释、说明，就不会影响执法活动的合法性和案件移送。

2. 涉嫌劣药犯罪案件移送的实质条件

案件移送的实质条件是指"有证据证明有劣药犯罪事实发生"。对此，我们可以从以下两个层面理解。

其一，此处的犯罪事实主要是指能够证明涉嫌存在犯罪行为的事实，包括了定罪事实和量刑事实，如违法行为涉及的金额、违法事实的具体情节（如次数、时间、人数等）、违法行为造成的危害后果等。当然，犯罪事实的认定不是随意的，需要有证据予以证实。（1）涉嫌犯罪的案件与案件线索之间存在差异。食品药品监管部门移送涉嫌劣药犯罪的案件，不能仅仅停留在线索的层面上，需要通过鉴定意见、调查笔录、现场检查笔录等证据材料证实已经发生涉嫌犯罪案件。（2）证明涉嫌犯罪事实发生的证据不需要达到确实、充分的程度。这里"有证据证明"的证明要求不能太高，只需要达到证明符合劣药犯罪案件的追诉标准即可。理论上来说，这里的证明标准可以低于刑事案件的立案标准，因为在受案以后，公安机关可以通过初查进一步查明部门案件事实，以确认是否有犯罪事实发生并需要追究刑事责任，但实践中办案部门往往将案件移送时的证据标准等同于刑事立案的证据标准。虽然在大多数的案件这种标准的混同并不影响案件移送，但在个别案件中不能排除行政执法部门所收集证据难以满足立案要求，但确有发生犯罪行为的可能性，此时，公安机关应当根据案件的具体情况酌情作出处理。

其二，这里的犯罪事实只能是客观事实，而不是犯罪成立所要求的主客观相统一的事实。从调研情况来看，药品监管部门和公安机关对"有证据证明有劣药犯罪事实发生"中是否包括主观事实存在争议。有办案机关认为，有证据证明犯罪事实应当是主客观相统一的犯罪事实，这是刑法关于犯罪认定的必然要求。笔者认为，作为移送条件的"有证据证明有劣药犯罪事实发生"仅限于客观事实，即包括了犯罪行为、危害结果的犯罪客观方面的事实和以犯罪对象为核心的法益受侵害的事实，不包括证明行为人过错程度的主观事实。具体原因如下：（1）从规范性文件来看，作为案件移送条件的"有证据证明有劣药犯罪事实发生"应该是客观事实。《行政执法机关移送涉嫌犯罪案件的规定》（国务院第 310 号令）（以下简称《国务院第 310 号令》）第 3 条规定，"行政执法机关在依法查处违法行为过程中，发现违法事实涉及的金额、违法事实的情节、违法事实造成的后果等，根据《刑法》关于破坏社会主义市场经济秩序罪、妨害社会管理秩序罪等罪的规定和最高人民法院、最高人民检察院关于破坏社会主义市场经济秩序罪、妨害社会管理秩序罪等罪的司法解释以及最高人民检察院、公安部关于经济犯罪案件的追诉标准等规定，涉嫌构成犯罪，依法需要追究刑事责任的，必须依照本规定向公安机关移送"。据此，涉嫌犯罪事实所涵盖的涉及金额、情节、后果的违法事实等标准都属于对不法行为危害性的客观表述，没有提到表明行为人人身危险性和主观恶性的主观方面内容。（2）从刑事诉讼法规定来看，作为案件移送条件的"有证据证明有劣药犯罪事实发生"应该是客观事实。刑事诉讼法明确规定了公安机关作出刑事立案决定的条件包括有犯罪事实发生、需要追究刑事责任以及符合管辖规定。有犯罪事实发生作为立案的基础条件之一往往以追诉标准的形式表现出来，而在危害药品安全犯罪案件中，追诉标准的内容都是客观事实而不包括主观过错。因此，要求食品药品监管部门移送涉嫌犯罪案件所认定的事实中必须包含主观过错的内容，忽略了案件受理条件、立案条件与犯罪成立条件之间的区别。（3）从证据收集的现实性来说，作为案件移送条件的"有证据证明有危害药品安全的犯罪事实发生"的事实只能是客观事实。毋庸置疑的是，涉嫌犯罪的事实虽然经过药品监管部门收集证据得到一定程度的证明，但从刑事案件办理的角度来说，不管是药品监管部门移送的证据材料，还是用这些证据证明的客观事实，都属于待证事实，需要经过公安机关侦查后予以确认、补充，达到案件移交起诉的标准。在这个过程中，行为人是否有过错以及过错的类型、程度以及由此表现出的人身危险性，都需要在刑事侦查阶段予以查证、确实。换言之，药品监管部门只需要得出是否存在客观危害事实的结论性意见，不能作出终局性主客观相统一的结论。因此，要求行政执法部门移交涉嫌犯罪案件时按照主客观相统一的标准移送是违背客观规律的。其实，如果要求药品监管部门移交涉嫌犯罪的案件做到主客观相统一，对于因行政执法权限而无法查明主观过错的案件不移送，就等同于宣告涉嫌犯罪人员的行为不构成犯罪。倘若公安机关此后通过其他方式找到了能够证明行为人主观过错的证据，公安机关原本不接受案件的做法是否错误呢？因此，涉嫌犯罪事实中不应当包括嫌疑人主观过错的内容，后者是需要通过侦查活动查明的案件事实，不属于药品监管部门移送涉嫌犯罪案件时必须随案移送的内容。即便药品监管部门确实无法查明不法行为人主观过错的证据或者调查之后认为生产经营者确实不具有犯罪故意，依然应当把案件移交公安机关，因为后者可以通过更多的客观证据来印证行为人主观过错的形式和程度。

当然，作为案件移送条件的"有证据证明有危害药品安全的犯罪事实发生"是客观事实而不包括主观内容，不意味着行政执法机关在移送涉嫌犯罪案件时不查找证明行为人主观过错的证据，更不能将已经发现的表明行为人主观上具有过错的证据不移交公安机关。药品监管部门在查办违法行为时，不仅要收集表明违法相对人不法行为性质和客观危害后果等证据，而且应当收集行为人主观过错的证据，以准确评价行为人行为的社会危害性。

（二）疫苗案件中行刑衔接机制的贯彻

疫苗案件作为近年来频频发生的恶性药品案件，面对生产厂家的根源性造假，行刑衔接机制本应成为强化监管、落实责任的重要保障。但是，在一些案件中，从媒体报道来看，我们看到的是行刑衔接机制的缺位，对此，我们以武汉公司生产、销售不合格百白破疫苗案为例予以分析。在该案中，监管部门核查确认，该批次不合格百白破疫苗为 2016 年 7 月 19 日生产。2017 年 10 月 27 日，中国食品药品检定研究院（以下简称"中检院"）在国家药品抽验中发现，该批次白喉效价 81IU/ 剂，国家标准为不低于 30IU/ 剂；破伤风效价 56IU/ 剂，国家标准为不低于 40IU/ 剂，这两项指标符合规定。百日咳效价 2.8IU/ 剂，国家标准为不低于 4IU/ 剂，不符合规定。[①] 2018 年 5 月 29 日，武汉市食品药品监督管理局依照《药品管理法》有关法律法规，对武汉公司作出没收违法所得和罚款的行政处罚决定。[②] 从媒体上述报道来看，该案件似乎已经处理完毕，有关部门对涉事厂家依法作出了相应的行政处罚。但是，这种处理规范在现行法律框架内是否妥当不无疑问。因为根据《国务院第 310 号令》，行政执法机关只要发现违法事实涉及的金额等符合刑事追诉标准，涉嫌构成犯罪，就应当将案件移送公安机关；对于具体涉案情节，行政执法机关不仅无权继续单方查处，更无权作出不构成犯罪的认定结论。然而，在近期媒体曝光的多起疫苗涉嫌造假案件中，行政执法机关的做法值得商榷。比如，在武汉公司疫苗效价不合格案中，涉案批号为201607050—2 的百白破疫苗百日咳效价指标不符合标准规定，虽然认定为不合格产品，且生产、销售的 201607050—2 批次效价不合格疫苗共计 400520 支，数

---

① 　新华社："武汉生物公司效价不合格百白破疫苗处置工作核查组公布工作进展"，访问网址：http://cnda.cfda.gov.cn/WS04/CL2056/329867.html，访问时间：2018 年 8 月 10 日。

② 　国家药品监督管理局："国家药监局新闻发言人介绍武汉生物百白破疫苗有关情况"，访问网址：http://cnda.cfda.gov.cn/WS04/CL2056/329754.html，访问时间：2018 年 7 月 31 日。

额可能远远超过生产、销售伪劣产品罪中"销售金额 5 万元"的刑事追诉标准，但仍然以"武汉某疫苗企业该批次疫苗效价不合格的主要原因是分装设备短时间故障，导致待分装产品混悬液不均匀，属于偶发"为由自行消化处理，没有将这一明显涉嫌生产、销售伪劣产品罪的犯罪案件移送公安机关立案侦查，显然违背了《国务院第 310 号令》的明确规定。因为对于监管部门而言，本案中的不合格产品是生产者故意加工而成还是"偶发"原因导致的，都不影响其将案件移送公安机关立案侦查。

首先，从媒体报道来看，涉案产品涉嫌不合格产品，且销售数量较大，应当对客观事实予以查证确认是否符合追诉标准。在该案中，涉案批号为 201607050—2 的百白破疫苗百日咳效价指标不符合标准规定，如果药品监管部门可以作出不合格产品的认定，武汉公司以合格产品将涉案疫苗对外销售的行为就属于生产、销售伪劣产品行为（以不合格产品冒充合格产品）。按照《刑法》第 140 条的规定，销售金额在 5 万元以上的生产、销售伪劣产品行为，涉嫌生产、销售伪劣产品罪，因此，行政执法机关在核实涉案产品的数量的基础上，还应该查清产品的销售金额。其实，对于销售金额的计算要比货值金额容易，如果说后者可能需要物价部门进行评估的话，销售金额往往通过销售批次、销售单价、销售数量、销售时间等直接核算。然而，遗憾的是，从媒体报道来看，有关部门没有向公众通报涉案产品的销售金额，使我们无从判断本案是否达到了生产、销售伪劣产品罪的立案标准。但无论如何，药品监管部门都应当依法查明有关事实，以确认生产经营者的行为是否涉嫌犯罪，并决定是否移送公安机关。

其次，从媒体报道来看，涉案产品的数量极有可能达到生产、销售伪劣产品的追诉标准，应当依法移送公安机关立案侦查。在该案中，虽然执法机关没有公告涉案产品的销售金额，但是根据销售数量我们可以进行初步评估。从通告来看，涉案厂家生产、销售的 201607050—2 批次效价不合格疫苗共计 400520 支。对于 40 多万支数量来说，销售金额超过 5 万元并非没有可能。如果销售金额达到这一标准，药品监管部门就应当依法将本案移送公安机关，毕竟其已经达到生产、销售伪劣产品罪的追诉条件。不过，我们既没有看到本案被移送公安机关处理，也没有看到药品监管部门以线索形式要求公安机关提前介入调查，看到的只是通报中提到的疫苗不合格的原因，"因分装设备传动链条故障导致停机20分钟。停机期间，因灌装前的半成品缓冲罐摇动不充分，导致该批次疫苗有效成分分布不均匀。企业出厂自检时，未考虑到设备故障可能引起质量不稳定问题，未对故障时间段分装的产品进行专门检验，仍按照常规方法进行抽检，致使自检效价结果未能真实反映该批次疫苗质量状况。该批次疫苗上市前，'中检院'对疫苗批签发有效性指标按规定的比例进行随机抽检时，未抽到故障时间段分装的疫苗"。从通报来看，也许这次事故并不是有人故意为之；从逻辑上来看，没有人对疫苗属于不合格产品存有主观明知。然而，这也不意味着对于符合追诉标准的案件可以不移送。因为生产者、销售者是否对涉案产品属于伪劣产品具有主观明知并不是涉嫌犯罪案件移送的必备条件。换言之，即便药品监管部门在行政执法过程中确认了事故造成的客观原因，但是不影响将本案移送公安机关立案侦查。

最后，从媒体报道来看，即便将原因归结为"偶发性"原因，但基于疫苗生产、监管的专业性，是否涉嫌具有主观放任等因素应当由公安机关依法取证。对于生产者、销售者是否在明知涉案疫苗属于不合格产品的情况下销售的，需要通过证据予以综合判断，而不能仅仅以生产过程中的偶发因素为由作出结论性意见。毕竟，这里的"明知"不仅包括了明知疫苗一定属于不合格产品，也包括行为人基于自己专业判断认为疫苗可能属于不合格产品的情形。即便涉案企业的销售人员不知道产品有质量问题，生产者是否能够以"偶发"因素排除其明知的主观心态，也需要予以全面核查。而这些在确证销售金额超过5万元以后，都不再属于药品监管部门单方查证的范围。当然，如果在公安机关立案以后确认生产者、经营者不存在犯罪故意，就可以按照法定程序予以刑事撤案。

《"十三五"国家药品安全规划》明确指出，"要严肃查处药品生产偷工减料、掺杂使假、擅自改变工艺生产劣药等违法违规行为。……加大执法办案和信息公开力度。深化行政执法与刑事司法衔接，推动出台药品违法行为处罚到人的法律措施，加大对违法犯罪行为的打击力度。"可以说，行政执法过程中发现的涉嫌犯罪案件是否能够得到及时移送，不仅关系到不法行为是否得到客观、公正的评价，而且也关系到是否能够按照"最严谨的标准、最严格的监管、最严厉的处罚、最严肃的问责"的要求，加快建成药品安全现代化治理体系。因此，药品监督管理部门在依法查处生产、销售劣药行为过程中，发现违法事实涉及的金额、违法事实的情节、违法事实造成的后果符合犯罪追诉标准要求的，应当立即按照《国务院第 310 号令》和《工作办法》将案件移送公安机关。当然，行政执法机关向公安机关移送涉嫌犯罪案件前已经作出的警告，责令停产停业，暂扣或者吊销许可证、暂扣或者吊销执照的行政处罚决定，不停止执行，但以行政处罚作为终局性处罚来代替刑事侦查、处罚，则有违背行政执法与刑事司法衔接有关规定的嫌疑。

第九章

膏药案：因标准而生的司法困境及其治理

【本章概要】

从现行规定来看，膏药属于药品。在分类上，膏药属于中药制剂，与中药饮片、中药材不同，更区别于保健用品和医疗器械。对于标明是保健用品的膏药，不能体现出具有预防、诊断和治疗的功能，否则就符合假药的认定标准。在判断缺陷药品的类型时，要注意区分"非药品冒充药品"和"必须批准而未经批准生产的药品"两者之间的界限。前者中的涉案产品不具有标识或者宣传的治疗功效，而后者具有相应的治疗功能。对于药品疗效或者安全性的证明，不仅影响假药的认定，而且影响妨害药品管理罪的认定。

按照《中国药典》的表述，膏药系指饮片、食用植物油与红丹（铅丹）或官粉（铅粉）炼制成膏料，摊涂于裱褙材料上制成的供皮肤贴敷的外用制剂。[①] 作为我国传统中医学五大药物剂型之一，膏药是我国传统医药学的重要结晶，因其对"不肯服药之人，不能服药之症"有特殊的作用而被广泛应用于治疗各种疾病。然而，时至今日，膏药在规范监管与安全治理层面却面临诸多问题，尤其公

---

① 国家药典委员会编：《中华人民共和国药典》，中国医药科技出版社 2015 年版，第 27 页。

众对传统膏药的认知与药品监管的现实要求之间时常布满紧张甚至冲突，能够全面按照药品的管理模式对膏药生产经营进行规范，或者构建其他规范化、科学化的标准，成为我们传承和弘扬传统医学亟待解决的重要议题。

一、膏药与保健用品：标准空白背后的规范思考

（一）"聂麟郊祛痛贴"案牵出的监管盲区

据媒体报道，[①] "聂麟郊膏药"创于 1902 年，于 2007 年被中共河南省委宣传部、河南省文化艺术联合会评定为河南首批"老字号"；2010 年，被洛阳市人民政府、洛阳文化广电新闻出版局审定为"洛阳市非物质文化遗产"；2011 年，被河南省人民政府、河南省文化厅审定为"河南省非物质文化遗产"。然而，2014 年底，内蒙古鄂尔多斯市食品药品监督管理局就"聂麟郊膏药"衍生品"聂麟郊祛痛贴保健品"真伪向河南省洛阳市食品药品监督管理局发函，请求对相关产品进行调查、认定。几天后，洛阳市食品药品监督管理局初步鉴定聂麟郊祛痛贴等产品为"假药"。为了进一步判断上述贴剂的性质，洛阳市食品药品监督管理局紧急向河南省食品药品监督管理局进行请示，理由是（贴剂）含有中药成分，产品上标注"关节劳损、骨质增生"等医疗术语，在祛痛贴产品上标注"非遗保护产品"存在误导消费者嫌疑，在全国近百家店铺统一标识"聂麟郊膏药老店"构成事实上销售药品（膏药）的行为。请示事项为"以上认定是否妥当？"2015 年 2 月 12 日，河南省食品药品监督管理局作出豫食药监法〔2015〕18 号批复："同意聂麟郊祛痛贴等产品按照假药论处的意见。"此后，河南省永城市食品药品监督管理局以销售假药属于刑事犯罪，将辖区内销售聂麟郊祛痛贴的案件移交公安机关。由此在全国范围内引发了"非遗"产品为"假药"的舆论热点。

---

① 陈威：《河南省级非物质文化遗产被认定为假药》，载《法制晚报》2015 年 5 月 25 日。

据上述媒体报道，"聂麟郊祛痛贴"于 2003 年在河南省卫生厅注册，注册号为豫卫健用证字〔2003〕第 0105 号，有效期至 2008 年 7 月 8 日，即将其按照保健用品进行管理。1997 年河南省卫生厅发布了《河南省保健用品卫生监督管理办法》，2002 年修改为《河南省保健用品管理办法》，但 2005 年国务院将《河南省保健用品管理办法》废止。此后，河南省卫生厅不再以此对其进行注册管理。2012 年，"聂麟郊祛痛贴"以静电理疗贴在洛阳食品药品监督管理局注册许可，注册号为豫洛食药监械（准）字〔2012〕第 1260027 号，有效期至 2016 年 11 月 15 日。也就是说，监管部门将其按照医疗器械进行管理，但使用未到 4 个月即被收回，予以注销。2013 年，"聂麟郊祛痛贴"经河南省全民健康促进会这一行业团体评审后以（豫健准字〔2013〕第 11 号）的身份对外销售。

然而，随着"聂麟郊祛痛贴"案的发酵，以"豫健准字"这种特殊身份对外销售的膏药在河南并非此一家。比如，始建于公元 1217 年有"中国佛门医宗"之誉的少林药局，以多年行医治病经验为基础，配制秘传古方。在少林药局官方网站上，笔者查询到一种名为"少林舒筋活络保健贴"的产品，宣传图片显示为："膏药适用范围：缓解因天气、劳动引起颈肩腰膝关节痛；膏药适用人群……使用方式……产品信息：……本品为保健用品，不能代替药品或医疗器械，保健作用……膏药三大优势……"评审文号为"豫健准字〔2016〕第 0477 号"。[①] 有媒体曾就少林药局官网上的这些膏药类产品向河南省原食品药品监督管理局工作人员查询，后者表示，这种产品应该是一种保健用品，但如果是河南省药监局发的保健品批准文号一般都是"豫食健生许"开头的，这个批号可能是河南省保健用品行业商会发布的文号。记者随之联系到河南省保健用品行业商会负责人，其表示"豫健准字"不是一个批号，国家现在没有行政部

[①] 信息来源：少林药局官网药品商城，访问网址：http://www.chanyiyao.com/goods.php?id=3，访问时间：2018 年 8 月 15 日。

门管理这个保健用品，也没有相关的审批部门，保健用品暂时是由商会负责行业自律。① "商会接受企业委托，组织评审专家为企业产品把关，公示产品的包装和说明，不定期派人去企业检查，审查通过的为其颁发《保健用品生产认可证》，并在产品上标注'健准字号'，希望能以此树立行业标准。"② 从上述报道可以发现，**所谓的保健用品是没有政府部门监管的"特权"产品，尚属于法律调控的盲区。这也难怪会导致政府认定为历史悠久的"非遗"产品和政府部门认定的"假药"之间产生冲突。**

河南省食品药品监管部门将涉案膏药认定为假药，一石激起千层浪，触动了"保健用品"这个特殊行业的敏感神经。正如有报道所言，"一贴添加了中药的药膏，究竟是药品、医疗器械，还是企业口中的保健用品？这个问题已经造就了标准不一的特殊产业。……这类产品到底是药品、医疗器械，还是'保健用品'，争论在全国多地上演，以河南省最为突出。……20年来，'保健用品'经过多次身份转换，审批监管混乱，已经超出了普通经营者的惯常判断。"③ "由于目前国家法律对保健用品没有明文规定，也没有统一的审理机构，加之部门之间监管权限不明确，现在医药市场上各类保健用品大行其道。保健用品既非药品也非医疗器械，其审批与注册应有别于药品和食品。所以，保健用品应当使用其独有的'健用'类批准文号，而药品则使用规定的'国药准字号'。但是，我国并没有对保健用品作出统一的标准。药监部门只对药品和医疗器械具有执法权，对保健用品则无权管理。卫生监督部门因无法可依而无法及时对保健用品进行监管及处理。……市场上目前此类产品的批准文号有医械字、健字、卫字、消字、药准

---

① 池海波：《少林药局11年无售药资质，部分产品算保健用品》，载《中国青年报》2015年8月17日。

② 袁端端、梁绮雅：《企业办商会，商会办证，证发给企业自治的"保健用品"是个什么品？》，载《南方周末》2015年6月4日。

③ 袁端端、梁绮雅：《企业办商会，商会办证，证发给企业自治的"保健用品"是个什么品？》，载《南方周末》2015年6月4日。

字、医字、卫妆字、卫监健字等。其中医械字占比最高"。[1]

时至今日，"聂麟郊祛痛贴"案早已随着时间的流逝而在公众记忆中日渐模糊，但是从强化药品安全监管和弘扬传统医学的角度来看，本案所带给我们的思考不能就此停歇，保健用品不可能永远处于国家监管的空白地带，法律规范不能也不会在关系公众健康的问题上有可以选择的空间。值得注意的是，2013 年 9 月 28 日，国务院发布的《关于促进健康服务业发展的若干意见》（国发〔2013〕40 号）中明确提出，"（要促进）健康服务相关支撑产业规模显著扩大。药品、医疗器械、康复辅助器具、保健用品、健身产品等研发制造技术水平有较大提升，具有自主知识产权产品的市场占有率大幅提升，相关流通行业有序发展。"由此可以看出，在国家层面上，保健用品依然是与药品、医疗器械并重且属于健康服务行业未来发展的重要领域，而在行业层面，2019 年 11 月 29 日，河南省健康产业发展研究会发布了 T/HNJK 002—2019《保健用品生产质量管理规范》团体标准，作为生产者、经营者、服务者开展保健用品的评价与管理的规范。可以想见，保健用品行业的发展也会迎来新的契机。因此，以该膏药案为契机，探讨保健用品、药品和医疗器械等关系公众安全的产品之监管与刑事治理，十分必要。

（二）保健用品案：司法层面的规范评价

膏药是保健用品，还是药品，"非遗"膏药的衍生品成了"假药"，纵然纷争不断，膏药还在销售；而《药品管理法》的修订和《刑法修正案（十一）》的实施，使如何监管的问题更加突出，而这一切，源于保健用品的模糊与标准的缺失。

1. 关于保健用品的概念与属性

严格来讲，保健用品在法律层面并不是一个规范术语，但一些地方却有专

---

[1]　肖建伶等：《北京市保健用品发展现状及监管情况的研究》，载《价值工程》2016 年第 35 期。

门规范保健用品生产经营的规范性文件。比如，2017 年 6 月 2 日吉林省第十二届人民代表大会常务委员会第三十五次会议通过《吉林省保健用品管理条例》，2010 年 7 月 29 日陕西省第十一届人民代表大会常务委员会第十六次会议修订的《陕西省保健用品管理条例》，2010 年 1 月 8 日贵州省第十一届人民代表大会常务委员会第十二次会议通过《贵州省保健用品管理条例》，均对保健用品生产经营规范做了具体规定，其中就涉及保健用品的界定问题。《吉林省保健用品管理条例》规定，保健用品是指直接或者间接作用于人体皮肤表面，不以治疗疾病为目的，具有调节人体机能、增进健康或者促进康复功能，并列入本省保健用品类别目录的外用产品，但是法律、行政法规另有规定的除外。《陕西省保健用品管理条例》规定，保健用品是指列入保健用品类别目录，具有调节人体机能、增进健康和有益养生保健等特定保健功效的外用产品，但法律、行政法规另有规定的除外。《贵州省保健用品管理条例》则规定，保健用品是指直接或者间接作用于人体皮肤表面，不以预防和治疗疾病为目的，具有日常保健、促进康复功能的贴剂、膏剂、擦剂、喷剂等产品。但法律、法规对药品、保健食品、医疗器械、特殊用途化妆品、消毒产品、体育器械等另有规定的除外。上述三个概念表述各异，但为保健用品概括了共同的特点：（1）直接或者间接作用于人体皮肤表面的外用产品，因此，保健用品与可以供人食用的保健食品不同；（2）不以预防和治疗疾病为目的，据此，保健用品与可以预防治疗疾病的药品不同；（3）具有调节人体机能、增进健康和有益养生保健等保健功效，这是其本质特征；（4）排他性特征，即对符合上述特征的产品有另行规定的除外，如《贵州省保健用品管理条例》中提到的药品、保健食品、医疗器械、特殊用途化妆品、消毒产品、体育器械等被排除在保健用品之外。

　　从以上分析也可以看出，虽然目前没有全国统一性的法律规范，也并非各个地方行政区域都有针对保健用品的规范文件，但是从吉林省、贵州省、陕西省三地的相关规定来看，保健用品与保健品、药品、医疗器械、消毒产品等都不一样；保健用品既不能供人食用，也不能突出宣传预防和治疗效果，更不能宣称属于医疗器械。正是因为我们在观念上觉得保健用品区别于其他相关产品，但是又没能建立清晰且具有操作性的评价标准，缺少统一的规范性文件予以约束，以致各地监管机构也不一样，如吉林省、贵州省是由卫生行政部门予以监管，而陕西省是由食品药品监管部门进行管理。当然，在没有颁布相关监管条例的地方，例如河南省，只能通过民间组织以行业自律的方式自我监管了。即便如此，这也不意味执法部门无从对保健用品行业实施监管。因为在保健用品标准之外，还存在着药品国家标准等其他相关的国家标准、行业标准；我们无从确定保健用品的安全性问题，但是却可以依照《药品管理法》《医疗器械管理监督管理条例》的规定确定涉案的保健用品是否冒充药品或者医疗器械等其他产品，也可以根据保健用品与使用者身体伤害之间的因果关系确定是否可以对生产经营者进行归责。当然，对于颁布了保健用品监管规定的地方，直接按照地方规范管理即可。因此，对于宣称属于保健用品的膏药，是应当而且可以在现行规范体系予以监督管理的，只是这种监管远不像药品监管全面、系统。

2. 具有保健用品身份的膏药与假药的认定

虽然"聂麟郊祛痛贴"案最终没有进入审判阶段以司法裁判的形式确定其是否属于刑事犯罪，但是这并不妨碍我们以此为视角探讨保健用品名义下膏药与假药的关系问题。

不管地方政府是否颁行了针对保健用品的规范性文件，保健用品不属于药品应当是众所周知的事实，因此，无论是保健用品的原料还是宣传功效、适用范围等，都应当与药品区别开来。正如《关于开展中药保健药品整顿工作的通知》（国药管注〔2000〕74号）要求，"撤销中药'健字'文号，统一纳入药品管理。整顿后凡符合要求的，重新颁发批准文号。不符合要求的，撤销其批准文号。凡按照70号文（注：1987年10月卫生部发布实施的《中药保健药品的管理规定》〔87〕卫药字第70号）批准的中药保健药品，同时符合下列七项条件的，方可重新申报审批。（1）不得添加麻醉药品、精神药品、放射性药品、剧毒药品，不使用被国家列为重点保护的濒危动、植物药材和以进口为主的原料；（2）不得添加化学药品（包括维生素、微量元素）；（3）不是微生态制剂、酶制剂等；（4）不是注射剂；（5）处方中的各味药均有法定药品标准；（6）近三年连续生产；（7）所用辅料、添加剂应符合药用要求和食品卫生的有关规定。"原国家食品药品监督管理局办公室公告的《关于开展贴敷类医疗器械注册专项检查的通知》（食药监办械〔2013〕34号）中也明确提到，对仅含有化学成分、中药材（或天然植物）及其提取物等的贴敷类产品，所含成分无论药典是否收载，都必须说明并验证添加此类成分的预期目的和作用机理。如所含成分发挥药理学、免疫学或者代谢作用的，或者不能证明不发挥药理学、免疫学或者代谢作用的，则不应按医疗器械进行注册管理。该通知虽然区分了贴敷类产品与医疗器械，但也从侧面印证了以药品形式存在的贴敷类产品的特点，这也正是保健用品所不具备的。

回到前文提到的膏药案，要确定涉案的膏药是否属于假药，必须坚持判断标准的法定性，即是否符合《药品管理法》第98条关于假药的认定标准。如本书第六章所提到的，在判断是否属于假药时，首先要确定该产品是以药品的名义进入流通领域，这是判断假药案件的前提和基础。由于药品是用于预防、治疗、诊断人的疾病，有目的地调节人的生理机能并规定有适应证或者功能主治、用法和用量的物质，包括中药材、中药饮片、中成药、化学原料药及其制剂、抗生素、生化药品、放射性药品、血清、疫苗、血液制品和诊断药品等，因此，在确定涉案膏药是保健用品还是药品时，即便没有前者的标准，也可以判定是否符合后者的特征。如果涉案产品对外宣传或者在产品中标注有适应证或者功能主治、用法和用量，体现出具有预防、治疗的效果，就可以认定为药品。同时，膏药本身是以"X健准字"号的文号对外销售，故而可以按照"非药品冒充药品"予以认定。至于产品的外包装中是否标注"本产品不能代替药品和医疗器械"，在其以药品的名义标注或对外宣传时，不影响产品的定性。当然，如果产品不仅标注

"X健准字"号和"本产品不能代替药品和医疗器械"的说明，同时也没有对外宣传其适应证或者功能主治、用法和用量，以突出预防、治疗、诊断的效果，则不能认定为药品，也就不属于假药。至于该保健用品本身的质量问题，则可以由产品质量监管部门或者地方规范性文件确定的其他监管部门依照有关规定处理。

基于上述分析可以发现，"非物质文化遗产"衍生品被认定为假药并非难以理解，毕竟，这两者的认定标准截然不同。如果说"非物质文化遗产"的评价侧重于民族个性、民族审美习惯等文化遗产的传承与发展，假药的评价恰恰不是历史性的，而是基于现实的法学标准，即按照法律明文规定去判断药品的真假。因此，即便是属于"非物质文化遗产"的产品，以"膏药"名义进入流通领域时接受监管部门严谨、规范的法律评价、质量评价是不可避免的。

二、膏药与假药：实务与理论的碰撞

在司法层面上，"聂麟郊祛痛贴"案没有为我们审视、探讨保健用品、膏药的区别以及假药认定标准提供全面的样本，但是刘某甲、刘某乙生产、销售假药案中关于民间膏药的定性以及由此引发的专家争论，却为我们深入研究膏药与保健食品、中成药、中药饮片的关系以及《药品管理法》第98条关于假药的认定标准提供了广阔的探讨空间。

（一）刘某甲、刘某乙生产、销售假药案诉讼与裁判

一审法院审理查明，2012年，被告人刘某甲、刘某乙商议利用家中祖传偏方生产膏药贴并销售牟利。2012年下半年至2016年3月，二被告人在未取得国家主管部门颁发的《药品生产许可证》《药品经营许可证》的情况下，大量生产、销售自制膏药贴。自2015年9月至2016年3月，累计销售数额计人民币5974773元。其中，被告人刘某甲购置生产设备、购买膏药基质，先后雇佣被告人刘某、孙某某等人从事膏药贴生产，由被告人刘某甲以购买的膏药基质为基

础，在加工膏药过程中添加"冰片""人工牛黄""血竭"等中药成分，由被告人刘某、孙某某通过熔化、搅拌、压制的方法，生产制作成一大一小两种规格的膏药贴，最后由被告人刘某甲运送至即墨市某小区包装待售。

被告人刘某乙先后以不同身份在某网站注册了"百年中医堂""传统古中医"等十余个网店，并先后雇佣被告人刘某丙等人作为网店客服人员，在互联网上销售不同包装的膏药贴。被告人刘某乙负责对客服人员进行培训管理，明确各个客服人员相对分工，每人负责一到两个网店的客服销售工作，并分成昼夜两班轮值倒班，且让客服人员对其销售的膏药贴进行虚假功效宣传，诱使患者购买。被告人刘某丙等 8 名客服人员明知销售的膏药贴未取得相应的药品生产许可，仍然冒充医疗人员解答网络客户咨询，对膏药贴做虚假的功效宣传。被告人宋某某等人根据客服人员提供的快递单据，将一大一小两种规格的膏药贴放进宣称治疗不同种类疾病的二十余种药品包装盒中，后通过刘某乙联系的快递公司将膏药贴销往全国各地。经泰州市食品药品监督管理局认定，被告人刘某甲、刘某乙等人生产、销售的"带状疱疹痛消贴""带状疱疹专用贴"等 25 种品名的膏药贴均为药品，必须批准而未经批准生产，按假药论处。在审理期间，针对控辩双方的争议问题，一审法院认为，（1）关于药品监管部门出具的假药认定结论的合法性问题，《2014 年药品解释》第 14 条规定，地市级以上药品监督管理部门有权对是否属于假药出具认定意见。本案中，认定函由泰州市食品药品监督管理局依法出具，程序合法。而涉案膏药贴外包装盒上均明确载明"功能主治某种疾病"，且膏药为各种中药材所制成，功效是通过所含的中药成分渗透到皮肤血液中产生，实质亦应属药品，根据 2015 年版《药品管理法》第 48 条第 3 款第 2 项规定，其生产须经国务院药品监督管理部门批准。泰州市食品药品监督管理局依法出具的认定函认定涉案膏药贴按假药论处，亦符合法律规定。（2）关于本案是否属于"情节显著轻微，危害不大的"情形。《2014 年药品解释》第 11 条第 2 款的规定，可以不认为犯罪的中药加工行为，需同时符合四个要件：销售量少，根据民间传统配方加工而成，未造成他人伤害后果或延误治疗，以及情节显著轻微危害不大。本案中，被告人刘某甲、刘某乙所生产、销售假药的数额高达 500 多万元，远远超出解释所规定的情节特别严重的数额标准，故不宜对被告人刘某甲、刘某乙适用减轻处罚，但考虑到涉案假药是被告人刘某甲根据其祖传配方制成，且属于外敷类膏药贴，未对他人造成伤害后果，可在量刑时酌情对其从轻处罚。基于此，一审法院判处被告人刘某甲、刘某乙等明知是假药而进行生产、销售的行为构成生产、销售假药罪。[①]

一审判决以后，刘某甲、刘某乙等均提出上诉。部分上诉理由如下：（1）膏药不是药，不在国家医药监管管理范围内。（2）涉案的膏药贴在中医药管理范围内，上诉人所售膏药是祖传，根据《中医药法》第 32 条规定：医疗机构配制的中药制剂品种，应当依法取得制剂的批准文号，但是仅应用传统工艺配制的中药制剂品种，向医疗机构所在地省、自治区人民政府药品监督管理部门备案后即可配制，不需要取得制剂批准文号。刘某甲的辩护人认为，刘某甲是根据祖传配方制成外敷类膏药贴，未对患者造成身体上的伤害；原判仅按涉案膏药的外包装盒标明成分及功效说明就认定涉案膏药系药品不当；中药制剂应采用备案制而非批准制。刘某乙的辩护人认为，现有证据不能认定涉案药品"足以严重危害人体健康"；涉案膏药贴是否属于药品存疑；涉案膏药贴在当地口碑良好，是祖传秘方。对此，二审法院认为，（1）关于涉案膏药是否属于假药。刘某甲等人以购买的膏药基质为基础，添加有关中药成分后，通过熔化、搅拌、压制等同样的方法制成两种不同规格的膏药贴，分别装入宣称治疗不同种类疾病的二十余种药品包装盒中。从涉案膏药的成分、制作流程及外包装标明的功效、用法来看，属于需经批准才能生产的中成药。根据 2015 年版《药品管理法》第 31 条规定，生产新药或者已有国家标准的药品的，须经国务院药品监督管理部门批准，并发给药品

---

① 江苏省泰州医药高新技术产业开发区人民法院刑事判决书（2017）苏 1291 刑初 10 号。

批准文号；但是，生产没有实施批准文号管理的中药材和中药饮片除外。第 48 条规定，依照本法必须批准而未经批准生产、进口，或者依照本法必须检验而未经检验即销售的，按假药论处。原判根据泰州市食品药品监督管理局对涉案 25 种膏药产品作出的认定函，结合全案物证、书证、证人证言、被告人供述等证据，认定涉案药膏属于假药，具有事实和法律依据。（2）关于辩护人提出"仅应用传统工艺配制的中药制剂品种，采用备案制而非批准制"的辩护意见。《中医药法》第 32 条涉及的备案制，仅是针对医疗机构应用传统工艺配制中药制剂的情形，不影响 2015 年版《药品管理法》第 31 条、第 48 条在本案中的适用。关于辩护人另提出"不能认定涉案药品足以严重危害人体健康"的辩护意见，《刑法》第 141 条经 2011 年修正之后，不再以"足以严重危害人体健康""对人体健康造成严重危害""对人体健康造成特别严重危害"作为生产、销售假药罪的构成要件。根据《2014 年药品解释》第 4 条第 6 项的规定，生产、销售金额 50 万元以上的即应当认定为《刑法》第 141 条规定的"有其他特别严重情节"。本案中，刘某甲、刘某乙等人生产、销售的假药销售金额高达五百余万元，依法应当认定为"具有其他特别严重情节"，在 10 年以上有期徒刑幅度内量刑。在案证据未显示涉案膏药已对人体健康造成特别严重危害，可以在量刑时予以考虑。但涉案膏药确实广泛被患者购买用于治疗，极易造成贻误诊治，社会危害性毋庸置疑。据此，二审法院最终维持一审法院关于刘某甲、刘某乙等人生产、销售假药罪的认定。①

（二）刘某甲、刘某乙生产、销售假药案中的理论观点

由于膏药作为我国传统医药的代表，以及当下与其影响力不匹配的国家标准的缺失，因此，刘某甲、刘某乙生产、销售假药案引起了诸多学者的深切关注。诸多学者专门围绕本案进行了深入探讨。从笔者掌握的资料来看，这篇由知名

---

① 江苏省泰州市中级人民法院刑事判决书（2017）苏 12 刑终 270 号。

学者署名的法律意见（以下简称"学者观点"）应当是目前较为系统分析膏药案件中假药认定标准的学术资料。不过，由于笔者对假药认定标准的理解与该文不同，谨摘录学者观点，以便下文对此充分探讨（观点中援引的《药品管理法》均为 2015 年修订版本）。该观点认为：

1. 由于药品与保健用品的法律界限不明确，因此本案所涉及的膏药贴是否属于"药品"，存在较大疑问。从我国的实际情况来看，中药制作的膏药贴在形式和效用方面比较独特，其在法律上到底应当如何归类，存在很大的争议。国家食品药品监督管理局《关于药械组合产品注册有关事宜的通告》第 2 条规定，以药品作用为主的药械组合产品，需申报药品注册；以医疗器械作用为主的药械组合产品，需申报医疗器械注册。根据这一规定，以医疗器械作用为主的膏药贴完全可以申请注册为医疗器械，不受《药品管理法》的规制。本案中涉及的膏药贴是否属于医疗器械，因此不构成《药品管理法》意义上的"药品"，仍然有待查明。除了可能构成医疗器械而非药品以外，本案涉及的膏药贴还有可能属于保健用品而非药品。所谓保健用品，是指供人们生活中使用，表明具有调节人体机能和促进健康等特定功能的用品。由于某些保健用品也具有药物成分，因此与《药品管理法》意义上的"药品"之间往往存在模糊界限，特别是某些保健用品完全可能兼具保健和治疗功效。随着人们健康观念的转变，保健用品这一独立的门类逐渐形成，这是不可否认的事实，但从立法状况来看，在国家层面尚未制定全国性的保健用品法律法规。据了解，目前国家食品药品监督管理局正在与全国人大常委会法工委协商制定相关的法律，以便实现对保健用品更好的法律规制。从当前的情况来看，许多地方对于涉及保健用品的案件（例如膏药贴），通常适用《产品质量法》及其相关规定，排斥对《药品管理法》的适用。此外，在三个有地方性保健用品立法的省份（贵州、陕西、吉林），则明确对保健用品的含义、功效、类别及规制作出了规定。在没有出台全国性法律之前，这些地方的保健用品生产应当遵循地方性法规的规定，而不适用《药品管理法》。例如，吉林省通化市万通药业股份有限公司生产的万通筋骨贴,其使用说明显示卫生许可证号是吉卫健证字〔2011〕第 0002 号,批准文号是吉卫健用字〔2015〕第 016 号;其保健功能为:改善微循环,缓解疼痛;其适宜人群包括:因关节炎、肩周炎、颈椎病、腰肌劳损、骨质增生、跌打损伤、腰椎间盘突出等引起的腰腿、肌肉、颈肩、足跟等部位疼痛的人群。本案涉及的膏药贴的主要功效对缓解带状疱疹、乳腺增生等具有一定效果,如果我们把其与万通筋骨贴进行比较,就会发现其在实质上与万通筋骨贴一样,主要作用在于缓解疼痛(保健)而非治疗,完全可以归入保健用品的范畴。如果要将《药品管理法》和《刑法》适用于本案,首要的前提是确定该膏药贴属于"药品",但根据上述分析,我们发现该膏药贴既可能属于医疗器械,也可能属于保健用品,因此存在排斥上述法律之适用的可能性。根据我国《刑事诉讼法》第 53 条的规定,定案证据必须确实、充分,达到排除合理怀疑的程度。从目前的事实和证据来看,对于本案涉及的膏药贴是否属于"药品"这一核心的定罪要素的证明,尚未达到法定标准,应当按照"存疑时有利于被告"原则,作出对犯罪嫌疑人有利的判断,认定其不属于"药品"。

2. 即使认定本案所涉及的膏药贴属于"药品",其也不属于《药品管理法》和《刑法》所指的"假药",不构成生产、销售假药罪。《刑法》第 141 条第 2 款规定,本条所称假药,是指依照《药品管理法》的规定属于假药和按假药处理的药品、非药品。这意味着,刑法上生产、销售假药罪的"假药"认定,取决于《药品管理法》的相关规定。《药品管理法》第 48 条第 1 款规定:禁止生产(包括配制,下同)、销售假药。第 2 款有下列情形之一的,为假药:(一)药品所含成分与国家药品标准规定的成分不符的;(二)以非药品冒充药品或者以他种药品冒充此种药品的。第 3 款有下列情形之一的药品,按假药论处:(一)国务院药品监督管理部门规定禁止使用的;(二)依照本法必须批准而未经批准生产、进口,或者依照本法必须检验而未经检验即销售的;(三)变质的;(四)被污染的;(五)使用依照本法必须取得批准文号而未取得批准文号的原料药生产的;

（六）所标明的适应证或者功能主治超出规定范围的。如果仔细比较该法第 48 条第 2 款第 2 项的"以非药品冒充药品"与第 3 款所规定的"按假药论处"的情形之二——"依照本法必须批准而未经批准生产的药品"（第 48 条第 3 款第 2 项），我们可以得出以下结论："以非药品冒充药品"是指实质上完全没有药物成分而冒充药品，而不是指形式上"依照本法必须批准而未经批准生产"（第 48 条第 3 款第 2 项），否则，第 48 条第 3 款第 2 项就没有存在的必要。那么，本案所涉及的膏药贴是否属于"非药品冒充药品"？或者是否属于依照《药品管理法》必须批准而未经批准生产的药品？我们认为，根据本案事实和证据，对于这两个问题，必须作出完全否定的回答。首先，根据上述对于《药品管理法》第 48 条第 2 款第 2 项与第 48 条第 3 款第 2 项之关系的理解，并结合《药品管理法》第 77 条的规定，无法认定涉案的膏药贴属于"非药品冒充药品"。第一，如前所述，《药品管理法》第 48 条第 2 款第 2 项与第 48 条第 3 款第 2 项分别从实质和形式两个方面确立了我国法律意义上的"假药"概念。从本案来看，所涉及的膏药贴是由芦荟、人工牛黄、五倍子、冰片等中药材，通过民间祖传偏方熬制而成，并无任何掺杂、掺假，实质上并不是没有任何药物成分、没有任何药物价值的"假药"，因此不属于《药品管理法》第 48 条第 2 款第 2 项所谓的"非药品冒充药品"。不仅如此，根据《药品管理法》第 77 条的规定，"对假药、劣药的处罚通知，必须载明药品检验机构的质量检验结果；但是，本法第 48 条第 3 款第（一）（二）（五）（六）项和第 49 条第 3 款规定的情形除外。"换言之，对于第 48 条第 2 款第 2 项"以非药品冒充药品"的认定，应当有药品检验机构出具的该产品是非药品的质量检验报告。众所周知，药品检验必须以药品标准（《中华人民共和国药典》为国家药品标准）为参照基础，没有药品的法定标准，药品检验机构只能束手无策。但是，由于本案的膏药贴是由祖传配方而来，并未冒充某种特定药品，因此不存在所谓对应的"真药"，也不存在固定的生产标准规范。这意味着，即使相关部门对涉案的膏药贴进行检验，也会因为该膏药贴系民间偏方、并不存在国家药品法定标准而无法出具检验报告。其次，根据现行法律，无法认定该膏药贴属于依照《药品管理法》第48条第3款第2项所规定的"必须批准而未经批准生产的药品"。《药品管理法》第31条规定，生产新药或者已有国家标准的药品的，须经国务院药品监督管理部门批准，并发给药品批准文号；但是，生产没有实施批准文号管理的中药材和中药饮片除外。（第1款）实施批准文号管理的中药材、中药饮片品种目录由国务院药品监督管理部门会同国务院中医药管理部门制定。（第2款）药品生产企业在取得药品批准文号后，方可生产该药品。由此可见，在我国，药品生产、销售通常必须获得国务院药品监督管理部门的批准，但是，由于中药材和中药饮片具有不同于西药的特征，因此法律规定上也有所不同：对于西药，必须经过国务院药品监督管理部门的批准；对于中药饮片、中药材，批准制度仅适用于那些实施批准文号管理的中药材和中药饮片。换言之，如果药品生产企业没有取得批准文号生产了已实施批准文号管理的中药材、中药饮片，应当属于生产"必须批准而未经批准生产的药品"；相反，如果药品生产企业所生产的是未实施批准文号管理的中药材、中药饮片，就不属于生产"必须批准而未经批准生产的药品"。作为上述法条的配套文件，2004年6月，国家局药品注册司组织起草了《中药饮片注册管理办法（试行）》《关于中药饮片实施批准文号管理有关事宜的通知》和《关于发布实施批准文号管理的中药饮片品种目录（第一批）的公告》等规范性文件征求意见稿，但时至今日也没有正式出台。换言之，由于中药饮片、中药材实施批准文号管理制度一直没有通过法律正式确立，因此实际上我国目前对于中药饮片、中药材的生产并不存在法定的批准文号管理制度。由于缺乏法定的实施批准文号管理的中药饮片品种目录，依据法不禁止即自由的原则，应当判定本案的膏药贴不属于"必须批准而未经批准生产的药品"。 需要附带提及的是，国家食品药品监督管理局《关于药械组合产品注册有关事宜的通告》第8条规定，带药物涂层的支架、带抗菌涂层的导管、含药避孕套、含药节育环等产品，按医疗器械进行注册管理，含抗菌、消炎药品的创可贴、中药外用贴敷类产品等按药品进行注册管理。如果可以将本案所涉及的膏药贴归入"中药外用贴敷类产品"，按照这一通告，就应当按药品进行注册管理。但问题是，这一通告只是国家食品药品监督管理局对于下级机关的一个内部通知，既不具有任何法律效力，更不用说具有对抗《药品管理法》的效力，因此不能作为刑法上认定生产、销售假药罪的法律依据。综上所述，由于本案涉及的膏药贴可能属于医疗器械或者保健用品，因此不属于《药品管理法》所指的"药品"。而且，即使认定该膏药贴属于"药品"，其也不构成《药品管理法》和《刑法》上的"假药"，以及《刑法》第141条的生产、销售假药罪。应当指出的是，本案犯罪嫌疑人的确采取了虚假宣传、夸大该膏药贴之功效的营销手段，对此应当根据相关法律予以处罚。但是，由于没有充分的证据表明该膏药贴具有副作用或者对人体健康产生了危害，因此在依据相关法律进行处罚之时，应当考虑从轻、减轻或免除处罚。

可以说，上述学者观点从膏药与保健用品、医疗器械的关系、刑法与药品管理法中的假药认定标准进行了全面、系统的分析。但是，笔者认为，上述意见忽略了以下三个问题：（1）忽略了药品概念的法律评价功能；（2）对"非药品冒充药品"的解释过于片面；（3）混淆了中药制剂与中药饮片之间的关系，以致对膏药的归类是不妥当的。对此，下文将围绕这三个方面进行详细论述。

三、膏药案中争议问题的规范评价

从司法实践来看，膏药类的犯罪案件在危害药品安全犯罪中所占的比例并不大。根据笔者调研所了解到的情况，公安机关较少查处此类案件，因为基于传统民间中药的保护政策和独特性，我们尚未建立诸如西药领域相对完善的药品安全标准体系与监督管理体系，办案机关往往难以对膏药的药物成分、安全性、适应证等进行有效的检验鉴定。因此，以刘某甲、刘某乙生产、销售假药案为视角对相关问题进行探讨，有助于我们强化理论层面对危害药品安全犯罪尤其是假药的认定标准的研究。

（一）关于对刘某甲、刘某乙生产、销售假药案争议问题的回应

1. 关于药品概念的法律评价功能

学者观点认为，药品与保健用品的法律界限不明确，因此刘某甲、刘某乙生产、销售假药案中所涉及的膏药贴是否属于"药品"，还是医疗器械或者保健用品，存在较大疑问。对此，本案的辩护人也坚持认为膏药不是药，不在国家医药监管管理范围内，并指出一审判决仅按涉案膏药的外包装盒标明成份及功效说明就认定涉案膏药系药品不当。然而，在笔者看来，上述观点忽略了《药品管理法》《医疗器械监督管理条例》对药品和医疗器械的明确规定，忽略了地方性保健用品立法对保健用品的含义、功能的要求，即药品具有预防、治疗和诊断的功能、目的，而医疗器械、保健用品不能包含此功能和目的。这一区分不仅是对产品功能的实质性要求，还包括了涉案组织、个人在宣传产品、包装产品时不能对非药品类产品突出、强调这一治疗功能，否则就有冒充药品的嫌疑。也正是因为如此，即便没有出台全国性法律，我们要依据地方性法规对流通领域的保健用品进行监管，也应当确定其属于保健用品，而不是以保健用品的身份冒充药品进入流通的假药品。因此，药品、医疗器械、保健用品的概念是评价涉案产品类别的重要依据，但如何确定产品符合哪一个概念，就要通过证据来确定其功能等是否符合某一类产品的特征。这里需要注意的是，概念是对事物本质的反映，判断产品具有何种功能或者以何种名义，并不仅仅是查看其标签、外包装等，还需要考虑涉案产品进入流通时对外销售的名义——销售者对产品功能的实质性宣传，更能反映其类别。因为销售者是否强调治疗的功效，对于购买者而言是重要的产品信息，也是突出产品特点、优势的内容，所以销售者对外宣传产品的名义是确定产品性质的重要依据。

在本案中，学者观点认为，本案涉及的膏药贴的主要功效在于对缓解带状疱

疹、乳腺增生等具有一定的效果，可以归入保健用品的范畴，这显然与司法机关所查获的证据有差异。从司法机关认定的证据材料来看，行为人以购买的膏药基质为基础，添加有关中药成分后制成膏药贴，分别装入宣称治疗不同种类疾病的二十余种产品包装盒中，其外包装标明的功效、用法都足以表明涉案产品强调治疗效果和功能。这显然符合了药品的定义——医疗器械、保健用品不能有治疗功能。据此，司法机关可以认定涉案产品是以药品的名义进入流通领域（至于是以非药品冒充药品，还是其他情形的假药，下文另行分析）。但学者观点忽略了行为人销售产品时对顾客所做的实质性宣传，将涉案产品类别模糊化，忽略药品概念的法律评价功能，从而将该膏药贴认定为"既可能属于医疗器械，也可能属于保健用品"是不妥当的。

2. 关于"非药品冒充药品"的解释

学者观点认为，"以非药品冒充药品"是指实质上完全没有药物成份而冒充药品，而不是指形式上"依照本法必须批准而未经批准生产"。所涉及的膏药贴并不是没有任何药物成份、没有任何药物价值，所以其不属于 2015 年版《药品管理法》第 48 条第 2 款第 2 项所谓的"非药品冒充药品"。笔者认为，这种解释带有明显的片面性，"非药品"是否一定没有药物成分并不重要。从立法者的视角来看，药品是治病救人的，非药品不但不能达到治病救人的目的，反而会贻误病情，甚至会危及患者的生命安全。因此，药品管理法将以非药品冒充的药品列为假药，依法予以打击。[1] 以此来看，之所以规定"非药品冒充药品"，根本原因是其不具有相应的治疗效果——不管是否含有药物成分；不能因为产品含有药物成分就将其排除在非药品之外。比如，实践中查处的大量保健食品案中都会添加药物成分，但是不能据此将其排除在"非药品"的范畴而否定成立假药犯罪的可

---

① 卞耀武：《中华人民共和国药品管理法释义》访问网址：中国人大网 http://www.npc.gov.cn/npc/flsyywd/xingzheng/2002-07/15/content_297575.htm，访问时间：2018 年 8 月 6 日。

能性。从行为方式来看，冒充药品主要包括两种形式：一是外包装上的冒充，即在其他产品标签上注明产品的治疗效果、功效，冒充某一种药品；二是对外宣传上的冒充，即标签、外包装上注明其他产品，如保健品、医疗器械等，但是对外宣传时突出治疗功能，达到冒充药品的效果。相应地，作为与"以非药品冒充药品"相并列的假药类型，"以他种药品冒充此种药品的"的根本特征也是"他种药品"不具有"此种药品"的治疗效果，容易贻误病情，甚至会危及患者的生命安全。在形式上，"他种药品"具有一定的治疗效果，只是在疗效上和"此种药品"有差异。所以"此种药品"应当是真实存在的药品，而"他种药品"本身是否属于真药，在所不问。

由于"以非药品冒充药品"类型的假药，更强调非药品在产品功能上的虚假宣传即冒充药品的治疗效果，因此，所冒充的药品是否真实存在并不是认定该类假药的前提条件。这也是"以非药品冒充药品"和"以他种药品冒充此种药品"的区别。故而实践中在确定前一类型假药时，是否有真实药品相对应的国家标准可以为评判非药品提供依据，不影响假药的认定。本案中学者观点提出的"应当有药品检验机构以药品标准（《中华人民共和国药典》为国家药品标准）为参照基础出具检验报告，没有药品的法定标准，就难以做出检测认定"的观点，是不妥当的；以"不存在所谓对应的'真药'"否定涉案膏药未冒充某种特定药品，也是值得商榷的。

3. 关于中药制剂、中药饮片之间的关系以及膏药的归类

学者观点认为，由于中药饮片、中药材实施批准文号管理制度一直没有通过法律正式确立，因此我国目前对于中药饮片、中药材的生产并不存在法定的批准文号管理制度。由于缺乏法定的实施批准文号管理的中药饮片品种目录，依据法不禁止即自由的原则，应当判定本案的膏药贴不属于《药品管理法》禁止经营的"必须批准而未经批准生产的药品"。这一观点的根本错误之处在于将涉案膏药认定为中药饮片、中药材，以此主张不适用批准文号管理制度，进而认为法院主张

其系"依照本法必须批准而未经批准生产"的药品是错误的。事实上，如本文开篇所提到的，根据《中国药典》的规定，膏药是用饮片、食用植物油与红丹（铅丹）或官粉（铅粉）等原料制成的供皮肤贴敷的外用制剂。膏药属于中药制剂的范畴，中药饮片是制作膏药的原料，两者之间有根本区别，不能混同，而上述观点将膏药等同于中药饮片并依据中药饮片之规定否定涉案膏药适用批准文号管理制度存在明显错误。

在本案中，辩护人提到，涉案的膏药贴在中医药管理范围内，上诉人所售膏药是祖传，根据《中医药法》第32条规定，"医疗机构配制的中药制剂品种，应当依法取得制剂的批准文号，但是仅应用传统工艺配制的中药制剂品种，向医疗机构所在地省、自治区人民政府药品监督管理部门备案后即可配制，不需要取得制剂批准文号。"辩护人认为，中药制剂应采用备案制而非批准制，涉案膏药的生产不适用批准文号管理制度。对此，二审法院不予采纳。笔者认为，二审法院的裁判理由是妥当的，只是没有说明为什么非医疗机构配制中药制剂的可以适用《药品管理法》有关规定。《中医药法》第60条规定，"中医药的管理，本法未作规定的，适用《中华人民共和国执业医师法》《中华人民共和国药品管理法》等相关法律、行政法规的规定。"据此，在《中医药法》没有规定个人配制中药制剂应当遵守何种管理制度的情况下，本案应适用2015年版《药品管理法》第31条"生产新药或者已有国家标准的药品的，须经国务院药品监督管理部门批准，并发给药品批准文号"之规定。

需要说明的是，不管是新旧《药品管理法》，我们都应当合理限定"必须批准而未经批准生产的药品"之适用范围，适用该条款的前提是涉案药品具有相应的治疗效果。这一治疗效果既可以经过临床试验验证的，也可以是基于民间配方长期使用的社会评价效果。对其限制性解释的原因是：（1）有助于区分该类型缺陷药品与其他假药的界限。不管是以非药品冒充药品的假药，还是以他种药品冒充此种药品的假药，在客观上都没有经过国家药品监管部门的批准。如果不对"必须批准而未经批准生产的药品"予以限制解释，就会使前两种假药认定标准被虚置起来，难以区分不同药品之间的危害性程度。因此，应当根据"以非药品冒充药品""以他种药品冒充此种药品"的特点，合理限定"必须批准而未经批准生产的药品"的范围。（2）按照体系解释的原则，应当对其作出限制性理解。此次《药品管理法》修订时重新划分了假劣药的范围，将"未取得药品批准证明文件生产、进口药品"剔除出假药的范畴，而以其他禁用药品的类别予以单独规制。在重新划分类型时，药品是否具有实质功效成为区分缺陷药品类型的重要标准，换言之，假药是没有相应的治疗功效的，而"未取得药品批准证明文件生产、进口药品"不再按假药论处，也就表明其只是违反了药品监管程序，在药效上可以确定的（否则，仍应按照假药来认定）。基于此，如果涉案药品不具有相应的治疗效果，就不能将其认定为"必须批准而未经批准生产的药品"。在本案中，司法机关在确认涉案药品属于依据"民间配方"的同时也指出"未显示涉案膏药已对人体健康造成特别严重危害"，所以按照 2015 年版《药品管理法》第 48 条第 3 款的规定以"必须批准而未经批准生产的药品"认定，也是具有一定道理的。这里需要注意的是，在行为人对药品功效存在认识错误的场合，比如，行为人认为药品具有功效且未经批准而生产，但实际上没有功效，此时，是属于假药还是未经批准而生产的禁用药品？显然，在客观上，药品属于假药，而主观上，行为人认为不是假药，只是违反了药品监管程序。此时，需要对行为人的辩解予以查证，如果无法查实其"不认为是假药"的合理性，则辩解不成立，仍按照明知假药来处理；如果可以证实其认识错误是客观存在的，严格来讲，行为人主观上不具备生产假药的明知，其行为评价为妨害药品管理罪更为合理。

（二）膏药药效与成分的司法价值与证明

按照现行刑法规定，生产、销售、提供假药依然是抽象危险犯，涉案膏药是否具有实质疗效或者毒害性，不只是具有量刑意义，而会影响假药的认定，进而决定行为性质。因此，如何查明膏药成分与药效，具有重要的司法价值。

1. 膏药的药效与出罪事由

案例一：苏某某生产、销售假药案 [①]

公诉机关指控，2016 年元宵节前后，被告人苏某某通过网络了解到一剂治疗风湿骨病的药方，后在其家中用该药方自制药膏约十公斤。同年 3 月，苏某某在租赁一门市房并挂牌为"药膏店"，以每贴人民币 30 元的价格将药膏销售给胡某青等人，共获利约人民币 5000 元。案发后，公安机关依法扣押膏药 683 张、药膏 6.75 公斤、电热锅 1 个、记事本 1 个、广告卡片 6000 张、壁纸刀 1 把、药膏布 2 卷。经鞍山市食品药品监督管理局鉴定，该药膏系假药。辩护人认为，公诉机关指控被告人苏某某犯生产、销售假药罪证据不足，被告人生产、销售的假药是外用药膏，鞍山市食品药品监督管理局的鉴定报告中也未鉴定出该假药中含有有毒、有害成分，可能导致贻误诊断和治疗，其不足以严重危害人体健康，故被告人苏某某无罪。法院认为，被告人苏某某在没有取得任何资质的情况下，自制膏药并销售，经鉴定该膏药应按假药处理。关于被告人苏某某的辩护人的无罪辩护意见，不予采纳。

如上所述，涉案膏药是否具有药效，或者是否会对患者人身安全构成威胁，公诉机关不承担证明责任。这里与药效相关的安全性包括两个方面：一个是产品本身添加了有毒害性的物质，患者服用后会侵害人体健康；另一个是产品本身没有含有毒害性物质，但患者服用后会因为不具有治疗效果、贻误病情而侵害人体健康。在本案中，辩护人以未鉴定出该假药中含有有毒、有害成分，可能导致贻误诊断和治疗，其不足以严重危害人体健康为由提出的无罪辩解，是难以成立的。按照 2015 年版《药品管理法》，非法生产即属于假药，无需考察实际成分及

---

① 台安县人民法院刑事判决书（2016）辽 0321 刑初 167 号。

功效，所以只要公诉机关证明涉案药品属于假药，即便没有证据表明涉案药品已经造成了实际伤害后果，也不影响犯罪成立。当然，如果辩护人能够提供确实证据证明涉案产品属于古代经典名方或者传统民间配方，且能够证明患者服用以后未出现人身伤害的后果或者贻误诊治，涉案膏药不具有危害人体健康的抽象危险，就可以否定其假药的属性，进而以不符合生产、销售假药罪的犯罪本质而否定成立本罪，而今是以其不符合妨害药品管理罪的构成特征而出罪。在刘某甲、刘某乙生产、销售假药案中，司法机关在裁判理由中已经确认"涉案膏药确实广泛被患者购买用于治疗，极易造成贻误诊治，社会危害性毋庸置疑"，所以本案依然被定性为生产、销售假药罪。事实上，这也正是膏药案件非法进口药案件的差异。进口药往往经过临床试验等国外的监管程序，可以证明其良好的社会效果，辩护方有条件证明涉案药品的安全性，但是膏药作为传统工艺的中药制剂，是缺少临床试验验证的，销售者也不可能对所有的购买者进行跟踪调查确定没有任何的危险（不存在抽象危险的证明属于被告人无罪辩护的理由，由其证明），故而要证明涉案药品不会侵害公众安全就十分困难，基于法益侵害性而做的辩护往往难以有良好效果。事实上，对于此类非法生产药品的案件，司法解释列举了特定药品类型的危害性证明。根据《2022 年药品解释》第 7 条规定，未取得药品相关批准证明文件生产药品或者明知是上述药品而销售，涉案药品以孕产妇、儿童或者危重病人为主要使用对象的；或者属于麻醉药品、精神药品、医疗用毒性药品、放射性药品、生物制品，或者以药品类易制毒化学品冒充其他药品的；或者属于注射剂药品、急救药品的，就认定"足以严重危害人体健康"，即肯定其有害性。

2."非药品冒充药品"的认定与证明

案例二：吴某生产、销售假药案 [①]

一审法院认为，被告人吴某通过网页，搜寻到河南省郑州市刘某乙注册的河南省御方伟业生物技术有限公司销售"痛可冷敷贴""消痛冷敷贴"（均为医疗器械）的相关产品信息后，即与该公司联系，以 9 元 / 贴的价格，先后三次从河南御方伟业生物技术有限公司购进"痛可冷敷贴"裸贴 300 贴。被告人吴某又从网上下载该产品的广告宣传信息，通过网商制定 30 各包装盒，将"痛可冷敷贴"包装成"祖传百年秘方膏药"，冒充中药，通过手机微信朋友圈向史某（另案处理）等人销售。法院认为，被告人吴某为非法获利，将医疗器械重新包装后冒充药品销售，其行为构成生产、销售假药罪，上诉人吴某及其辩护人提出的主要上诉理由及辩护意见是：（1）上诉人不存在生产、销售假药罪的主观故意；（2）一审判决并未认定假药成分及对人体有危害性的客观事实，上诉人的行为属于情节显著轻微。针对上诉人吴某及其辩护人提出的上诉理由及辩护意见，二审法院经查认为：（1）根据法律规定，药品的生产、经营应经药品监督管理部门批准并予以许可。上诉人吴某在未经许可，且在不了解"痛可冷敷贴"的情况下购买裸贴，为获取非法利益自行下载虚假信息对其包装，冒充药品对外销售，符合生产、销售假药罪的主观构成要件。（2）上诉人吴某销售的"祖传百年秘方膏药"经徐州市食品药品监督管理局鉴定为药品，且属于以非药品冒充药品的情形，依法应认定为假药。至于假药的具体成分等不影响生产、销售假药罪的认定。

在该案中，辩护方提出了一审判决未认定假药成分并作出情节显著轻微的辩解，而在二审判决中，司法机关认为"假药的具体成分等不影响生产、销售假药罪的认定"。如上所述，一旦确定为假药，药品成分不会影响犯罪认定，但是假

[①] 徐州市中级人民法院刑事裁定书（2017）苏 03 刑终 341 号。

药中的具体成分因影响假药的认定而对生产、销售假药罪的认定具有一定影响。因为药物成分及其含量往往决定药品的治疗效果，所以对于涉案产品药物成分的分析并非毫无意义。在案例二中，法院采信了监管部门出具的假药认定意见，即属于以非药品冒充药品的假药。对此，就需要充分理由说明为什么涉案药品属于"非药品冒充药品"。在处理此类问题时，最常见的证明方式就是药物成分检验，通过对药物成分分析，直接确定其是否能够达到相应的治疗效果。不过，在对"非药品"进行证明时，需要注意两点：（1）对于"非药品"的证明，不是必须以《中国药典》等国家药品标准所规定药物成分做参考来进行认定的，可以通过直接对涉案药品的成分做检验予以直接认定。比如对于查获的膏药，如果检测成份没有任何药物成分，则可以直接认定为"非药品"，从而以非药品冒充药品处理。换言之，这时涉案膏药危害性的证明是基于药品成分作出的行政认定，而不是依据实际发生的危害后果。同样，如果查获的膏药中检测出含有药物成分，但后者属于处方药或者并不具备所宣传的功效，也可以直接认定为"非药品"。不过，倘若能够证明涉案膏药所含的药物成分可以治疗相应的疾病，与所宣传的治疗功效吻合，则不能认定为"以非药品冒充药品"。（2）不是所有的案件都是以药品成分检验报告作为认定"非药品"的依据。虽然药品成分是确定其药效的最直接的证据，但因"非药品"的范围很广，一些案件中没有必要对冒充药品的非药品进行药物成分检验。当可以通过其他证据直接证明涉案物品属于非药品时，就可以直接认定。在案例二中，行为人把从正规厂家购买的医疗器械，通过重新包装冒充中药，有关部门就不需要对这些膏贴的成分进行检验，只需根据其他证据证明其医疗器械的属性从而认定为"非药品"。就此而言，本案中虽然食品药品监督管理局没有提供涉案膏贴的药物成分，但是直接将涉案产品认定为"非药品冒充药品"是合理的。其实，2020年7月10日，《国家药监局综合司关于假药劣药认定有关问题的复函》中已明确提到，"对假药、劣药的处罚决定，有的无需载明药品检验机构的质量检验结论。根据《药品管理法》第九十八条第二款第四项'药品所标明的适应证或者功能主治超出规定范围'认定为假药，以及根据《药品管理法》第九十八条第三款第三项至第七项认定为劣药，只需要事实认定，不需要对涉案药品进行检验，处罚决定亦无须载明药品检验机构的质量检验结论"。这一规范要求也为最高司法机关所认可，在最高人民检察院发布的第14批依法严惩涉新冠疫苗犯罪典型案例孔某、乔某等人涉嫌生产、销售假药案中，检察机关审查认为，孔某、乔某等人以不具有药物成分的物质制造所谓新冠疫苗，根据《中华人民共和国药品管理法》第98条第2款"有下列情形之一的，为假药：……（二）以非药品冒充药品或者以他种药品冒充此种药品"的规定，应当认定为假药。参照《国家药监局综合司关于假药劣药认定有关问题的复函》（药监综法函〔2020〕431号）的规定，对于通过"事实认定"确定为假药、劣药的，不需要再对"涉案药品"进行检验。

【延伸阅读】
麻精药物案：药品与毒品的身份困惑与规范证成

近年来，非法代购、贩卖盐酸曲马朵、氯巴占、美沙酮等麻精药物的案件不断出现。由于这些麻精药物具有使人形成瘾癖的特殊作用，因此，个案中往往涉及毒品、药品之争。为解决这一难题，最高司法机关曾专门组织研究，为司法实践提供明确具体的判断思路。但是，面对司法实践的复杂性，有关部门在如何把握药品与毒品的界限上（当然，同样的问题还存在于制毒物品领域），仍然存在一些困难。鉴于此，本文从药品概念切入探讨个案中麻精药物的身份属性。

药品的身份之困

麻精药物是麻醉药品与精神药品的简称，其特殊性在于兼具了治疗疾病和使人成瘾的双重特征。

一方面，麻精药物本属于药品，在市场上流通具有正当性。按照《药品管理法》的规定，药品是指用于预防、治疗、诊断人的疾病，有目的地调节人的生理机能并规定有适应证或者功能主治、用法和用量的物质，包括中药、化学药和生物制品等。因此，预防、治疗、诊断人的疾病，是药品的本质性特征。而麻精药物具有作用于中枢神经，使人兴奋或者抑制，正常服用有利于改善、治疗身体疾病的功能，故而一直以来都是特殊的药品类型。比如，一些精神卫生中心开设的美沙酮药物维持治疗门诊，就是利用美沙酮为吸毒人员提供治疗，并取得了良好的社会效果。

另一方面，麻精药物可归为毒品，在市场上流通具有风险性。由于该类药品具有使人成瘾的副作用，在社会上会被不法分子作为毒品进行交易、使用，因此，其经营的风险性也是显而易见的。为了强化监管，防范并打击滥用行为，在药品监管层面，从经营资质到经营方式，立法都将此类药品流通置于严格管控之下。在刑法层面上，其第357条关于毒品的定义中，也明确将"国家规定管制的其他能够使人形成瘾癖的麻醉药品和精神药品"纳入"毒品"范畴，从而使那些打着治疗疾病之名行制毒贩毒之实的行为可以得到依法处理。

比如，中国法院网曾有报道，某美沙酮维持药物治疗中心主要是对吸毒人员服用美沙酮口服液替代戒毒治疗，且要求服用美沙酮口服液必须在治疗中心医生监督下完成，因人定量，定额收费10元。但是，自2020年以来，该中心三名工作人员为谋取经济利益，先后多次向该治疗中心办证病人贩卖盐酸美沙酮口服溶液，并擅自按每次用量加价收取30元/餐、40元/餐不等的费用。所加收的费用除去部分工作开支以外，三人将其平均分配。对此，法院认为，被告人以牟利为目的，伙同多次向他人提供美沙酮，情节严重，其行为均已构成贩卖毒品罪。从报道描述来看，司法机关将涉案人员违反规定擅自加价销售药物的行为认定为犯罪，但显而易见的是，加价牟利销售美沙酮，并非行为人构成贩卖毒品的关键。那么，从药品到毒品，如何理解这一判决的正当性呢？

药品的身份之解

从本质上来说，决定麻精药物是药品还是毒品的，是其用途。

一方面，某一物质是否可以被认定为药品，关键是其是否具有预防、治疗、诊断疾病的功效。这是药品区别于食品、医疗器械的本质特征。"药，治病草也"，是故去疾之用途，可以说是其根本。而食品虽然也是供人食用的物品，但不能用于治疗人的疾病，除了食药同源之物；医疗器械固然可以用于诊断疾病等，但不管是在诊断机理还是作用方式上，都和药品有根本差异。因此，在办理保健食品、医疗器械案件时，是否具有药品应当具有的功效，往往是司法机关审查的重点。麻精药物案件亦是如此。另一方面，某一物质是否可以被认定为毒品，关键是其是否用于使人形成瘾癖，进而侵害人的身体健康。不管是刑法还是禁毒法，两者在麻精药物被视为毒品这一范畴上，表述是一致的，即"能够使人形成瘾癖"。这不仅是指其客观功效，而且表明了其用途在于"使人成瘾"。据此，如果行为人购买、出售或者使用麻精药物，是为了治疗疾病，客观上也的确按照医用规范来合理使用，就足以表明其用途的正当性，当属药品的范畴。相反，如果行为人购买、出售、使用超出治疗所需，如购买量过大，或者并非病人，高概率是利用其成瘾性而有滥用的可能。此时，将其归为毒品也是合理的（当然，有其他证据证明该药物的确用于治疗疾病时，可以推翻该结论。这也表明此类判断中"用途"是决定性的）。

正是基于此这一点，实践中判断行为人所购买、出售、使用的麻精药物，应被评价为药品还是毒品，用途是影响属性识别的关键。这也解释了法律上赋予麻精药物的持有人有区别于一般药物持有人的注意义务，也诠释了国家对此类药品实现定点经营的原因——确保药品不被滥用。相应的，当行为人知道涉案药品属于麻精药物时，该注意义务也成为判断其是否明知药物被滥用的主要依据。亦如在上文援引的诊疗中心贩毒案中，决定不法行为构成贩卖毒品罪的，并非是行为人以牟利为目的出售药物，而在于客观上违规多次提供药物给吸毒人员，主观上行为人明知美沙酮可能被作为毒品却依然违规销售。

药品的身份之证

在实践层面上，要证明麻精药物是药品还是毒品，除了客观上的"真实"用途，还包括主观上的"认知"用途。

由于用途在决定麻精药物的属性上具有重要价值，因此，实践中不能将非法经营麻精药物的行为"一刀切"全部评价为毒品案件。这一点，早在2002年最高人民检察院《关于安定注射液是否属于刑法第三百五十五条规定的精神药品问题的答复》中已予以明确。最高人民检察院法律政策研究室认为，"鉴于安定注射液属于《精神药品管理办法》规定的第二类精神药品，医疗实践中使用较多，在处理此类案件时，应当慎重掌握罪与非罪的界限。对于明知他人是吸毒人员而多次向其出售安定注射液，或者贩卖安定注射液数量较大的，可以依法追究行为人的刑事责任"。据此，该答复确定了通过"对象""数量"两个要素来判断安定注射液是否被作为毒品使用的标准，同时也明确主观明知在犯罪认定的中的价值。此后，最高人民法院在2014年于湖北省武汉市召开全国法院毒品犯罪审判工作座谈会后，发布了《全国法院毒品犯罪审判工作座谈会纪要》（以下简称"纪要"）。该纪要明确提到了"非法贩卖麻醉药品、精神药品行为的定性问题"，指出"行为人向走私、贩卖毒品的犯罪分子或者吸食、注射毒品的人员贩卖国家规定的能够使人形成瘾癖的麻醉药品或者精神药品的，以贩卖毒品罪定罪处罚"。"行为人出于医疗目的，违反有关药品管理的国家规定，非法贩卖上述麻醉药品或者精神药品，扰乱市场秩序，情节严重的，以定罪处罚"。可以说，《纪要》既再次强调了"对象"在评价麻精药物属性时的作用，也突出了主观目的对涉案药品属性判断的重要性。以此为基础，我们可以梳理麻精药物归属药品还是毒品的两个基本思路。

一是以对象为依据推定麻精药物的用途。这里主要涉及购买、使用麻精药物的主体身份。由于麻精药物的用途是特定的，要么是治疗疾病，要么是作为毒品满足精神刺激，因此，通过对主体身份的确认，可以推定其具体用途及其合法性。对此，最高人民法院有关人员在《〈纪要〉理解与适用》中也提到，"麻精药物通常具有双重属性，无论通过合法渠道销售还是非法渠道流通，只要被患者正常使用发挥疗效作用的，就属于药品；只有脱离被吸毒人员滥用的，才属于毒品。因此，列入《麻醉药品品种目录》和《精神药品品种目录》的麻精药物并不等同于毒品，也并非所有非法贩卖麻精药物的行为都应当被认定为贩卖毒品罪。"这也从客观层面上印证了麻精药物的客观用途是确定其属性的最主要方式。当然，本条款也具有宣示性的意义，即不能因为麻精药物可能被用作毒品，就将非法贩卖行为一律认定为贩卖毒品。换言之，忽略具体用途而"一刀切"评价为毒品的做法是不规范、不客观的。二是以目的为依据推定麻精药物的用途。对于许多毒品犯罪案件而言，药物最终去向无从核实，这就给办案机关查明案情造成障碍。此时，行为人主观目的对确定药品属性具有一定价值。在主观方面，虽然本罪不是典型的目的犯，但主观目的与行为人的意志要素是密切相关的。当行为人经营麻精药物的目的是为治疗疾病时，表明其不存在贩卖毒品中的意志因素，可以排除犯罪故意。相应的，在证明逻辑上，如果行为人是基于治疗目的而出售，就会审慎核实购买者身份，严格把控药物用量等。

具体而言，适用推定规则时需要注意两点：（1）购买者是吸毒人员时，行为人违背经营规范（场所、数量等要求）提供麻精药物的，可以推定其主观上具有放任不法者将其作为毒品使用的意志，如前文提到的案例。此时，一旦查实吸毒人员的确用来从事毒品交易或者使用，就可以推定其具有犯罪故意（如果无证据证明对方把药品作为毒品滥用，应当审慎根据该规则将药物评价为毒品）。该规则同样适用于购买者系身份不明人员的场合。由于出售麻精药物有严格限制，不能随意出售，因此，如果经营者对购买对象不充分核实（主观上放任药品可能滥用为毒品），就应当根据药品的客观用途确定行为性质。（2）购买者并非吸毒人员甚至是需要特定麻精药物治病的病人时，行为人代购、出售以及帮其邮寄麻醉药品时，不宜直接推定其具有毒品犯罪中的主观目的。但是，如果查明该购买者的购买量显著异常，且又将麻精药物转售他人用于吸毒，不能以购买者的身份直接否定经营者出售麻精药物将其作为"毒品"使用的属性。此时，需要对行为人与购买者之间的交易活动进行详细审查，以便甄别。比如病人为了方便治疗一次性购买、囤积量大的麻精药物，需要核实麻精药物的具体使用状况，不能以数量异常而直接认定出售者构成贩卖毒品犯罪。这是司法实践中的难点。

第十章

医疗器械案：标准与风险双重限定下的刑事归责

【本章概要】

医疗器械与药品的区分，应当以法定概念、特征为基础，结合证据确认其性质。不符合保障人体安全的国家标准、行业标准的医疗器械，不仅包括了真正的医疗器械，而且包括以一般产品冒充医疗器械的情形。不管是强制性标准，还是推荐性标准，都可以作为国家标准、行业标准的认定依据，但是地方标准、企业标准等不能作为刑事案件判定涉案产品质量的依据。对于医疗器械的质量评估，应当根据刑事证明的需要完善检验标准、检验方法，明确风险评估的目标。对于不能确定涉案产品足以造成严重危害人体健康的具体危险的，可以根据销售金额的数量确定是否构成《刑法》第140条之罪。非法经营医疗器械的行为不构成非法经营罪。

一、医疗器械与药品：常见的定性之争

按照2021年6月1日起施行《医疗器械监督管理条例》第103条的规定，医疗器械，是指直接或者间接用于人体的仪器、设备、器具、体外诊断试剂及校准物、材料以及其他类似或者相关的物品，包括所需要的计算机软件；其效用主

要通过物理等方式获得，不是通过药理学、免疫学或者代谢的方式获得，或者虽然有这些方式参与但是只起辅助作用；其目的是：（1）疾病的诊断、预防、监护、治疗或者缓解；（2）损伤的诊断、监护、治疗、缓解或者功能补偿；（3）生理结构或者生理过程的检验、替代、调节或者支持；（4）生命的支持或者维持；（5）妊娠控制；（6）通过对来自人体的样本进行检查，为医疗或者诊断目的提供信息。据此，医疗器械属于直接或者间接用于人体的产品，而且对疾病的诊断、预防、治疗等都有重要影响。然而，由于药品也具有预防、诊断、治疗的效用，即便医疗器械不是通过药理学、免疫学或者代谢方式获得这一效果的，如何区别药品也会涉及诸多专业性判断，在实践中往往面临巨大争议。一旦涉案产品被认定为假药，生产、销售行为就会被认定为犯罪，但是若被认定为医疗器械，只有证明涉案产品足以严重危害人体健康时，不法行为才会被认定为犯罪。两相比较，医疗器械犯罪认定的高标准也决定产品定性之争是此类犯罪中的关键问题。

（一）典型案件中的产品属性之争

案例一：闫某生产、销售不符合标准的医用器材案①

一审判决认定，2013年以来，被告人闫某从山东省青岛市沈阳支路山贺电子城和互联网上购买电子元器件，私自研制通过电流作用于人体，对人体多种疾病起到预防、调理、缓解作用的保健仪。在其居住的房屋内组装、制作并命名为"经络电子保健仪"，以牟利为目的销售给他人。2014年7月至9月，被告人高某到双鸭山市开办保健按摩培训班，并向参加培训的被害人周某某女儿管某等人介绍从闫某处购买的"经络电子保健仪"，称其具有通经、活络功能，对人体部位的疼痛能起到缓解作用，并向管某等人传授该保健仪的操作和使用方法。培训结束后，高某将五台"经络电子保健仪"以每台1800元、1500元不等的价格出售给管某，管某将其中一台送给身患甲状腺疾病的母亲周某某。2015年2月

---

① 黑龙江省双鸭山市中级人民法院刑事判决书（2016）黑05刑终100号。

27 日，周某某在家中自己使用"经络电子保健仪"进行电疗时被电击死亡。经法医鉴定，被害人周某某符合生前被电击死亡。经黑龙江省电子产品质量监督检验站鉴定，"经络电子保健仪"强、弱电两个输出端口输出电压均高于标准规定的特低电压限值，直接施加于人体时会导致触电危险。法院认为，被告人闫某生产、销售明知是不符合保障人体健康的国家标准、行业标准的医疗器械，致一人死亡，后果特别严重，其行为构成生产、销售不符合标准的医用器材罪。对此，辩护人认为，认定涉案的"经络电子保健仪"系医疗器械，证据不足。二审开庭时，检察员当庭出示了双鸭山市食品药品监督管理局出具的《关于协助鉴别医疗器械请示复函的补充说明》，建议对"经络电子保健仪"按照非医疗器械产品定义。综合全案证据，应认定涉案的"经络电子保健仪"不属于医疗器械产品。二审法院认为，闫某生产、销售明知是不符合保障人身安全的国家标准的产品，并造成一人死亡的严重后果，其行为构成生产、销售不符合安全标准的产品罪。

案例二：张某甲、张某乙生产、销售假药案[①]

一审判决认定，劲芳公司（另案处理）生产的变应原细胞处理试剂盒于 2009 年 4 月取得医疗器械产品市场准入，产品用于过敏性哮喘等临床检查变应原细胞标本的液基预处理。被告人张某甲系劲芳公司的法人代表，负责公司全面工作，被告人张某乙系劲芳公司研发部经理，负责阿罗格变应原产品的研发及售后工作。其间，劲芳公司假借变应原细胞处理试剂盒已取得的审批，在未取得药品批准文号的情况下生产阿罗格 tm 变应原，并以变应原细胞处理试剂盒的名义出售给常安医院等多家医院以点刺方式使用。一审法院认为，劲芳公司生产、销售假药，被告人张某甲、张某乙是直接负责的主管人员，其行为构成生产、销售假药罪。对此，张某甲、张某乙的辩护人提出：（1）劲芳公司生产的阿罗格变

---

① 广东省东莞市中级人民法院刑事裁定书（2015）东中法刑二终字第 174 号。

应原就是已获许可生产的变应原细胞处理剂试剂盒；（2）现有证据不足以证明劲芳公司有教授医院以点刺方式使用阿罗格变应原的行为，不能证明阿罗格变应原是药品。

二审法院查明，劲芳公司生产、销售的涉案产品"allergotm 阿罗格 tm 变应原"非劲芳公司注册的变应原细胞处理剂。东莞市食品药品监督管理局认定劲芳公司生产的"allergotm 阿罗格 tm 变应原"产品套用"变应原细胞处理剂"的医疗器械注册证，属药品，应按药品进行管理，必须取得药品批准文号后才能生产。广东省食品药品监督管理局认定劲芳公司生产的"allergotm 阿罗格 tm 变应原"产品应为药品，劲芳公司未经批准生产的"allergotm 阿罗格 tm 变应原"产品违反《药品管理法》第48条第3款第2项的规定，应按假药论处。相关医疗机构工作人员均证实涉案产品"allergotm 阿罗格 tm 变应原"的使用目的是针对患者的过敏反应情况，使用相应的变应原试剂给患者做诊断。具体的使用方法：在患者手前臂处对皮肤进行消毒，再将"allergotm 阿罗格 tm 变应原"试剂滴在已消毒的皮肤处，然后用点刺针轻轻刺入已拭擦试剂的皮肤表皮处，观察20分钟左右，即可以判断是否存在过敏反应。

上述两个案件均涉及了产品的定性之争，案例一是围绕医疗器械和普通产品引发争议，案例二则是医疗器械和药品归类分歧。虽然案例一以食品药品监督管理部门出具的《关于协助鉴别医疗器械请示复函的补充说明》使二审法院直接改判了案件性质，明确了涉案产品的定性问题，但是在法院审理过程中鉴定部门对于同一个涉案产品出具了两份截然不同的鉴定意见，本身也说明了医疗器械认定的专业性和复杂性。案例二中对于涉案产品究竟是医疗器械和药品的分歧，更是代表了此类案件处理的难度。从裁判意见来看，司法机关主要是从三个方面确定了涉案产品的类型。一是涉案产品"allergotm 阿罗格 tm 变应原"非劲芳公司注册的变应原细胞处理剂，从而区分出两种产品并不具有同一性。在辩护方看来，这两种产品实质上是同一种产品，只是因包装问题而在名字上有所差异。当然，两者究竟是否属于同一种产品，需要通过对涉案产品即稀释基液的成分进行检测，确定是否和有关部门审批的医疗器械产品指标相一致。二是通过鉴定确认"allergotm 阿罗格 tm 变应原"产品为药品，应按药品进行管理，必须取得药品批准文号后才能生产。三是通过相关医疗机构工作人员的证言证实"allergotm 阿罗格 tm 变应原"的使用目的和使用方法，判断是符合药品还是医疗器械的特征。当然，有关证据证实该产品是针对患者的过敏反应情况，使用相应的变应原试剂给患者做诊断，通过用点刺针轻轻刺入已拭擦试剂的皮肤表皮进行观察判断。二审法院通过产品成分、产品机理、使用目的和使用方法三个角度论证了涉案产品应当属于药品而非医疗器械，进而将其确定为假药。虽然案件中并没有列明鉴定部门是如何从产品成分、产品机理确定产品类型的，但却提出了确认涉案产品是否属于医疗器械的具体思路，即以医疗器械的法定概念、特征为标准，确定涉案产品的属性。因此，区分医疗器械与药品、普通产品在本质上的差异，是确定有关部门出具的鉴定意见是否可靠，以尽可能避免出现案例一中前后不同鉴定结论的关键。

（二）医疗器械与药品、产品的关系

根据《医疗器械监督管理条例》对"医疗器械"的定义，其主要涉及以下四个方面的内容：（1）作用目标。医疗器械是直接或者间接作用于人体，从而排除用于动物或其他目标的情形。（2）产品形式。医疗器械主要包括仪器、设备、器具、体外诊断试剂及校准物、材料以及其他类似或者相关的物品，包括所需要的计算机软件。其中，体外诊断试剂及校准物，是指在疾病的预防、诊断、治疗检测、预后观察、健康状态评价以及遗传性疾病的预测过程中，用于对已被采集到体外的人体样本（各种体液、细胞、组织样本等）进行检测的试剂、试剂盒、校准物、质控品等。但是按照药品管理的体外诊断试剂除外。根据《药品管理法》《放射性药品管理办法》等规定，按照药品管理的体外诊断试剂主要是用于血源

筛查的体外诊断试剂和采用放射性核素标记的体外诊断试剂。（3）作用机理。医疗器械是通过物理等方式获得，不是通过药理学、免疫学或者代谢的方式获得，或者虽然有这些方式参与但是只起辅助作用。这是医疗器械与药品的本质区别，也是鉴定涉案产品性质必须遵从的核心特征。如果一个产品发挥效用的作用机理主要是通过药理学、免疫学或者代谢的方式获得，则应属于药品。如含抗菌药的敷料类产品，当其主要作用机理是通过产品的物理作用发挥创面保护、渗出液的吸收、提供愈合环境为主，所含药物用于辅料本身的防腐，延长辅料在恶劣环境下的保存期的辅助作用，而非用于控制和治疗患者创面感染的，则应属于医疗器械。另外，含抗菌消炎等药品的创可贴、中药外用贴敷类产品等以药理作用为主的，按药品进行管理。正如原国家食品药品监督管理总局颁布的《关于药械组合产品注册有关事宜的通告》第2条所规定的，"以药品作用为主的药械组合产品，需申报药品注册；以医疗器械作用为主的药械组合产品，需申报医疗器械注册。"（4）预期目的。医疗器械包括对疾病的诊断、预防、监护治疗或者缓解等6种情形。第一种是疾病的诊断、预防、监护、治疗或者缓解；第二种是损伤的诊断、监护、治疗、缓解或者功能补偿；第三种是生理结构或者生理过程的检验、替代、调节或者支持；第四种是生命的支持或者维持；第五种是妊娠控制；第六种是通过对来自人体的样本进行检查，为医疗或者诊断目的提供信息。[①]

从医疗器械的上述特征可以看出，在案例二中，争议的核心焦点就是涉案产品是否具备医疗器械的产品形式（体外诊断试剂）和作用机理。而证人证言对涉案产品使用方式的证明，在一定程度上印证了其"点刺"皮肤表皮的方式与体外诊断试剂的产品特点并不一致。当然，从裁判文书来看，法院采信的鉴定意见没有载明涉案产品的作用机理。不过，在实践中，是否能够证明涉案产品具备这

---

① 参见国家食品药品监督管理总局编：《医疗器械监督管理条例释义》，中国医药科技出版社2016年版，第161—164页。

一性能，对于确定产品属性具有重要意义。因为即便涉案产品被认定为假药，但究竟属于以非药品（医疗器械）冒充药品，还是属于"依照本法（注：药品管理法）必须批准而未经批准生产、进口，或者依照本法必须检验而未经检验即销售的"药品，需要对产品的功效进行实质确认。在本案中，二审法院依据 2015 年版《药品管理法》认定涉案产品属于"依照本法必须批准而未经批准生产、进口，或者依照本法必须检验而未经检验即销售的"假药，而这一类型的假药应当具有相应的治疗效果，所以鉴定意见或者其他证据应当反映其作用机理的内容，即属于药理学、免疫学或者代谢的方式获得药效，从而排除医疗器械的可能性。

当然，在案例一中，检察机关二审期间由于提供新的鉴定意见将涉案的医疗器械认定为普通产品，说明这些产品不具备上述医疗器械的具体特征，二审法院也据此改判一审判决，认为本案不能适用刑法第 145 条之规定。但是，这里有两个问题值得探讨：

一是如果涉案产品符合医疗器械的特征，是否可以将不法行为认定为《刑法》第 140 条生产、销售伪劣产品罪或者《刑法》第 146 条生产、销售不符合安全标准的产品罪中的"产品"。从这两个条文及司法解释的规定来看，《刑法》第 140 条中除了"不合格产品"是指《产品质量法》中的"产品"，对于其他产品没有进行限定，而《刑法》第 146 条中的产品，应当是电器、压力容器、易燃易爆产品或者其他与人身、财产安全密切相关的产品。就此而言，我们可以从一般商品的角度理解《刑法》第 140 条的对象，即包括观念上的几乎各种劳动生产物都能被纳入这一范畴，而应当从特定商品的角度理解《刑法》第 146 条的对象，即仅限于与人身、财产安全密切相关的产品。所以前者包括但不限于《产品质量法》中的"产品"，外延更宽，而后者并非指向所有《产品质量法》中的"产品"。从《产品质量法》的角度看，产品并非一个宽泛的概念。它仅是指经过加工、制作，用于销售的产品。这里所称的产品有两个特点：一是经过加工制作，也就是将原材料、半成品经过加工、制作，改变形状、性质、状态，成为产成品，而未经加工的农产品、狩猎品等不在其列；二是用于出售，也就是进入市场用于交换的商品，不用于销售仅是自己为自己加工制作所用的物品不在其列。[①]就此而言，医疗器械应当属于产品的范畴，不仅属于《刑法》第 140 条犯罪对象中的"产品"，而且也是可以受《产品质量法》调整的产品。当然，并非所有的产品质量问题都直接援引《产品质量法》的有关规定，对于另有法律规定的则适用于相关法律，因此，在医疗器械领域，《医疗器械监督管理条例》是确认产品质量以及类型的重要依据。同时，由于医疗器械直接影响着公众疾病的诊疗和生命的支持、维持，不安全的医疗器械往往会引起公众死亡、人身伤害或者财产损失等，所以医疗器械也属于《刑法》第 146 条罪状中所提到的"产品"。

二是如果行为人以非医疗器械冒充医疗器械销售，能否将涉案产品认定为医疗器械。在案例一中，行为人对外宣称组装的"经络电子保健仪"具有通经、活络功能，对人体部位的疼痛能起到缓解作用，并向管某等人传授该保健仪的操作和使用方法。从这些证言和相关证据（除了鉴定意见）来看，似乎符合医疗器械的作用机理和预期目的，行为人涉嫌以医疗器械的名义对外销售涉案产品。如果检察机关提交的鉴定意见是基于产品本身的特点而认为其不属于医疗器械的话，由此产生的问题是，以普通产品冒充医疗器械销售是否属于《刑法》第 145 条罪状中的"医疗器械"。笔者认为，该条文中的"医疗器械"，既包括实质上的医疗器械，如有相应的产品标识、备案注册手续、产品功能说明；也包括名义上的医疗器械，即以医疗器械的名义推销的普通产品。这两种产品的表现形式不同，在确定涉案产品是否属于医疗器械时，其审查依据的材料也会有所差异。按照《医疗器械监督管理条例》第 14 条的规定，"第一类医疗器械产品备案和申请第二类、第三类医疗器械产品注册，应当提交下列资料：（1）产品风险分析资

[①] 信息来源："中华人民共和国产品质量法释义"，访问网址：http://www.npc.gov.cn/npc/flsyywd/jingji/2001-08/01/content_140344.htm，访问网址：2018 年 8 月 5 日。

料；（2）产品技术要求；（3）产品检验报告；（4）临床评价资料；（5）产品说明书及标签样稿；（6）与产品研制、生产有关的质量管理体系文件；（7）证明产品安全、有效所需的其他资料。医疗器械注册申请人、备案人应当对所提交资料的真实性负责。"因此，对于正规生产经营组织生产、销售的医疗器械是否符合产品质量标准，可以根据该组织申请注册或者备案时提交的产品风险分析资料、产品技术要求以及临床评价资料等信息进行鉴定。然而，实践中存在较多的非法组装医疗器械或者从国外、境外非法进口医疗器械进行销售的案例，如案例一中的"经络电子保健仪"，根本不存在产品本身的技术标准和技术要求，办案人员就只能对其产品功能、作用机理进行具体判断。这里需要鉴定的不仅是涉案产品是否属于医疗器械，还应当包括涉案产品是否冒充医疗器械，不能仅仅根据产品涉及虚假宣传不具有医疗器械的实际性能就否定其属于《刑法》第145条规定的"医疗器械"。所以在这类案件中，执法办案部门、公安机关是否能够围绕涉案产品的功能效果、产品标识、销售对象等深入、全面收集证据，决定了产品性状鉴定的客观性、科学性和完整性。

二、生产、销售不符合标准的医用器材罪规范解读

（一）从实践案例看本罪构成要素的认定

根据《刑法》第145条的规定，生产、销售不符合标准的医用器材罪，是指生产不符合保障人体健康的国家标准、行业标准的医疗器械、医用卫生材料，或者销售明知是不符合保障人体健康的国家标准、行业标准的医疗器械、医用卫生材料，足以严重危害人体健康的行为。因此，本罪的客观方面特征是：（1）行为人生产的医疗器械、医用卫生材料不符合保障人体健康的国家标准、行业标准，或者销售明知是不符合保障人体健康的国家标准、行业标准的医疗器械、医用卫生材料的行为；（2）不符合国家标准、行业标准的医疗器械、医用卫生材料足以

严重危害人体健康。因此，要认定不法行为构成本罪的基本犯，既要证明涉案产品属于不符合保障人体健康的国家标准、行业标准医疗器械、医用卫生材料，也要证明涉案产品足以严重危害人体健康。但从司法实践来看，这两项规范性构成要素的证明并不规范。

案例三：董某某销售不符合标准的医用器材案①

公诉机关指控，被告人董某某于 2014 年夏季开始，在其经营的摊位内从事销售不明渠道进货的彩色隐形眼镜。2014 年 11 月 27 日，公安人员在上述地点将被告人董某某抓获，并查获彩色隐形眼镜 700 瓶及 120 盒。案发后，经国家食品药品监督管理局上海医疗器械质量监督检验中心鉴定，送检 5 个样品中有 2 个样品检验出有菌生长，不符合 BG11417.3-2012 中 4.6 及 7.1 标准。法院认为，被告人董某某明知是不符合保障人体健康的医疗器械仍予以销售，其行为已构成销售不符合标准的医用器材罪。

案例四：文某销售不符合标准的医用器材案②

公诉机关指控，被告人文某自 2013 年底至 2014 年 11 月 20 日期间，在未取得《医疗器械经营许可证》的情况下，在其经营的商铺内销售从不明渠道进货的彩色隐形眼镜。2014 年 11 月 20 日，公安机关在该商铺内查获彩色隐形眼镜 2800 片。经国家食品药品监督管理局上海医疗器械质量监督检验中心鉴定，对该商铺内查获的 2800 片彩色隐形眼镜分 8 个样品进行抽样检验，结果有 6 个样品检验出有菌生长，不符合 GB11417.3-2012 中 4.6 标准。法院认为，被告人文某明知是不符合保障人体健康国家标准、行业标准的医疗器械仍予以销售，足以

---

① 上海市虹口区人民法院刑事判决书（2015）虹刑初字第 275 号。
② 上海市虹口区人民法院刑事判决书（2015）虹刑初字第 325 号。

严重危害人体健康，其行为已构成销售不符合标准的医用器材罪。

案例五：唐某某生产、销售不符合标准的医用器材案[①]

公诉机关指控，被告人唐某某未在有关部门办理审批手续，加工生产裸装避孕套，销售给太康县的丁某某（另案处理），货款价值 52295 元。经河南省医疗器械检验所检验，被告人唐某某生产、销售的避孕套不符合国家标准、行业标准。据此，认定被告人唐某某违反国家药品管理法律、法规，实施生产、销售不符合标准的医用器械，其行为构成生产、销售不符合标准的医用器材罪，请求依法判处。本院认为，被告人唐某某违反国家医用器材管理法规，生产、销售不符合国家标准、行业标准的医用器材，其行为已构成生产、销售不符合标准的医用器材罪，公诉机关指控罪名成立。

上述三个案例均被司法机关判处生产、销售不符合标准的医用器材罪。不过，三个案件中关于犯罪构成要素的认定并不一致。（1）关于涉案产品不符合国家标准、行业标准的问题。案例三、案例四明确了涉案产品不符合国家标准，而案例五则认定涉案产品不符合国家标准和行业标准。在此类案件中，是否需要区分国家标注、行业标准，有待进一步分析讨论。（2）关于涉案产品的危险性问题。三个案例均没有提供涉案产品足以严重危害人体健康的证据。从笔者查阅的中国裁判文书网公开的 11 起生产、销售不符合标准的医用器材罪中，除了一起致人死亡的案件，其余案件均没有在裁判理由中明确认定涉案产品足以严重危害人体健康的依据。作为本罪基本犯的必备要件，是否应当予以证明，或者是根据涉案产品的质量直接推定，对于确定不法行为的犯罪性质至为关键。

[①]　河南省太康县人民法院刑事判决书（2015）太刑初字第 121 号。

（二）标准问题："国家标准、行业标准"的认定

根据《刑法》第 145 条的规定，本罪的犯罪对象是不符合保障人体健康的国家标准、行业标准的医疗器械、医用卫生材料。据此，涉案的医疗器械是否符合保障人体健康的国家标准、行业标准就成为认定犯罪事实的基础条件。对此，我们可以从两个方面来理解：

1. 作为构成要素的国家标准与行业标准的含义

按照 2018 年 1 月 1 日起施行的《标准化法》第 2 条的规定，标准包括国家标准、行业标准、地方标准和团体标准、企业标准。这些不同标准的差异主要受标准制定主体的影响。国家标准、行业标准和地方标准属于政府主导制定的标准，团体标准、企业标准属于市场主体自主制定的标准。国家标准由国务院标准化行政主管部门制定，主要涉及对保障人身健康和生命财产安全、国家安全、生态环境安全以及满足经济社会管理基本需要的技术要求，以及对满足基础通用、与强制性国家标准配套、对各有关行业起引领作用等需要的技术要求。行业标准由国务院有关行政主管部门制定，主要涉及没有推荐性国家标准、需要在全国某个行业范围内统一的技术要求。除此以外，地方标准由省、自治区、直辖市以及设区的市人民政府标准化行政主管部门制定。团体标准由学会、协会、商会、联合会、产业技术联盟等社会团体制定。企业可以根据需要自行制定企业标准，或者与其他企业联合制定企业标准。企业标准由企业或企业联合制定。① 对于上述不同主体制定的标准，并非都可以作为认定犯罪成立的依据。由于《刑法》第 145 条在罪状中已经明确了其行为对象是不符合保障人体健康的国家标准、行业标准的医用器材。因此，如果医用器材只是不符合地方标准、团体标准、企业标准的，司法机关不能将其认定为本罪的犯罪对象。有学者认为，没有国家标准、行业标准的，

---

① 信息来源：《〈中华人民共和国标准化法〉释义》，访问网址：http://www.sac.gov.cn/zt/bzhf/bzhfsy/201803/t20180305_341798.htm，访问时间：2018 年 8 月 5 日。

注册产品标准可视为"保障人体健康的行业标准。"[①]笔者认为，该观点有类推解释之嫌。团体标准、企业标准属于市场主体自主制定的标准，与国家标准、行业标准在适用范围、约束力、权威性等方面都不一样，甚至会因为技术发展、利益关联等使不同团体、不同企业制定不一样的标准。将团体标准、企业标准解释为国家标准、行业标准，远远超出了人们对标准分类的认识和理解。此外，如果说国家标准是为了保障人身健康和生命财产安全、国家安全、生态环境安全而制定的，企业标准、团体标准在考虑安全性因素之外也会考虑技术上的优选性，从而使产品即便不符合企业标准、团体标准，也未必一定属于不符合保障人体健康标准的产品。故而，地方标准、团体标准、企业标准不应纳入本罪构成要件之"国家标准、行业标准"的范畴。相应地，由于国家标准与行业标准是相互区分的，因此，司法机关在认定犯罪时，应当在裁判文书中明确行为人违反的标准究竟是国家标准还是行业标准，从而提高司法裁判的指引效果。然而，在案例三、案例四、案例五中，司法机关都没有对此予以区分，难言裁判的说理性。

2.作为构成要素的国家标准与行业标准的范围

以标准的强制效力为标准，我们可以将标准分为强制性标准和推荐性标准。按照《标准化法》第2条的规定，国家标准分为强制性标准、推荐性标准，行业标准、地方标准是推荐性标准。因此，强制性标准和推荐性标准的分类，原则上只适用于国家标准，但若法律、行政法规和国务院决定对强制性标准的制定另有规定的，应当从其规定。《医疗器械监督管理条例》第7条规定，医疗器械产品应当符合医疗器械强制性国家标准；尚无强制性国家标准的，应当符合医疗器械强制性行业标准。由于强制性标准是医疗器械生产且必须执行的标准，因此，这

---

① 参见张明楷：《刑法学（第四版）》，法律出版社2011年版，第654页。

里的问题主要涉及的推荐性标准是否属于本罪构成要件中的"标准"。[①] 笔者认为，推荐性国家标准、行业标准可以成为《刑法》第 145 条的判断依据。一方面，从推荐性标准的制定条件来看，推荐性国家标准是满足基础通用、与强制性国家标准配套、对各有关行业起引领作用等需要的技术要求，因此，其是与强制性标准配套使用；而行业性标准是在没有推荐性国家标准、需要在全国某个行业范围内统一的技术要求而制定的，推荐性行业标准也是特定行业范围内统一的技术要求，不宜将其排除在医疗器械安全性的评价体系之外。另一方面，推荐性标准在特定情况下会具有强制性，成为约束企业经营行为、评价其产品安全性的重要依据。比如：（1）推荐性标准被相关法律、法规、规章引用，则该推荐性标准具有相应的强制约束力。（2）推荐性标准被企业在产品包装、说明书或者标准信息公共服务平台上进行了自我声明公开的，企业必须执行该推荐性标准。[②] 这里需要注意的是，由于《刑法》第 145 条将犯罪对象之一限定在"不符合保障人体健康的国家标准、行业标准的医疗器械"，因此，如果涉案产品虽然违背了国家标准、行业标准，但是不属于影响保障人体健康的情形，仍然不符合本罪的构成要件。

（三）危险问题："足以严重危害人体健康"的认定

生产、销售不符合标准的医用器材罪是具体危险犯，成立本罪必须证明不法行为已对他人人身健康构成具体威胁，即足以造成严重危害人体健康的后果。从案例三、案例四、案例五来看，虽然不法行为都被认定为成立本罪，但在案证据却没有证明涉案产品足以造成这一危害后果。在崔某某、刘某甲销售不符合标准的医用器材案中，对于公诉机关指控被告人崔某某伙同刘某甲销售早孕检测试

[①] 截至 2015 年 12 月，我国医疗器械推荐性标准共有 844 项，其中推荐性国家标准 118 项，推荐性行业标准为 726 项。参见国家食品药品监督管理总局编：《医疗器械监督管理条例释义》，中国医药科技出版社 2016 年版，第 13 页。

[②] 信息来源：《〈中华人民共和国标准化法〉释义》，访问网址：http://www.sac.gov.cn/zt/bzhf/bzhfsy/201803/t20180305_341798.htm，访问时间：2018 年 8 月 5 日。

笔、避孕套等不符合标准的医用器材的行为，辩护人就提出涉案的医用器材没有检测，没有构成对人体健康造成伤害的证据。[1]虽然司法机关最终认定二被告人成立本罪，但从裁判文书所列证据情况来看，因缺少涉案产品危险性评估的鉴定不能不说本案的定罪理由牵强。在笔者看来，犯罪成立所要求的具体危险状态之证明极为困难，因为不符合国家标准、行业标准达到何种程度才是"足以严重危害人体健康"是不清楚的。这一认定标准和食品国家安全标准存在同样的问题，即只有特定物质限量存在和禁止检出的标准，而缺乏何种程度具有人身危险的标准。如果从广义上理解足以严重危害人体健康的话，既然涉案的医疗器械属于不符合保障人体健康的国家标准、行业标准的产品，就必然会对人体健康造成威胁，本罪成立所需的具体危险状态似乎是不证自明的。然而，这种理解会造成具体危险犯中具体危险这一构成要素的虚化，所以不宜对"足以严重危害人体健康"进行广义解释。

为了司法裁判的权威性和公信力，统一定罪量刑标准，《立案追诉标准（一）》第21条规定了本罪的追诉标准，等于变相地明确了"足以严重危害人体健康"的认定条件。根据该规定，生产不符合保障人体健康的国家标准、行业标准的医疗器械、医用卫生材料，或者销售明知是不符合保障人体健康的国家标准、行业标准的医疗器械、医用卫生材料，涉嫌下列情形之一的，应予立案追诉：（1）进入人体的医疗器械的材料中含有超过标准的有毒有害物质的；（2）进入人体的医疗器械的有效性指标不符合标准要求，导致治疗、替代、调节、补偿功能部分或者全部丧失，可能造成贻误诊治或者人体严重损伤的；（3）用于诊断、监护、治疗的有源医疗器械的安全指标不符合强制性标准要求，可能对人体构成伤害或者潜在危害的；（4）用于诊断、监护、治疗的有源医疗器械的主要性能指标不合格，可能造成贻误诊治或者人体严重损伤

---

[1]　洮南市人民法院刑事判决书（2014）洮刑初字第4号。

的；（5）未经批准，擅自增加功能或者适用范围，可能造成贻误诊治或者人体严重损伤的；（6）其他足以严重危害人体健康或者对人体健康造成严重危害的情形。然而，在笔者看来，这一标准并没有较好地解决"足以严重危害人体健康"的认定标准问题。具体而言，第一项中"超过标准的有毒有害物质"的范围是不明确的，是否需要对此类物质的毒害性作程度上区分也不明确。比如，案例三、案例四中直接以隐形眼镜镜片有菌生长（国家标准为无菌）直接认定达到刑法规定的危险状态，但将这些细菌认定为有毒有害的依据是什么，裁判理由并没有说明。虽然该项以"超过标准"作为具体危险的评价标准有可能导致犯罪圈的扩张，但客观上也使危险状态的认定更为简单，这也许就是司法实践中隐形眼镜类案件的数量较多的原因之一。第二、三、四、五项以涉案产品可能对人体造成严重损伤或者贻误诊治作为具体危险的认定标准，看似明确了具体危险的内容，但是作为证明对象的事实依然是"可能造成……""贻误诊治"这样模糊性的概念，因此，实践中鲜有以此认定犯罪成立的案件。比如，在南昌迈新贸易有限公司、赵某等销售伪劣产品一案中，法院审理查明，冯某某从上海雷某公司购买该公司所售无标识、无医疗器械注册证的光子治疗仪，以人民币 102000 元价格销售被告单位南昌迈新公司。南昌迈新公司及公司直接负责人赵某在该仪器上贴上徐某立方盛世光电设备有限公司 LFSS–01A 型号光子治疗仪的铭牌及产品合格证，将其销售给武夷山市立医院使用，造成患者李某原病损以外的正常皮肤色素沉着——医疗事故技术鉴定为四级医疗事故。对此，法院没有因为患者所受伤害就确认该医疗器械"可能对人体构成伤害或者潜在危害"，反而以"不合格产品冒充合格产品"为由认定被告人构成生产、销售伪劣产品罪。①

　　基于上述分析，可以看出，现有解释未能解决本罪中"足以严重危害人体健

---

① 福建省南平市中级人民法院刑事裁定书（2017）闽 07 刑终 93 号。

康"的证明问题。因此，生产、销售不符合标准的医疗器械犯罪案件的数量并不多，相反，通过认定为生产、销售伪劣产品罪来处理医疗器械案件的比重更大。究其原因，是否"足以严重危害人体健康"在本质上属于医疗器械的风险评估的范畴。要明确什么风险属于足以严重危害人体健康的风险，而不是对人体健康造成一般伤害的风险，这就需要说明"严重危害人体健康"的内涵和标准方法，即确定评价目标和检测方法。就前者而言，根据最高人民法院、最高人民检察院《关于办理生产、销售伪劣商品刑事案件具体应用法律若干问题的解释》第 6 条的规定，生产、销售不符合标准的医疗器械、医用卫生材料，致人轻伤或者其他严重后果的，应认定为《刑法》第 145 条规定的"对人体健康造成严重危害"。参考这一规定，我们可以将足以造成严重危害人体健康的风险认定为足以对人体健康造成轻伤以上后果的风险。这样在明确风险评价目标的基础上，由专业的医疗器械不良反应检测机构或者风险评估机构对其进行专业鉴定。就后者而言，应当按照国家标准和行业标准规定的检验项目和检验方法予以检验。但是考虑到国家标准、行业标准在评价涉案产品是否"足以严重危害人体健康"时可能存在局限性，因此，应当在规范层面允许医疗器械检验机构补充检验项目和检验方法，并将其结果作为确定刑事案件中涉案产品危险性的参考。

三、医疗器械领域相关犯罪的认定问题

按照我国刑法的有关规定，从司法实践来看，医疗器械领域相关犯罪主要包括生产、销售伪劣产品罪，生产、销售不符合标准的医用器材罪，生产、销售不符合安全标准的产品罪和非法经营罪。为此，本部分主要围绕生产、销售伪劣产品罪，生产、销售不符合安全标准的产品罪和非法经营罪的适用问题进行探讨。

（一）生产、销售伪劣产品罪的适用

根据《刑法》第 149 条的规定，生产、销售本节第 141 条至第 148 条所列产

品，不构成各该条规定的犯罪，但是销售金额在五万元以上的，依照第140条生产、销售伪劣产品罪定罪处罚规定定罪处罚。生产、销售第141条至第148条所列产品，构成各该条规定的犯罪，同时又构成生产、销售伪劣产品罪的，依照处罚较重的规定定罪处罚。据此，对于医疗器械类案件，适用生产、销售伪劣产品罪的条件是：（1）不符合《刑法》第145条之规定，但销售金额在五万元以上。对于生产不符合保障人体健康的国家标准、行业标准的医疗器械，或者销售明知是不符合保障人体健康的国家标准、行业标准的医疗器械，如果不能证明涉案产品足以严重危害人体健康的，则不构成生产、销售不符合标准的医用器材罪。对此，如果能够证明涉案产品的销售金额在5万元以上，通过有关部门鉴定涉案产品属于伪劣产品，就可以按照生产、销售伪劣产品罪定罪处罚。（2）犯罪竞合时从重处罚。由于不符合保障人体健康的国家标准、行业标准的医疗器械，不符合《产品质量法》第26条第2款规定的有关产品质量的要求，通常可以认定为伪劣产品。如果涉案产品既能被证实足以严重危害人体健康或者对人体健康造成严重危害的，销售金额又在5万元以上，就可能同时构成《刑法》第140条、第145条之罪。此时，就应当按照择一重罪处罚的原则定罪量刑。比如，涉案医疗器械销售金额200万元以上，按照《刑法》第140条规定，应当处15年有期徒刑或者无期徒刑，并处销售金额50%以上2倍以下罚金或者没收财产。如果该产品造成的后果特别严重，按照《刑法》第145条的规定，也只能处10年以上有期徒刑或者无期徒刑，并处销售金额50%以上2倍以下罚金或者没收财产，但因后者的法定最低刑低于前者，故而该行为应当以生产、销售伪劣产品罪定罪量刑。

从司法实践来看，由于对医疗器械的质量评估难以满足刑事立案的要求，而伪劣产品的认定标准更为明确，因此，司法机关大多按照生产、销售伪劣产品罪处理医疗器械犯罪案件。就笔者调研的情况来看，虽然《刑法》第140条规定的伪劣产品的类型有四种，但是在医疗器械领域，绝大多数的案件是以"以不合格产品冒充合格产品"为由将涉案医疗器械认定为伪劣产品。根据《立案追诉标准

（一）》第 16 条的规定，《刑法》第 140 条中的"不合格产品"，是指不符合《产品质量法》第 26 条第 2 款规定的质量要求的产品。《产品质量法》第 26 条第 2款规定，"产品质量应当符合下列要求：（1）不存在危及人身、财产安全的不合理的危险，有保障人体健康和人身、财产安全的国家标准、行业标准的，应当符合该标准；（2）具备产品应当具备的使用性能，但是，对产品存在使用性能的瑕疵作出说明的除外；（3）符合在产品或者其包装上注明采用的产品标准，符合以产品说明、实物样品等方式表明的质量状况。"从该规定来看，刑法中的"不合格产品"是指不符合质量要求的产品，而《产品质量法》中后者包括两种类型：一是实质上的质量不合格，即存在危及人身安全的危险、不符合有关标准的产品以及有一定缺陷但可以具备使用性能的产品；二是形式上的质量不合格，即产品状况与产品标注信息不符。那么，在认定《刑法》中的"不合格产品"时，是否可以和《产品质量法》采取相同的标准，在实践中不无争议。

案例六：林某某生产、销售伪劣产品案 [1]

被告人林某某在没有取得《工商营业执照》《医疗器械生产企业许可证》和《医疗器械注册证》的情况下，购置真空烤瓷炉、打磨机、抛光机等加工、生产器械，在车间内大量加工、生产钢牙、瓷牙以及钛金属牙等义齿。2008 年至 2014 年期间，林某某的义齿加工厂向卓某、梁某丙、曾某、缪某甲、张某、余某、许某、吴某等人开设的牙科诊所共销售义齿，累计销售金额约 126 万元。原审法院认为被告人林某某生产、销售伪劣义齿，以不合格产品冒充合格产品，其行为构成生产、销售伪劣产品罪。上诉人认为，其仅属于无营业执照和生产许可证进行经营，产品质量几乎没有问题。《医疗器械监督管理条例》《生物材料和医疗器材管理办法》《广东省查处生产、销售假冒伪劣商品违法行为条例》

---

[1]　广东省珠海市中级人民法院刑事裁定书（2016）粤 04 刑终 294 号。

均属于行政法规而非刑事处罚的依据，无证生产、加工义齿并非生产、销售伪劣产品罪的构成要件，且不能得出生产的必是假冒伪劣产品的结论。法院认为，经公安机关依法定程序送检，具备鉴定资质的机构对 1 颗义齿进行检验，得出"孔隙度"项目不达标的结果，而"孔隙度"是医药行业标准《牙科学修复用人工牙》中的标准之一，故可以认定查获的义齿不符合医药行业标准，属于不符合产品质量法规定的质量要求的产品，系生产、销售伪劣产品罪罪状中表述的"不合格产品"。

案例七：张某甲、张某乙生产、销售伪劣产品案 [1]

2010 年 8 月至 2014 年 3 月期间，被告人张某甲以父亲张某乙的名义注册了腾荣工贸有限公司，从安徽宏基伟业有限公司、义乌天缘保健品商行等地购入盒装避孕套后，在未附有说明书和标签的情况下，单个包装成印有卡通图案的挂件式避孕套、口香糖式避孕套后在某网站上进行散装销售。被告人张某乙负责打包、寄送等事项。截至被查获时，腾荣工贸有限公司共销售避孕套 69464 个，销售金额 72170.9 元。经浙江省医疗器械检验院检验，送检的两批避孕套监督抽验均不合格。本院认为，被告人张某甲、张某乙在明知单个避孕套外包装上未附有任何说明和标签的情况下仍予以销售，销售金额五万元以上，不满二十万元，二被告人的行为均已构成生产、销售伪劣产品罪。

在上述案例中，案例六行为人以无证生产、加工产品不等于伪劣产品为由提出辩护，司法机关通过鉴定意见证明涉案产品不符合医疗器械行业标准，确认其不符合产品质量标准，但是在案例七，司法机关则直接以外包装上未附有任何说明和标签为由认定为涉案产品为伪劣产品并定罪量刑。两个案例中值得探讨的

---

[1]　浙江省浦江县人民法院刑事判决书（2016）浙 0726 刑初 297 号。

地方就是形式上不符合产品质量要求是否可以认定为《刑法》第 140 条的伪劣产品。笔者认为，由于刑事犯罪和行政违法的评价目标不同，因此，评价标准、法律后果等也有很大差异，一般情况下，在法律没有明确规定的情况下，不宜直接将刑事犯罪标准与行政违法标准等同（假药的认定标准除外）。对于不合格产品而言，《产品质量法》的立法目的是提高产品质量水平，明确产品质量责任，保护消费者的合法权益。这里的消费者合法权益不仅包括人身健康安全，还包括知情权、自主选择权和公平交易权。因此，不合格产品的范围也比较宽泛，涵盖了可能侵害知情权、公平交易权等私权范畴。也正是基于此，产品质量法将"对产品存在使用性能的瑕疵作出说明"的情形排除在不合格产品之外，却将不"符合在产品或者其包装上注明采用的产品标准"作为不符合质量标准的产品。但是，对于刑法而言，其调控的范围显然不会如此之大，基于法益侵害性的要求，原则上仅限于会对市场秩序和公众安全构成实质侵害或者威胁的场合，对于形式上不符合质量标准的产品，即便被行政认定为"不合格产品"，也不符合《刑法》第 140 条的构成要件特征。

当然，这是在理论层面对"不合格产品"的范围所做的探讨。在实践层面上，由于《立案追诉标准（一）》已经明确将《刑法》第 140 条"不合格产品"的标准确定为不符合《产品质量法》第 26 条第 2 款的情形，等于将行政认定标准和刑事犯罪标准等同，所以就不能把形式上质量不合格的产品排除在《刑法》第 140 条的犯罪对象之外。只能说该规定在解释时忽略了行政违法与刑事犯罪的本质区别。其实，从该规定对《刑法》第 140 条其他三种行为的解释来看，也坚持了实质判断的立场。比如，其认为，"在产品中掺杂、掺假"，是指在产品中掺入杂质或者异物，致使产品质量不符合国家法律、法规或者产品明示质量标准规定的质量要求，降低、失去应有使用性能的行为；"以假充真"，是指以不具有某种使用性能的产品冒充具有该种使用性能的产品的行为；"以次充好"，是指以低等级、低档次产品冒充高等级、高档次产品，或者以残次、废旧零配件组合、拼装后冒充正品或者新产品的行为。就此而言，该规定对"不合格产品"的解释并没有坚持前后统一的立场，案例七的司法裁判也很难说违反了《立案追诉标准（一）》的规定。

此外，关于不合格产品的认定标准，《产品质量法》第 26 条第 2 款第 1 项规定，产品质量应当不存在危及人身、财产安全的不合理的危险，有保障人体健康和人身、财产安全的国家标准、行业标准的，应当符合该标准。据此，该项对"不合格产品"的认定确立了两个标准：一是不合理危险，即不存在危及人身、财产安全的不合理的危险；二是不符合标准，即不符合保障人体健康和人身、财产安全的国家标准、行业标准。那么，在不合格产品的认定中，如何去协调这两个标准的关系呢？从逻辑上来看，不合理危险是一般性标准，不符合国家标准、行业标准是特殊性标准，即在没有国家标准、行业标准的情况下，以"不合理危险"作为判断产品质量是否合格的依据，若有相应的国家标准、行业标准，则应当以此为主，不需要适用不合理危险的标准。不过，在实践中，我们需要注意以下两种情形：（1）如果涉案医疗器械符合保障人体健康和人身、财产安全的国家标准、行业标准，但是有证据证明存在不合理的危险；（2）涉案医疗器械虽然不符合保障人体健康和人身、财产安全的国家标准、行业标准，但是有证据证明不存在不合理的危险。对此，笔者认为，应当遵循国家标准、行业标准的优先性，即只要符合国家标准、行业标准的产品，就应当认定为"合格产品"。对于情形一，由于国家标准、行业标准的局限性和滞后性，不能排除有一些医疗器械在使用过程中存在危及人身、财产安全的不合理危险，但是，只要产品进入流通领域时按照国家标准、行业标准评定为质量合格，就应当认定其属于合格产品，不能因为使用过程中出现危险或者伤害就将其视为法律上的"不合格产品"。对于情形二，由于产品不符合保障人体健康和人身、财产安全的国家标准、行业标准，因此，应当将其认定为"不合格产品"。但因其不存在不合理的危险，可以根据其销售金额按照《刑法》第 140 条的规定定罪量刑。

（二）非法经营罪的适用问题

根据《刑法》第 225 条的规定非法经营罪，是指违反国家规定，故意从事严重扰乱市场秩序的经营行为。这些行为包括：（1）未经许可经营法律、行政法规规定的专营、专卖物品或者其他限制买卖的物品的，情节严重的；（2）买卖进出口许可证、进出口原产地证明以及其他法律、行政法规规定的经营许可证或者批准文件的，情节严重的；（3）未经国家有关主管部门批准非法经营证券、期货、保险业务的，非法从事资金支付结算业务的，情节严重的；（4）其他严重扰乱市场秩序的行为。

1. 从实践案例看非法经营医疗器械案件的认定问题

案例八：康某非法经营案[①]

公诉机关指控，2014 年 7 月至 2015 年 3 月间，被告人康某在未取得医疗器械经营企业许可证的情况下，在其租住的北京市通州区梨园小镇，采用将从他处购进的整包装的艾博人类免疫缺陷病毒（HIV1/2）抗体检测试剂盒（乳胶法）、雅培人类免疫缺陷病毒（HIV1/2）抗体诊断试剂盒（胶体硒法）、爱卫 HIV 抗体口腔黏膜渗出液检测试剂盒（胶体金法）拆分成单人份等方式后，通过其控制的网站进行销售，非法经营数额共计人民币 42 万余元。法院认为，被告人康某违反国家规定，在未取得医疗器械经营企业许可证的情况下非法经营第三类医疗器械，扰乱市场秩序，情节严重，其行为已构成非法经营罪。

案例九：龙某某、韩某非法经营案[②]

法院审理查明，2014 年 9 月 1 日，由被告人龙某某出资注册设立绍兴市龙诚医疗器械有限公司（以下简称"龙诚公司"），被告人韩某为该公司法定代表人。

---

① 北京市通州区人民法院刑事判决书（2015）通刑初字第 638 号。
② 浙江省绍兴市越城区人民法院刑事判决书（2015）绍越刑初字第 1788 号。

公司经营范围：销售第一类医疗器械、第二类医疗器械；健康信息咨询（不得从事诊疗活动、心理咨询）。并先后于 2014 年 10 月 15 日、12 月 1 日注册成立龙诚公司银滩分公司、白马路分公司及北海分公司（未予注册）。自公司成立以来，被告人龙某某系公司的主要负责人兼产品的质量负责人，负责公司的全面工作并具体负责公司的招工、进货、销售、发放公司员工的工资和提成等；被告人韩某负责前期的公司工商注册登记、申请办理医疗器械经营企业开办（第三类医疗器械经营许可证），后期负责公司后勤方面工作。自龙诚公司成立以来，被告人龙某某、韩某等人在未取得《医疗器械经营许可证》的情况下，招聘员工在三家分公司内开展宣传、销售属于第三类医疗器械的低、中频高电位治疗仪的经营活动。2014 年 9 月 1 日至 2015 年 4 月 30 日间，先后以人民币 1900 元／台的价格从广州创义美医疗器械有限公司购入低、中频高电位治疗仪 85 台，并在经营活动中向孟某、吴某等人以人民币 15800 元／台、16800 元／台、17200 元／台不等的价格销售 49 台，非法经营数额已达人民币 791800 余元，扣除购买价 74100 元及相应配件价 33000 余元，非法获利人民币 680000 余元。据此，法院认为，被告人龙某某、韩某未经许可经营法律、行政法规规定的专营、专卖物品或者其他限制买卖的物品，销售金额达 79 万余元，扰乱市场秩序，情节特别严重，其行为均已构成非法经营罪。

根据《医疗器械监督管理条例》第 6 条的规定，"国家对医疗器械按照风险程度实行分类管理。第一类是风险程度低，实行常规管理可以保证其安全、有效的医疗器械。第二类是具有中度风险，需要严格控制管理以保证其安全、有效的医疗器械。第三类是具有较高风险，需要采取特别措施严格控制管理以保证其安全、有效的医疗器械。"上述两个案例中，涉案的医疗器械都属于第三类医疗器械。司法机关据以定罪的理由是被告人未经许可经营法律、行政法规规定的专营、专卖物品或者其他限制买卖的物品（即在未取得医疗器械经营企业许可证的情况下非法经营第三类医疗器械）。不过，在案例八中，被告人不具有经营医疗器械的资格，而在案例九中，被告公司的经营范围包括销售第一类医疗器械、第二类医疗器械，但不具有经营第三类医疗器械的资格。那么，未获许可经营医疗器械是否属于《刑法》第 225 条的非法经营行为，这就需要根据《刑法》和《医疗器械监督管理条例》的规定来认定。

2. 非法经营医疗器械案件的定性分析

《医疗器械监督管理条例》对于医疗器械的生产经营采取了分类管理的模式，即不仅区分了生产阶段和经营阶段的不同管理模式，而且对于不同类别的医疗器械采取了备案制、许可制等方式。对此，我们可以从生产、经营两个方面来进行说明。（1）关于医疗器械的生产。根据该条例第 31 条的规定，从事第一类医疗器械生产的，由生产企业向所在地设区的市级人民政府药品监督管理部门备案并提交证明资料。第 32 条规定，从事第二类、第三类医疗器械生产的，生产企业应当向所在地省、自治区、直辖市人民政府药品监督管理部门申请生产许可并提交证明资料以及所生产医疗器械的注册证。可以看出，对于第一类医疗器械的生产，国家采取的是备案制，而对于第二类、第三类医疗器械的生产，则采取的是许可制。因此，从事第二类、第三类医疗器械生产的组织和个人，应当依法取得省、自治区、直辖市人民政府药品监督管理部门的行政许可。（2）对于医疗器械的销售。该条例第 41 条规定，从事第二类医疗器械经营的，由经营企业向所在地设区的市级人民政府食品药品监督管理部门备案并提交证明资料。第 42 条规定，从事第三类医疗器械经营的，经营企业应当向所在地设区的市级人民政府食品药品监督管理部门申请经营许可并提交证明资料。由此，对于经营第二类医疗器械采备案制，经营第三类医疗器械采许可制，而对于第一类医疗器械的经营，既不需要备案，也不需要获得行政许可。那么，对于需要经过行政许可的生产第二类、第三类医疗器械、经营的第三类医疗器械的行为，是否可以以《刑法》第 225 条第 1 项规定的"经许可经营法律、行政法规规定的专营、专卖物品或者其他限制买卖的物品的"非法经营行为认定呢？换言之，许可经营是否等于专营、专卖或者限制买卖呢？

笔者认为，未经许可是指未经国家有关主管部门的批准。经营专营、专卖或者限制买卖商品需要获得经营许可，但未经许可经营某种商品不等于未经许可经营专营、专卖或者限制买卖商品。比如，《食品安全法》第 35 条规定，"国家对食品生产经营实行许可制度。从事食品生产、食品销售、餐饮服务，应当依法取得许可。但是，销售食用农产品，不需要取得许可。"显然，我们不能因为生产经营农产品外的食品需要取得许可，就认定食品属于专营、专卖或者限制买卖的物品。也正是基于此，笔者认为《2022 年药品解释》删除了《2014 年药品解释》中将无证经营药品认定为非法经营罪之规定，是十分合理的。因此，即便生产第二类、第三类医疗器械、经营的第三类医疗器械需要经过有关部门的行政许可，但是这并不意味着这些医疗器械属于专营、专卖或者限制买卖的商品。所谓"法律、行政法规规定的专营、专卖的物品"是指由法律、行政法规明确规定的由专门的机构经营的专营、专卖的物品，如烟草等；"其他限制买卖的物品"，是指国家根据经济发展和维护国家社会和人民利益的需要，规定在一定时期实行限制性经营的物品，如化肥、农药等。[1] 然而，《医疗器械监督管理条例》并没有明确医疗器械属于专营、专卖物品，也没有将其认定为限制买卖的物品，所以不能以生产、经营行为应当获得行政许可为由将其认定为"法律、行政法规规定的专营、专卖物品或者其他限制买卖的物品"。案例八、案例九以被告人的经营行为没有获得行政许可为由认定为非法经营罪，值得商榷。

非法生产第二类、第三类医疗器械、经营的第三类医疗器械，情节严重的，是否可以按照《刑法》第 225 条第 4 项"其他严重扰乱市场秩序的非法经营行

---

[1] 全国人大常委会法制工作委员会刑法室编：《中华人民共和国刑法条文说明、立法理由及相关规定》，北京大学出版社 2009 年版，第 458 页。

为"而认定为非法经营罪呢？答案仍然是否定的。根据《最高人民法院关于准确理解和适用刑法中"国家规定"的有关问题的通知》第 3 条的规定，各级人民法院审理非法经营犯罪案件，要依法严格把握《刑法》第 225 条第（4）的适用范围。对被告人的行为是否属于《刑法》第 225 条第（4）规定的"其他严重扰乱市场秩序的非法经营行为"，有关司法解释未作明确规定的，应当作为法律适用问题，逐级向最高人民法院请示。由此，该通知明确了适用《刑法》第 225 条第 4 项的两个条件：一是司法解释作出明确规定的，按照司法解释的规定办理；二是对于司法解释没有明确规定的，应当以法律适用问题向最高人民法院请示。从目前来看，对于非法经营医疗器械案件是否适用非法经营罪，没有专门的司法解释予以规定（《药品解释》规定非法经营药品的行为成立非法经营罪），所以不宜认定此类案件构成非法经营罪。除非司法机关将本案作为法律适用问题请示最高人民法院对这一定性行为予以确认，否则不得直接援引《刑法》第 225 条第 4 项的规定将其认定为非法经营罪。

一、司法解释类规范性文件

二、国务院有关部门公告等规范性文件

一、司法解释类规范性文件

最高人民法院、最高人民检察院关于办理危害食品安全刑事案件适用法律若干问题的解释

法释〔2021〕24 号

（2021 年 12 月 13 日最高人民法院审判委员会第 1856 次会议、2021 年 12 月 29 日最高人民检察院第十三届检察委员会第八十四次会议通过，自 2022 年 1 月 1 日起施行）

为依法惩治危害食品安全犯罪，保障人民群众身体健康、生命安全，根据《中华人民共和国刑法》《中华人民共和国刑事诉讼法》的有关规定，对办理此类刑事案件适用法律的若干问题解释如下：

第一条 生产、销售不符合食品安全标准的食品，具有下列情形之一的，应当认定为刑法第一百四十三条规定的"足以造成严重食物中毒事故或者其他严重食源性疾病"：

（一）含有严重超出标准限量的致病性微生物、农药残留、兽药残留、生物毒素、重金属等污染物质以及其他严重危害人体健康的物质的；

（二）属于病死、死因不明或者检验检疫不合格的畜、禽、兽、水产动物肉类及其制品的；

（三）属于国家为防控疾病等特殊需要明令禁止生产、销售的；

（四）特殊医学用途配方食品、专供婴幼儿的主辅食品营养成分严重不符合食品安全

标准的；

（五）其他足以造成严重食物中毒事故或者严重食源性疾病的情形。

第二条 生产、销售不符合食品安全标准的食品，具有下列情形之一的，应当认定为刑法第一百四十三条规定的"对人体健康造成严重危害"：

（一）造成轻伤以上伤害的；

（二）造成轻度残疾或者中度残疾的；

（三）造成器官组织损伤导致一般功能障碍或者严重功能障碍的；

（四）造成十人以上严重食物中毒或者其他严重食源性疾病的；

（五）其他对人体健康造成严重危害的情形。

第三条 生产、销售不符合食品安全标准的食品，具有下列情形之一的，应当认定为刑法第一百四十三条规定的"其他严重情节"：

（一）生产、销售金额二十万元以上的；

（二）生产、销售金额十万元以上不满二十万元，不符合食品安全标准的食品数量较大或者生产、销售持续时间六个月以上的；

（三）生产、销售金额十万元以上不满二十万元，属于特殊医学用途配方食品、专供婴幼儿的主辅食品的；

（四）生产、销售金额十万元以上不满二十万元，且在中小学校园、托幼机构、养老机构及周边面向未成年人、老年人销售的；

（五）生产、销售金额十万元以上不满二十万元，曾因危害食品安全犯罪受过刑事处罚或者二年内因危害食品安全违法行为受过行政处罚的；

（六）其他情节严重的情形。

第四条 生产、销售不符合食品安全标准的食品，具有下列情形之一的，应当认定为刑法第一百四十三条规定的"后果特别严重"：

（一）致人死亡的；

（二）造成重度残疾以上的；

（三）造成三人以上重伤、中度残疾或者器官组织损伤导致严重功能障碍的；

（四）造成十人以上轻伤、五人以上轻度残疾或者器官组织损伤导致一般功能障碍的；

（五）造成三十人以上严重食物中毒或者其他严重食源性疾病的；

（六）其他特别严重的后果。

第五条 在食品生产、销售、运输、贮存等过程中，违反食品安全标准，超限量或者超范围滥用食品添加剂，足以造成严重食物中毒事故或者其他严重食源性疾病的，依照刑法第一百四十三条的规定以生产、销售不符合安全标准的食品罪定罪处罚。

在食用农产品种植、养殖、销售、运输、贮存等过程中，违反食品安全标准，超限量或者超范围滥用添加剂、农药、兽药等，足以造成严重食物中毒事故或者其他严重食源性疾病的，适用前款的规定定罪处罚。

第六条 生产、销售有毒、有害食品，具有本解释第二条规定情形之一的，应当认定为刑法第一百四十四条规定的"对人体健康造成严重危害"。

第七条 生产、销售有毒、有害食品，具有下列情形之一的，应当认定为刑法第一百四十四条规定的"其他严重情节"：

（一）生产、销售金额二十万元以上不满五十万元的；

（二）生产、销售金额十万元以上不满二十万元，有毒、有害食品数量较大或者生产、销售持续时间六个月以上的；

（三）生产、销售金额十万元以上不满二十万元，属于特殊医学用途配方食品、专供婴幼儿的主辅食品的；

（四）生产、销售金额十万元以上不满二十万元，且在中小学校园、托幼机构、养老机构及周边面向未成年人、老年人销售的；

（五）生产、销售金额十万元以上不满二十万元，曾因危害食品安全犯罪受过刑事处罚或者二年内因危害食品安全违法行为受过行政处罚的；

（六）有毒、有害的非食品原料毒害性强或者含量高的；

（七）其他情节严重的情形。

第八条 生产、销售有毒、有害食品，生产、销售金额五十万元以上，或者具有本解释第四条第二项至第六项规定的情形之一的，应当认定为刑法第一百四十四条规定的"其他特别严重情节"。

第九条 下列物质应当认定为刑法第一百四十四条规定的"有毒、有害的非食品原料"：

（一）因危害人体健康，被法律、法规禁止在食品生产经营活动中添加、使用的物质；

（二）因危害人体健康，被国务院有关部门列入《食品中可能违法添加的非食用物质名单》《保健食品中可能非法添加的物质名单》和国务院有关部门公告的禁用农药、《食品动物中禁止使用的药品及其他化合物清单》等名单上的物质；

（三）其他有毒、有害的物质。

第十条 刑法第一百四十四条规定的"明知"，应当综合行为人的认知能力、食品质量、进货或者销售的渠道及价格等主、客观因素进行认定。

具有下列情形之一的，可以认定为刑法第一百四十四条规定的"明知"，但存在相反证据并经查证属实的除外：

（一）长期从事相关食品、食用农产品生产、种植、养殖、销售、运输、贮存行业，不依法履行保障食品安全义务的；

（二）没有合法有效的购货凭证，且不能提供或者拒不提供销售的相关食品来源的；

（三）以明显低于市场价格进货或者销售且无合理原因的；

（四）在有关部门发出禁令或者食品安全预警的情况下继续销售的；

（五）因实施危害食品安全行为受过行政处罚或者刑事处罚，又实施同种行为的；

（六）其他足以认定行为人明知的情形。

第十一条 在食品生产、销售、运输、贮存等过程中，掺入有毒、有害的非食品原料，或者使用有毒、有害的非食品原料生产食品的，依照刑法第一百四十四条的规定以生产、销售有毒、有害食品罪定罪处罚。

在食用农产品种植、养殖、销售、运输、贮存等过程中，使用禁用农药、食品动物中禁止使用的药品及其他化合物等有毒、有害的非食品原料，适用前款的规定定罪处罚。

在保健食品或者其他食品中非法添加国家禁用药物等有毒、有害的非食品原料的，适用第一款的规定定罪处罚。

第十二条 在食品生产、销售、运输、贮存等过程中，使用不符合食品安全标准的食品包装材料、容器、洗涤剂、消毒剂，或者用于食品生产经营的工具、设备等，造成食品被污染，符合刑法第一百四十三条、第一百四十四条规定的，以生产、销售不符合安全标准的食品罪或者生产、销售有毒、有害食品罪定罪处罚。

第十三条 生产、销售不符合食品安全标准的食品，有毒、有害食品，符合刑法第一百四十三条、第一百四十四条规定的，以生产、销售不符合安全标准的食品罪或者生产、销售有毒、有害食品罪定罪处罚。同时构成其他犯罪的，依照处罚较重的规定定罪处罚。

生产、销售不符合食品安全标准的食品，无证据证明足以造成严重食物中毒事故或者其他严重食源性疾病，不构成生产、销售不符合安全标准的食品罪，但构成生产、销售伪劣产品罪，妨害动植物防疫、检疫罪等其他犯罪的，依照该其他犯罪定罪处罚。

第十四条 明知他人生产、销售不符合食品安全标准的食品，有毒、有害食品，具有下列情形之一的，以生产、销售不符合安全标准的食品罪或者生产、销售有毒、有害食品罪的共犯论处：

（一）提供资金、贷款、账号、发票、证明、许可证件的；

（二）提供生产、经营场所或者运输、贮存、保管、邮寄、销售渠道等便利条件的；

（三）提供生产技术或者食品原料、食品添加剂、食品相关产品或者有毒、有害的非食品原料的；

（四）提供广告宣传的；

（五）提供其他帮助行为的。

第十五条 生产、销售不符合食品安全标准的食品添加剂，用于食品的包装材料、容器、洗涤剂、消毒剂，或者用于食品生产经营的工具、设备等，符合刑法第一百四十条规定的，以生产、销售伪劣产品罪定罪处罚。

生产、销售用超过保质期的食品原料、超过保质期的食品、回收食品作为原料的食品，或者以更改生产日期、保质期、改换包装等方式销售超过保质期的食品、回收食品，适用前款的规定定罪处罚。

实施前两款行为，同时构成生产、销售不符合安全标准的食品罪，生产、销售不符合安全标准的产品罪等其他犯罪的，依照处罚较重的规定定罪处罚。

第十六条 以提供给他人生产、销售食品为目的，违反国家规定，生产、销售国家禁止用于食品生产、销售的非食品原料，情节严重的，依照刑法第二百二十五条的规定以非法经营罪定罪处罚。

以提供给他人生产、销售食用农产品为目的，违反国家规定，生产、销售国家禁用农药、食品动物中禁止使用的药品及其他化合物等有毒、有害的非食品原料，或者生产、销售添加上述有毒、有害的非食品原料的农药、兽药、饲料、饲料添加剂、饲料原料，情节严重的，依照前款的规定定罪处罚。

第十七条 违反国家规定，私设生猪屠宰厂（场），从事生猪屠宰、销售等经营活动，情节严重的，依照刑法第二百二十五条的规定以非法经营罪定罪处罚。

在畜禽屠宰相关环节，对畜禽使用食品动物中禁止使用的药品及其他化合物等有毒、有害的非食品原料，依照刑法第一百四十四条的规定以生产、销售有毒、有害食品罪定罪处罚；对畜禽注水或者注入其他物质，足以造成严重食物中毒事故或者其他严重食源性疾病的，依照刑法第一百四十三条的规定以生产、销售不符合安全标准的食品罪定罪处罚；虽不足以造成严重食物中毒事故或者其他严重食源性疾病，但符合刑法第一百四十条规定的，以生产、销售伪劣产品罪定罪处罚。

第十八条 实施本解释规定的非法经营行为，非法经营数额在十万元以上，或者违法所得数额在五万元以上的，应当认定为刑法第二百二十五条规定的"情节严重"；非法经营数额在五十万元以上，或者违法所得数额在二十五万元以上的，应当认定为刑法第二百二十五条规定的"情节特别严重"。

实施本解释规定的非法经营行为，同时构成生产、销售伪劣产品罪，生产、销售不符合安全标准的食品罪，生产、销售有毒、有害食品罪，生产、销售伪劣农药、兽药罪等其他犯罪的，依照处罚较重的规定定罪处罚。

第十九条 违反国家规定，利用广告对保健食品或者其他食品做虚假宣传，符合刑法第二百二十二条规定的，以虚假广告罪定罪处罚；以非法占有为目的，利用销售保健食品或者其他食品诈骗财物，符合刑法第二百六十六条规定的，以诈骗罪定罪处罚。同时构成生产、销售伪劣产品罪等其他犯罪的，依照处罚较重的规定定罪处罚。

第二十条 负有食品安全监督管理职责的国家机关工作人员，滥用职权或者玩忽职守，构成食品监管渎职罪，同时构成徇私舞弊不移交刑事案件罪、商检徇私舞弊罪、动植物检疫徇私舞弊罪、放纵制售伪劣商品犯罪行为罪等其他渎职犯罪的，依照处罚较重的规定定罪处罚。

负有食品安全监督管理职责的国家机关工作人员滥用职权或者玩忽职守，不构成食品监管渎职罪，但构成前款规定的其他渎职犯罪的，依照该其他犯罪定罪处罚。

负有食品安全监督管理职责的国家机关工作人员与他人共谋，利用其职务行为帮助他人实施危害食品安全犯罪行为，同时构成渎职犯罪和危害食品安全犯罪共犯的，依照处罚较重的规定定罪从重处罚。

第二十一条 犯生产、销售不符合安全标准的食品罪，生产、销售有毒、有害食品罪，一般应当依法判处生产、销售金额二倍以上的罚金。

共同犯罪的，对各共同犯罪人合计判处的罚金一般应当在生产、销售金额的二倍以上。

第二十二条 对实施本解释规定之犯罪的犯罪分子，应当依照刑法规定的条件，严格适用缓刑、免予刑事处罚。对于依法适用缓刑的，可以根据犯罪情况，同时宣告禁止令。

对于被不起诉或者免予刑事处罚的行为人，需要给予行政处罚、政务处分或者其他处分的，依法移送有关主管机关处理。

第二十三条 单位实施本解释规定的犯罪的，对单位判处罚金，并对直接负责的主管人员和其他直接责任人员，依照本解释规定的定罪量刑标准处罚。

第二十四条 "足以造成严重食物中毒事故或者其他严重食源性疾病""有毒、有害的非食品原料"等专门性问题难以确定的，司法机关可以依据鉴定意见、检验报告、地市级以上相关行政主管部门组织出具的书面意见，结合其他证据作出认定。必要时，专门性问题由省级以上相关行政主管部门组织出具书面意见。

第二十五条 本解释所称"二年内"，以第一次违法行为受到行政处罚的生效之日与又实施相应行为之日的时间间隔计算确定。

第二十六条 本解释自 2022 年 1 月 1 日起施行。本解释公布实施后，《最高人民法院、最高人民检察院关于办理危害食品安全刑事案件适用法律若干问题的解释》（法释〔2013〕12 号）同时废止；之前发布的司法解释与本解释不一致的，以本解释为准。

最高人民法院、最高人民检察院关于办理非法生产、销售、使用禁止在饲料和动物饮用水中使用的药品等刑事案件具体应用法律若干问题的解释

法释〔2002〕26 号

为依法惩治非法生产、销售、使用盐酸克仑特罗（Clenbuterol Hydrochloride，俗称"瘦肉精"）等禁止在饲料和动物饮用水中使用的药品等犯罪活动，维护社会主义市场经济秩序，保护公民身体健康，根据刑法有关规定，现就办理这类刑事案件具体应用法律的若干问题解释如下：

第一条 未取得药品生产、经营许可证件和批准文号，非法生产、销售盐酸克仑特

罗等禁止在饲料和动物饮用水中使用的药品，扰乱药品市场秩序，情节严重的，依照刑法第二百二十五条第（一）项的规定，以非法经营罪追究刑事责任。

第二条 在生产、销售的饲料中添加盐酸克仑特罗等禁止在饲料和动物饮用水中使用的药品，或者销售明知是添加有该类药品的饲料，情节严重的，依照刑法第二百二十五条第（四）项的规定，以非法经营罪追究刑事责任。

第三条 使用盐酸克仑特罗等禁止在饲料和动物饮用水中使用的药品或者含有该类药品的饲料养殖供人食用的动物，或者销售明知是使用该类药品或者含有该类药品的饲料养殖的供人食用的动物的，依照刑法第一百四十四条的规定，以生产、销售有毒、有害食品罪追究刑事责任。

第四条 明知是使用盐酸克仑特罗等禁止在饲料和动物饮用水中使用的药品或者含有该类药品的饲料养殖的供人食用的动物，而提供屠宰等加工服务，或者销售其制品的，依照刑法第一百四十四条的规定，以生产、销售有毒、有害食品罪追究刑事责任。

第五条 实施本解释规定的行为，同时触犯刑法规定的两种以上犯罪的，依照处罚较重的规定追究刑事责任。

第六条 禁止在饲料和动物饮用水中使用的药品，依照国家有关部门公告的禁止在饲料和动物饮用水中使用的药物品种目录确定。

最高人民法院、最高人民检察院关于办理危害药品安全刑事案件适用法律若干问题的解释

高检发释字〔2022〕1 号

（2022 年 2 月 28 日最高人民法院审判委员会第 1865 次会议、2022 年 2 月 25 日最高人民检察院第十三届检察委员会第九十二次会议通过，自 2022 年 3 月 6 日起施行）

为依法惩治危害药品安全犯罪，保障人民群众生命健康，维护药品管理秩序，根据

《中华人民共和国刑法》《中华人民共和国刑事诉讼法》及《中华人民共和国药品管理法》等有关规定，现就办理此类刑事案件适用法律的若干问题解释如下：

第一条 生产、销售、提供假药，具有下列情形之一的，应当酌情从重处罚：

（一）涉案药品以孕产妇、儿童或者危重病人为主要使用对象的；

（二）涉案药品属于麻醉药品、精神药品、医疗用毒性药品、放射性药品、生物制品，或者以药品类易制毒化学品冒充其他药品的；

（三）涉案药品属于注射剂药品、急救药品的；

（四）涉案药品系用于应对自然灾害、事故灾难、公共卫生事件、社会安全事件等突发事件的；

（五）药品使用单位及其工作人员生产、销售假药的；

（六）其他应当酌情从重处罚的情形。

第二条 生产、销售、提供假药，具有下列情形之一的，应当认定为刑法第一百四十一条规定的"对人体健康造成严重危害"：

（一）造成轻伤或者重伤的；

（二）造成轻度残疾或者中度残疾的；

（三）造成器官组织损伤导致一般功能障碍或者严重功能障碍的；

（四）其他对人体健康造成严重危害的情形。

第三条 生产、销售、提供假药，具有下列情形之一的，应当认定为刑法第一百四十一条规定的"其他严重情节"：

（一）引发较大突发公共卫生事件的；

（二）生产、销售、提供假药的金额二十万元以上不满五十万元的；

（三）生产、销售、提供假药的金额十万元以上不满二十万元，并具有本解释第一条规定情形之一的；

（四）根据生产、销售、提供的时间、数量、假药种类、对人体健康危害程度等，应当认定为情节严重的。

第四条 生产、销售、提供假药，具有下列情形之一的，应当认定为刑法第一百四十一条规定的"其他特别严重情节"：

（一）致人重度残疾以上的；

（二）造成三人以上重伤、中度残疾或者器官组织损伤导致严重功能障碍的；

（三）造成五人以上轻度残疾或者器官组织损伤导致一般功能障碍的；

（四）造成十人以上轻伤的；

（五）引发重大、特别重大突发公共卫生事件的；

（六）生产、销售、提供假药的金额五十万元以上的；

（七）生产、销售、提供假药的金额二十万元以上不满五十万元，并具有本解释第一条规定情形之一的；

（八）根据生产、销售、提供的时间、数量、假药种类、对人体健康危害程度等，应当认定为情节特别严重的。

第五条 生产、销售、提供劣药，具有本解释第一条规定情形之一的，应当酌情从重处罚。

生产、销售、提供劣药，具有本解释第二条规定情形之一的，应当认定为刑法第一百四十二条规定的"对人体健康造成严重危害"。

生产、销售、提供劣药，致人死亡，或者具有本解释第四条第一项至第五项规定情形之一的，应当认定为刑法第一百四十二条规定的"后果特别严重"。

第六条 以生产、销售、提供假药、劣药为目的，合成、精制、提取、储存、加工炮制药品原料，或者在将药品原料、辅料、包装材料制成成品过程中，进行配料、混合、制剂、储存、包装的，应当认定为刑法第一百四十一条、第一百四十二条规定的"生产"。

药品使用单位及其工作人员明知是假药、劣药而有偿提供给他人使用的，应当认定为刑法第一百四十一条、第一百四十二条规定的"销售"；无偿提供给他人使用的，应当认定为刑法第一百四十一条、第一百四十二条规定的"提供"。

第七条 实施妨害药品管理的行为，具有下列情形之一的，应当认定为刑法第一百四十二条之一规定的"足以严重危害人体健康"：

（一）生产、销售国务院药品监督管理部门禁止使用的药品，综合生产、销售的时间、数量、禁止使用原因等情节，认为具有严重危害人体健康的现实危险的；

（二）未取得药品相关批准证明文件生产药品或者明知是上述药品而销售，涉案药品属于本解释第一条第一项至第三项规定情形的；

（三）未取得药品相关批准证明文件生产药品或者明知是上述药品而销售，涉案药品的适应证、功能主治或者成分不明的；

（四）未取得药品相关批准证明文件生产药品或者明知是上述药品而销售，涉案药品没有国家药品标准，且无核准的药品质量标准，但检出化学药成分的；

（五）未取得药品相关批准证明文件进口药品或者明知是上述药品而销售，涉案药品在境外也未合法上市的；

（六）在药物非临床研究或者药物临床试验过程中故意使用虚假试验用药品，或者瞒报与药物临床试验用药品相关的严重不良事件的；

（七）故意损毁原始药物非临床研究数据或者药物临床试验数据，或者编造受试动物信息、受试者信息、主要试验过程记录、研究数据、检测数据等药物非临床研究数据或者药物临床试验数据，影响药品的安全性、有效性和质量可控性的；

（八）编造生产、检验记录，影响药品的安全性、有效性和质量可控性的；

（九）其他足以严重危害人体健康的情形。

对于涉案药品是否在境外合法上市，应当根据境外药品监督管理部门或者权利人的证明等证据，结合犯罪嫌疑人、被告人及其辩护人提供的证据材料综合审查，依法作出认定。

对于"足以严重危害人体健康"难以确定的，根据地市级以上药品监督管理部门出具的认定意见，结合其他证据作出认定。

第八条 实施妨害药品管理的行为，具有本解释第二条规定情形之一的，应当认定为刑法第一百四十二条之一规定的"对人体健康造成严重危害"。

实施妨害药品管理的行为，足以严重危害人体健康，并具有下列情形之一的，应当认定为刑法第一百四十二条之一规定的"有其他严重情节"：

（一）生产、销售国务院药品监督管理部门禁止使用的药品，生产、销售的金额五十万元以上的；

（二）未取得药品相关批准证明文件生产、进口药品或者明知是上述药品而销售，生产、销售的金额五十万元以上的；

（三）药品申请注册中提供虚假的证明、数据、资料、样品或者采取其他欺骗手段，造成严重后果的；

（四）编造生产、检验记录，造成严重后果的；

（五）造成恶劣社会影响或者具有其他严重情节的情形。

实施刑法第一百四十二条之一规定的行为，同时又构成生产、销售、提供假药罪、生产、销售、提供劣药罪或者其他犯罪的，依照处罚较重的规定定罪处罚。

第九条 明知他人实施危害药品安全犯罪，而有下列情形之一的，以共同犯罪论处：

（一）提供资金、贷款、账号、发票、证明、许可证件的；

（二）提供生产、经营场所、设备或者运输、储存、保管、邮寄、销售渠道等便利条件的；

（三）提供生产技术或者原料、辅料、包装材料、标签、说明书的；

（四）提供虚假药物非临床研究报告、药物临床试验报告及相关材料的；

（五）提供广告宣传的；

（六）提供其他帮助的。

第十条 办理生产、销售、提供假药、生产、销售、提供劣药、妨害药品管理等刑事案件，应当结合行为人的从业经历、认知能力、药品质量、进货渠道和价格、销售渠道和价格以及生产、销售方式等事实综合判断认定行为人的主观故意。具有下列情形之一的，可以认定行为人有实施相关犯罪的主观故意，但有证据证明确实不具有故意的除外：

（一）药品价格明显异于市场价格的；

（二）向不具有资质的生产者、销售者购买药品，且不能提供合法有效的来历证明的；

（三）**逃避、抗拒监督检查的**；

（四）**转移、隐匿、销毁涉案药品、进销货记录的**；

（五）曾因实施危害药品安全违法犯罪行为受过处罚，又实施同类行为的；

（六）其他足以认定行为人主观故意的情形。

第十一条 以提供给他人生产、销售、提供药品为目的，违反国家规定，生产、销售不符合药用要求的原料、辅料，符合刑法第一百四十条规定的，以生产、销售伪劣产品罪从重处罚；同时构成其他犯罪的，依照处罚较重的规定定罪处罚。

第十二条 广告主、广告经营者、广告发布者违反国家规定，利用广告对药品做虚假宣传，情节严重的，依照刑法第二百二十二条的规定，以虚假广告罪定罪处罚。

第十三条 明知系利用医保骗保购买的药品而非法收购、销售，金额五万元以上的，应当依照刑法第三百一十二条的规定，以掩饰、隐瞒犯罪所得罪定罪处罚；指使、教唆、授意他人利用医保骗保购买药品，进而非法收购、销售，符合刑法第二百六十六条规定的，以诈骗罪定罪处罚。

对于利用医保骗保购买药品的行为人是否追究刑事责任，应当综合骗取医保基金的数额、手段、认罪悔罪态度等案件具体情节，依法妥当决定。利用医保骗保购买药品的行为人是否被追究刑事责任，不影响对非法收购、销售有关药品的行为人定罪处罚。

对于第一款规定的主观明知，应当根据药品标志、收购渠道、价格、规模及药品追溯信息等综合认定。

第十四条 负有药品安全监督管理职责的国家机关工作人员，滥用职权或者玩忽职守，构成药品监管渎职罪，同时构成商检徇私舞弊罪、商检失职罪等其他渎职犯罪的，依照处罚较重的规定定罪处罚。

负有药品安全监督管理职责的国家机关工作人员滥用职权或者玩忽职守，不构成药品监管渎职罪，但构成前款规定的其他渎职犯罪的，依照该其他犯罪定罪处罚。

负有药品安全监督管理职责的国家机关工作人员与他人共谋，利用其职务便利帮助他人实施危害药品安全犯罪行为，同时构成渎职犯罪和危害药品安全犯罪共犯的，依照处罚较重的规定定罪从重处罚。

第十五条 对于犯生产、销售、提供假药罪、生产、销售、提供劣药罪、妨害药品管理罪的，应当结合被告人的犯罪数额、违法所得，综合考虑被告人缴纳罚金的能力，依法判处罚金。罚金一般应当在生产、销售、提供的药品金额二倍以上；共同犯罪的，对各共同犯罪人合计判处的罚金一般应当在生产、销售、提供的药品金额二倍以上。

第十六条 对于犯生产、销售、提供假药罪、生产、销售、提供劣药罪、妨害药品管理罪的，应当依照刑法规定的条件，严格缓刑、免予刑事处罚的适用。对于被判处刑罚的，可以根据犯罪情况和预防再犯罪的需要，依法宣告职业禁止或者禁止令。《中华人民共和国药品管理法》等法律、行政法规另有规定的，从其规定。

对于被不起诉或者免予刑事处罚的行为人，需要给予行政处罚、政务处分或者其他处分的，依法移送有关主管机关处理。

第十七条 单位犯生产、销售、提供假药罪、生产、销售、提供劣药罪、妨害药品管理罪的，对单位判处罚金，并对直接负责的主管人员和其他直接责任人员，依照本解释规定的自然人犯罪的定罪量刑标准处罚。

单位犯罪的，对被告单位及其直接负责的主管人员、其他直接责任人员合计判处的罚金一般应当在生产、销售、提供的药品金额二倍以上。

第十八条 根据民间传统配方私自加工药品或者销售上述药品，数量不大，且未造成他人伤害后果或者延误诊治的，或者不以营利为目的实施带有自救、互助性质的生产、进口、销售药品的行为，不应当认定为犯罪。

对于是否属于民间传统配方难以确定的，根据地市级以上药品监督管理部门或者有关部门出具的认定意见，结合其他证据作出认定。

第十九条 刑法第一百四十一条、第一百四十二条规定的"假药""劣药"，依照

《中华人民共和国药品管理法》的规定认定。

对于《中华人民共和国药品管理法》第九十八条第二款第二项、第四项及第三款第三项至第六项规定的假药、劣药，能够根据现场查获的原料、包装，结合犯罪嫌疑人、被告人供述等证据材料作出判断的，可以由地市级以上药品监督管理部门出具认定意见。对于依据《中华人民共和国药品管理法》第九十八条第二款、第三款的其他规定认定假药、劣药，或者是否属于第九十八条第二款第二项、第三款第六项规定的假药、劣药存在争议的，应当由省级以上药品监督管理部门设置或者确定的药品检验机构进行检验，出具质量检验结论。司法机关根据认定意见、检验结论，结合其他证据作出认定。

第二十条　对于生产、提供药品的金额，以药品的货值金额计算；销售药品的金额，以所得和可得的全部违法收入计算。

第二十一条　本解释自 2022 年 3 月 6 日起施行。本解释公布施行后，《最高人民法院、最高人民检察院关于办理危害药品安全刑事案件适用法律若干问题的解释》（法释〔2014〕14 号）、《最高人民法院、最高人民检察院关于办理药品、医疗器械注册申请材料造假刑事案件适用法律若干问题的解释》（法释〔2017〕15 号）同时废止。

最高人民法院　最高人民检察院　公安部关于依法严惩"地沟油"犯罪活动的通知

公通字〔2012〕1 号

各省、自治区、直辖市高级人民法院、人民检察院、公安厅（局），解放军军事法院、军事检察院，新疆维吾尔自治区高级人民法院生产建设兵团分院，新疆生产建设兵团人民检察院、公安局：

为依法严惩"地沟油"犯罪活动，切实保障人民群众的生命健康安全，根据刑法和有关司法解释的规定，现就有关事项通知如下：

一、依法严惩"地沟油"犯罪，切实维护人民群众食品安全

"地沟油"犯罪，是指用餐厨垃圾、废弃油脂、各类肉及肉制品加工废弃物等非食品原料，生产、加工"食用油"，以及明知是利用"地沟油"生产、加工的油脂而作为食用油销售的行为。"地沟油"犯罪严重危害人民群众身体健康和生命安全，严重影响国家形象，损害党和政府的公信力。各级公安机关、检察机关、人民法院要认真贯彻《刑法修正案（八）》对危害食品安全犯罪从严打击的精神，依法严惩"地沟油"犯罪，坚决打击"地沟油"进入食用领域的各种犯罪行为，坚决保护人民群众切身利益。对于涉及多地区的"地沟油"犯罪案件，各地公安机关、检察机关、人民法院要在案件管辖、调查取证等方面通力合作，形成打击合力，切实维护人民群众食品安全。

二、准确理解法律规定，严格区分犯罪界限

（一）对于利用"地沟油"生产"食用油"的，依照刑法第 144 条生产有毒、有害食品罪的规定追究刑事责任。

（二）明知是利用"地沟油"生产的"食用油"而予以销售的，依照刑法第 144 条销售有毒、有害食品罪的规定追究刑事责任。认定是否"明知"，应当结合犯罪嫌疑人、被告人的认知能力，犯罪嫌疑人、被告人及其同案人的供述和辩解，证人证言，产品质量，进货渠道及进货价格、销售渠道及销售价格等主、客观因素予以综合判断。

（三）对于利用"地沟油"生产的"食用油"，已经销售出去没有实物，但是有证据证明系已被查实生产、销售有毒、有害食品犯罪事实的上线提供的，依照刑法第 144 条销售有毒、有害食品罪的规定追究刑事责任。

（四）虽无法查明"食用油"是否系利用"地沟油"生产、加工，但犯罪嫌疑人、被告人明知该"食用油"来源可疑而予以销售的，应分别情形处理：经鉴定，检出有毒、有害成分的，依照刑法第 144 条销售有毒、有害食品罪的规定追究刑事责任；属于不符合安全标准的食品的，依照刑法第 143 条销售不符合安全标准的食品罪追究刑事责任；属于以假充真、以次充好、以不合格产品冒充合格产品或者假冒注册商标，构成犯罪的，依照刑法第 140 条销售伪劣产品罪或者第 213 条假冒注册商标罪、第 214 条销售假冒注

册商标的商品罪追究刑事责任。

（五）知道或应当知道他人实施以上第（一）（二）（三）款犯罪行为，而为其掏捞、加工、贩运"地沟油"，或者提供贷款、资金、账号、发票、证明、许可证件，或者提供技术、生产、经营场所、运输、仓储、保管等便利条件的，依照本条第（一）（二）（三）款犯罪的共犯论处。

（六）对违反有关规定，掏捞、加工、贩运"地沟油"，没有证据证明用于生产"食用油"的，交由行政部门处理。

（七）对于国家工作人员在食用油安全监管和查处"地沟油"违法犯罪活动中滥用职权、玩忽职守、徇私枉法，构成犯罪的，依照刑法有关规定追究刑事责任。

三、准确把握宽严相济刑事政策在食品安全领域的适用

在对"地沟油"犯罪定罪量刑时，要充分考虑犯罪数额、犯罪分子主观恶性及其犯罪手段、犯罪行为对人民群众生命安全和身体健康的危害、对市场经济秩序的破坏程度、恶劣影响等。对于具有累犯、前科、共同犯罪的主犯、集团犯罪的首要分子等情节，以及犯罪数额巨大、情节恶劣、危害严重，群众反映强烈，给国家和人民利益造成重大损失的犯罪分子，依法严惩，罪当判处死刑的，要坚决依法判处死刑。对在同一条生产、销售链上的犯罪分子，要在法定刑幅度内体现严惩源头犯罪的精神，确保生产环节与销售环节量刑的整体平衡。对于明知是"地沟油"而非法销售的公司、企业，要依法从严追究有关单位和直接责任人员的责任。对于具有自首、立功、从犯等法定情节的犯罪分子，可以依法从宽处理。要严格把握适用缓刑、免予刑事处罚的条件。对依法必须适用缓刑的，一般同时宣告禁止令，禁止其在缓刑考验期内从事与食品生产、销售等有关的活动。

各地执行情况，请及时上报。

最高人民法院

最高人民检察院

公 安 部

二〇一二年一月九日

最高人民法院关于人民法院处理"毒豆芽"案件有关问题的答复 [①]

（2014 年 11 月 25 日）

来信中涉及的"毒豆芽"，主要是指在制发过程中添加了 6-苄基腺嘌呤（以下简称为"6-苄"）的豆芽。"6-苄"又称"无根水"，易挥发，是低毒性植物生长调节剂，其主要成分苄腺嘌呤是农业部批准使用的农药品种。因缺少食品添加剂工艺必要性，"6-苄"被从《食品安全国家标准食品添加剂使用标准》（GB2760-2011）允许使用的食品添加剂中删除，不得再作为食品加工助剂生产经营和使用。2011 年 11 月 4 日，国家质量监督检验检疫总局公告禁止食品添加剂生产企业和食品生产企业生产、销售、使用"6-苄"。

近年来，"毒豆芽"成为广受关注的食品安全热点问题，有关部门不断加大整治、打击力度，人民法院受理此类案件的数量随之增加。目前，各有关职能部门均认为对于"毒豆芽"违法犯罪行为应依法惩处，但实践中也存在一些不同认识，如：豆芽属于食品还是食用农产品；豆芽制发属于食品加工还是农业种植；对豆芽及豆芽制发是适用《食品安全法》还是《农产品质量安全法》予以监管，"6-苄"是否属于"有毒有害的非食品原料"或者"禁用农药""其他有毒有害物质"，等等。正因为如此，"毒豆芽"问题需要各有关职能部门协调配合，统一认识和认定标准。2014 年 3 月，最高人民法院刑一庭与国家食药监局等部门专门研究了相关问题，之后又开展了调研工作，撰写了专题调研报告，汇总了基本情况、存在的问题，并提出了初步处理建议，下一步将与有关职能部门沟通、协调，争取达成共识。

[①] 信息来源：http://www.court.gov.cn/zixun-xiangqing-6874.html，访问时间：2018 年 7 月 2 日。

食品安全涉及人民群众的切身利益，在打击危害食品安全违法犯罪过程中，既要依法惩处违法犯罪，又要保护合法的生产经营行为。正如来信反映，"毒豆芽"案件涉及的问题较为复杂，我们将继续密切关注、深入研究，并通过与相关部门协调、配合，尽快有效解决存在的问题。

二、国务院有关部门公告等规范性文件

国家食品药品监督管理局办公室关于发布保健食品中
可能非法添加的物质名单（第一批）的通知

（食药监办保化〔2012〕33 号）

各省、自治区、直辖市食品药品监督管理局（药品监督管理局）：

为贯彻落实国务院食品安全委员会办公室《关于进一步加强保健食品质量安全监管工作的通知》（食安办〔2011〕37 号）要求，严厉打击保健食品生产中非法添加物质的违法违规行为，保障消费者健康，国家局组织制定了《保健食品中可能非法添加的物质名单（第一批）》，现予以印发。

该名单未涵盖行业内存在的所有非法添加物质，各级食品药品监督管理部门在监督检查中要注意收集名单之外的非法添加物质情况，汇总后报送国家局。

附件：保健食品中可能非法添加的物质名单（第一批）

国家食品药品监督管理局办公室

2012 年 3 月 16 日

附件：保健食品中可能非法添加的物质名单

序号	保健功能	可能非法添加物质名称
1	声称减肥功能产品	西布曲明、麻黄碱、芬氟拉明
2	声称辅助降血糖（调节血糖）功能产品	甲苯磺丁脲、格列苯脲、格列齐特、格列吡嗪、格列喹酮、格列美脲、马来酸罗格列酮、瑞格列奈、盐酸吡格列酮、盐酸二甲双胍、盐酸苯乙双胍
3	声称缓解体力疲劳（抗疲劳）功能产品	那红地那非、红地那非、伐地那非、羟基豪莫西地那非、西地那非、豪莫西地那非、氨基他打拉非、他达拉非、硫代艾地那非、伪伐地那非和那莫西地那非等 PDE5 型（磷酸二酯酶 5 型）抑制剂
4	声称增强免疫力（调节免疫）功能产品	那红地那非、红地那非、伐地那非、羟基豪莫西地那非、西地那非、豪莫西地那非、氨基他打拉非、他达拉非、硫代艾地那非、伪伐地那非和那莫西地那非等 PDE5 型（磷酸二酯酶 5 型）抑制剂
5	声称改善睡眠功能产品	地西泮、硝西泮、氯硝西泮、氯氮卓、奥沙西泮、马来酸咪哒唑仑、劳拉西泮、艾司唑仑、阿普唑仑、三唑仑、巴比妥、苯巴比妥、异戊巴比妥、司可巴比妥、氯美扎酮
6	声称辅助降血压（调节血脂）功能产品	阿替洛尔、盐酸可乐定、氢氯噻嗪、卡托普利、哌唑嗪、利血平、硝苯地平

食品中可能违法添加的非食用物质和易滥用的食品添加剂名单（第1—5批汇总）

为进一步打击在食品生产、流通、餐饮服务中违法添加非食用物质和滥用食品添加剂的行为，保障消费者健康，全国打击违法添加非食用物质和滥用食品添加剂专项整治领导小组自 2008 年以来陆续发布了五批《食品中可能违法添加的非食用物质和易滥用的食品添加剂名单》。为方便查询，现将五批名单汇总发布（见表一、表二）。

表一　食品中可能违法添加的非食用物质名单

序号	名称	可能添加的食品品种	检测方法
1	吊白块	腐竹、粉丝、面粉、竹笋	GB/T 21126–2007 小麦粉与大米粉及其制品中甲醛次硫酸氢钠含量的测定；卫计委《关于印发面粉、油脂中过氧化苯甲酰测定等检验方法的通知》（卫监发〔2001〕159 号）附件 2 食品中甲醛次硫酸氢钠的测定方法
2	苏丹红	辣椒粉、含辣椒类的食品（辣椒酱、辣味调味品）	GB/T 19681–2005 食品中苏丹红染料的检测方法高效液相色谱法
3	王金黄、块黄	腐皮	
4	蛋白精、三聚氰胺	乳及乳制品	GB/T 22388–2008 原料乳与乳制品中三聚氰胺检测方法　GB/T 22400–2008 原料乳中三聚氰胺快速检测液相色谱法
5	硼酸与硼砂	腐竹、肉丸、凉粉、凉皮、面条、饺子皮	无
6	硫氰酸钠	乳及乳制品	无
7	玫瑰红 B	调味品	无
8	美术绿	茶叶	无
9	碱性嫩黄	豆制品	
10	工业用甲醛	海参、鱿鱼等干水产品、血豆腐	SC/T 3025–2006 水产品中甲醛的测定
11	工业用火碱	海参、鱿鱼等干水产品、生鲜乳	无
12	一氧化碳	金枪鱼、三文鱼	无
13	硫化钠	味精	无
14	工业硫黄	白砂糖、辣椒、蜜饯、银耳、龙眼、胡萝卜、姜等	无
15	工业染料	小米、玉米粉、熟肉制品等	无
16	罂粟壳	火锅底料及小吃类	参照上海市食品药品检验所自建方法

序号	名称	可能添加的食品品种	检测方法
17	革皮水解物	乳与乳制品含乳饮料	乳与乳制品中动物水解蛋白鉴定－L（－）－羟脯氨酸含量测定（检测方法由中国检验检疫科学院食品安全所提供。该方法仅适用于生鲜乳、纯牛奶、奶粉联系方式：Wkzhong@21cn.com）
18	溴酸钾	小麦粉	GB/T 20188-2006 小麦粉中溴酸盐的测定 离子色谱法
19	β－内酰胺酶（金玉兰酶制剂）	乳与乳制品	液相色谱法（检测方法由中国检验检疫科学院食品安全所提供。联系方式：Wkzhong@21cn.com）
20	富马酸二甲酯	糕点	气相色谱法（检测方法由中国疾病预防控制中心营养与食品安全所提供）
21	废弃食用油脂	食用油脂	无
22	工业用矿物油	陈化大米	无
23	工业明胶	冰淇淋、肉皮冻等	无
24	工业酒精	勾兑假酒	无
25	敌敌畏	火腿、鱼干、咸鱼等制品	GB T5009.20-2003 食品中有机磷农药残留的测定
26	毛发水	酱油等	无
27	工业用乙酸	勾兑食醋	GB/T5009.41-2003 食醋卫生标准的分析方法
28	肾上腺素受体激动剂类药物（盐酸克伦特罗，莱克多巴胺等）	猪肉、牛羊肉及肝脏等	GB-T22286-2008 动物源性食品中多种β－受体激动剂残留量的测定，液相色谱串联质谱法
29	硝基呋喃类药物	猪肉、禽肉、动物性水产品	GB/T 21311-2007 动物源性食品中硝基呋喃类药物代谢物残留量检测方法，高效液相色谱－串联质谱法
30	玉米赤霉醇	牛羊肉及肝脏、牛奶	GB/T 21982-2008 动物源食品中玉米赤霉醇、β－玉米赤霉醇、α－玉米赤霉烯醇、β－玉米赤霉烯醇、玉米赤霉酮和赤霉烯酮残留量检测方法，液相色谱－质谱/质谱法

续表

序号	名称	可能添加的食品品种	检测方法
31	抗生素残渣	猪肉	无，需要研制动物性食品中测定万古霉素的液相色谱 – 串联质谱法
32	镇静剂	猪肉	参考 GB/T 20763–2006 猪肾和肌肉组织中乙酰丙嗪、氯丙嗪、氟哌啶醇、丙酰二甲氨基丙吩噻嗪、甲苯噻嗪、阿扎哌垄阿扎哌醇、咔唑心安残留量的测定，液相色谱 – 串联质谱法 无，需要研制动物性食品中测定安定的液相色谱 – 串联质谱法
33	荧光增白物质	双孢蘑菇、金针菇、白灵菇、面粉	蘑菇样品可通过照射进行定性检测 面粉样品无检测方法
34	工业氯化镁	木耳	无
35	磷化铝	木耳	无
36	馅料原料漂白剂	焙烤食品	无，需要研制馅料原料中二氧化硫脲的测定方法
37	酸性橙Ⅱ	黄鱼、鲍汁、腌卤肉制品、红壳瓜子、辣椒面和豆瓣酱	无，需要研制食品中酸性橙Ⅱ的测定方法。参照江苏省疾控创建的鲍汁中酸性橙Ⅱ的高效液相色谱 – 串联质谱法 （说明：水洗方法可作为补充，如果脱色，可怀疑是违法添加了色素）
38	氯霉素	生食水产品、肉制品、猪肠衣、蜂蜜	GB/T 22338–2008 动物源性食品中氯霉素类药物残留量测定
39	喹诺酮类	麻辣烫类食品	无，需要研制麻辣烫类食品中喹诺酮类抗生素的测定方法
40	水玻璃	面制品	无
41	孔雀石绿	鱼类	GB20361–2006 水产品中孔雀石绿和结晶紫残留量的测定，高效液相色谱荧光检测法 （建议研制水产品中孔雀石绿和结晶紫残留量测定的液相色谱 – 串联质谱法）
42	乌洛托品	腐竹、米线等	无，需要研制食品中六亚甲基四胺的测定方法
43	五氯酚钠	河蟹	SC/T 3030–2006 水产品中五氯苯酚及其钠盐残留量的测定　气相色谱法

序号	名称	可能添加的食品品种	检测方法
44	喹乙醇	水产养殖饲料	水产品中喹乙醇代谢物残留量的测定 高效液相色谱法（农业部 1077 号公告 – 5–2008）；水产品中喹乙醇残留量的测定 液相色谱法（SC/T 3019–2004）
45	碱性黄	大黄鱼	无
46	磺胺二甲嘧啶	叉烧肉类	GB20759–2006 畜禽肉中十六种磺胺类药物残留量的测定液相色谱 – 串联质谱法
47	敌百虫	腌制食品	GB/T5009.20–2003 食品中有机磷农药残留量的测定

表二 食品中可能滥用的食品添加剂品种名单

序号	食品品种	可能易滥用的添加剂品种	检测方法
1	渍菜（泡菜等）、葡萄酒	着色剂（胭脂红、柠檬黄、诱惑红、日落黄）等	GB/T 5009.35–2003 食品中合成着色剂的测定 GB/T 5009.141–2003 食品中诱惑红的测定
2	水果冻、蛋白冻类	着色剂、防腐剂、酸度调节剂（己二酸等）	
3	腌菜	着色剂、防腐剂、甜味剂（糖精钠、甜蜜素等）	
4	面点、月饼	乳化剂（蔗糖脂肪酸酯等、乙酰化单甘脂肪酸酯等）、防腐剂、着色剂、甜味剂	
5	面条、饺子皮	面粉处理剂	
6	糕点	膨松剂（硫酸铝钾、硫酸铝铵等）、水分保持剂磷酸盐类（磷酸钙、焦磷酸二氢二钠等）、增稠剂（黄原胶、黄蜀葵胶等）、甜味剂（糖精钠、甜蜜素等）	GB/T 5009.182–2003 面制食品中铝的测定
7	馒头	漂白剂（硫黄）	
8	油条	膨松剂（硫酸铝钾、硫酸铝铵）	

序号	食品品种	可能易滥用的添加剂品种	检测方法
9	肉制品和卤制熟食、腌肉料和嫩肉粉类产品	护色剂（硝酸盐、亚硝酸盐）	GB/T 5009.33−2003 食品中亚硝酸盐、硝酸盐的测定
10	小麦粉	二氧化钛、硫酸铝钾	
11	小麦粉	滑石粉	GB 21913−2008 食品中滑石粉的测定
12	臭豆腐	硫酸亚铁	
13	乳制品（除干酪外）	山梨酸	GB/T21703−2008《乳与乳制品中苯甲酸和山梨酸的测定方法》
14	乳制品（除干酪外）	纳他霉素	参照 GB/T 21915−2008《食品中纳他霉素的测定方法》
15	蔬菜干制品	硫酸铜	无
16	"酒类"（配制酒除外）	甜蜜素	
17	"酒类"	安塞蜜	
18	面制品和膨化食品	硫酸铝钾、硫酸铝铵	
19	鲜瘦肉	胭脂红	GB/T 5009.35−2003 食品中合成着色剂的测定
20	大黄鱼、小黄鱼	柠檬黄	GB/T 5009.35−2003 食品中合成着色剂的测定
21	陈粮、米粉等	焦亚硫酸钠	GB5009.34−2003 食品中亚硫酸盐的测定
22	烤鱼片、冷冻虾、烤虾、鱼干、鱿鱼丝、蟹肉、鱼糜等	亚硫酸钠	GB/T 5009.34−2003 食品中亚硫酸盐的测定

注：滥用食品添加剂的行为包括超量使用或超范围使用食品添加剂的行为

二〇一一年四月十九日

关于公布食品中可能违法添加的非食用物质和易滥用的食品添加剂名单（第六批）的公告

（2011 年第 16 号）

为打击在食品及食品添加剂生产中违法添加非食用物质的行为，保障消费者身体健康，我部制定了《食品中可能违法添加的非食用物质和易滥用的食品添加剂名单（第六批）》，现公告如下：

食品中可能违法添加的非食用物质和易滥用的食品添加剂名单（第六批）

名　　称	可能添加的食品品种	检验方法
邻苯二甲酸酯类物质，主要包括： 邻苯二甲酸二（2-乙基）己酯（DEHP）、 邻苯二甲酸二异壬酯（DINP）、 邻苯二甲酸二苯酯、 邻苯二甲酸二甲酯（DMP）、 邻苯二甲酸二乙酯（DEP）、 邻苯二甲酸二丁酯（DBP）、 邻苯二甲酸二戊酯（DPP）、 邻苯二甲酸二己酯（DHXP）、 邻苯二甲酸二壬酯（DNP）、 邻苯二甲酸二异丁酯（DIBP）、 邻苯二甲酸二环己酯（DCHP）、 邻苯二甲酸二正辛酯（DNOP）、 邻苯二甲酸丁基苄基酯（BBP）、 邻苯二甲酸二（2-甲氧基）乙酯（DMEP）、 邻苯二甲酸二（2-乙氧基）乙酯（DEEP）、 邻苯二甲酸二（2-丁氧基）乙酯（DBEP）、 邻苯二甲酸二（4-甲基-2-戊基）酯（BMPP）等。	乳化剂类食品添加剂、使用乳化剂的其他类食品添加剂或食品等。	GB/T 21911 食品中邻苯二甲酸酯的测定

特此公告。

2011 年 6 月 1 日

卫生部办公厅关于《食品添加剂使用标准》（GB2760–2011）有关问题的复函

（卫办监督函〔2011〕919号）

质检总局办公厅：

你厅《关于请明确〈食品安全国家标准 食品添加剂使用标准〉有关问题的函》（质检办食监函〔2011〕765号）收悉。经研究，《食品添加剂使用标准》（GB2760–2011）调整了原标准允许使用的39个食品添加剂品种，现函复如下：

一、删除过氧化苯甲酰、过氧化钙。理由是：国家已规定禁止其作为食品添加剂生产经营和使用。

二、对羟基苯甲酸丙酯、对羟基苯甲酸丙酯钠盐、噻苯咪唑等3种物质，经组织食品安全风险评估，不符合食品添加剂安全性要求，不得作为食品添加剂生产经营和使用。

三、天然维生素E与维生素E合并，可以继续生产经营使用；酪蛋白磷酸肽、酪蛋白磷酸钙肽、乳铁蛋白等3种物质已调整到新修订的《食品营养强化剂使用标准》（GB14880）中，可以作为营养强化剂继续生产经营和使用。

四、次氯酸钠、二氧化氯、过氧化氢、过氧乙酸、氯化磷酸三钠、十二烷基苯磺酸钠、十二烷基磺酸钠等7种物质已列入《食品用消毒剂原料（成分）名单（2009年版）》（卫办监督发〔2010〕17号），可以作为食品用消毒剂及其原料继续生产经营和使用，不再作为食品用加工助剂管理。

五、1-丙醇、4-氯苯氧乙酸钠、6-苄基腺嘌呤、单乙醇胺、二氯异腈氰尿酸钠、凡士林、硅酸钙铝、琥珀酸酐、己二酸、己二酸酐、甲醛、焦磷酸四钾、尿素、三乙醇胺、十二烷基二甲基溴化胺（新洁尔灭）、铁粉、五碳双缩醛、亚硫酸铵、氧化铁、银、油酸、脂肪醇酰胺、脂肪醚硫酸钠等23种物质，缺乏食品添加剂工艺必要性，不得作为食品用加工助剂生产经营和使用。如拟将以上物质作为食品添加剂或食品用加工助剂的，应当依法提出食品添加剂新品种行政许可申请。

专此函复。

二〇一一年九月三十日

卫计委关于 6-苄基腺嘌呤并非食品安全原因
删除的《政府信息公开告知书》①

（卫政申复〔2013〕2306 号）

朱XX：

我办于 2013 年 7 月 31 日收到你在线提交的《国家卫生计生委政府信息公开申请表》，申请公开"GB2760-2007 将 6-苄基腺嘌呤作为食品添加剂的食品加工助剂列入，2011 年卫生部卫办监督函〔2011〕919 号文件将 6-苄基腺嘌呤从 GB2760-2011 中删除，理由是缺乏食品添加剂工艺必要性。今年 5 月，我省公安部门依据 2011 年卫生部的919 号文件，将用 6-苄基腺嘌呤发的豆芽作为'毒豆芽'进行立案查处，给我们带来很大的困惑，请问：将 6-苄基腺嘌呤从 GB2761 中删除，是否意味着不允许将其用于农业产品的生产？公安部门的查处是否合适"。

根据《中华人民共和国政府信息公开条例》第二条、第二十一条，现答复如下：《食品添加剂使用卫生标准》（GB2760-2007）中将 6-苄基腺嘌呤作为食品工业用加工助剂

---

① 信息来源：http://search.aqsiq.gov.cn/con_message/publicmessage/consultmessageHotAndNew_view.jsp?id=4585e6fe36f8480b8191f1aad1888c04，访问时间：2018 年 5 月 12 日。

列为附录 C 中，按照标准使用是符合食品安全要求的。因该物质已作为植物生长调节剂，属于农药，不再具有食品添加剂工艺必要性，故将其《食品安全国家标准 食品添加剂使用标准》（GB2760-2007）中删除，而不是由于食品安全原因。《中华人民共和国农产品质量安全法》第二十一条规定：对可能影响农产品质量安全的农药、兽药、饲料和饲料添加剂、肥料、兽医器械，依照有关法律、行政法规的规定实行许可制度。国务院农业行政主管部门和省、自治区、直辖市人民政府农业行政主管部门应当定期对可能危及农产品质量安全的农药、兽药、饲料和饲料添加剂、肥料等农业投入品进行监督抽查，并公布抽查结果。因此，判定"6-苄基腺嘌呤是否允许用于农业产品的生产"不属于我委职责范围，建议你向农业部咨询。判定"公安部门的查处是否合适"亦不属于我委职责范围，建议你向相关部门咨询。

2013 年 8 月 12 日

国家食品药品监督管理总局　农业部　国家卫生和计划生育委员会关于豆芽生产过程中禁止使用 6-苄基腺嘌呤等物质的公告

（2015 年第 11 号）

根据《中华人民共和国食品安全法》《中华人民共和国农产品质量安全法》等相关法律的规定，现就豆芽生产经营中禁止使用 6-苄基腺嘌呤等物质的有关事项公告如下：

一、6-苄基腺嘌呤、4-氯苯氧乙酸钠、赤霉素等物质作为低毒农药登记管理并限定了使用范围，豆芽生产不在可使用范围之列，且目前豆芽生产过程中使用上述物质的安全性尚无结论。为确保豆芽食用安全，现重申：生产者不得在豆芽生产过程中使用 6-苄基腺嘌呤、4-氯苯氧乙酸钠、赤霉素等物质，豆芽经营者不得经营含有 6-苄基腺嘌呤、4-氯苯氧乙酸钠、赤霉素等物质的豆芽。

二、凡在豆芽生产和经营过程中违反上述规定的，由食品药品监管、农业等相关部门依照法律法规予以处理。

特此公告。

食品药品监管总局　农业部　国家卫生计生委

2015 年 4 月 13 日

禁限用农药名录

《农药管理条例》规定，农药生产应取得农药登记证和生产许可证，农药经营应取得经营许可证，农药使用应按照标签规定的使用范围、安全间隔期用药，不得超范围用药。剧毒、高毒农药不得用于防治卫生害虫，不得用于蔬菜、瓜果、茶叶、菌类、中草药材的生产，不得用于水生植物的病虫害防治。

一、禁止（停止）使用的农药（46 种）

六六六、滴滴涕、毒杀芬、二溴氯丙烷、杀虫脒、二溴乙烷、除草醚、艾氏剂、狄氏剂、汞制剂、砷类、铅类、敌枯双、氟乙酰胺、甘氟、毒鼠强、氟乙酸钠、毒鼠硅、甲胺磷、对硫磷、甲基对硫磷、久效磷、磷胺、苯线磷、地虫硫磷、甲基硫环磷、磷化钙、磷化镁、磷化锌、硫线磷、蝇毒磷、治螟磷、特丁硫磷、氯磺隆、胺苯磺隆、甲磺隆、福美胂、福美甲胂、三氯杀螨醇、林丹、硫丹、溴甲烷、氟虫胺、杀扑磷、百草枯、2,4- 滴丁酯①

---

① 氟虫胺自 2020 年 1 月 1 日起禁止使用。百草枯可溶胶剂自 2020 年 9 月 26 日起禁止使用。2,4- 滴丁酯自 2023 年 1 月 29 日起禁止使用。溴甲烷可用于"检疫熏蒸处理"。杀扑磷已无制剂登记。

二、在部分范围禁止使用的农药（20 种）

通用名	禁用范围
甲拌磷、甲基异柳磷、克百威、水胺硫磷、氧乐果、灭多威、涕灭威、灭线磷	禁止在蔬菜、瓜果、茶叶、菌类、中草药材上使用，禁止用于防治卫生害虫，禁止用于水生植物的病虫害防治
甲拌磷、甲基异柳磷、克百威	禁止在甘蔗作物上使用
内吸磷、硫环磷、氯唑磷	禁止在蔬菜、瓜果、茶叶、中草药材上使用
乙酰甲胺磷、丁硫克百威、乐果	禁止在蔬菜、瓜果、茶叶、菌类和中草药材上使用
毒死蜱、三唑磷	禁止在蔬菜上使用
丁酰肼（比久）	禁止在花生上使用
氰戊菊酯	禁止在茶叶上使用
氟虫腈	禁止在所有农作物上使用（玉米等部分旱田种子包衣除外）
氟苯虫酰胺	禁止在水稻上使用

农业农村部农药管理司

二〇一九年

农业农村部关于对甲拌磷、甲基异柳磷、水胺硫磷、灭线磷等 4 种高毒农药采取淘汰措施的公告（农业农村部公告 第 536 号）

为保障农产品质量安全、人畜安全和生态环境安全，根据《中共中央国务院关于深化改革加强食品安全工作的意见》《农药管理条例》，经国务院同意，决定对甲拌磷、甲基异柳磷、水胺硫磷、灭线磷等 4 种高毒农药采取淘汰措施。现将有关事项公告如下：

自 2022 年 9 月 1 日起，撤销甲拌磷、甲基异柳磷、水胺硫磷、灭线磷原药及制剂产品的农药登记，禁止生产。已合法生产的产品在质量保证期内可以销售和使用，自 2024 年 9 月 1 日起禁止销售和使用。

农业农村部

2022 年 3 月 16 日

食品动物中禁止使用的药品及其他化合物清单
中华人民共和国农业农村部公告 第 250 号

为进一步规范养殖用药行为，保障动物源性食品安全，根据《兽药管理条例》有关规定，我部修订了食品动物中禁止使用的药品及其他化合物清单，现予以发布，自发布之日起施行。食品动物中禁止使用的药品及其他化合物以本清单为准，原农业部公告第 193 号、235 号、560 号等文件中的相关内容同时废止。

农业农村部

2019 年 12 月 27 日

附件：食品动物中禁止使用的药品及其他化合物清单

序号	药品及其他化合物名称
1	酒石酸锑钾（Antimony potassium tartrate）
2	β–兴奋剂（β–agonists）类及其盐、酯
3	汞制剂：氯化亚汞（甘汞）（Calomel）、醋酸汞（Mercurous acetate）、硝酸亚汞（Mercurous nitrate）、吡啶基醋酸汞（Pyridyl mercurous acetate）
4	毒杀芬（氯化烯）（Camahechlor）
5	卡巴氧（Carbadox）及其盐、酯
6	呋喃丹（克百威）（Carbofuran）

续表

序号	药品及其他化合物名称
7	氯霉素（Chloramphenicol）及其盐、酯
8	杀虫脒（克死螨）（Chlordimeform）
9	氨苯砜（Dapsone）
10	硝基呋喃类：呋喃西林（Furacilinum）、呋喃妥因（Furadantin）、呋喃它酮（Furaltadone）、呋喃唑酮（Furazolidone）、呋喃苯烯酸钠（Nifurstyrenate sodium）
11	林丹（Lindane）
12	孔雀石绿（Malachite green）
13	类固醇激素：醋酸美仑孕酮（Melengestrol Acetate）、甲基睾丸酮（Methyltestosterone）、群勃龙（去甲雄三烯醇酮）（Trenbolone）、玉米赤霉醇（Zeranal）
14	安眠酮（Methaqualone）
15	硝呋烯腙（Nitrovin）
16	五氯酚酸钠（Pentachlorophenol sodium）
17	硝基咪唑类：洛硝达唑（Ronidazole）、替硝唑（Tinidazole）
18	硝基酚钠（Sodium nitrophenolate）
19	己二烯雌酚（Dienoestrol）、己烯雌酚（Diethylstilbestrol）、己烷雌酚（Hexoestrol）及其盐、酯
20	锥虫砷胺（Tryparsamile）
21	万古霉素（Vancomycin）及其盐、酯

农业部、卫生部、国家药品监督管理局公告《禁止在饲料和动物饮用水中使用的药物品种目录》

一、肾上腺素受体激动剂

1. 盐酸克仑特罗（Clenbuterol Hydrochloride）：中华人民共和国药典（以下简称药典）2000 年二部 P605. β2 肾上腺素受体激动药。

2. 沙丁胺醇（Salbutamol）：药典 2000 年二部 P316. β2 肾上腺素受体激动药。

3. 硫酸沙丁胺醇（Salbutamol Sulfate）：药典 2000 年二部 P870. β2 肾上腺素受体激动药。

4. 莱克多巴胺（Ractopamine）：一种 β 兴奋剂，美国食品和药物管理局（FDA）已批准，中国未批准。

5. 盐酸多巴胺（Dopamine Hydrochloride）：药典 2000 年二部 P591. 多巴胺受体激动药。

6. 西巴特罗（Cimaterol）：美国氰胺公司开发的产品，一种 β 兴奋剂，FDA 未批准。

7. 硫酸特布他林（Terbutaline Sulfate）：药典 2000 年二部 P890. β2 肾上腺受体激动药。

二、性激素

8. 己烯雌酚（Diethylstibestrol）：药典 2000 年二部 P42. 雌激素类药。

9. 雌二醇（Estradiol）：药典 2000 年二部 P1005. 雌激素类药。

10. 戊酸雌二醇（Estradiol Valcrate）：药典 2000 年二部 P124. 雌激素类药。

11. 苯甲酸雌二醇（Estradiol Benzoate）：药典 2000 年二部 P369. 雌激素类药。中华人民共和国兽药典（以下简称兽药典）2000 年版一部 P109. 雌激素类药。用于发情不明显动物的催情及胎衣滞留、死胎的排除。

12. 氯烯雌醚（Chlorotrianisene）药典 2000 年二部 P919.

13. 炔诺醇（Ethinylestradiol）药典 2000 年二部 P422.

14. 炔诺醚（Quinestrol）药典 2000 年二部 P424.

15. 醋酸氯地孕酮（Chlormadinone acetate）药典 2000 年二部 P1037.

16. 左炔诺孕酮（Levonorgestrel）药典 2000 年二部 P107.

17. 炔诺酮（Norethisterone）药典 2000 年二部 P420.

18. 绒毛膜促性腺激素（绒促性素）(Chorionic Conadotro — phin）：药典 2000 年二部 P534. 促性腺激素药。兽药典 2000 年版一部 P146. 激素类药。用于性功能障碍、习惯性流产及卵巢囊肿等。

19. 促卵泡生长激素（尿促性素主要含卵泡刺激 FSHT 和黄体生成素 LH）（Menotropins）：药典 2000 年二部 P321. 促性腺激素类药。

三、蛋白同化激素

20. 碘化酪蛋白（Iodinated Casein）：蛋白同化激素类，为甲状腺素的前驱物质，具有类似甲状腺素的生理作用。

21. 苯丙酸诺龙及苯丙酸诺龙注射液（Nandrolone phenylpro — pionate）药典 2000 年二部 P365.

四、精神药品

22. （盐酸）氯丙嗪（Chlorpromazine Hydrochloride）：药典 2000 年二部 P676. 抗精神病药。兽药典 2000 年版一部 P177. 镇静药。用于强化麻醉以及使动物安静等。

23. 盐酸异丙嗪（Promethazine Hydrochloride）：药典 2000 年二部 P602. 抗组胺药。兽药典 2000 年版一部 P164. 抗组胺药。用于变态反应性疾病，如荨麻疹、血清病等。

24. 安定（地西泮）(Diazepam）：药典 2000 年二部 P214. 抗焦虑药、抗惊厥药。兽药典 2000 年版一部 P61. 镇静药、抗惊厥药。

25. 苯巴比妥（Phenobarbital）：药典 2000 年二部 P362. 镇静催眠药、抗惊厥药。兽药典 2000 年版一部 P103. 巴比妥类药。缓解脑炎、破伤风、士的宁中毒所致的惊厥。

26. 苯巴比妥钠（Phenobarbital Sodium）。兽药典 2000 年版一部 P105. 巴比妥类药。缓解脑炎、破伤风、士的宁中毒所致的惊厥。

27. 巴比妥（Barbital）：兽药典 2000 年版一部 P27. 中枢抑制和增强解热镇痛。

28. **异戊巴比妥（Amobarbital）：药典 2000 年二部 P252. 催眠药、抗惊厥药。**

29. **异戊巴比妥钠（Amobarbital Sodium）：兽药典 2000 年版一部 P82. 巴比妥类药。** 用于小动物的镇静、抗惊厥和麻醉。

30. 利血平（Reserpine）：药典 2000 年二部 P304. 抗高血压药。

31. 艾司唑仑（Estazolam）。

32. 甲丙氨脂（Mcprobamate）。

33. 咪达唑仑（Midazolam）。

34. 硝西泮（Nitrazepam）。

35. 奥沙西泮（Oxazcpam）。

36. 匹莫林（Pemoline）。

37. 三唑仑（Triazolam）。

38. 唑吡旦（Zolpidem）。

39. 其他国家管制的精神药品。

五、各种抗生素滤渣

40. 抗生素滤渣：该类物质是抗生素类产品生产过程中产生的工业三废，因含有微量抗生素成分，在饲料和饲养过程中使用后对动物有一定的促生长作用。但对养殖业的危害很大，一是容易引起耐药性，二是由于未做安全性试验，存在各种安全隐患。

卫生部等 7 部门关于撤销食品添加剂
过氧化苯甲酰、过氧化钙的公告

（2011 年第 4 号）

根据《食品安全法》关于食品添加剂应当在技术上确有必要且经过风险评估证明安全可靠，方可列入允许使用范围的规定，经审查，食品添加剂过氧化苯甲酰、过氧化钙已无技术上的必要性，现决定予以撤销并公告如下：

一、自 2011 年 5 月 1 日起，禁止在面粉生产中添加过氧化苯甲酰、过氧化钙，食品添加剂生产企业不得生产、销售食品添加剂过氧化苯甲酰、过氧化钙；有关面粉（小麦粉）中允许添加过氧化苯甲酰、过氧化钙的食品标准内容自行废止。此前按照相关标准使用过氧化苯甲酰和过氧化钙的面粉及其制品，可以销售至保质期结束。

二、面粉生产企业和食品添加剂生产企业要按照本公告要求依法组织生产经营，做好自查自纠工作。相关行业协会要加强行业管理和行业自律，引导企业不断规范面粉和食品添加剂生产经营活动。

三、各级食品安全监管部门要加大监督执法力度，加强食品安全监督检查，依法查处将过氧化苯甲酰、过氧化钙作为食品添加剂进行生产、销售和使用的违法行为。

特此公告。

卫生部　工业和信息化部　商务部　国家工商总局

国家质检总局　国家粮食局　国家食品药品监管局

二〇一一年二月十一日

国家卫生计生委等 5 部门关于
调整含铝食品添加剂使用规定的公告

（2014 年第 8 号）

根据《食品安全法》和《食品添加剂新品种管理办法》的规定，经对《食品添加剂使用标准》（GB2760-2011）中含铝食品添加剂进行重新评估，现决定撤销酸性磷酸铝钠、硅铝酸钠和辛烯基琥珀酸铝淀粉等 3 种食品添加剂，不再允许膨化食品使用含铝食品添加剂，并调整硫酸铝钾和硫酸铝铵的使用范围。现公告如下：

一、自 2014 年 7 月 1 日起，禁止将酸性磷酸铝钠、硅铝酸钠和辛烯基琥珀酸铝淀粉用于食品添加剂生产、经营和使用，膨化食品生产中不得使用含铝食品添加剂，小麦粉及其制品〔除油炸面制品、面糊（如用于鱼和禽肉的拖面糊）、裹粉、煎炸粉外〕生产中不得使用硫酸铝钾和硫酸铝铵。2014 年 7 月 1 日前已按照相关标准使用上述食品添加剂生产的食品，可以继续销售至保质期结束。

二、各级食品安全监管部门要加强食品安全监督检查，依法查处违法食品生产经营行为。食品工业行业主管部门要加强行业管理，引导企业规范相关食品和食品添加剂生产经营活动。

特此公告。

国家卫生计生委　工业和信息化部

质检总局　食品药品监管总局

粮食局

2014 年 5 月 14 日

后 记

　　"风日晴和人意好"，在暑期即将结束迎来清爽金秋之前，终于敲定了最后一行字，与今夏的酷暑作别。

　　完成拙著《食品安全行刑衔接机制的理论与实践》之后，原本设想围绕食品安全刑事治理的时代转型进行深入研究，然而，在过去一年的调研中同办案人员交流的这些危害食药安全犯罪案件却始终萦绕在心头，并推动我不断去考虑不同地区、不同时期对同类案件处理的差异性和规律性。虽然片段化的交流并不影响思考的深度和广度，但要形成对某一类案件的整体分析和判断，却更有意义，当然，也并非易事。"纸上得来终觉浅，绝知此事要躬行"。这样就有了把这些同办案机关交流过或者在讲座中探讨过的案例整理出版的想法。这十大类案都是近年来频发的或者具有一定社会影响力的案件，其中所展现出的法律问题在危害食药安全犯罪领域也极具代表性。因此，根据每类案件在执法、司法过程中面临的争议性问题，进行类型化的梳理、分析。既涵盖了行为定性这一每类案件的核心问题，也包括了证据收集、证明标准等程序性内容。

　　由于食品药品类案研究是多学科之间的探讨，难免有诸多不成熟的观点，对此，个中浅论，文责自担！

2018 年 8 月 20 日于天静轩